足界追梦

跨越70年的奋斗故事

初　新◎主编

中国经济出版社
CHINA ECONOMIC PUBLISHING HOUSE

图书在版编目（CIP）数据

足界追梦：跨越 70 年的奋斗故事 / 初新主编 .
— 北京：中国经济出版社，2020.1
ISBN 978-7-5136-5975-8
Ⅰ. ①足… Ⅱ. ①初… Ⅲ. ①纪实文学 – 作品集 – 中国 – 当代
Ⅳ. ① I25

中国版本图书馆 CIP 数据核字（2019）第 277140 号

责任编辑　姜　静
责任印制　马小宾
封面设计　北京瑞东国际文化有限公司

出版发行　中国经济出版社
印 刷 者　北京艾普海德印刷有限公司
经 销 者　各地新华书店
开　　本　710mm × 1000mm　1/16
印　　张　22
字　　数　418 千字
版　　次　2020 年 1 月第 1 版
印　　次　2020 年 1 月第 1 版
定　　价　68.00 元
广告经营许可证　京西工商广字第 8179 号

中国经济出版社　**网址** www.economyph.com　**社址** 北京市东城区安定门外大街 58 号　**邮编** 100011
本版图书如存在印装质量问题，请与本社销售中心联系调换（联系电话：010–57512564）

本书编委会

策 划 人 高广东
出 品 人 冯 鹤

主 编 初 新
执行主编 张宜昌

参 编 吉尚泉 柴宝侠 陈 诗 朱 影
李兴柏 王 博 侯绪婷 温 洁
时树雷 韩 晖

摄 影 影泽人
发 行 王官升

序

2019年5月8日，我受学校邀请来到大连海事大学做报告。从高铁站往海事大学去的路上，我收到了全国岗位学雷锋标兵、辽宁省岗位学雷锋学郭明义标兵高广东委托“辽宁好人”王官升送给我的一份书稿，说这是一本记录“80后”和“90后”创业故事、记录新时代青年学雷锋的纪实性图书，高广东请我指导一下。我说指导谈不上，我倒是很愿意和新时代的青年朋友们聊聊如何实现人生价值。

翻阅这本书的初稿时，我被一个个创业故事感染着。这些年，在党的大好政策的指引下，高广东带领朋朋修脚的技师们在全国几十个城市遍地开花，让一大批从农村走出来的务工青年走上了致富道路、提前奔上小康。他们靠自己的双手、靠自己的勤奋、靠勤学苦练获得的手艺，得到了社会的尊重和认可，实现了人生价值。他们身上有新时代青年人的责任与担当，有奋斗者的光荣与梦想。

我记得2017年年初，高广东申请成立了郭明义爱心团队朋朋修脚分队，我在大连给授的旗。几年来，郭明义爱心团队朋朋修脚分队在全国开展“孝行中华·全国义剪”活动，常年为老人、环卫工人等群体义务修脚。志愿者们特别有爱心、特别讲奉献、特别能坚持，我都很受感动，我认为这个团队的文化是积极向上的。一个有爱心、有责任感的企业，也必将是有希望的、有前途的。

我对高广东和朋朋团队的很多志愿者都非常熟悉了，王官升就是一个热心肠的好青年，他坚持日行一善，几乎天天都在做好事儿，也获得了辽宁省道德模范、辽宁好人等荣誉，他的朋友圈里流淌的都是满满的正能量。这本书里面还有很多志愿者的暖心故事，平凡中闪烁着人性的光芒，都值得一看，我推荐大家读一读，从平凡小事中汲取精神的营养。

最后，我想对新时代的青年朋友们说："你们赶上了最好的时代，祖国为你们提供了施展抱负、实现理想的舞台。衷心祝愿你们在追梦的路上，不忘初心，与人为善，用自己的双手，让世界平稳前行。"

愿《足界追梦》能给大家带去一份温暖与感动。追梦路上，我与你们同行！

郭明义

2019年5月8日

愿《足界追梦》

能给大家带去一份温暖

在球迷追梦路上，

我，与你们同行！

郭明义

19.5.8.

2019 年 5 月 8 日，郭明义为《足界追梦》一书题词。

一位作家说：忙起来，世界才是你的。

今天我想说：静下来，思想才是你的。

在飞行旅途中，在夜深人静时，在办公室里对着大海发呆的某个下午，我常会想到古希腊伟大的思想家、哲学家柏拉图提出的那个最著名的哲学命题：我是谁，我从哪里来，我到哪里去？

2019年是新中国成立70周年的大庆之年，我刚好35岁，华连生·朋朋修脚也刚好走过15年，在这样一个有着非凡意义的时间节点上，我下意识地放慢了脚步，让自己静下来，留下更多思考时间，想一想走过的路、遇到的人、做过的事、迈过的坎儿，把问题变成思考，把思考变成文字，让文字走进你我的心里。

最近5年，我就像那位作家说的一样，经历着“忙起来”的过程，一旦踩下油门，就停不下来，经营企业、连续学习、搭建商协会平台、创办自媒体矩阵、全国各地参会做演讲……忙，忙，忙，可是忙到底是为了什么？

望着窗外时而汹涌时而平静的大海，我想到了“顺势而为”，感慨于新中国成立70年来，我所从事的足护理行业翻天覆地的变化。是党和政府的关怀，是改革开放大好政策的指引，让我们抓住机遇、乘势发展、奔上小康、体面做人。今天，我们可以自豪地说：“我们是光荣的修脚人。”

伏于案上，翻阅各分公司上传的报表，我读懂的是数字背后的人，每一位为了共同事业默默付出的家人们，每一个人都是集群式创业的参与者、贡献者。从2004年9月19日我们夫妻创业，到2019年遍布全国60多个城市的400多门店里的1500余位朋朋家人，与你们相伴成长，我不断地从每个人身上汲取精神营养。可以说，我们是因为心中有爱、手中有爱，用生命去影响生命，以人生成全人生。

“孝行中华·全国义剪”是我发起的全国性公益活动，每天浏览志愿者给老人义剪的照片时，我都被感动着，我与你们同在。“走，给老人修脚去。”15年前，我的一个简单想法，这枚小小的公益火种，落在了大连，从此在全国蔓延开来，呈燎原之势。朋朋人在行动，全行业的修脚人都在行动。每每想到有越来越多的老人受益，我内心深处的那种幸福感便油然而生。

每次相遇，都是一种缘。每一次的参观、进修、发言、接受采访，我都当成学习和提升自己的宝贵机会。与智者对话，与正能量的人为伍，我看到了一个个有趣的灵魂，你们是我的引领者，是我的良师益友。

出版这本书，是一种勇气，也是一种缘分。2019年年初，我们组建《足界追梦》编委会，我和同仁们一起研究选题、探讨体例、甄选人物……有幸能为足护理行业留下一点文字记录，编委会的每一个人都以此为荣。本书上篇主要写我和一群朋朋人集群式创业的故事。我不想用过多的文字记录我们这一代创业者吃过的苦，希望用更多的笔墨呈现我们收获的甜美和幸福；我不想突出个人在创业路上的“英雄主义”，而是希望让您看到朋朋家人集群式创业的满天星光。

出版这本书，是一种责任，也是一种传承。本书下篇主要写修脚行业开拓者们的奋斗故事。新中国走过了波澜壮阔的70年，修脚行业经历了技术革新的大发展，无数的从业者甘当足护理行业发展的铺路石子，一代代修脚大师脱颖而出成为行业的旗帜和榜样，成为非物质遗产传承人。他们的坚持和工匠精神应该被这个行业所铭记，他们为人民足部健康所做出的贡献需要有人来记录和梳理。

借新书出版的机会，我要感谢父母的养育之恩，是您给予我生命、抚育我长大；感谢妻子的一路陪伴，有你在我身边，就是最大的幸福；感谢亲爱的孩子们，你们是我的骄傲！

最后，我想说，本书中的记述是对过往的梳理和总结。随着这本书的付梓出版，历史翻过了新的一页。我们也相信：未来已来，未来可期。我期待书里的文字能给人以力量和启迪，接下来的几年里，我会带着这本书，和书里的人、书里的故事一起，到全国各地去见你。

高广东

2019年9月19日

于大连市钻石湾

相亲相爱一家人，左起：高子琪，冯鹤，高子涵，高广东，高维朋。

（拍摄于2019年11月8日，奥利加尔酒店）

目　录

上篇
孝行中华始足下，大爱无疆行足界

每个人的童年里，都有一棵大树。童年时期，高广东经常到家附近的一棵松树下玩耍，也时常望着挺拔的松树发呆：连天接地，长得高就能望得远；枝繁叶茂庇护更多的人，在他心里对这棵松树有羡慕，也有敬畏。

苦与难，是人生常态。不管是一个人的成长，还是一家企业的成长，过程中总会伴随着阵痛。作为创业家，高广东将每一次磨砺都视为对自己的考验，朋朋风风雨雨走过15 年，走过了一路泥泞，迎来了一路芬芳。

第三章 / 028

扬帆出海闯世界

在历史书上，我们都学过“麦哲伦环球航行”“哥伦布发现新大陆”的历史，探险家、航海家麦哲伦和哥伦布勇敢地驾船出海，与风雨搏击，为人类发现了新大陆，这种开拓精神，是开创事业所必备的。

第四章 / 036

执梦远航赢未来

2017年，朋朋事业全面开花，完成CIS升级，建立起行业领先的培训体系，全新的办公大楼也在2018年10月正式投入使用，门店数量越来越多……

CONTENTS

诞生于2004年的华连生朋朋修脚，是企业社会责任的践行者，从企业创立之初，就秉承不忘初心的发愿，自觉践行企业公益意识，尤其是将公益与自身技术优势相结合，走出了一条独具朋朋特色的公益之路。

经营企业的最高境界是经营文化，最好的企业最能经营文化。对于一家处于成长发展期的公司来说，文化的归纳与总结必不可少。文化是细水长流的慢功夫，成就文化事业非一日之功。

高广东和冯鹤相濡以沫，携手创办了一个开放式、集群式事业平台。两位创始人以大海般的广阔胸襟，吸纳来自五湖四海的伙伴们加入朋朋。

第八章 / 155

经营管理哲学

创业维艰，每一位成功的创业家都有自己独到的见解。在高广东心里，诚信经营是第一位的，这也是朋朋15年来一直坚守的优秀品质，诚信是1，所有的经营管理方法和工具都是1后面的0。

第九章 / 172

行业旗手有担当

2007年7月，时年23岁的高广东，怀着对修脚行业的深深敬畏，怀着对行业大师、行业精英的无限崇敬，怀着对行业未来的美好憧憬，在锦州参加了中国修脚产业联盟大会，由此踏入了全国修脚人的大家庭。

CONTENTS

下篇

风雨走过 70 年，继往开来谋新篇

03

第三章 / 232

齐鲁大地的巾帼榜样

齐鲁大地，人杰地灵，这里历史悠久、文化厚重，在足护理行业涌现出了很多榜样人物。三位“女杰”的追梦故事值得细细品读。

04

第四章 / 245

闪耀在中西部的修脚明星

在祖国中西部广大地区，修脚人以其勤奋和钻研，开创出一片广阔的天地，修出一片五彩斑斓的天。

CONTENTS

第三章 / 232

齐鲁大地的巾帼榜样

齐鲁大地，人杰地灵，这里历史悠久、文化厚重，在足护理行业涌现出了很多榜样人物。三位“女杰”的追梦故事值得细细品读。

第四章 / 245

闪耀在中西部的修脚明星

在祖国中西部广大地区，修脚人以其勤奋和钻研，开创出一片广阔的天地，修出一片五彩斑斓的天。

CONTENTS

05

第五章 / 258

南国有刀痴

在素以细腻著称的南国广东，慕东升在铸造刀具的行业里如痴如醉，把灵魂融入刀中，甘做为刀具业不断涅槃的“苦行僧”。

06

第六章 / 263

他们从东北沃土走来

在中国的足护理行业，东北是一方沃土，人才辈出，追梦的故事精彩绝伦，带着浓郁的东北风情。

足界追梦 ▶

跨越 70 年的奋斗故事

上 篇

孝行中华始足下，大爱无疆行足界

第一章

梦想起航唐山街

每个人的童年里，都有一棵大树。童年时期，高广东经常到家附近的一棵松树下玩耍，也时常望着挺拔的松树发呆：连天接地，长得高就能望得远；枝繁叶茂庇护更多的人，在他心里对这棵松树有羡慕，也有敬畏。

随着年龄的增长，高广东离开学校踏入社会，种过地、下过矿井、蹬过三轮车……为了过上好日子，他一直在闯荡中挣扎，三年的社会基层历练，让高广东坚定了志气，那就是：活出个样子来，像那棵松树一样，顶天立地！

家门口那棵挺拔的松树，
给了高广东生活的指引。

01 青城子之恋

初心是当今时代最宝贵的品质，这个词来源于《华严经》，说的是做某件事最初的愿望、最初的原因。随着时间的消逝，初心也渐渐逝去，这是自然规律。

“不忘初心”一词，目前能够查阅到的最早出处，来自唐代大诗人白居易的《画弥勒上生帧记》：“所以表不忘初心，而必果本愿也。”意思是时时不忘记最初的发心，最终一定能实现其本来的愿望。近几年来，初心是一个热词，2017 年 12 月，初心当选“汉语盘点 2017”活动年度国内词。

为了回望华连生 · 朋朋修脚 15 年的发展历程，探索这家企业发展的基因，进而读懂创始人高广东的初心，本书主创团队多次来到高广东的故乡——丹东凤城市青城子镇姚家沟村，体察古镇的乡土风情，探访高广东的故居，那是一个隐于连绵群山之中的一条小山沟，民风简单而淳朴。

高广东在故居前给儿子高维朋讲过去的故事。

高广东故居坐北朝南，东靠坚实的山脊，向西望去有一棵高耸云天的松树，树冠如盖，有百余年历史。年复一年，松树看上去并没有变化，然而高广东的童年却一去不复返。

高广东有着一段和马云相似的经历——蹬三轮车。

在众多关于马云的报道中，有这样一段记载：高考失败，弱小的马云做过踩三轮车的工作。据说，在踩三轮车的某一天，马云看到了路遥的名著《人生》，这本书是他在浙江金华火车站捡到的。从此，他的志向发生了改变，人生也随之发生改变。

高广东出生在辽宁省丹东凤城市青城子镇姚家沟村，这是一个群山环绕的小山沟。沿着山沟左拐右拐的乡村路穿行5公里，就到了青城子镇。镇子在四邻八乡小有名气，它西南两面接鞍山，北接辽阳、本溪，毗邻丹东市北大门通远堡镇，凡四市相交通衢之地，必有其得天独厚之资源优势。

青城子镇地势北高西低，是凤城市行政区内海拔最高的地区。这里矿产资源和自然资源丰富，工业企业主要是采矿业和依托采矿业兴起的矿产品加工业，个体私营经济比较发达，主要集中在采矿、选矿、矿产品加工、餐饮娱乐等行业。

高广东在这里读完了小学，初一没读完就辍学了，开始闯社会。起初他在家乡打零工、务农，和邻家的小哥哥小姐姐一样，漫无目的地开始了人生的另一段历程。

1999年对高广东来说是一个崭新的起点。尽管现在看起来这个起点并不是多么高，但却预示着他挣脱群山的怀抱、勇敢闯荡世界的一个开始。那年正月，春节刚过，在乡友们的推荐下，16岁的高广东第一次出远门，来到了辽阳市佟二堡一家皮革厂上班，所谓上班就是在厂子里做杂活儿。至今，高广东都记着皮革厂那浓重的胶皮味道，还有杂乱无序的工作车间，他很佩服产业工人们在那样的环境下坚持工作，可是对于一个尚未成年的男孩来说，这不是他想要的工作。所以，高广东没做多久就回家了，又在家里干了一年的农活和杂活。

在信息闭塞的农村，在信息并不发达的年代，每年春节就成了各种奇闻轶事交错汇集的时间窗口，从四面八方赶回老家过年的打工仔们趁着串门拜年的机会，聚在一起漫天海聊，讲述在不同城市的见闻和打工的遭遇，其中也夹杂着不少道听途说和夸张的成分。说者无意，但听者有心，作为听众的高广东，对外面的世界充满了好奇。

高广东和父母合影，家里的14寸黑白电视机见证着20世纪90年代的家庭生活。

2013 年高广东一家六口合影（长女高子琪百日留影）。

2000 年春节之后，高广东再次萌生了到外面世界闯一闯的念头。正月十一，17 岁的高广东又一次坐上了大山通往外面世界的客车，这一次他来到了大连。他坐了大半天的大客车来到了一个满眼高楼大厦、轿车满街跑的城市，在他有限的信息量里，大连是大城市，他认为这里就是大连了，大连真大、大连真好！后来才知道，他来到的其实是金州，是大连的一个区。 2000 年前后，大连球市正是最火爆的时候，金州也借足球之势，闻名全国，金州城区充满了活力，给高广东留下了美好而深刻的印象。

在金州南山附近一家饭店里，高广东找到了一份临时工的工作，进入后厨从小工开始学起，做了半年厨师。厨师这份工作，高广东也并不十分喜欢，因为诸多原因，半年之后他又到回到老家。

和几乎所有初入社会的年轻人一样，频繁地更换工作，就像家常便饭一样自然。后来，高广东去鞍山市海城西柳镇一家印花厂干了几个月，再一次回到了家里。

高广东也和很多父老乡亲一样，有过当矿工的经历。当年，家里人托关系把他介绍到了他家附近的一座矿山，上班第一天，他就目睹两名矿工被山上掉下的大石头“砸没了”的悲惨事故，鲜活的生命就这样没了。当时他就想，还是得找个穿得干净点、安全点的工作吧。

2001 年，父母凑钱买了一辆三轮车，他在镇上开“摩的”载客。高广东清楚地记得，这台车花了 1800 元，而在他开“摩的”的两年多时间里，一共给了父母 900 元，还不够本钱，可以说蹬三轮的这段时间没有攒下一分钱。

为了生计，毛头小伙子开始与形形色色的人打交道，高广东跑遍了青城子的每一个角落，尝遍了风吹日晒之苦，体味到了人间的阴晴冷暖，甚至有好几次，因为刹车系统失灵，他被推向危险的边缘，幸运的是每一次都化险为夷。

一个寒冷的傍晚，为了多赚几块钱，高广东接下了一个“大单”，送客人到几十公里外的地方，这意味着不仅返回镇子上的时候要空着车子，而且还要摸黑赶路，风险无疑加大了。

果不其然，送完客人往回赶的时候已经伸手不见五指。高广东从一个大坡上往下走的时候，刹车系统失灵了，车子沿着大坡冲了下去，他闭着眼睛冲过了鬼门关。

拖着疲惫的身体往家走的时候，高广东流泪了。为了多赚几块钱，差点把命搭进去，这样值吗？他不停地自言自语，耳边只有呼啸的风在和他对话。快回到家时，高广东隔着篱笆墙看到屋子里还亮着灯光，父母都还没睡，他们还在等着儿子回来。

高广东匆忙擦干眼泪，进屋和父母打了个照面，“爸，妈，我累了，我先去睡了！”然后回到自己的房间。那一夜，高广东彻夜未眠，开始思考自己的出路。

在高广东思考未来的路怎么走的那段时间里，父母觉得他也长成大小伙子了，正准备张罗着给他找媳妇。

可高广东不甘心，他想走出镇子，看看世界。用《平凡的世界》中孙少平的话说，“我的世界不在这儿”。

02 澡堂遇贵人

千禧年前后，中国大地上，改革大潮汹涌澎湃，经济保持高速增长，互联网行业悄然兴起，以即时通信工具 QQ 为代表的第一代互联网应用在指尖上快速蔓延，一场由技术引领的颠覆式巨变开始引领行业创新，21 世纪初的这股创变风潮势不可挡。

2002 年年初，刚满 18 岁的高广东又一次出远门了，揣着他父亲准备存银行的 1000 元钱，一个人来到陌生的城市——丹东。高广东是家中独子，这一次离家，父母多有不舍、屡屡劝阻，但青春年少的他执意要到外面去闯一闯。父母只能嘱咐他，到外面去闯荡，就奔着能学个一技之长，靠技术吃饭，一辈子都饿不着。

梦想很骨感，现实很残酷。这早已不是第一次外出，高广东在外闯荡的日子，比想象中还要难。没文凭、没手艺、没背景，让他找工作四处碰壁，连妈妈让他回家过年，他都谎称工作太忙老板不让回。但妈妈在电话那头一句“饺子都包好了……”让他瞬间泪如雨下，还是决定回家！

就在高广东收拾好行李去跟一个帮助过他的李大哥道别时，对方顺嘴问了一句：“我这儿有修脚的活，你干不？”高广东毫不犹豫地说：“我干，就为了回家给我妈好好捏捏脚我也干！”

在那时，足疗在北方城市才刚起步发展，一直在农村的高广东甚至都没有听说过足疗这个行业。为了快速在丹东找个落脚的地儿，不至于流浪街头，高广东没有多想就答应下来，在丹东头道沟附近一家店里学习技术，从此踏进了足疗行业，开始了与脚的结缘。慢慢地，他觉得修脚也是一个技术活儿，不知不觉也爱上了这一行。

2002 年夏天，高广东从丹东来到大连，又回到了金州，这一次高广东是有备而来。为了让自己在大城市不显得那么寒酸，他买了平生的第一套西服，之后兜里只剩下 270 元钱。穿上西服，顿时觉得自己的腰板都比以前直了。那时，他能想到的最大的梦想，就是找一份体面的工作，穿着体面的衣服上班。

在金州的一个月里，高广东没有找到合适的工作。后来，经人指点，高广东从金州来到了大连市区。这一次，他没有走弯路，直接坐车来到了大连北岗桥汽车站。机缘巧合，他在市委招待所浴池找到了工作，这是足以改变他一生际遇的地方。在浴池，他仍然做足疗的工作。

初来乍到，高广东一天也接不到一单生意，借住在朋友家，每天早上花一元吃份豆浆油条，午饭就吃两元的拉面，晚饭为了省钱常常就不吃了。最难忘的是，他快要没钱吃饭时，一位客户大叔给他点的一份家常豆腐盖浇饭。

兜里只剩下 6 元钱时，高广东做了最坏的打算：再不挣钱就回老家了。但周围的师傅都鼓励他“再坚持一下”。终于有一天，高广东“开张”了，那次他赚了 87 元。高广东很庆幸，“幸好当时没有放弃。”

让他感动的还不止这些，“浴池负责人看我年轻，平时就很照顾我，我第一次赚到 87 元之后，负责人就跟我说，这钱你都留着吧，我不收你的分成钱，这个月你赚的钱都自己留着，先攒点儿生活费吧。”

这些暖心窝子的话，让高广东第一次在他乡体味到了温暖的滋味儿。他还在心里暗暗地说：“这个人就是我的恩人，我的贵人，这个人我认定了。”

高广东是一个懂得感恩的人。从那以后，他一直与这位贵人保持着联系，他们成了忘年交。高广东愿意倾听他的教诲，也时常将自己的见闻、见解和收获向这位贵人分享。

03 大连结连理

缘分是一种奇妙的遇见，遇见对的人，牵手就是一生。高广东与冯鹤的相识、相恋、相伴一路走来，就是修来的莫大缘分。

2002 年夏天，高广东第二次来到大连并在大连稳定下来，开始了在大连的学艺生涯。这一年，冯鹤从老家吉林松原来到省会长春，做了一年的酒店服务员。年少的她，也憧憬着自己的美好未来。

2003年年初，冯鹤从松原长岭来到大连投奔亲戚和同学，在三姨夫的推荐下，来到位于沙河口区五四广场一家名为顺风御足时尚足疗店上班，做足疗技师。这一年，冯鹤已经有了一部手机，是在大连一家楼梯厂上班的哥哥冯林攒钱给她买的。

也就在2003年年初，在顺风御足店，高广东和冯鹤两个人第一次相遇了。高广东从浴池来到了这家店里学习修脚的技能，当两个都爱钻研的年轻人走到一起，他们讨论最多的就是关于脚的话题。

2019年5月，高广东和冯鹤一起回到凤城老家，回望他们的初心。

渐渐地，两颗年轻的心越走越近，他们恋爱了，而且认准了就是一生。有着共同追求的一对年轻人开始筹划他们的将来。两个人走到了一起，他们那份单纯就是爱情的底色，一个非常值得记录和记住的细节是：当时，“傻白甜”的冯鹤就把自己的工资存到了高广东的银行存折中，这份信任与坦诚，让两个人的心贴得更近、贴得更紧。

至今，冯鹤还记得，那张存折是在中国工商银行办理的，当时每个月能赚两三千块钱，都存到高广东的存折里。就这样，他们相互约定，除了日常开支外的钱，一起攒下来，为日后的事业做储备。这期间，他们也经常讨论创业的事儿，那时打长途电话的话吧生意不错，他们曾经想过要开一个话吧，后来又被否定了，最终毅然决然地选择做熟悉的行业，在修脚这条路上走下去。

在社会上打拼了几年之后，高广东和冯鹤都成熟了许多，在事业上也多了几分执着，开始学着规划人生。为了学到更多的东西，高广东离开了五四广场店，到其他店去学习。不久之后，冯鹤也追随着高广东到了另一家店里，这样的打工和学徒经历，让他们的技术提高了，视野也更开阔了。

2004年夏天，高广东冯鹤双双辞职，开始筹备他们共同的事业。

04 梦想起航唐山街

从呱呱坠地，到翩翩少年，成长路上，要经历多少的跌跌撞撞、坎坎坷坷？从一闪而过的创业冲动到付诸行动，创业路上，要经历多少的艰难曲折？

“幸福是奋斗出来的。”朋朋修脚 15 年创业历程，就是真实的写照。

“2004 年 9 月 19 日，高广东、冯鹤两个人东挪西借，在多人相助下在大连市西岗区唐山街松山寺对面开了第一家店。”

在华连生科技集团大事记中，有这样一句极其凝练的话，记录着集团第一粒种子落地的时刻。

两行字的背后，是创始人高广东、冯鹤在修脚行业精心钻研一年碰撞出的火花，点燃了一对年轻人对美好生活的憧憬。彼时的他们，可能不会想到，他们点燃的不仅仅是自己的创业梦想，还是 15 年间 1000 多人的创业梦、就业梦、进城梦、汽车梦、住房梦……点燃的是中国修脚行业的创新梦、进取梦、走向世界的梦。

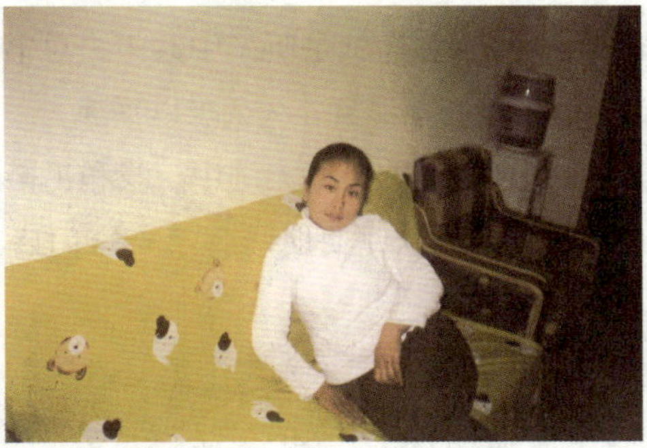

2004 年 9 月，唐山街店开业后，高广东冯鹤以店为家，住在店内。左图中的沙发床是他们从二手市场淘来的。那一年，冯鹤还不到 20 岁。

让我们回到 15 年前，跟着两位创始人的思绪，重走朋朋修脚迈出的“最难的一步”。

朋朋修脚这个闪亮的服务品牌，就是从唐山街开始走向大连、东北乃至全国各地的。就是这个只有 30 多平方米的小店，孕育出一个享誉全国的知名连锁品牌。

第一个火花

高广东来到一家浴池做足疗兼学修脚。他有股子韧劲儿，做什么都要争先得优。回忆起那段时间，高广东不无诙谐地说：“那时，我把全部精力都用在了学手艺上面，我拿同事的脚练刀功，关系好的亲戚朋友都要挨我一刀！”

两年后，高广东的修脚技术冒尖了。艺高志远，他不再甘心为人打工，他要自己创业开店。他发现，修脚行业人员流动性太大，服务不规范，于是开一家标准化修脚店的想法在他心中萌生了。

第一次贷款

高广东和冯鹤把仅有的7000元积蓄和向双方父母处借的钱集中到一起，高广东的奶奶拿出全部积蓄帮忙凑齐房租，二人又向亲戚朋友借了一些钱，还获得了5000元信用贷款。2004年7月31日，高广东和冯鹤与房东签订了租房协议；9月19日，高广东第一家属于自己的店在大连西岗区唐山街开业了。

“在我创业的时候，很多人给了我帮助。我家乡的一位残疾人蔡长庆四爷给了我700多块钱支持我创业；我的奶奶将一张定期存单给我；我曾经的同事王健借给我1600元，她把自己的银行卡和密码给我，让我自己去取钱；同事王成有、赵海霞夫妇借给了我2000元；冯鹤父母拿出仅有的积蓄，三姨、三姨夫也帮我们凑钱……”

15年后的今天，高广东说起创业的往事，仍能一一道出。他说，那些帮助过他的人，一辈子都会记在心里。

高广东在一段回忆录中这样写到：2018年12月18日上午10时，庆祝改革开放40周年大会在人民大会堂举行。看完整个大会直播，尤其是听了中共中央总书记、国家主席、中央军委主席习近平的重要讲话，我不禁心潮澎湃，久久难以平静。

2004年，正值中国改革开放26年。就在这汹涌的改革大潮中，我和冯鹤靠着亲朋好友的借款和凤城市青城子镇金融机构的信用贷款，朋朋修脚第一家门店在大连唐山街正式开业。

凤城市青城子农村信用社的5000元信用贷款是高广东人生中第一次贷款，这段往事还清晰地印在他的脑海中，当时是村主任姚大哥给他做的担保。

很快，高广东就把5000元贷款还上了。2005年开第二家店的时候，高广东又回到镇上，这一次贷款5万元。写到这里，还有一段有意思的插曲，第一次给高广东办理贷款的信贷员和第二次给办理贷款的信贷员于冶正好是一对母子。后来，这对母子看朋朋修脚事业越来越好，于冶在2016年年初进入了朋朋修脚，卖掉了自己的房子，全身心投入朋朋的事业中。现在，于冶已经在山东威海地区开了3家修脚店，事业做得有声有色。

缘分妙不可言，这一晃14年光景，于冶成了朋朋发展的见证人。

第一位顾客

“唐山街店开业之初，我们俩吃住都在店里。我怀孕八九个月的时候，还挺着大肚子在店里给顾客修脚。”华连生科技集团董事长冯鹤是一位干练的女强人，比起创业之初的拮据和艰辛，她谈得更多的是顾客，“我对每一位顾客心存感激，感谢他们在遇到脚病的时候走进了朋朋。”

冯鹤至今还记着2014年9月19日开业第一天店里来的第一位顾客，“这位顾客是旁边的邻居丽丽阿姨，她说店里装修的时候就在一直观察我们，抱着试试看的态度来到店里。我给她泡脚、修脚后，她心满意足地说，原来修完脚这么舒服啊，我很担心你给我修出血呢，谢谢你们了!”

第一次听到顾客说谢谢，冯鹤心里美美的。收起刀片的那一刻，冯鹤跟高广东说了一个想法，他们要把给顾客修脚的刀片攒起来，当作为每一位顾客修脚的纪念。

创业艰难百事辛。高广东说：“那年临近春节，店里的师傅都放假回家过年了，为了多挣点钱，我和怀孕八个多月的妻子在店里顶班，一天接待了40多个顾客。她挺着大肚子打水扫地，弯不下腰，累得满头大汗；我几乎不抬头地一个一个认真为顾客修脚，连中午饭都没顾上吃。就这样，我们不仅很快还清了欠债和贷款，还开了分店。”

第一次外出学习

冯鹤至今记得，2004年9月末，新店开业不久，就得到了一次外出学习的机会。 在合作伙伴的介绍下，冯鹤和朋朋修脚的第一位员工杨平前往安徽合肥接受产品和技术培训。那一年，冯鹤和杨平都只有18岁，怀揣着仅有的几百元钱，两个人踏上了大连开往北京的最慢的那列火车，一路坐到北京。 第二天到北京后，需要等一个白天才能换乘前往合肥的火车。两个小女生初次来到祖国的首都，第一次来到大城市，没有认识的人，没有出远门的经验，身上没有多少钱，极度缺少安全感，所以她俩一整天都待在火车站里，哪里也没敢去。

坐了两天一夜的硬座之后，两个人终于到了合肥。她们在厂方的安排下对产品、服务、技术进行了较为全面的学习，正是在这次培训中，冯鹤了解到一次性手术刀在修剪手指甲方面的应用。回到大连之后，她就将手术刀的见闻告诉了高广东，高广东一听顿时就提出要用手术刀给顾客修脚。就这样，经过反复的选择、比较、实验，朋朋修脚独家引入的手术刀修脚法就正式在实践中开始推广。

15年后，再次讲起这段外出学习的往事，冯鹤感慨万千。她非常感谢合作伙伴提供的这次机会，她也抓住了机遇、开阔了视野、锻炼了胆识，打开了一扇通往未知世界的大门。

05 创立新派修脚

因为有文字记载，所以中华文明成为人类文明史上唯一没有中断而延续至今的古老文明，五千年文化历史孕育出中国优秀传统文化。

在浩瀚博大的文化中，修脚是极其微小的一个枝节。修脚行业历经几千年变迁，不少开山者、从业者被载入历史，被后人敬仰，在寥寥可数的文史档案中，我们还能够寻得一些踪迹。其中，在《扬州职业大学学报》上一篇名为《扬州修脚刀的文化内涵及技术传承研究》的论文中，有着较为严谨的记述。其他文献、文章、书目中也有一些相关记载。

笔者查阅众多书目文章后，对修脚历史做了一番梳理。

从殷墟到清朝的历史

修脚与中医有着紧密的关系，一部修脚史也是一部中医史。关于修脚行业的传承史，国内有这样的记载被广为认可：

殷墟出土的甲骨文中，有关于足病和鱼疗的记载，证明早在4000年前古人就已经关注足部疾病了。

较为一致的观点是，周代诞生了中国修脚术，冶公被认为是修脚师的鼻祖。相传周文王得了趾甲病，冶公挺身而出，施以“方扁铲”，铲到病除，“方扁铲”即修脚刀，后人曾立冶公庙以祭祀。

据传，孔子也是足部护理的开拓者。他是我国修脚史上第一位提出足部保健概念的人，他采取的方法是踏步和旋转，简单而有效。隋唐医家巢元方《诸病源候论》中，对18种足病注明原因，尤其醒目地记载了胼胝和内刺(鸡眼)，是有文字记载的修脚史的开始。

中国古代最著名的神医华佗，也留下了有关足病的论述。关于足病机理，他认为，“故风寒湿之气，多中于足，以此脚气病多也”。

明朝的陶华著有《伤寒六书》一书。笔者查阅发现，这本书撰于十五世纪中期，书中关于脚病的论述中，出现了“修脚人”一词，证明修脚作为一个专门行当在当时已经存在。

清康乾年间董伟业所作的《扬州竹枝词》中，有“求条签去修双脚，嗅袋烟来剃个头”两句，证实扬州修脚业至少已走过400年的历史。

到了清朝，随着传世文史的增多，百姓街头修脚的记载就有不少，修脚行业的一些人和疾病治疗方法等也被记录在案。

清朝末年，京城庙场上的修脚师傅已经常见。坊间传闻，修脚最厉害的是吕师傅，坐得上京城修脚行当的第一把交椅，逸闻趣事有不少。

奠定两派三大路格局

新中国成立后，各行各业都迎来了生机，修脚行业发生了翻天覆地的变化，被人瞧不起的修脚师傅也有了社会地位，多位修脚大师被选为全国人大代表，获得全国劳动模范等荣誉。特别是进入 21 世纪以来，从业人员不断激增，为全国人民的足部健康保驾护航，成为健康领域不可或缺的一个行业。

历史名城扬州的修脚行业远近闻名，这一点毋庸置疑。笔者曾在扬州、大连等地多次见到扬州市沐浴协会常务理事陆松林。陆松林老先生向笔者介绍，修脚行业有“两派三大路”之说，“两派”是指南北两派，南是指以扬州为代表的南方，北是指以北京为代表的北方。

“三大路”是以北京修脚为代表，包括华北、东北地区的“河北派”；以扬州修脚为代表，涵盖长江下游及广大南方地区的“江苏派”；以济南修脚为中心的“山东派”，其中扬州修脚派以技艺精湛、健身除病而独享盛誉，驰名海内外。

北派偏重除脚病，南派偏重修脚的技艺与舒适度。扬州技师高同林介绍，南北派的差异首先是刀具不一样，北方师傅用的是圆口刀，南方师傅用的是斜口刀。另外，由于南方天气潮湿，有脚病的人多一些，北方气候干燥，一般只是刮脚，不会仔细修。

进入 21 世纪以来，随着医学的长足进步、科技的日新月异，人民群众对物质生活需求的提高，以及行业人才数量的激增，修脚行业迎来了史上发展最快的 20 年。在传统“两派三大路”的基础上，中国各地域的修脚术演变也在快速发展，涌现出了各具特色的新技术、新门类、新探索、新发展，蓬勃发展之势，正是行业之大幸事。

新派修脚熠熠生辉

有时候，时代在选择人；有时候，人的能动性在创造新的时代。

2004 年，在中国东北，在黄渤海明珠——大连，诞生了如今享誉全国的著名行业标杆——朋朋修脚。创始人高广东以初生牛犊不怕虎的闯劲儿，进入中国修脚界，以其刻苦钻研、严谨求实的态度，深耕修脚行业，以大连—鞍山—沈阳—长春为轴线，根据北方人足部护理特点，研究剖析几万个案例，最终趟出了一条属于当今时代修脚人的一条新路，被誉为新派修脚，也称华派修脚。

作为中国修脚史上崭新门类新派修脚的开山者，高广东说，在前人经验基础上的探索是枯燥的，更是艰难的，要革新需要勇气，更需要底气，是顾客一双双渴盼的眼睛，促使他不断学习，终成一派。

他说，朋朋最早的修脚技法，最初走的也是传统路线，跟扬州派相似，从修、刮、捏开始。但后来，随着对修脚行业的熟悉，高广东心中涌动着一个大胆的梦：博采众长，改革创新，创建新流派。

首先，高广东在修脚刀具上改革：其他流派修脚都是一把刀用到底，而他修脚采用的是一次性刀片，专人专用。

朋朋修脚使用的新式刀具源于高广东的一次修脚实践。一天下午，高广东正在为顾客修脚，来了一个女客户咨询有关灰指甲的事。这位女客户看了一会儿高广东的修脚服务，语重心长地说："小伙子，你的手艺确实不错，服务态度也好，我很想在你这儿把我的灰指甲治好，可是有点不放心……"

"大姐，哪儿不放心？请指教，我们马上就改。"高广东真诚地说。"你用的这个刀我不放心，万一没消毒好，可不是闹着玩的。如果是一次性的或者专人专用的刀，哪怕贵一些，我也愿意……"

高广东想，这样的顾客一定还有不少。很快，朋朋修脚采用了手术刀片，一人一片，一客一换。这种新式刀具的改革消除了一些顾客的顾虑，避免了交叉感染，使客流量大增，后被业界资深大师、新闻媒体誉为"新派修脚"。

其次，高广东将现代医学和西方的生物技术融合到修脚行业中。新派是医学派，一次性手术刀片，对于一次性修脚客人，用完即止，回收处理；对于会员修脚，修脚店为其设置了严格的专属保管，专人专刀。高广东研发的手术刀不是简单的一次性刀具，而是一种自主研发的整套工具，需要经过专业技术培训才能掌握。手术刀修脚，不仅是"兵器"的变化，也是一种理念的颠覆，高广东改变了传统修脚业在人们心目中的形象。

最后，新派是科学派，开宗立派代表行业技艺的发展趋势和发展方向。高广东非常注重足护理环境建设和科学体系建设，尤其是注重知识的学习与传播，以科学为依据，让修脚技师掌握医疗知识、生物科学知识，与当今时代最先进国家的足护理知识和技能相融合，传播先进养护知识，解决顾客足部困扰。自2017年开始，高广东不遗余力地推广"医技结合"，在这条路上持续深入探索。

当顾客走进朋朋修脚店时，会发现门店保留了人们所熟知的美容院与医院的某些特征，让人感到温馨，也会有点严谨和肃穆的心理暗示，多功能座椅及医疗器械推车是参照欧美足科医院的模式定做的，有科技感、时代感。

如果说扬州修脚的关键词是传统、舒适，北京修脚的关键词是专业、解决问题，那么新派修脚的关键词则是科学、人性化、不断超越。

新派的创立，也需要不断打磨，百炼成钢的每一次淬火都是一次飞跃。在高广东眼里，新派修脚的创新与探索永无止境；未来，在路上。

2014 年，得知曾是两届全国人大代表、全国劳动模范的大连修脚大师戚其范因守孝道而赋闲在家，高广东决定高薪聘请其出任技术总监，这对朋朋的技艺又是锦上添花。朋朋的修脚技法从中国传统中来，却没有止于传统，新派修脚技艺的诞生填补了五千年来脚文化的多项空白。

将“两派三大路”的修脚技法融会贯通，创造出自成一派的“刀具一次性，专人专用”的现代修脚新理念，这是高广东创立新派的前奏。在继承发扬中华悠久历史传统的同时，高广东一直关注西方先进的护足理念。

2017 年、2018 年，高广东连续两年率代表团赴德国学习、交流，这是中国修脚团队第一个组团集体走出国门学习西方先进的护足理念，从而创造历史，震惊了西方媒体，为修脚人进入医学足部护理领域开辟了一条成长之路。

第二章
创业维艰百事辛

苦与难，是人生常态。不管是一个人的成长，还是一家企业的成长，过程中总会伴随着阵痛。作为创业家，高广东将每一次磨砺都视为对自己的考验。朋朋风风雨雨走过 15 年，走过了一路泥泞，迎来了一路芬芳。

2010 年，本书主创团队成员就与高广东、冯鹤结识，有幸见证了朋朋 10 年来阔步发展的风雨兼程，一路陪伴，一路记录，更是一路学习。笔者饱含无限真情去复盘这段真实的创业史，以期给奔走在创业路上的伙伴们一些启示。

01 向竹子学习，将根扎进泥土

中华汉字文化中，名字包含着丰富的内涵，名字伴随人一生一世。人从呱呱坠地，便有了自己的名字，并带着它进入社会活动。名字是一个符号，它的直接功能便是作为名字所有者与他人相区别且独有的代表符号。

品牌名称亦是如此。品牌名称是帮助客户识别和区分一种产品或服务的品牌元素之一，对于一个品牌名的选择确定来说是非常重要的，它是企业的无形资产。

一个优秀的品牌名称应该至少具备 5 个特征：独一无二的，可扩展，容易阅读、识别和记忆，能够体现企业文化或者有意义的故事，拥有商标和法律保护等权益。

著名策划人叶茂中说，在营销中，要想取一个价值 10 亿元的品牌名，首要解决的是认知上的冲突，让消费者能够一下子想起你是谁，记住你是谁，这是一个优质品牌名的基础门槛。

对照以上两个版本的标准，高广东也分享了“华连生”和“朋朋”这两个品牌名称的良苦用心。华连生是集团名称，朋朋修脚是连锁品牌的名称。在实际使用中，华连生·朋朋修脚经常是双品牌共同出现。

第 7042670 号

商标注册证

朋朋

核定服务项目(第 44 类)

注册人

注册地址

注册有效期限

局长签发 李建昌

商标局

朋朋的第一个商标是 2010 年注册成功的。

朋朋修脚的 LOGO 形似脚印，又像是朋友的“朋”字，华连生三个汉字在底部，简单、形象，朗朗上口。品牌名的本质都是为了降低传播成本，只有被记住了，才有被传播的可能性。从这一点说，朋朋修脚是成功的。

高广东说，取这个名字是因为修脚起源于中华，朋朋修脚诞生在大连，有“中华大连诞生”之意，他立志和客户成为永远的朋友。品牌名称和 LOGO 相互融合，通过简洁的视觉传达，能够体现公司企业文化或者有意义的故事。

高广东具有非常强烈执着的商标意识。2008年，他向国家商标总局提出申请注册“朋朋”商标，2010年获批；此后又陆续在国家工商总局成功注册了多个商标。

高广东注册的各类商标多达上百个，注册门类之广、全球地域之广，在同行业中恐无人能及。曾经有人形容说，2008年至今，高广东注册商标的投入累积起来已经可以买一辆奥迪轿车了。

对于高广东而言，商标就像是收藏品，而他就是一位懂行货的收藏家。收藏于旗下的诸多商标中不乏珍品，其中，“足界”二字的分量不言而喻。善于讲故事的高广东，已经把朋朋注册商标的故事无私地分享给很多人，在推广和普及商标法、商标知识的道路上，他甘做一个义务宣传员。

有了称心如意的名字，有了良好的开端，并不意味着创业之路就是一帆风顺的。在官方可以查阅的朋朋修脚创业史中，2004年至2011年间的记录和资料相对较少，在与创业元老级员工的采访和对话中，一些往事浮出水面：

2004年9月19日，朋朋修脚第一家店开业；

2005年3月3日，朋朋修脚第二家店香工街店开业；

2006年春天，朋朋修脚第三家店在三八广场店开业；

2009年，公司走出推广战略第一步，在大连市多家三甲医院做形象广告并持续至今；

2010年6月，大连朋朋生物科技有限公司注册成立；

2010年起至今，多名合作伙伴及国内同仁专程乘飞机到大连学习修脚和开店经验，同年公司研发的系列护足产品相继上市；

2011年是事业发展迈上新台阶的一年，当年9月，朋朋修脚应邀参加广州美博会，前往深圳、香港与同行交流、洽谈合作；10月，公司启动品牌建设工程，所有门店实行统一化、标准化。

照观朋朋修脚15年的创业史，与竹子的成长颇有相似之处。

竹子的生长过程很有特点，初期阶段生长非常缓慢，4年仅仅长了3厘米；从第5年开始，以每天30~40厘米的速度疯狂地生长，仅仅需一个多月时间就能长到15米甚至更高。

竹子的成长周期可以大致划分为地下竹笋期、地上幼竹期、成竹期。在前面的4年里，竹子的根在土壤里延伸，根系疯狂发育，将来它所有的生长动力都来自地下那个四通八达的根系系统，发达的根系可以在方圆几平方公里的土壤里获取需要的营养和水分；一旦根系发达后，幼竹的生长速度会很快。

做人、做事、创业亦是如此，不要担心你现在的付出得不到回报，因为这些付出都是为了扎根。人生需要储备，多少人没熬过那最初的 4 年和无人问津的 3 厘米而抱憾终身！

朋朋 15 年成长历程中，前一半都是在向内生发、积蓄能量。2008 年前，朋朋修脚的连锁店仅十余家，经营状况一般，各种问题不少。后来，高广东痛下决心进行自我革新，在国家工商总局注册了“朋朋”“华连生”两个品牌商标，又通过员工持股、帮扶员工创业的合作方式，吸纳进城务工青年和城市待业青年及大学毕业生，使一大批“80 后”“90 后”青年加盟朋朋。这些措施使得朋朋在 2012 年、2013 年、2014 年连续三年保持了 50% 的复合式增长。

截至 2019 年 10 月，朋朋在全国的门店数量超过 400 家，大连、沈阳两座城市的门店数都已经接近 90 家。

作为朋朋修脚的大本营，大连区域负责人吴永杰说：“今年，朋朋修脚迎来 15 周年，回望 15 年不平凡的发展历程，我们大连团队唯有‘不忘初心、矢志不渝’，按照公司领导人确定的战略，稳步前进、步步为营，将朋朋的事业不断推向前进！”面向未来，吴永杰信心满满地说：“行动是成功的阶梯，在高会长、冯总的指引下，干就完了。朋朋家人们加油，相信我们的事业一定会像竹子一样，节节高！”

朋朋修脚大连区负责人吴永杰。

02 激情点燃梦想，打造创业班底

人是第一生产力，奋斗者是企业最宝贵的财富。

朋朋修脚 15 年高质量发展，离不开一支目标一致、敢打敢拼的团队，高广东是军事迷，他跟党学智慧、向解放军学习，打造了一支有激情、有梦想、有战斗力的“朋家军”。

如果把朋朋修脚15年发展史拍成一部电视剧的话，从2004年开始，随着男一号高广东、女一号冯鹤剧情的徐徐拉开；高广东扮演着用自己的无限激情帮助众人点燃梦想的“火炬手”的角色；很多演员也陆续在故事中登场，有的人走着走着就迷失了，迷失在大千世界中，有的人一直坚定地追随两位创始人走到了今天，在集团中扮演着重要角色。

从加入朋朋的那一刻起，他们的名字就和朋朋绑在了一起，他们就是与朋朋同呼吸共命运的家人。成长在朋朋，有人从居无定所的打工仔变成了收入稳定的技师，有人从刚毕业的大学生成长为事业合伙人，有人从普通文员成长为集团高管……他们和朋朋一起经历风雨，一同迎接风雨后的彩虹。朋朋是奋斗者展现才华施展抱负的舞台，是奋斗者团结协作共赢未来的家园。

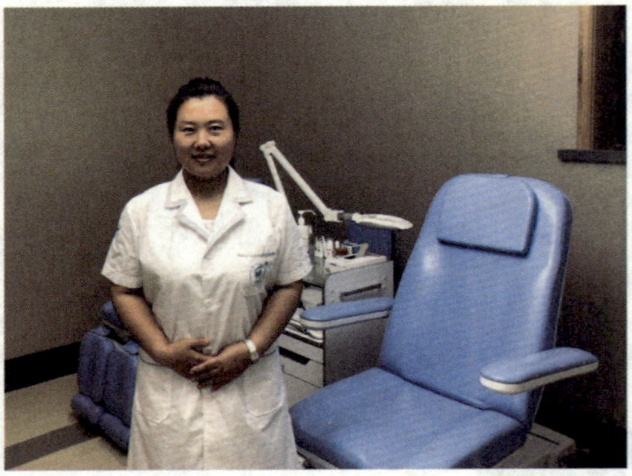

杨平是第一位入职的朋朋人，目前担任集团培训部的培训导师。

“朋家军”中最早的成员是杨平。2004年9月19日新店开业后，店里一共有7个人，除了高广东、冯鹤，还招募了5人，其中一位就是杨平。杨平和冯鹤是表姐妹，她们年龄相仿，一起长大。冯鹤到大连学艺的时候，杨平在沈阳一家药房做销售员。2004年，冯鹤在大连站稳脚跟后，就把在老家打零工的杨平也感召到大连，在星海湾附近一家酒店做服务员，每月的工资是500元。

唐山街店开业后，高广东和冯鹤请杨平到店里来上班，每个月工资600元。就这样，杨平来到唐山街店开始学习修脚。杨平是个胆大心细的姑娘，学了很短的时间就能给顾客修脚了，而且手上很有分寸感，这也让她树立起了信心。从2004年加入朋朋以后，除了短暂时间没有上班外，杨平都是朋朋修脚在不同时期的主力。随着公司的迅猛发展，杨平也在变换着工作岗位，从技师、店长再到培训老师、校长。现在，杨平是华连生科技集团培训部的培训导师，用她15年积累的一线实操经验和自我学习沉淀下来的业务知识，为集团后备人才的培养做出了巨大贡献。

2019 年，经公司和各级工会推选，杨平获评大连市劳动模范。得到了更高的荣誉与认可，她始终抱着一颗平常心，在教学的岗位上孜孜以求，为朋朋输送好的学苗，源源不断地为公司注入新的活力。

2019 年 5 月，杨平获评大连市劳动模范。

在年会上，在培训学校的毕业典礼上，高广东曾经不止一次地当着数百人的面给杨平深深鞠躬，表达他对公司元老的敬意、爱意与谢意。在高广东的心里，每一位老员工都是集团这座大厦最基层、最稳固、最可靠的根基，创始人的深深一躬，是礼遇，是榜样，是指引。

在较早一批“朋家军”中，还有王化武。王化武和高广东是表兄弟。2006 年 4 月，从部队转业的王化武进入朋朋学习修脚，后来王化武将自己的战友王征介绍到了朋朋团队中。

张录叶，是朋朋修脚鞍海辽分公司的掌舵人，是在朋朋这艘大船上成长起来的巾帼榜样。她，也是“朋家军”的元老。

2006 年 3 月 1 日，张录叶跟随高广东的母亲从老家来到大连，从此与修脚结下了一生的缘分。最初学修脚的时候，张录叶在心里还不能完全接受，她从小学习就比较好，当时希望回去继续读书，将来考大学。

看到张录叶的思想波动，高广东就给她鼓劲儿，描绘未来的大好前途，“你信不信，用不了几年，你就能开几家店，你就开着车，当老板，巡店……”

2019 年 6 月 13 日，杨平（右）将获评大连市劳动模范得到的 1 万元奖金捐给大连市慈善总会。爱心企业纷纷捐款，建立“关爱老兵”基金。

当时，高广东的话没有几个人相信，但是这些都一一成真了。张录叶和王征结婚后到鞍山发展。2019 年，张录叶和王征所经营管理的门店已经达到 24 家。2019 年 7 月，王征被评为全国模范退役军人，众多媒体纷纷报道，高广东的预言真的实现了！

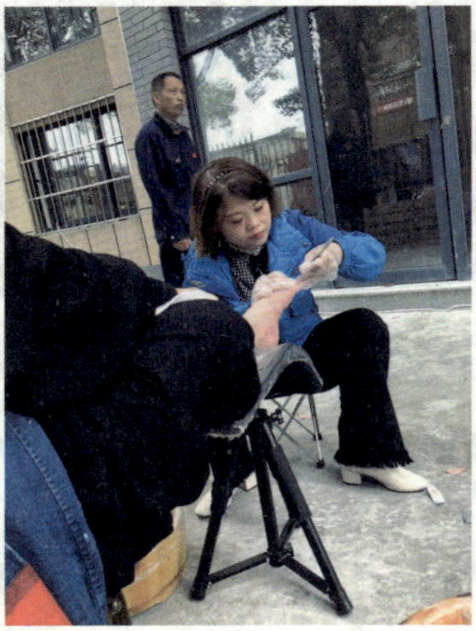

张录叶在给老人义务修脚。

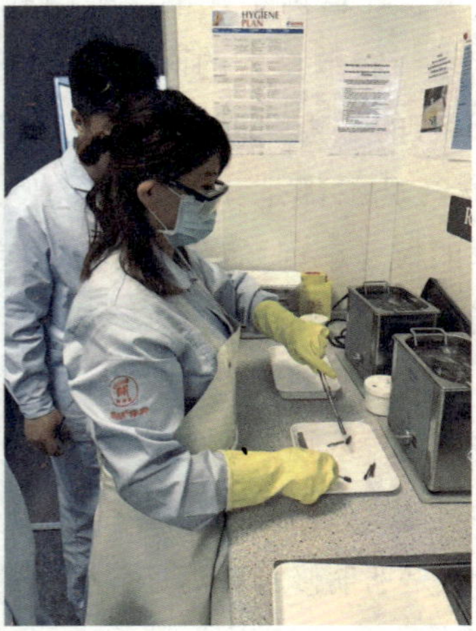

张录叶是最早的“朋家军”成员。为了提升自己，她赴德国学习修脚术。

2008 年，高广伟、马迪、黄文爽先后加入“朋家军”，成为现在朋朋修脚在大连总部和全国主要分公司的重要班底。在第一批元老的基础上，团队不断壮大，形成了今天 1000 多人的规模。

马迪（左三）、黄文爽（右四）、高广伟（右三）都是公司的元老，目前仍是朋朋各岗位上的骨干力量。（图片拍摄于 2006 年）

03 朋朋的一万小时定律

一万小时定律是著名作家格拉德威尔在《异类》一书中提出的定律。“人们眼中的天才之所以卓越非凡，并非天资超人一等，而是付出了持续不断的努力。一万小时的锤炼是任何人从平凡变成世界级大师的必要条件。”格拉德威尔将此称为“一万小时定律”。

要成为某个领域的专家，需要10000小时，按比例计算就是：如果每天工作8小时，每周工作5天，那么成为一个领域的专家至少需要5年。

在从学徒到专家的路上，从打工仔到企业经营管理者的路上，高广东坚定地走了5年。2004年至2009年，5年的千锤百炼，让朋朋活了下来，并活出了精彩。

作为服务行业的一个细分领域，朋朋修脚能够立足于市场、立足于行业，依靠的不仅仅是创始人的远见和勤奋，不仅仅是修脚刀的更新换代，更需要专注与敬业的态度，以及技术研发与服务体系的建立，这才是赢得市场、赢得客户信任的事业基石。

修脚，在常人看来，就是剪剪指甲、刮刮脚皮的事儿。在做足疗的过程中，高广东也曾经这么以为。可是，很快他就发现自己错了，开始琢磨替人修脚这门行当。

很多人觉得修脚就是用指甲剪修修指甲，或者去点老茧、死皮，其实这里面有很多技术和学问。脚部护理常识没有普及，许多人有了脚病就乱投医。

高广东发现，修脚行业人员流动性太大，服务不规范，灰指甲很常见。很多人虽然有修脚的需求，却排斥洗浴中心的卫生状况和黑乎乎的刀片。于是，开一家专门的标准化修脚店的想法在不满20岁的青年高广东心中萌生。

朋朋修脚的前身是灰指甲治疗中心，从代理一些产品开始过渡到修脚。高广东用了5年时间，建立起了一整套标准化的服务体系，夯实了事业发展的基石。2009年，朋朋发展模式基本成型，商标也注册完毕，一切准备就绪。

修脚刀革命

从轮轴转的修脚刀到专人专用的一次性刀片，这一步看似简单，却走了几千年。2004年10月，高广东下定决心来完成这历史性的革命。

以前，修脚刀大都是方口或者圆口的。修脚师傅一把刀服务所有顾客，所谓的消毒也仅仅是擦拭一下，好一点的会用热水煮一煮。从卫生的角度来说，这显然无法满足人们日益强烈的卫生服务要求。所以，修脚刀改革势在必行。

不用修脚刀，用什么给顾客修脚呢？否定一个具有年代感的工具容易，用什么来替代它呢？高广东苦苦思索，在网上查阅各种资料，到很多同行、医疗机构去观摩学习，联系修脚刀的生产厂家，最终从刮胡刀片上得到启发。他要找一款可以替代修脚刀的工具 —— 一次性刀片。

在寻找这款刀片的时候，高广东费了不少力气。因为市场上根本就没有他想要的这款一次性刀片；即使有，刀片如何操作，这都是未解之谜。无奈之下，高广东决定跳出刀片的局限，系统性研究修脚工具，按照他心目中的设想，将刀片、刀柄、工具盒等画了出来，找到加工厂，按照他的需求生产出了第一套带有朋朋标志的一次性刀片，可以做到专人专用，用完之后将刀片拆下来扔掉即可。

现在，一次性刀具又历经了多次改进创新，让修脚技术操作更方便，顾客的体验感更舒服。

服务体系建设

2010 年之前，尽管有修脚的需求，人们的足部问题也很多；但是因为宣传倡导不够、人们的足部保健意识不强等原因，修脚行业尚未被撬动，市场还非常小，从业人数不及现在的 1/5，整个行业的从业水准亟待提升。

产品有了，刀具也有了，如何将产品+刀具+服务+售后跟踪有机结合起来，在当时没有成熟模式，顾客的消费体验不好。立志于在修脚行业干出一番作为的高广东，决定要重塑行业形象，打造标准、规范的服务体系。他首先从自己的门店开始，创建一套可以复制的系统。

经过一年的磨合，高广东总结出朋朋修脚的第一套服务体系，从技术培训、迎宾话术、倾听顾客诉求到价格公示、泡脚、修脚、修后服务的每一个环节，都做了详细的规定。这样，既能满足顾客的知情权，又能理顺内部管理，一举多得。

优化环境

引领刀具革命之后，高广东在让修脚环境更加专业、更显温馨上花了不少心思。他经常去牙科诊所体验那里的诊疗环境，回来之后琢磨如何改进门店的环境。

那时候，修脚门店面积都不大，最大的只有三五十平方米，每个店的投资预算也都很低，想在局促的环境里营造出理想的氛围的确有难度。

即使是这样，高广东也没有放弃对环境的改善。他首先要求门店保持干净、卫生、整洁，其次从局部和细节入手，从修脚椅的颜色、功能性入手，寻找让顾客感到舒适的可调整高度、靠背的修脚椅。从开业至今，修脚椅已经换过至少 10 个样式了，只要工厂制造出最新款的修脚椅，他一定是第一个尝试者。

修脚技师的服装，也是高广东用心钻研的细节。他设计了很多款工装，既要满足技师工作时的便利性，又要让顾客感到视觉上的舒适，尤其是体现出门店和技师的专业性，从整体上营造出朋朋修脚专业、人性化的品牌认知。

在一点点改进中，朋朋修脚的标准化体系也日渐清晰，复制性更强、执行力更高，这也为朋朋修脚日后快速复制打下了坚实的基础。

万丈高楼平地起，基础不牢，事业不稳。修脚行业如此，相信其他行业亦是如此。每每有人问起创业成功的秘诀，高广东都会说，品牌是有成长周期的，拿出 5 年时间，在这个行业真正干足 10000 小时，把基础打牢固了，这是第一条。

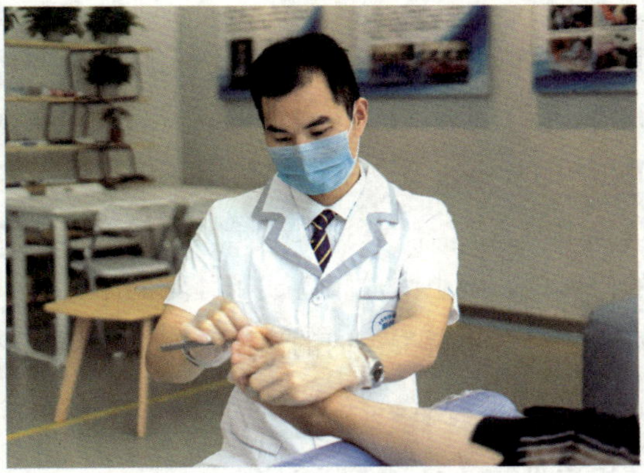

朋朋修脚技师身着干净整洁的职业装为顾客服务。

04 打造合伙人模式

人总会在某一个特定时刻，在特定场景里触景生情。

事业也不会总是顺风顺水，总有波折起伏，曲线上升。

2019 年 3 月 5 日 23 时 24 分，高广东在微信朋友圈里发了一段随想，引来深夜难眠的好友们一连串的留言，其中一段是与大连锁具行业领军人物、小兔子乖乖创始人张清水的对话。

“不管疲惫的双脚走了多少弯路，磨了多少老茧和鸡眼，都只为绚丽的绽放。人生的每一步都走在九曲十八弯中，是挣扎？是否定？还是执着？每一小段看起来都不那么起眼，但是串联起来，是意想不到的美。要是直直的，你试试……”

张清水：在面对和妥协中，每条路都是曲折的，也因为曲折才不同，才更美好……

高广东：是的，曲折有大有小，绽放的光芒也有大有小，相辅相成。

张清水：创业者好多路异曲同工……

高广东：朋朋人就是这样一路坚实地走过来的，每天在不屈的精神状态下迎接着各种形式的挑战。

现在，我们可以坐在电脑前，一边品茗一边书写朋朋光辉的成长史，怀着崇拜的心情在复盘朋朋的成功轨迹。

朋朋就像一叶扁舟飘荡在一望无际的大海上，时而有狂风巨浪，时而有瓢泼大雨。作为这叶小舟的舵手，高广东没有任何经验可循，唯一能够支撑他突出重围的，就是心中的那股必胜的信念。只有信念可以鼓劲壮胆，是自我疗伤的精神食粮。

但对追随者来说，谈理想、谈信念犹如水中花、镜中月，只能是画饼充饥。因此，很多人中途下船，跌入茫茫大海，唯有忠实的支持者还追随着高广东。

发生在2005年的一段生病打点滴的故事，高广东记忆犹新，每次讲起来，他都感慨一番。当时，他和冯鹤就住在唐山街店里，一套沙发椅是从香炉礁旧货市场买来的，白天折叠起来就当作顾客用的修脚椅，晚上平放下就成了睡觉的床。有一次高广东发高烧，他舍不得到大医院去看病，也舍不得去市内的诊所治疗。听顾客说城乡接合部南关岭一带的诊所很便宜，高广东就强忍着头疼，坐一个多小时的公交车到南关岭去打点滴，来回大半天的时间仅仅就是为了省几十块钱。

那段时间，为了生计，为了门店生意，每分钱都得精打细算。高广东至今记得，炒菜用的食用油是坐613路公交车去春柳的大商新玛特超市买的，因为新店开业，大桶油很便宜，就坐车去买了两桶，囤了起来。

嚼着菜根，百事可成。后来朋朋所发生的一系列的故事，也印证了这一点。任我们有多么丰富的想象力，都无法回到那个环顾四茫茫、硬着头皮往前闯的创业年代，无法还原高广东带领“朋家军”在险象环生的市场中刺刀见血搏杀的场景。有资格说“我经历过”的，也只有高广东和冯鹤两位创始人。

回望2011年之前的朋朋修脚，也是多次面临生死抉择，十分凶险，混沌过，迷茫过，燃起的星星之火，随时都有覆灭的可能。

从2004年9月开第一家店，到2008年在大连市内、开发区、普兰店开了近10家店，因为扩张太快，朋朋修脚的管理出现了一些问题，有的店因为经营不善被迫关门，有的骨干也离职了。当时的经营模式很乱，有的是加盟店，有的是直营店，有的店甚至被反复转手过好几次，有的店因是承包模式而无法统一管理，各店的经营质量也不尽相同。

2010年，高广东、冯鹤决定将每个现存的店的产权进行确权，能卖的店卖给同伴，他们只留下唐山街和交通大学两个门店，主要由冯鹤管理。

2008年至2011年，这三年是高广东和冯鹤充电学习、沉淀自己、转换思路的重要三年，也是颇为煎熬的三年。就像武侠小说里设计的情节一样，武功遇到瓶颈的时候就要闭关修炼“神功”或者四处拜师学艺，高广东选择的是后者。

2012年，朋朋修脚迎来了转机，高广东打破加盟、直营的模式，创造了店长入股的合伙人模式——投资人入股一家门店并担任该店店长，负责门店日常事宜，门店由公司直管。

第一个尝试以合伙人模式合作的门店是大连会展中心店，第一个与公司合伙的人是马迪，时间是2013年3月。又是一个充满希望的春天，这一次，高广东探索出的模式被证明是最有效的，模式的创新成就了今天的朋朋修脚。

马迪是朋朋第一位正式合伙人，是最早的“朋家军”成员之一，目前在集团财务部任职，在朋朋实现了买车、买房的梦想。

第三章

扬帆出海闯世界

在历史书上，我们都学过“麦哲伦环球航行”“哥伦布发现新大陆”的历史，探险家、航海家麦哲伦和哥伦布勇敢地驾船出海，与风雨搏击，为人类发现了新大陆。这种开拓精神，是开创事业所必备的。

大多数人都喜欢大海，喜欢大海的博大胸怀，喜欢大海的汹涌澎湃。高广东也是如此。大海是浩瀚无边的，朋朋的事业也一定要走出大连这个原点、走出东北，走向更为广阔的天地。在完成团队组建、模式更新之后，朋朋也要走出新的一步，为朋朋人提供更广阔的舞台。

01 打造事业发展双引擎

商业模式，是近年来的高频词汇。在创业课堂上，在创业者与创业者、企业家与企业家的交流言谈间，很多人言必称商业模式，仿佛商业模式就是通往成功大门的那把金钥匙，仿佛找到一种商业模式就成功一半了。真是这样吗？纸上谈兵和实战操练可是两码事儿！

商业模式，这个被大家用烂了的词汇，是管理学中的一个名词。可以这样理解：商业模式是管理学的重要研究对象之一，MBA、EMBA 等主流商业管理课程均对“商业模式”给予了不同程度的关注；在分析商业模式过程中，主要关注一类企业在市场中与用户、供应商、其他合作伙伴的关系，尤其是彼此间的物流、信息流和资金流。

其实，用最通俗的话来解释，商业模式就是公司通过什么途径或方式来赚钱。这是每个创业者都会拼命思考的问题，高广东也不例外。2010 年前后，他想得最多的也是“公司靠什么赚钱”的问题，他不仅仅停留在思考的阶段，也果断地采取了行动。

2010 年，历经 6 年磨砺，朋朋修脚度过了最艰难的生存期，找到了发力的方向，驶上了健康发展的车道。那时，朋朋修脚的门店已经从大连延伸到了北京、鞍山等城市，门店装修、装饰风格几经变化，也相对稳定了。一个最显著的变化是，朋朋修脚的商标已经得到了国家工商总局的审批，商标证书拿到手了，门头上“朋朋”两个字的右上角可以加上®了，这个®向世人宣告朋朋修脚的所属关系。

第一次看到那个小小的圆圈 R 被镶到门头牌匾上时，高广东按捺不住内心的兴奋，看了又看。在他心里，朋朋这两个字就是公司最重要的品牌资产，手握朋朋的商标，可以放开拳脚好好干一番事业了！

在公司发展史上，2010 年有着极其重要的节点意义，一家志在做行业领导品牌的企业，单店连锁模式是远远不够的。高广东用了 6 年时间，一直在不停地试错，不停地变换车道，苦苦找寻属于自己的发展路径。

在开店之初，高广东曾做过代理某品牌产品赚取差价的业务。实践证明，在无序的市场里，在产品性能高度雷同的竞争环境里，代理别人的产品只能是赚点蝇头小利，只是在为他人做嫁衣，在没有强有力品牌支撑和足够大市场规模做保障的前提下，赚差价的生意是很难赚到钱的。

这一年，高广东经过不断的学习，在企业准备要振翅腾飞的关键时点做出一个现在看来非常有战略眼光的决策——成立生物科技公司，研发配套产品，前端发展门店，后端依托工厂研发护足产品，两端相互拉动，两翼齐飞，创造一体两翼协同发展的双引擎模式。

2010 年 6 月，高广东注册成立大连朋朋生物科技有限公司，在工商局注册的经营范围涵盖生物制品的研发、消毒灭菌产品的研发、化工产品、医疗器械、机械设备的研发、销售及相关技术服务以及货物、技术进出口等。

科技公司注册成立后，与行业实力雄厚的企业达成战略合作，优势互补。2010 年，公司研发的系列护足产品相继上市，不再受制于常规产品供应商。这样一来，门店在产品方面有了价格优势、品牌优势和供应链配送优势，店里技师的信心更足了。

2012 年 1 月，高广东前往郑州组建郑州分公司，并顺利办理省卫生厅相关生产许可证。

探索的路上，免不了摔跤跌跟头，朋朋每往前迈出一小步，都是摔得鼻青脸肿后痛定思痛做出的改变，曾经的教训都变成了经验，高广东也愿意无私地分享给同行。在他看来，能用自己的经验帮助同行少走点弯路，恰恰证明了自己的价值，因此他非常乐意并毫无保留地分享自己的心得体会。

一时间，朋朋修脚在行业中异军突起，引来同行业的关注。也是在 2010 年，多名合作伙伴及国内同仁专程乘飞机到大连学习修脚和开店经验。从那时起，大连开始成为中国修脚行业文化交流的重要城市之一。时至今日，经过近 10 年的不断努力，在修脚行业，大连已经可以与北京、扬州等城市齐名。

02 只有观世界，才有世界观

因为有了互联网，地球变成了一个村。

高广东经常上网浏览信息，这也促使他有了紧迫感。2010 年，公司内部进入良性发展阶段，高广东有了更多的时间和精力学习和了解同行以及产业链上下游的企业都在干什么。

2011 年，是朋朋修脚坚决奉行走出去战略的一年。这一年，高广东、冯鹤经常出差，他们决定要走出大连、走出东北甚至要走出北方，一定要到发展最好的地方去看一看。这一年，除了北京，他们更多地到广州、深圳、香港，可以说大开眼界。

北京，是我国的政治中心、文化中心、国际交往中心、科技创新中心，是各行各业精英荟萃之地。同样，北京也有不少修脚行业最优秀的人才，很多修脚店都经营得风生水起。高广东有时专程到北京，找到修脚店一待就是大半天。他以顾客的身份亲身感受北京修脚行业的发展，也结识了不少行业精英。

有一家店是高广东每次进京必到的地方——北京清华池。始建于 1905 年的清华池是北京乃至全国都享有盛誉的百年老店，是每一位修脚人梦寐以求的学习地方。百年清华池不仅以技术驰名，对于刀具和平时耗材的消杀工作也一丝不苟，独立的消毒室有专人负责消毒并分发相关耗材，值得行业推广。

高广东早就听说清华池首席专家、非物质文化遗产传承人、中华传统技艺修脚大师王建生老师，技艺高超，低调随和，很想拜会王老师。

2011 年 6 月 1 日，朋朋修脚连锁店单体最大店面北京市管庄店正式开业，投资人是毕海燕、毕海娇姐妹俩。从此，朋朋修脚在祖国的首都有了一家体面的门店，这是最令朋朋人欢欣鼓舞的。

2011 年 6 月，朋朋修脚北京市管庄店开业，门牌上“朋朋”两个字的右上角已经有了®。冯鹤（左三）、毕海燕（中间）、高广伟（右一）与大家合影。

2011 年 9 月，朋朋修脚受邀参加广州美博会，并前往深圳和香港与同行交流、洽谈合作。广州美博会是广州国际美容美发化妆用品进出口博览会的简称，创办于 1989 年，1996 年以来每年举办两届，至 2012 年 3 月已成功举办了 36 届。

2012 年 3 月，高广东和冯鹤受北京中艾堂公司邀请前往广州美博会，同时赴我国香港地区，与香港足部护理行业负责人洽谈将业务引进内地。此次南国之行，给两位创始人留下了极其深刻的印象。

03 果断踩下刹车

人非圣贤，孰能无过。

走过创业初始阶段的企业家，大都尝试过多种经营的模式，看到商机就想去尝试一把，看到蛋糕就想去分一块，身处其中的人往往没有太多辨别力。有的人歪打正着，赚了一笔；有的人误入歧途，血本无归；还有的人浅尝辄止，全身而退。

在朋朋修脚创业历史中，也有一段有意思的小插曲。2010 年注册公司后，高广东也有过短暂的混乱期，在经营修脚主业的同时，他瞄上了一个重要商机——滋补保健品市场。

“今年过节不收礼，收礼只收脑白金！”伴随着两位动漫老人的“迪斯科”，这句广告词成为当年的流行语，今天仍有人提及。这个广告也引爆了一个行业，滋补保健品市场达到空前繁荣，广告传播达到甚至超过了广告主的预期，富起来的人们更加重视对身体的滋养，更舍得花大笔钱投资健康，各种名目繁多的滋补保健类产品涌向市场，很多人投身于这个领域。

就在这一年，高广东瞅准时机，找到了一款保健产品——林蛙油。林蛙油又被称为雪蛤，是中国著名的集药用、滋补和美容于一体的经济蛙种，具有独特的“补肾益精、润肺养阴”之功效，高广东家乡附近就是林蛙油的产区之一，夏天入夜后，可以听到蛙声一片，走在小路上，经常看到在溪间与路间蹦跳穿越的蛙类。

在调研完市场需求后，高广东找到东北一家公司采购了一批林蛙油礼盒，成为林蛙油的大连市场代理商。林蛙油系列产品价格不菲，每盒在几百元至数千元不等，售价高，利润也高。在商场里，林蛙油是比海参还要高端的滋补佳品。

2011 年，公司在西岗区唐山街附近租下了一套房子，这是公司第一间正式的办公室，两居室的房子面积不大，其中的一间用作员工宿舍，留下一大间作为办公室。为了降低租房成本，高广东一房多用，除了办公之外，还将公司打造成为“朋朋养生雪蛤专营店”，买了一台冰柜用于存储和销售林蛙油，公司办公室里的货架上、仓库里也堆放着不少高档礼盒。

为了销售林蛙油，高广东可谓煞费苦心，把他的很多策划与销售策略运用个遍。公司门口就是一条窄窄的巷子，50 米外就是一所中学，每天接送孩子上下学的家长都会经过公司门口，用现在时兴的话说，那条巷子的“流量”不可低估，而且潜在客户的质量很高。如果抓住了这群客户，林蛙油的销售就能得到保障。

广告意识非常敏锐的高广东打起了墙体户外广告的主意，他把墙体粉刷为水泥色，在 10 多米宽的墙体上设计了一个门头，黑色的格栅为底，上面写了“朋朋养生林蛙油”七个大字，“林蛙油”这三个字的字号更大一些。此外，还在墙体上做了图文并茂的喷绘广告，介绍林蛙油的功效。

高广东在墙角挂上了夜间闪光的 LED 电子招牌，以此招徕生意，从唐山街主道路过的行人和车辆，都能看到。后来，他又请人把绿色的墙体粉刷为更为鲜亮的黄色，将“朋朋养生林蛙油”的门头招牌衬托得更为显著和耀眼。

高广东对新生事物有着天然的好奇与探索欲望，他是“触网”比较早的一批人，很早就学会了使用互联网和 QQ。他在刊登商业信息的网站上也发布了林蛙油的信息，有大干一场的架势，至今在网上还能找到一些相关的文字介绍。

所谓干一行通一行，那段时间，高广东也下了不少功夫来研究林蛙油。遇到对林蛙油感兴趣的人，高广东除了介绍产品外，也给他们普及林蛙的知识，能讲出很多产品功效之外的故事来。通过努力，在近两年的时间里，高广东也卖出了一些林蛙油产品，不少是复购的老客户，销售林蛙油的收入也渐渐多了起来。

那段时间，朋朋修脚的事业已经开始走上坡路，很多人加入朋朋、追随朋朋，可以说未来前景一片大好，高广东也越来越忙，他要忙着选址、指导装修、配送产品、辅导开业……渐渐地，他觉得精力不够用了，一边是势头正劲的修脚主业，一边是好不容易打开市场、销量日增的林蛙油产品，到底该何去何从？该如何抉择？眼看到手的肉，高广东时常陷入矛盾之中。

那段时间，高广东参加了几次商业培训课，带着令他纠结的问题向老师求解。老师的建议是“专注做好一件事”。2013 年年初，高广东经过慎重权衡，及时踩下了刹车，果断地砍掉了林蛙油副业，投入 100% 精力确保修脚主业。

自 2013 年至今，朋朋修脚始终坚定地坚持发展主业，心无旁骛，这份专注、这份执着成就了今天的朋朋。当时，做出这一事关公司发展的战略抉择时，高广东还不到 30 岁，可以说是商界新兵。今天，站在商业管理的角度，再次回溯这段历史，高广东一定能讲出很多道理来。

至今，在QQ空间相册中，高广东还珍藏着几张“朋朋养生林蛙油”门头与产品的照片。对他来说，照片里记录的是一段深刻的记忆，与对错无关，与经历有关；它启迪着朋朋人，对行走在创业路上的年轻人，也是一堂关于商业抉择的创业课。

04 第一个五年规划

凡事预则立，不预则废。儒家经典名著《礼记》中的这句话，常常被引用，被奉为经典。

熟悉高广东的人，会经常听他讲朋朋的第一个五年规划、第二个五年规划。道理很简单，做到很难，难能可贵的是，他做出了规划并引领团队坚定地执行。

高广东经常引用的另一句话是：想到与得到中间还有两个字——做到。这句话出自《士兵突击》这部热门电视剧，意思就是首先要有理想、有目标，这个是想到；想达到自己的目标、实现理想，是得到；但是中间有一个过程，就是做到。只有经过了努力，有了实现理想、达到目标的过程，才能得到。

2011年，朋朋迎来了第一个高速发展年，企业越是在高速发展的时候，作为掌舵人，越应该有冷静的头脑。2011年下半年，高广东不止一次地提醒自己和团队，不仅要低头干活，还要学会抬头看路，他和冯鹤一起分析公司高速发展的原因、优势、劣势以及潜在风险。

分析得出的结论是：主客观原因都有。主观原因是历经7年厚积薄发，团队日趋成熟、模式日趋稳定；客观原因也很重要，进入21世纪后，人们对健康更加重视，这种保健意识的提升，催生壮大了很多细分行业，特别是进入21世纪的第二个十年，国家鼓励大力发展大健康产业，给足护理行业提供了一个快速发展的窗口期，这就是历史机遇，一定要抓住这个机遇。

回望7年前，可以证明高广东捕捉大势的敏锐眼光是非常独到的。他虽然没有很高的理论水平，但是作为处在市场最前沿的一线指挥官，他就像草原上的豹子一样，时刻保持敏锐的警觉，随时应对各种变化。

2011年，高广东的办公室还在大连市西岗区唐山街那间临界的门头房里，他把自己憋在几平方米的办公室里，在桌子上铺上纸和笔，一点点地勾勒朋朋的未来发展蓝图，画一张不满意就撕了重画，还不满意又撕掉再重画……

在没有前车可鉴的情况下，逼着自己静下来去想未来的事情，是一件极其烧脑的苦差事。做未来发展规划不是信马由缰随便乱画，是要审时度势、预见未来。苦恼的时候，高广东想到了国家这几十年走过的路，想到了国家的五年规划，他顿时有了感觉，要制订朋朋的第一个五年规划。

朋朋的第一个五年是 2012—2016 年，前四年每一年翻一番，第五年稳步发展；第二个五年是 2017—2021 年，开 800 家店，做好培训、VI 体系、运营体系，打造强大的管理团队；第三个五年规划是全国营业额 5 年翻 50 倍。

2012 年，朋朋在全国新增门店如雨后春笋般冒出，这一年连开 9 家门店；2013 年，是朋朋提速的一年，从 2 月大连星海公园店开业到 10 月石家庄市槐安路店开业，三个季度开店 10 家，2013 年年底全国门店数量达到 28 家。

2014 年，开店速度又加快了，全年开店 23 家，全国门店数量达到 51 家，其中 9 月 5 家店开业，创造了单月开店数量的第一个纪录。2015 年，全国门店数量已经达到了近百家，经过 2016 年的稳步发展，到 2016 年年底，门店数量已经达到了 130 家。

从门店数量和营业额两个综合指标来衡量，在全体朋朋人的努力下，不仅圆满完成了第一个五年规划，而且是超额、高质量地完成。

2016 年 12 月 31 日，“点赞朋朋人出彩中国梦”主题年会在大连举办，来自全国各分公司的 200 余位朋朋家人汇聚一堂，共同庆祝第一个五年规划的成果。

2016 年，高广东、冯鹤在公司年会上走红毯。

足界追梦
跨越70年的奋斗故事

第四章
执梦远航赢未来

2017 年，朋朋事业全面开花，完成 CIS 升级，建立起行业领先的培训体系，全新的办公大楼也在 2018 年 10 月正式投入使用，门店数量越来越多……

面对广阔的行业未来，作为领航者的高广东在想什么？作为探索者、引领者，他赋予自己更为强大的使命，要站得更高、想得更远，要想到未来 5 年乃至 10 年的事情，要去探索未知的世界。2017 年，高广东率队走出国门传艺学技，由此拉开了中国与德国同行交流的大幕。

01 朋朋往南飞

2017 年至 2021 年是朋朋的第二个五年规划，属于进行时。

2017 年，公司做出了一项重大战略决策——向全国进军。

这一项重大决策的背后，是经过无数次预判、模拟演练后的深思熟虑，综合了各种主客观因素，在制订第二个五年规划目标的时候，公司决策层也有意将目标拔高了一些。用董事长冯鹤常说的一句话：定目标、指标的时候一定要往高里定，让团队踮起脚来跳一跳就能够得着；目标定低了，有时候甚至会影响士气、影响战斗力，无法激发团队的最大潜能。

在《孙子兵法》中，也有这样的表述："求其上，得其中；求其中，得其下；求其下，必败。"

在掌舵者高广东的研判中，经过第一个五年规划的磨合、沉淀，特别是创建朋朋技术培训学校、朋朋商学院两大培训机构以来，大连总部储备了大量既懂技术又有干事创业激情的人才，这为朋朋事业的发展做好了人才储备。

此外，朋朋内部自发形成的良性竞争机制和比学赶超的氛围，也是推动事业向前发展的内在驱动力。以大连为例，大连区域的合伙人、总监、店长是第一批富起来的修脚技师，他们可以买最新款的手机，很多人都开上了车子、买上了房子，这些先富者成为后来者的榜样，后来者们都摩拳擦掌、跃跃欲试。

从外部环境来说，近几年来，全国各省区出现了区域性修脚品牌，也有极少数的同行开始在全国进行布局，甚至有几家行业知名品牌将门店开到了朋朋的大本营——大连。对于这种市场竞争现象，高广东持积极、乐观和开放、欢迎的态度，他说："市场之大，不是一两家品牌可以独享的，现在早已经过了一家可以独大的时期，朋朋人欢迎同行们来大连、来辽宁创业，大家一起把巨大的潜在需求市场开发出来，在良性竞争中把市场进一步规范起来，最终让顾客有更多的选择，让顾客成为最大的受益者。"

与此同时，高广东也坚定了走出去的决心，不仅要走向全国，还要走出国门、走向世界。在他看来，当今中国、当今世界都不是孤立的存在，是一个信息、技术、产品、资源、模式、人才相互流动的地球村，是适者生存、强者恒强的时代，是最好的时代，是靠真本事成大事的时代。

基于以上原因，从2017年开始，公司总部出台一系列政策，鼓励有志于走出大连开拓全国市场的朋朋精英们勇敢地迈出第一步，向着心中的目标前进。扩张的路上，一定会伴随着风险，这一点高广东在动员会上也做了强调，他说创业不可能一蹴而就，机遇总是伴随着风险，同时机遇也只留给有准备的人。高广东鼓励他们以只争朝夕的精神，去做自己认为正确的事情。

高广东是个军事迷，通过电视剧、电影、图书和网络，对中国近代史上发生的一系列战争做过较为深入的了解，尤其是解放战争的三大战役。他也加入了大连市法制宣传协会，还参加了预备役。他在经营管理工作中的很多思路、模型都受到了军事战争的影响和启发。

那些日子，高广东看得最多的就是挂在办公室墙上的那幅《中国地图》，他就像一个军事指挥家一样，不时地在地图上比画比画，为朋朋精英们寻找最适合的进攻城市和突破口。

他明白，作为一个指挥家，下达的每一个指令都必须慎重再慎重，一旦战略失误、方向错误或者是时机拿捏的不准，结果往往就是粉身碎骨。

经公司高层研究，决定先组建两支先遣部队，一支往南方进发，探索中国南方的广大市场。彼时，在福建省宁德市，以余政蔓为带头人的朋朋修脚宁德团队，已经在东南沿海区域深耕了3年。宁德位于福建省东北翼沿海、福建闽东地区，东临东海，与我国台湾隔海相望，西邻南平，南接省会福州市，北接浙江，朋朋修脚这支坚韧不拔的团队，将朋朋的大旗深深地插在了南方这片热土上。

另一支先遣部队跨过黄渤海进入山东半岛，以青岛—烟台—淄博为主线，开辟山东半岛这片广阔富饶的市场。山东半岛与大连所在的辽东半岛隔海相望，山东与辽宁两省有着相似的文脉，都具有北方人的耿直豪爽、热情好客，而且山东的经济发展水平更高，人们的消费能力比辽宁更强一些。在总部的计划中，山东全域市场是将来朋朋所有分公司中最有希望创造奇迹的地方，因此公司也将精兵强将派往山东，开辟山东根据地。

指令下达后，受命出征的将士们个个斗志昂扬。他们当中有的将大连门店的股份转让，有的将在大连置办的所有家当打包带走，有的早早地在目标城市租下了房子……这种破釜沉舟的勇气，这种“不破楼兰终不还”的气概，常常令高广东感到骄傲、自豪和感动。

后来回忆起这段经历，高广东还是感慨万千。他说，不管是市场的手在推着他们前进，还是内部的竞争氛围给了他们闯荡的勇气，作为朋朋的大家长，他还是有几分不舍、几分担心的，这就像是一个大户人家，有田有地有粮，衣食无忧，过得好好的，突然有一天，要分家了，大家背着一点家当各奔东西，不久的将来，谁能过得好？过不好怎么办？这些担忧，都在高广东的心里。

好在经过一两年的打拼，走出去闯荡的大部分人都坚强地挺了过来，还有几个城市做得比预想的还要好很多，门店越来越多，单店销售额越来越多，在当地站稳了脚跟，为各地分公司树立了榜样。

进入2019年，朋朋修脚在全国各地的发展也进入了一个新的阶段，尤其是在4月，各地捷报频传，高广东会长和冯鹤董事长率总部高管团队赶赴山东，为新开区域、新开门店助阵加油。

新店开业，公益先行。2019年4月12日下午，山东省泰安市泰前街道农大社区里来了一群特殊的志愿者，他们身穿朋朋修脚志愿服务队的工作服，手里拿着修脚刀，义务为十多位老人修脚。修脚的过程中，志愿者们不仅向老人现场讲解足底保护知识，还耐心地解答居民关于泡脚、脚垫、指甲硬、甲沟炎等问题。

这是朋朋修脚泰安分公司开业内容之一的社区义剪志愿活动，志愿者们用这样一场特殊活动为当日上午刚刚开业的朋朋修脚泰安分公司献上了一份厚礼，来自朋朋总部各部门和全国28个城市的经理，以及银川、绥化、廊坊、秦皇岛修脚行业的同仁及各界来宾100余人参加了分公司开业仪式。

从4月12日、13日、14日，朋朋修脚泰安、济宁和潍坊分公司相继正式开业。三座城市7家门店的开业，使朋朋修脚的范围扩大到全国15个省、市、自治区的50多个城市。

特别值得一提的是，大连市创发企业商会创会会长周爱忠、山东省微山湖发展促进会会长焦健、微山湖发展促进会秘书长刘峰、济宁市农商银行仙营支行经理刘建功，以及朋朋修脚创始人、中国商业联合会沐浴委修脚分会会长高广东、董事长冯鹤、朋朋修脚总部相关各部部长等嘉宾参加了上述济宁分公司的开业典礼，众多嘉宾的到来，让济宁分公司崭新的团队备受鼓舞。

全国劳动模范，第八届、第九届全国人大代表，朋朋修脚技术总监戚其范带领多位爱徒飞赴潍坊与总部相关负责人，以及青岛市、诸城市的区域负责人共同参加了潍坊分公司全员大会以及开业庆典。

此次开业的山东省3个新分公司共有7家门店开业纳客，其中泰安分公司有2家门店，济宁分公司有两家门店，潍坊分公司有3家门店。3个分公司开业后，不仅使朋朋修脚在山东省的布局更加清晰，而且将为当地市民带来朋朋修脚的专业足部护理服务。

高广东在各分公司开业仪式致辞中表示，希望各分公司秉承朋朋修脚的理念，用专业的足护理知识为当地的市民提供最优质的服务，同时希望3个分公司将朋朋修脚多年来一直开展的“孝行中华·全国义剪”活动带给三地人民，将朋朋的爱心延伸到三地的各个角落。

02 六年跑出“沈阳速度”

习近平总书记在2019年新年贺词中说，“我们都在努力奔跑，我们都是追梦人。”

朋朋修脚的第二个五年规划，在路上，在每一位朋朋人的心里，在不断翻新的数字里，截至2019年10月，全国门店已超过400家，山东及南方市场迅速扩张的同时，东北区域也在铆足了劲儿往前冲，辽宁的鞍海辽分公司、营口分公司以及吉林省长春分公司等均取得了长足的发展。

2019年，朋朋修脚在全国各地的发展规模、发展质量，都按照公司制定的计划稳步推进。其中，山东省区域已经在青岛、烟台、淄博、威海、潍坊、泰安、济宁7个城市完成了第一轮布局，山东省门店数量达到了30家；在福建，朋朋修脚已有7家门店；在长春，门店数量达到19家；在吉林松原，门店数量达到6家；在湖北宜昌，门店数量达到了13家……

其中，沈阳分公司是杰出的代表，在总经理姜传超及高管团队高广伟、纪雪莲的领导下，沈阳分公司圆满完成了沈阳区域第一个五年规划。截至2019年9月，沈阳区域门店总数超过87家；2020年，沈阳区域将不负众望，成为朋朋修脚全国门店最多的城市，创造一个属于沈阳分公司的奇迹，其他区域或将望尘莫及。

6年开87店，这就是沈阳速度

2019年新年伊始，在集团指导下，沈阳分公司跨省区发展，正式进军哈尔滨市场创建分公司，截至2019年10月，哈尔滨地区已经有了9家门店。2月27日，沈阳及哈尔滨区域总经理姜传超在朋友圈里写道：“朋朋修脚哈尔滨分公司群力第五大道店签约成功装修筹备中，敬请期待！朋朋修脚越来越好，打造哈尔滨最专业修脚店，造福冰城百姓！”他说，行动是成功的阶梯，行动越多，登得越高，方向对了，剩下的就是努力了！

朋朋修脚沈阳分公司的成长经历，是一部可歌可泣的创业史、奋斗史，在朋朋内部树立了很好的成长标杆。2013 年，朋朋修脚沈阳分公司在沈阳落地生根，2018 年完成了第一个五年规划，6 年来，创业团队从最初的 5 人发展到现在的近 300 人，门店从 0 发展到 87 家。

朋朋修脚沈阳分公司收到的锦旗。

6 年多来，朋朋修脚沈阳分公司按照总公司的要求，真正做到了“听话照做跑得快”，在门店数量、团队规模、单店业绩等多个指标中均排在集团前列，很多顾客为优秀的修脚技师们送上锦旗以表达感激之情。一系列成绩的取得，也说明沈阳分公司的领导团队是经得起考验的，沈阳分公司的每一位家人都是英勇的战士！

这几年，在公益活动方面，沈阳分公司也取得了优异成绩。在 2017 年 12 月 13 日，辽宁省文明办通过“辽宁文明网”发布了辽宁省 2017 年学雷锋志愿服务“四最”先进典型名单，全省评选出 42 个最佳志愿服务组织，其中沈阳修脚行业代表——朋朋修脚沈阳志愿服务队获得辽宁省“最佳志愿服务组织”荣誉称号，是全省修脚行业中唯一获此殊荣的团队。据了解，截至 2019 年 10 月，朋朋修脚“孝行中华・全国义剪”沈阳站义剪次数达到了 450 次。

一场年会就是一次大练兵

沈阳分公司的团队建设成绩有目共睹。沈阳是全国各地分公司中第一个举办年会的区域，让我们通过一场高标准、高质量的年会，来领略沈阳团队的风采！

2019 年 1 月 23 日下午，“同心同德共发展，扬帆奋进新时代”华连生科技集团 2018 年度学雷锋表彰大会暨朋朋修脚沈阳分公司 2019 迎新主题年会在辽宁省会沈阳举行。省、市、区各级志愿服务主管单位及国家、省、市、区道德模范以及好人代表出席。

发展路上，朋朋修脚沈阳分公司一直不忘初心，积极践行社会主义核心价值观，高举跟着郭明义学雷锋的旗帜，按照总部的要求，认真开展“孝行中华・全国义剪”

活动，累计服务老人、环卫工人、交警、消防官兵数万人次，涌现出了一大批学雷锋典型和优秀志愿者。

沈阳分公司 2019 迎新主题年会“全家福”。

“同心同德共发展，扬帆奋进新时代”华连生科技集团 2018 年度学雷锋表彰大会暨朋朋修脚沈阳分公司 2019 迎新主题年会举行的消息发布后，在辽沈大地引起了极大的关注，各界嘉宾纷纷给予鼎力支持。

辽宁省文明办以及沈阳市、区各级志愿服务主管单位的相关负责人到场看望志愿者；国家、省、市、区道德模范、好人代表出席，与辛苦了一年的志愿者们同庆同乐；中国商业联合会修脚分会高广东会长专程从北京赶到沈阳，华连生科技集团董事长冯鹤携总部智囊团队及运营部、总务部、培训部、直营部到场指导、支持；朋朋修脚沈阳分公司总经理姜传超、副总经理高广伟、办公室主任纪雪莲、曾红波携 200 多位沈阳的家人们全程参与。

主持人宣布主题年会正式开始后，朋朋修脚沈阳分公司总经理姜传超代表分公司致辞。他首先对领导们的到来表示感谢，对辛辛苦苦一年来奋战在一线的全体家人们表达了由衷的谢意。姜传超总结说，过去的 5 年是创造历史的 5 年，2018 年是历史性的一年，是全体朋朋人共同创造和见证的。

展望未来，姜传超说：“沈阳分公司是华连生集团朋朋修脚的长子。我们要拿出长子的担当，在第二个五年规划内，拿出艰苦创业的精神，不负时代，不负所托，带领全体家人们，通过不断的努力，创造更好的生活！”

观看完《朋朋发展纪录片》之后，高广东会长致贺词，他高度认可以姜传超为领头雁的沈阳团队 5 年来的工作，给所有沈阳家人们点赞，并表示，总部将一如既往、不遗余力地支持沈阳分公司的发展，鼓励所有的家人们热爱学习、热爱钻研，提高技艺，服务好每一位顾客。

高广东说：“我们今天的小成，都是从一点一滴做起来的，是从每一个人做起来的。衷心希望每个人都能够做最优秀的自己，那么，我们的团队就将是最优秀的团队。”

晚会分为青春梦想、燃烧激情、雷锋精神、执梦远航 4 个篇章，其中舞蹈《活力四射》、小品《送外卖》、小品《洗脚》、二人转《慢半拍之新王二姐思夫》等精心准备的节目都被大家拍手叫好。以真人真事为故事情节的情景小品《你的努力终将成就最好的自己》，表达了对朋朋修脚平台的热爱与感恩，最终夺得第一名的荣誉，得到了全场最热烈的掌声。

在颁奖环节中，经沈阳分公司认真申报、严格推选，公布了 2018 年度优秀新人、优秀技师、优秀店长、先进门店、优秀志愿者、无私奉献奖、伯乐奖、老员工忠诚奖的荣誉榜单，对优秀的家人们给予隆重的表彰和鼓励。

充满欢乐、喜庆、激情的年会圆满落幕，预示着一段新的奋斗历程的开始。作为并肩作战 5 年、相互成就、共同进步的朋朋修脚沈阳分公司领导班子核心成员，总经理姜传超、副总经理高广伟、办公室主任纪雪莲表示，在 2019 年——一个字“干”，坚决按照总部的指示精神贯彻落实，勇创佳绩；高举跟着郭明义学雷锋的大旗，扎实做好“孝行中华·全国义剪”活动，让爱满辽沈，爱满中华！

凡是过往，皆为序章。

历史已经翻开新的一页，祝福沈阳分公司以及全国各分公司，在奋斗路上，乘风破浪，勇往直前！

03 打造 CIS 体系

作为一家连锁企业，其最大价值是什么？不同的人有不同的理解，但有一点已形成共识，就是必须要有持续稳定的文化输出，输出统一的价值观、统一的视觉符号、统一的行为。

全世界的肯德基、麦当劳都具有极高的相似度，因此消费者到了任何一个国家，见到肯德基、麦当劳都不觉陌生，有一种天然的认同感，可以放心大胆地进去消费、休息。在全国，朋朋有 400 多家门店，您走进任意一家，除了技师的面庞不一样，其他方面大致相同，包括技师着装、服务语言、服务流程等，这就是连锁的优势，这就是品牌的力量。

是的，这就是接下来要分享的朋朋的 CIS 体系。自 2017 年开始，企业 CIS 体系建设再上新台阶。CIS 体系是一个系统工程，随着企业越做越大，CIS 的价值也越来越大。正如可口可乐前总裁所说："你们可以把可口可乐所有的一切全部烧掉、全部拿走，只要给我留下可口可乐这四个字，我就能够一夜再造可口可乐。"

在我们日常生活中，最常见的品牌都已经深入人心，肯德基的老爷爷头像，麦当劳叔叔的M造型，可口可乐的独特标识，耐克极简的对号……这些世界著名品牌，通过一个简单的符号，传递给消费者的是认同和友好，就像我们的左右手一样熟悉。这就是品牌的力量，是日复一日的不断强化，在消费者心中留下的难以磨灭的印象，甚至成为一个品类的代表。

品牌建设是企业发展到一定阶段必须要重视的工作，在这里也简单介绍一下在传播学中常见的CIS理论及实践。CIS领域的很多理论都源于美国，CIS是Corporate Identity System的缩写，意思是企业形象识别系统，20世纪60年代，美国人首先提出了企业CI设计概念，美国IBM公司是这方面开先河者，其主要含义是：将企业文化与经营理念，统一设计，利用整体表达体系（尤其是视觉表达系统），传达给企业内部与公众，使其对企业产生一致的认同感，以形成良好的企业印象，最终促进企业产品和服务的销售。

对内，企业可通过CI设计对其办公系统、生产系统、管理系统以及营销、包装、广告等宣传形象形成规范设计和统一管理，由此调动企业每个职员的积极性和归属感、认同感，使各职能部门能各司其职、有效合作；对外，通过一体化的符号形式来形成企业的独特形象，便于公众辨别、认同企业形象，促进企业产品或服务的推广。

CIS是大学的一门课程，有一套教学体系。从操作层面来说，CIS由3部分组成：MI，即理念识别；BI，即行为识别；VI，即视觉识别。在实际应用中，VI是最常用的，也是消费者最容易感知到的，三者是一个完整的、不可分割的体系。以下是朋朋CIS系统的简要介绍。

MI：朋朋的理念识别系统

MI，即理念识别，英文表述为Mind Identity。企业理念包括经营观念、精神标语、管理原则、企业特征等要素。企业理念是CI活动的灵魂，可以比作企业的"心"，是企业的灵魂，是企业哲学、企业精神、企业价值观等的集中表现。

理念识别从操作层面可以理解为核心企业文化，也就是在企业内部传播、对外传播中经常使用的统一文本。在不同的历史阶段，MI可以是不同的。但作为一家立志于做百年老店的企业，核心文化理念的传承要固定下来，比如阿里巴巴"让天下没有难做的生意"的理念，20年来从未变过。

朋朋修脚的理念：和顾客的脚成为永远的朋友。

朋朋修脚的使命：用我们的双手让世界平稳前行。

朋朋修脚的愿景：朋朋修脚将以优质的服务、精湛的技术、成功的模式为您的手足健康保驾护航！

朋朋修脚的广告语：有灰指甲、甲沟炎找朋朋修脚。

特色：刀具一次性，专人专用。

朋朋修脚的用人理念：有德有才，破格重用；有德无才，培养使用；有才无德，限制录用；无德无才，坚决不用。

朋朋修脚的文化：搭建圆梦平台、解决顾客需求、实现人生价值、打造团结、奉献、友爱团队。

如果您熟悉朋朋修脚，您可以回想一下，“和顾客的脚成为永远的朋友”“用我们的双手让世界平稳前行”“刀具一次性，专人专用”，这三句话有多少年没有换过了？这就是文化输出的稳定性。这三句话，不矫情，不花哨，甚至不具个性，却都具有直抵人心的穿透力。再来简单解释一下这三句被朋朋人奉为一生信仰的朴素语言。

“和顾客的脚成为永远的朋友。”——“和顾客的脚”这 5 个字，是我们所从事的这个行业属性的形象概括，是行业定位，将我们所从事的这份职业传递给受众；“成为永远的朋友”这 7 个字里面饱含着企业商标“朋朋”的文化内涵，不需要解释，懂汉语的人能够瞬间读懂。

“用我们的双手让世界平稳前行。”——对企业来说，缺乏使命感比缺钱更可怕！正是由于有了这种认知，高广东凝练地提出了朋朋的使命——“用我们的双手让世界平稳前行。”一个人的脚有了问题，走路就会受影响，甚至终生无法行走。如果足部有疾病的人多了，当然就会影响这个世界的平稳前行。正因为此，修脚这个职业才有存在价值，这句话的丰富内涵能够唤起从业者的自豪感。

“刀具一次性，专人专用。”——朋朋是新派修脚的开创者，最大的变革之一就是摆脱了“千人一刀”的传统修脚刀模式，将手术刀引入到修脚行业中，做到了一次性刀片的专人专用，有效地预防了疾病的传染，引领了行业的变革。这一具有划时代意义的工具革命，最能击中消费者内心最柔软的地方。试想，谁愿意修一次脚后被染上疾病呢？这就是消费者的心智占领。

BI：朋朋的行为识别系统

BI，即行为识别，英文表述为 Behavior Identity。这是企业所有工作者行为的综合表现，企业制度对所有员工的要求及各项生产经营活动的再现等。BI 是以企业精神和经营思想为内蕴动力，显现出企业内部的管理方法、组织建设、教育培训、公共关系、经营制度等方面的创新活动，最后达到塑造企业良好形象的目的。

BI有对内、对外两个活动，对内就是通过建立完善的组织、管理、教育培训、福利制度、行为规范、工作环境、开发研究等来增强企业内部的凝聚力和向心力；对外则通过市场营销、产品开发、公共关系、公益活动等来表达企业理念，取得大众认同，树立形象。

统一的学员培训体系，统一的员工激励体系和职业生涯规划，统一的服务语言，统一的营销活动，统一的会员服务……都是朋朋BI系统的组成部分，这些看似简单的罗列，并不是1+1那样简单。比如，朋朋在全国50多个城市开展的“孝行中华·全国义剪”公益活动中，朋朋志愿者们俯身义剪的身影、使用的专业工具、标准的合影，以及在“志愿汇”中留下的痕迹和数据，都是朋朋对内、对外传播的行为，这些行为都起到了强化朋朋修脚在人们心中印象的作用。

VI：朋朋的视觉识别系统

视觉识别是静态的识别符号具体化、视觉化的传达形式。它属于CIS中的VI，用完整、系统的视觉传达体系，将企业理念、文化特质、服务内容、企业规范等抽象语意转换为具体符号的概念，塑造出独特的企业形象。

视觉识别系统分为基本要素系统和应用要素系统两方面。基本要素系统主要包括企业名称、企业标志、标准字、标准色、象征图案、宣传口号等；应用要素系统主要指VI的应用场景，主要包括办公事务用品、生产设备、建筑环境、产品包装、广告媒体、交通工具、衣着制服、旗帜、招牌、标识牌、橱窗、陈列展示等。

朋朋修脚技师的服装是品牌形象的重要体现。

在VI升级方面，朋朋在原先的基础上进行了优化，LOGO图形主题没有变化，在具体使用的场景中进行了优化，使得LOGO与应用场景更加和谐、美观。固定了标准色、标准字、标准图形等，增加了很多新的变化。

在VI应用方面，朋朋做得非常到位，凡是能够体现朋朋LOGO和理念的地方，均进行了全方位的“武装”，大到企业办公大楼外观、企业内部装修装饰风格、产品及包装、物流运输车辆，中到单店的门头设计、店内设计、设施设备及陈列的设计，小到茶杯、笔记本、签字笔等，体现得淋漓尽致。

以朋朋的服装为例，朋朋的修脚技师、行政人员都有正规的工作装。工作装分为春秋装、夏装、冬装 3 套，主色调以天蓝色、浅蓝色为主，每套服装上都印有 LOGO，甚至在白色 T 恤衫的领口、袖口都有考究的“PENGPENG”字样，每个细节都在传播朋朋的 VI 和文化。

高广东对企业 CIS 体系的重视超过了很多企业家。在他的影响和指引下，朋朋的 MI、BI、VI 越来越多地出现在人们的视野中，和它的那抹蓝色一起，成为一种流行色，常驻人们的心中。

04 把学习当饭吃

写这一节之前，先讲一个小故事。

1920 年的一天，浙江义乌分水塘的一户农家里，一个小伙子正在伏案奋笔疾书。桌子旁边放着一盘已经冷却的粽子。小伙子的母亲在门外喊道：“你吃粽子要加红糖水，吃了吗？”小伙子头也不抬地回答说：“吃了吃了，很甜！”可老太太进门一看，小伙子埋头写书，嘴上全是黑墨水。原来，由于过分专注，他竟然把黑墨水当成了红糖水来蘸。

小伙子就是《共产党宣言》最早的中译本翻译者陈望道，中国著名教育家、修辞学家、语言学家，曾任复旦大学校长。这个故事是 2012 年 11 月 29 日习近平总书记和十八届中共中央政治局常委参观《复兴之路》展览时讲述的。他当时说，“真理的味道很甜啊！”

陈望道是把墨水当糖吃，而在朋朋有一句人尽皆知的话——把学习当饭吃。这句话是高广东什么时候开始提出的，很难考证了。但是，真正叫响这句话是在 2017 年。

俗话说，什么样的领导带出什么样的兵。如果领导爱打牌，这个团队文化中一定少不了赌性；如果领导好喝酒，这个团队文化中一定少不了酒气……同样，如果一个企业的领导爱学习，这个团队文化中一定也少不了知识的味道。幸运的是，朋朋这家企业的领导是热爱学习的人，所以把“把学习当饭吃”写入企业文化也就不足为过了。

说到学习，高广东有很多的故事和感悟。论原始学历，高广东只有小学文化；而论阅读量和知识面，他现在不比硕士研究生少。究其原因，就是两个字：好学。

2004年踏上创业路之后，高广东就一刻也没有停止过学习。那时候，社会上的各种企业管理类的培训班比比皆是，高广东也常常留意着这样的培训机会。在创业前期资金紧张的时候，他报不起动辄三五千元一次的“大课”，就选几百元一次的“小课”来听。在培训行业所谓“大课”就是有主题、有体系的系统课程，每次培训短则两三天，长则三五天；而“小课”实际上就是试听课、推广课，培训公司用几小时分享最吸引人的一个或几个知识点，激起听众的学习欲望，进而引导听众掏钱购买“大课”。那时候，高广东只能选择“小课”，一遍听了不过瘾，就报个“小课”再听一次。

有一次听“小课”的时候，遇到了他特别感兴趣的课程，不等培训老师来动员他报“大课”，高广东自己就主动申请要报一次“大课”。而那时，他的兜里真的没有钱，是刷信用卡交齐了那次培训课的几千元学费。刷信用卡听课，也成为高广东自学路上的一个励志的故事。

有这样的几句话，隔段时间就会在微信朋友圈里刷屏一次：

当你的才华撑不起你的野心的时候，你就该静下心来学习了；

当你的能力驾驭不了你的目标时，你就该沉下心来历练。

企业每往前走一步，领导人所需要的能力、学识就要呈几何倍数递增。因此，对于一个追求上进的企业家来说，学习永无止境。尤其是在当今时代，知识的迭代非常快，新技术、新应用层出不穷，处在一个技术、环境、竞争态势不断翻新的时代，学习如逆水行舟，不进则退。

这一点，高广东感触颇多。以每家企业都离不开的营销来说，10年前，主要依靠报纸、杂志和户外广告媒体，那是真正意义上的传统媒体；8年前，最流行的是百度竞价排名和新浪微博，新浪微博曾经火爆一时，个人、企业都注册了大量微博账号，新浪微博也推出了很多广告精准投放的粉丝通；5年前，微信和微信公众号迎来了井喷的风口，微信迅速超越QQ成为第一社交应用，微信公众号也像满天的繁星一样，让众人应接不暇，大多数企业建立了自己的微信公众号，甚至企业的下属单位也一拥而上建立了微信公众号；两年前，微信公众号的大流量、大福利时代终结了，一大批的微信公众号成为僵尸号，风口降临到了直播和短视频领域，火山、抖音、快手……又是一大批APP如潮水般涌向公众，势不可挡。

10年时间，媒体形态进行了4次迭代变革，内容生产方式的变化更是巨大的。

如果不是一个爱学习、乐于接受新生事物的人，早已被淹没在这一波波的科技浪潮里。

这些年，高广东每年在各类培训班、商学院交的学费都得几十万元。从企业总裁班、私董会到中欧商学院，再到东北财经大学、中央财经大学的课程，凡是对企业经营管理有益的，高广东总会抽出时间去听课、游学。

不但自己学，他还带着董事长冯鹤一起学习、一起进步，在学识见识这条线上保持同频共振。在学习科学文化知识的同时，为了提升身心修养，高广东、冯鹤还争取到机会学习哲学、社会科学的课程，不断提升心灵的境界。

两位企业领导人自己在学习的同时，也在为朋朋的家人们创造各种学习和提升的机会，并逐渐探索出一套朋朋独创的培训系统。这套培训系统的打造，为第二个五年规划插上了腾飞的翅膀，为努力奔跑的朋朋人持续不断地注入能量。

2019 年 4 月，承担朋朋培训系统重要职能的是华连生科技集团培训部，集团核心的六大部门之一，从集团组织架构设计上，也能看出集团对培训业务的重视程度。以下，对朋朋培训系统进行粗线条的梳理，希望对有志于建立自主培训系统的企业有所启发。

培训部框架下设计了两个层级的培训架构，第一层级是华连生企业大学，第二层级是朋朋培训中心、朋朋商学院，后者是平级并列的关系。华连生企业大学这一机构设置，解决的是全员、全层面的教育培训业务，朋朋培训中心重点培训学员基础修脚护足理论和技能，朋朋商学院主要给朋朋家人赋能，包括企业文化、团建、拓展、内训等。朋朋商学院还开办了“朋朋青年培训班”，形成了像特训营属性的课程设置体系。

文化课考试，
朋朋人是认真的。

实操考试，
朋朋人严阵以待。

朋朋培训中心是朋朋积累至少6年经验逐步成型的核心技能培训机构，自2013年开始，逐渐有了企业内部培训的讲师、外聘讲师，有课题库、考试试卷以及成绩考评体系，现如今已经形成了一套标准化的教学教程，系列教材也在加紧编辑出版中，这在同行业中都是绝无仅有的。近年来，朋朋培训中心与大连市残疾人就业培训中心、大连百年职校等多家职业技能培训机构建立了深度合作关系，在横向联系、联合办学等方面进行了很多有益的尝试。

自2017年开始，朋朋培训中心的一大显著特点是加大了“医技结合”课题的研究和教学力度，在同行业中率先建立了专家人才数据库，吸纳了国内外一大批医学专业领域的教授、博导、主任医生等顶尖人才，每年都邀请大咖来朋朋讲学授课。这种聆听大家授课、与大师互动的学习机会，现阶段只有朋朋能够做到并且持续不断地将课程延续下来。

如果说朋朋培训中心传授的是“术”，那么朋朋商学院输出的核心就是“道”。朋朋商学院承担着提升朋朋人综合能力的艰巨使命，实施分层级教学理念，区域经理研修班、行政人员研修班、店长技能提升班、全员技能提升班等不同班型，做到因材施教，绝不拔苗助长。

最开始，朋朋商学院的讲师、导师都是高广东亲自兼任，每次学习归来，以分享会的形式与高管、店长进行分享。慢慢地，开始邀请各领域的专业讲师来为朋朋的家人们授课，课程包括商务礼仪、销售技巧、财务等。 以店长培训为例，培训目的是打造能够独当一面的店长。

在朋朋商学院系列课程中，团队建设的课程最常见，包括新人入职培训、大型活动前的培训等。商学院与专业企业内训公司达成了长期深度合作关系，由连续跟踪服务5年以上的培训团队专门为朋朋定制课程，以确保达到最理想的培训效果。这支培训导师团到过沈阳、北京、湖北等很多的分公司，将朋朋的文化理念和培训行业的专业技术很好地结合到一起，给朋朋人注入正能量。

朋朋商学院的系列课程中，甚至包括演讲与口才的专题培训，这一板块也是与知名讲师团队多年合作的。很多人或许会问，修脚技师练演讲与口才有什么用？在朋朋，员工的综合表达能力是非常重要的，因为在开展业务的过程中，沟通是必不可少的技能。此外，朋朋还有义剪、年会、大赛等众多的大型活动，都需要沟通这个基本的能力。

在朋朋商学院有一句话既形象又深刻：1 厘米宽 529 厘米深。

这是朋朋商学院的教学目标和追求，一次性修脚刀片只有不到 1 厘米宽，但是练习修脚的功底却需要 529 厘米深，这其中包括技巧、脚病知识、沟通能力等。529 厘米形象地说明，道的练习，也是无止境的。

参加 2018 年第三季度管理论坛的朋朋各分公司经理们。

2017 年 10 月，公司骨干在北京长城合影。

05 百千万亿工程

2018 年 6 月 28 日，辽宁省委召开全省思想政治工作暨新时代辽宁精神发布电视电话会议，正式发布了以“长子情怀、忠诚担当、创新实干、奋斗自强”为表述语的新时代辽宁精神。

16 个字的新时代辽宁精神，通过新闻媒体向大众宣传之后，全省掀起了学习新时代辽宁精神的热潮。高广东学习之后也是心潮澎湃、深受鼓舞，他将新时代辽宁精神在朋朋公司内部传达、学习，他说：“越是凝缩的语言，越具有丰富延展的内涵；越是朴素的语言，越具有穿透人心的力量。”

就在这段时间，董事长冯鹤也在全身心投入一门课程的学习中，在恒顺师傅指点下，她对人生追求、事业追求都有了新的理解，一边学习、一边感悟、一边思考。她想的更多的是如何影响更多人走向成功、走向人人追求的幸福彼岸，如何用更好的方式引领朋朋 1000 多位家人继续向前进。她有了新的目标：要渡人、要成就更多人，因为她真正理解了让自己成功的最好方式就是帮助别人成功。

2018 年 10 月，随着华连生科技集团崭新办公大楼的启用，随着全国市场的蓬勃发展，两位企业领导人肩负的使命更加艰巨，当他们有了共同的感悟，便一起合计应该如何更好地引领和鼓舞朋朋的家人们。经过无数次的酝酿讨论反复修改，两位企业领导提出了 4 句话共 16 个字的目标指引宣传口号：

百年老店，
千城互动，
万店连锁，
亿万富翁！

在这里，也对这 4 句话、16 个字做一个简要的解读

百年老店

百年老店，是理想，是企业发展的终极目标，起到统领作用。

百年可以理解为一个具体的时间概念，也可以理解为“100 年+”。在滚滚向前的时间轴上，100 年很漫长，“100 年+”更长远。历经 15 年发展的华连生朋朋在百

年企业的成长路上才刚刚起步，企业领导人将企业发展目标明确并树立起来，并向全世界宣示，这是一种姿态，我们是有理想、有追求的。

千城互动

千城互动，是在地理概念上将目标具象化，是方法论。

将企业发展目标具象化，是为了让追随者能够更为具体地理解和感知到，以便于更为清晰地制订战略、战术并执行。目前，朋朋已经在全国 50 个以上的城市开设了连锁店，将来在全世界 1000 个城市布局设点，不是遥不可及的梦想。

“千城互动”中的“互动”两个字蕴含着丰富的哲理，千城如果是割裂的、独立的，不能做到有效支撑、有效互动，那么其价值和意义就会大打折扣。互动的方式有很多，交流学习是互动，比拼是互动，市场呼应是互动。互动起来，品牌就有了生命力，市场就有了号召力。

万店连锁

万店连锁，是经营规模数字层面的目标具象化，并非高不可攀。

会当凌绝顶，一览众山小。喊出万店连锁口号的，就是要设定一个看似高不可攀的目标，就像珠穆朗玛峰，所有人都知道山在那里，所有人都知道攀登的难度，有的人付出生命代价都无法靠近它的巅峰。然而它存在的最大价值之一，就是告诉有征服心的攀登者，要征服的目标就在那里，有胆你就来！

拥有 10000 家店的品牌有几个？放眼全世界，罗森便利店就是已经超过 10000 家店、逼近 20000 家店的连锁品牌，罗森便利店在 2019 年 1 月 18 日迎来了中国的第 2000 家店铺。连锁，表明的是朋朋的发展模式，即使有了 10000 家店，如果连而不锁，那也是乌合之众，所以连起来还需要锁得住。

亿万富翁

亿万富翁是与每个人都息息相关的目标，是追随者获得感的具化。

马云带领十八罗汉创业的神话告诉我们，梦想是要有的，万一实现了呢！华连生朋朋两位企业领导一直坚持的理念是：企业发展的同时，员工也要分享到成功的喜悦，让全体朋朋人都有获得感。提出亿万富翁的目标，是激励、是目标驱动，亿万富翁既可以是物质层面的目标，也可以是精神层面的目标。即使成不了亿万富翁，成为千万富翁、百万富翁也是可以的。

“百年老店，千城互动，万店连锁，亿万富翁。”这16个字是新时代华连生朋朋修脚的宣传口号，也是凝结着企业领导人智慧的经营管理哲学。

读懂的，是高手；照做的，是赢家！

06 医技结合

修脚行业的未来在哪里？

谁最早思考这个问题，谁就能占据行业先机。

朋朋修脚的未来在哪里？

谁必须思考这个问题？责无旁贷的是掌门人。

2017年，在大连华南广场“旅大印象”饭店里，笔者曾就这一话题与高广东进行深入探讨。彼时，高广东很坚定地说：“我们必须以更高的站位、以超前的眼光来审视当下和未来，在国家大力发展大健康产业的大背景下，修脚行业的未来需要从服务业向健康产业转型，健康产业将是最朝阳的产业。”

在中国，大健康产业已成为发展潜力最大的未来产业，正在酝酿和形成超过十万亿的巨大蓝海市场，健康服务已经成为关系到国计民生、未来社会整体幸福指数的国家级重大事业。2017年10月，在十九大报告中，“实施健康中国战略”也被作为国家发展基本方略中的重要内容，对医疗健康产业形成重大利好。

大健康产业得到了资本市场的青睐，各行大佬们也纷纷投资大健康产业。资本市场青睐的行业，未来三年一定大有发展。2017年，互联网和投资界大佬们纷纷转舵，马云抢先入局健康产业，他直言：“中国下一个首富，一定在大健康领域。”

2017年4月，马云花10亿元创办阿里健康，拿下近400家医院；8月，万达投资1440亿元布局医疗并成立大健康集团；9月，华润置地大规模布局医疗、养老和大健康产业；10月，泰禾集团宣布5年投资500亿元做健康医疗的战略思路；雷军打造了身体健康监测的小米手环、小米体重计，探索大健康数据；腾讯整合执业医生资源，上线健康咨询业务；百度开发了百度健康……各行各业大佬纷纷通过自建或投资并购、跨界合作等形式杀入大健康这片战场。

大健康产业是指与维持健康、修复健康、促进健康相关的一系列健康产品生产经营、服务提供和信息传播等产业的统称，具体包括五大细分领域：一是以医疗服务机构为主体的医疗产业；二是以药品、医疗器械、医疗耗材产销为主体的医药产业；三是以保健食品、健康产品产销为主体的保健品产业；四是以健康检测评估、咨询服务、调理康复和保障促进等为主体的健康管理服务产业；五是以养老市场为主体的健康养老产业。

2018 年，围绕大健康产业的解读、大数据纷纷出炉，其中一份数据显示：现阶段，我国大健康产业主要以医药产业和健康养老产业为主，市场占比分别达到 50.05% 和 33.04%；健康管理服务产业比重最小，只有 2.71%。

观察人士分析，占比最小的健康管理服务产业将来的爆发力最强、增量空间更大。其实修脚这个行业与大健康产业的五大细分领域都有密切的联系。此外，脚是人体重要的器官，随着糖尿病足等疾病的多发，足部护理行业将会越来越受重视，因此修脚行业的春天还远未到来。

在这里简单介绍一下糖尿病足。足部是糖尿病这个多系统疾病的一个复杂的靶器官，糖尿病患者因周围神经病变与外周血管疾病合并过高的机械压力，可引起足部软组织及骨关节系统的破坏与畸形形成，进而引发一系列足部问题，从轻度的神经症状到严重的溃疡、感染、血管疾病、Charcot 关节病和神经病变性骨折。如果积极治疗不能充分解决下肢出现的症状和并发症，则会造成灾难性的后果，重则截肢甚至危及生命。因此，在糖尿病患者中开展对足部问题的早期预防和治疗将有重要的意义，这也是足部护理行业的一个潜在的巨大市场。

分析人士指出：随着经济和技术的发展，加上现代生活水平的提高，人们越来越重视健康问题，我国大健康行业的规模也在不断扩大。2017 年，我国大健康产业市场规模达到 62161 亿元，国务院印发的《关于促进健康服务业发展的若干意见》明确提出到 2020 年，健康服务业总规模达到 8 万亿元以上。

国家大势、行业大势要看，企业发展趋势也要认真把脉，好高骛远不行、脱离实际不行、理想主义更不行。每一家企业要想有更大的发展，都必须有审时度势的能力，学会看大势。看准方向、看清大势、读懂大局，是具有战略思维的企业家应该具备的能力。如何能看到大势、读懂大势、把握好企业运势？需要持续不断地学习，正面学习、反面思考。

《大败局》对高广东的影响很大，他也曾推荐给很多朋友阅读。这本书的作者是近些年的网红经济学家吴晓波。这是一本放在手上令人发烫的书，讲了一个个国内很著名的企业，突然在它们花样年华的日子里灰飞烟灭、无声无息地倒下了，如同一个个鲜活的生命突然枯萎带给人们的震撼。

这是一个令人激动的年代，无数机会令人心动，一个伟大品牌往往在一瞬间便打造而成；这也是一个冒险的年代，未知的风险又令每一个人不寒而栗，成功者往往在一瞬间灰飞烟灭。《大败局》讲述的就是这样一些如流星般的企业的故事。

20世纪90年代，健力宝是一个耳熟能详的品牌，遗憾的是，最后它黯然消失。书中第六集写的就是“东方魔水”健力宝是如何变味的，一个曾经中国最著名的民族饮料品牌的命运掌握在谁的手里？李经纬究竟走错了哪几步棋而招致健力宝一次又一次受到伤害，最终走向衰亡？

《大败局》讲述的都是大家耳熟能详的真实案例，每一个故事对高广东来说都是莫大的震动，也促使他不停地思考。

2017年，高广东基本摸到了修脚行业的未来发展趋势，开始有意识地主动了解医疗行业；2018年，他更坚定地将发展方向确定为“医技结合”，并将此作为技术层面要遵循的根本准则。在这一准则的指导下，陆续开展了众多相关对接活动，开始付诸实践。

在高广东看来，“医技结合”战略的提出，具有突破和变革的重大意义，将是颠覆性的，在华连生朋朋的发展史上将会留下举足轻重的一笔。

“医技结合”由理想变成现实，一是靠理念的指引，二是靠人才的实践；其中，最关键的就是人才。高广东将10多年积累的人脉资源重新梳理，一大批医疗行业大师、教授、博导、主任医师进入华连生朋朋的智库。自2017年至今的两年时间里，华连生朋朋通过“走出去、请进来”的形式，先后组织了20多次学术报告会和研讨会，大连也成为“医技结合”话题和活动最多的城市。

2018年12月29日，首届华连生“医技之长”足护理行业名师大讲堂暨中国第二期足护理师培训班在大连奥利加尔大酒店正式开班。来自全国的修脚界精英共400多人参加了本次培训。

中国商业联合会沐浴委员会修脚分会会长、中国足护理论坛咨委会主席高广东在致辞中对大家的到来表示热烈的欢迎。他说：“今年是改革开放40周年之际，中国修脚行业也正在进入新的升级提质的关键时期，由传统的服务行业向专业的足护理行业转变，也是大势所趋。站在新的历史起点上，华连生集团能够邀请国内外知名专家围绕足护理行业的现状、发展趋势、具体问题等进行研讨，可谓正逢其时，意义重大。希望大家知无不言，言无不尽。相信此次大讲堂和培训班一定为促进中国修脚足护理行业的发展起到重要的推动作用。”

此次培训班为期二天，主办方邀请了全国足护理领域专家讲师，通过“理论授课+实训操作”的方式进行授课。培训内容不但涵盖足部解剖医学知识、糖尿病足发病机理、糖尿病足鼾、嵌甲的治疗新进展等足护理专题进行培训，还对学员的企业经营管理进行针对性指导。本期培训班内容丰富、重点突出，特别是将专业医疗技术知识融入足护理领域，具有很强的针对性、指导性和实践性，使修脚行业进入新的高度。

朋朋经常邀请陈梦老师来给技师们授课。

07 筑梦空间

1989年1月，诗人海子写下了传世名作《面朝大海，春暖花开》，这首诗的名字被广为传诵，诵读这首抒发人生理想的诗歌的全文，能体味到诗歌完整的美。

从明天起，做一个幸福的人
喂马，劈柴，周游世界
从明天起，关心粮食和蔬菜
我有一所房子，面朝大海，春暖花开
……

“面朝大海，春暖花开。”短短八个字，勾勒出一副清晰的画面，闭上眼睛，意境就在你的面前。

“面朝大海，春暖花开。”朋朋创始人高广东、冯鹤也曾经无数次吟诵这首诗中最为经典的诗句。

念念不忘，必有回响。

2018年10月26日，是高广东、冯鹤和所有朋朋人的梦圆之日。

这一天，4层楼1500多平方米的华连生科技集团总部大楼正式启用。总部大楼位于钻石湾北岸，地处大连著名湾区钻石湾商务区最靠近海岸线的地方，距海200

米，推窗见海，200 米内是世界滨海公园的绿植，绿树红花，碧草蓝天，远处对岸的高楼大厦，尽收眼底。

圆梦时刻，两位创始人的眼里，泪光闪闪

从 2004 年 9 月 19 日到 2018 年 10 月 26 日，朋朋走过了 14 年 37 天，其中的艰难险阻、跌宕起伏，只有这对修脚界的神雕侠侣最为清楚。

启动仪式上，当大连新闻传媒集团主持人沫沫将主持稿中 504 个字读出来的时候，高广东、冯鹤的心融化了，幸福的泪水在脸颊上任情流淌。让我们通过这浓缩的 500 多字的主持词，来了解一下 14 年间朋朋筑梦空间的 5 次变迁：

每一个人都有自己的梦想，

每个人都想有一座盛装梦想的房子，

我想，高广东会长也是一样的。

14 年前，他把梦想装进了唐山街那间不足 40 平方米的临街店铺里，那是华连生朋朋的第一家门店。向东，不远处就是大连著名地标——希望广场，唐山街店，就是华连生朋朋事业希望冉冉升起的地方。

10 年前，他把梦想放在了距离唐山街不远的一座七八十平方米的办公室里，那是华连生朋朋第一间真正意义上的公司办公室。在狭窄的房间里，高会长描绘出第一个、第二个五年规划。

4 年前，华连生朋朋办公室搬迁到了北府花园，两层楼 200 多平方米，高会长精心设计每一个房间，他把自己的办公室缩小，为朋朋人提供更大的学习和培训的空间。

3 年前，随着华连生朋朋团队的迅速壮大，200 多平方米的办公室太小了。高会长在华南广场商圈选了一处 4 层楼近 800 平方米的办公室作为总部，墙上刻了 4 个字：筑梦空间。

1 年前，4 层楼的办公室也不够用了。这一次，高会长选择在钻石湾买下这处 5 层的公建，实际使用面积 1500 多平方米，高会长曾经动情地说："这是华连生朋朋的新总部，我们把梦想放在这里，面朝大海，远眺世界！"

14 年跨出了五大步。回望这一连串的创业历程，我看到高会长眼里闪烁的泪光，那是骄傲的眼泪，那是幸福的泪水！

此刻，让我们响起最热烈的掌声，把祝福送给高广东会长和冯鹤董事长，送给每一个心怀梦想、勇敢前行的自己！

2018 年 10 月 26 日，公司乔迁当天分队成列。

08 走出国门学修脚

修脚是中华传统技艺，有着 4000 多年悠久历史，扬州传统修脚术、北京清华池修治脚病传统技艺双双被评为国家级非物质文化遗产。在德国足病专家、华裔医学足病师陈梦老师的帮助下，2017 年 6 月 24 日，中国商业联合会沐浴专业委员会修脚分会高广东会长带领 14 名中国传统修脚技师奔赴德国，这是中国修脚行业几千年来第一次以组团的形式走出国门交流、学习，责任重大，意义深远。经过严格考核，13 名技师获得国际 ISO 9001 体系认证修脚证书。

2018 年 10 月 6 日，10 位来自中国的修脚师全部以优异成绩结业，拿到 ISO 9001 认证的德国足护理师证书。

2018年10月6日，10位来自中国的修脚师通过了一上午的理论与实际操作考试，全部以优异成绩结业，拿到ISO 9001认证的德国足护理师证书。这是朋朋修脚继2017年6月24日14名中国传统修脚技师第一次以组团形式走出国门交流、学习后的又一壮举，为中国修脚业赢得了国际同行的尊重。

朋朋修脚的两次德国研习之旅，写在了中国修脚行业的历史上，也引领了一个行业潮流。

让世界了解中国修脚技艺

为了促成赴德学习交流活动，高广东于2016年下半年先行赴德，洽谈交流学习事宜，做前期准备工作。高广东说，此行目的有四个：

一是传播中华传统修脚文化，让世界了解中国的修脚技艺，增强中国修脚技师的文化自信和行业自信；

二是学习国际先进的足部护理技术和脚病知识，提高理论和实践技能，做到中西结合，更好地为广大顾客服务；

三是考察具有百年历史的欧洲一流产品生产企业和足部诊疗机构，探讨技术、产品层面的合作，提升中国技师的国际视野；

四是，中国修脚技师将在德国鲁尔区埃森市开展“孝行中华·全国义剪”公益活动，为当地老人、残疾人等人群义务修脚，通过公益活动，撒播友爱的种子。

同时，高广东表示，中国朋朋第一期赴德国培训班是开拓者、先行者，希望此行能为国际性交流活动开一个好头，为将来密切国际同行业交流往来打下一个良好的基础。

2017年：朋朋人走出国门学修脚

2017年6月24日中午，高广东一行顺利抵达中转机场阿布扎比，经过8小时左右的航程到达德国，开启了为期15天的快乐紧凑的交流学习之旅。

2017年6月的首次赴德国学习交流的修脚技师以“80后”为主，其中，中国商业联合会沐浴专业委员会修脚分会高广东会长是朋朋修脚创始人以及中国新派修脚的创始人，高广东同时是朋朋修脚全国200多家门店的技术总监，师从王建生大师，先后获得“中国修脚大师”等行业荣誉。他还是本次赴德交流学习代表团的团长，担负着技术交流、文化交流的重任。2017年，他年仅33岁。

2017 年第一次赴德国开展公益活动的合影。

高广东介绍，第一次赴德国，既是中国修脚技师行业开展的国际性交流学习活动，又是中国朋朋第一期赴德国培训班，修脚技师们此行以传播中华悠久的修脚技艺为己任，并在德国学习专业足部护理知识和技能，可谓一举多得。

在即将启程赴德之前，大连朋朋修脚服务有限公司董事长冯鹤接受了笔者的专访。冯鹤告诉笔者，此次赴德，一共有来自朋朋修脚全国 50 多个城市 200 多家门店的 400 多名技师自愿报名申请，最终经过层层把关、层层审核，获得首批赴德交流学习资格的技师是：刘子骏、刘伟、张录叶、夏远飞、杨平、尹彦、丰雪、赵广玉、黄耀东、费日升、闵一鸣、郑全朋、杨楠楠、黄耀东。

“朋朋的家人们让我非常感动，大家比学赶超的劲头十足，为了争取到赴德国的机会，家人们在做好日常工作的间隙，做好了各种准备。”冯鹤介绍说，“本次赴德的 15 位优秀修脚技师个个都有故事，将来一定要把每个人的故事讲给大家听听。”

中国修脚技师首次组团赴德交流学习的创举，在行业引起了极大的关注，各界纷纷通过不同形式给予热切关注，并送上了美好的祝福。

各行业协会也纷纷以不同形式表达了对以高广东为代表的中国修脚技师此行的祝贺与期望，其中，中国商业联合会沐浴专业委员会代表、中商联沐浴委修脚分会派代表到北京首都机场送行。

2017 年 7 月 2 日，中国朋朋学习团为期一周的德国培训顺利结束。朋朋修脚 13 名修脚师顺利毕业，获得德国最先进的护理师学校毕业证书和国际 ISO 9001 体系认证修脚证书，其中宫清、丰雪、刘伟获前三名。

严谨的德国学校考试细节完全符合法规，采取类似中国高考考试标准，整个考试过程极其严格。考试前中后监考老师均不得与考生接触交流，实操考核中脚模的难度上升许多，理论部分采取闭卷带双笔答卷。考后清场，所有人须在外等候，由老师翻译把中文答案报给校长们共同审核，所有考生的试卷由校长亲自封存30年，且在学校网站公布结果，全世界范围内只要登录网站即可查看真实的学习记录和证书编号。合格者颁发毕业证和从业资格证书，持证可在欧洲合法开修脚店面和从事修脚工作。

校长的毕业致辞中表示，非常高兴中国的同学们为学校带来的惊喜，能参与中德双方修脚行业的首次交流非常荣幸，双方都以最诚实的状态展示了各自的技术；这样的交流更利于双方探讨优缺点，以共同进步。

每位朋朋人对校长、史黛芬老师和陈梦老师的热情和授教表示深深的感谢和感恩。陈梦老师也感慨万千，作为一名德裔的华人，在自己的母校和中德朋友的帮助与支持下，朋朋人出国学艺的梦想终于实现了。

此次朋朋组团赴德学习交流，开创了4000年来中国修脚师首次走出国门传技学艺的纪录。此次交流不仅成为国内各主流媒体的新闻，也在当地引起轰动，受到德国媒体的关注，《西德日报》还进行了题为 *De Deutschen auf die FuBe schauen*（千年技术与现代技术相遇）的专访。报道引起附近一些在学校备案的“脚模”的注意，积极报名到学校配合学校教学，还和朋朋学习团发生了许多让人记忆深刻的故事。

她是中德修脚行业的桥梁

朋朋为这一刻的梦想准备了足足8个月，这期间的培训、策划、翻译课件都是由关心祖国足护行业发展的陈梦老师在背后默默支持，同学们都亲切地称她为“陈梦阿姨”。课堂上陈梦老师更是亦师亦友，此起彼伏的“meng！”喊声，让她不断为同学们翻译、解释、辅助手法等，可以说，没有陈梦老师的热情帮助，就很难有这次中国朋朋的德国之旅。

陈梦老师帮助朋朋打开了走向世界的大门。

据陈梦老师介绍，在德国期间的整个培训教学分为三个阶段：第一阶段是“面授”，第二阶段是“自学与网络教学”，第三阶段是“德国强化训练，然后才是实操与笔试”。她介绍，在德国，修脚师教学在基础上偏重于糖尿病足的方向，因为离糖尿病足的护理还差一段距离。陈梦老师特别强调：“德国针对糖尿病足要进行4000小时培训”。

“所有的朋朋人都给学校留下了勤奋刻苦的印象，授课老师特别高兴。因为我们的授课超过了修脚师的范畴，对修脚师来说，很多可作为了解的知识，我们都作为了考试内容。学校曾经说是否太严格了，但是我相信他们，而且我知道这个教学要有针对性。我们的同学们将来要面对糖尿病足，要上台阶，路还是漫长的。我刻意跟学校沟通，设计让学生们如同高考一样准备笔试，学校的考试细节完全符合法规。”这是陈梦老师对中国朋朋学子们整个学习生活的整体描述，可谓用心良苦。

2018年：第二次赴德国赶考

首批“朋朋留学生”在国内大放异彩，成果显著。数据表明，有多起成功运用赴德国所学专业知识检查出糖尿病足隐患和下肢血管病变，推荐到医院相关科室救治成功的案例，避免了患者被截肢的风险。

正是因为这样明显的效果，在公司培训部、产品部、直营部牵头，大连、沈阳分公司的协助下，2017年年底又开始着手筹备第二批赴德交流、学习团，希望让更多的中国修脚师与国际先进的足护理理念接轨。

为了了解、掌握德国足护理师的要求，华连生企业大学先后3次邀请德国唯一华裔医学足病师陈梦老师在大连、武汉为第二期学员们面授课程。其中，武汉培训时，陈梦老师利用参加糖尿病论坛的空隙为第2期学员完成了授课。

如果说第一次赴德是让世界了解中国修脚技艺、提高文化自信、提升专业技能，那么再次赴德国深度学习交流的准备更充分。三次邀请陈梦老师在中国面授课程是最好的体现。

2018年9月27日，在高广东会长的带领下，第2期一行12人从沈阳、大连乘车到达北京，第二天下午2点正式登上赴德国的班机，直飞法兰克福。经过10余小时的飞行，代表团落地后再换乘高铁抵达学校所在地北威州埃森市，整个行程共计36小时。

9月30日开始，在德国学校内上课，拼搏冲刺正式开始。大家都永远忘不了那阳光明媚的一天以及10个月以来的学习。

德国人的严谨闻名于世，对于足护理行业来说同样如此。虽然每一位学员都在争分夺秒地学习，但是一个个操作流程要在几天时间内全部掌握，难度可想而知，消毒、检测足部、学习绷甲术、制作分趾垫……

“其中修脚的步骤就有14项，从手部消毒开始，到带围巾拿需要的器具到工具车上，再戴上口罩、手套，把修脚椅腿抬起，把患者腿调整到理想状态，然后对脚部进行消毒，取指甲钳剪指甲等，而且所有顺序都要从一侧到另一侧。修理过程发现需要填充甲沟的，去拿填充物海绵回来一定换手套，再重新给手消毒。”代表团成员大连海事大学店马利杰说。

有着丰富经验的陈梦老师也一直在提醒、鼓励大家，使大家从开始的满头大汗慢慢转变为安静操作。“通过昨天的课程，应该看到德国的操作不仅仅是器械的使用。很大一部分还是对于足部的理解与中国传统修脚有区别。”陈梦老师说，“什么考试都比不上人的眼界开阔了，知道自己还有不足。只有知道不足才会努力前进。成绩不重要，大家根本不需要担心。每个人都学习了、努力了、进步了，目的就达到了！”

在老师的精心指导和大家的共同努力下，10名修脚师再次以优异的成绩全部通过考试。至此，中国共有23名修脚师考取ISO 9001德国认证足护理师。

“收获特别多，加深了对钳甲矫正的认知，还有对糖尿病创面的处理，了解辅料的用途和作用。”大连金州旗舰店孟令军说。与孟令军有同感的还有谷鹏。“更深层地了解了甲沟炎的处理方法、方式，以及对糖尿病足0级维护的重要性。”

2019年：天下朋朋品牌之旅欧洲站

观世界，世界观。自2017年开始，走出去，走向世界，成了朋朋人的必修课。越来越多的朋朋人，在高广东的指引和带领下，打开了思路，开阔了世界，增长了见识。

2019年9月，尹彦（左三）作为朋朋的代表赴欧洲开展“天下朋朋品牌之旅”。

2019 年 9 月 29 日，华连生科技集团培训部长尹彦代表公司赴欧洲开启研学之旅，此次研学历时十多天。在研学的路上，尹彦一直通过自媒体与朋朋家人们分享学习的收获，他写道："小成功靠能力，大成功靠智慧，心里的世界创造了看到的世界……"

心里的世界，创造了看到的世界。这句话送给亲爱的读者们！

2019 年 10 月，朋朋派代表赴欧洲游学活动。

第五章
跟着郭明义学雷锋

诞生于2004年的华连生朋朋修脚，是企业社会责任的践行者。从企业创立之初，就秉承不忘初心的发愿，自觉践行企业公益理念，尤其是将公益与自身技术优势相结合，走出了一条独具朋朋特色的公益之路。

只有与企业使命结合的企业公益，才能走得更久、走得更远。在雷锋精神、郭明义精神指引下，朋朋发起并长期坚持的“孝行中华 · 全国义剪”“关爱环卫工人”“朋回故里 · 反哺家乡”“关爱身边老兵 · 传承红色精神”4个品牌公益项目，都是结合企业资源优势而创建，都与企业主业形成了良性互补关系。

01 孝行中华·全国义剪

或许有人会说：给老人义务修脚，这是件小事，值得一提吗？

在问答这个问题之前，我们可以先问自己两个问题。

第一个问题是：您关心过自己的爸爸妈妈、爷爷奶奶的脚吗？

第二个问题是：爸爸妈妈、爷爷奶奶一天天老了，可能弯腰都困难了，他们的脚指甲谁来剪？

回答完这两个问题，您还觉得给老人修脚这事儿小吗？

在中国的修脚行业，有这样一个人，他由自己的爷爷奶奶想到了全天下的老人，发起“孝行中华·全国义剪”公益行动，号召、组织修脚技师为老人们义务修脚，传承中华民族的孝道。截至2019年3月5日，全国各区域63支服务队累计服务老人16万人次，这个数字每天都在不断攀升，该项目还获得了2017年度中宣部、中央文明办联合颁发的“四个100最佳志愿服务项目”奖，这是全国志愿服务领域的最高奖项，2018年在第四届中国青年志愿服务项目大赛中摘得银奖。

这件事儿，您还觉得小吗？故事，要从2004年说起。

缘起：一个简单而又淳朴的动念

2004年深秋，刚刚开店创业不久的高广东，通过媒体了解到，在距离大连市区200多公里外的庄河有一座专门供养老兵的光荣院。从小就渴望军营、崇爱军人的高广东有英雄情结，他脑海里突然冒出了一个念头：这些老兵们比自己爷爷的年龄都大了，他们弯腰剪脚指甲都很困难了，应该去给老兵们修修脚，为老兵们尽一份孝心。这就是“孝行中华·全国义剪”项目最早的动念，简单而又淳朴。

对于这座光荣院，高广东非常熟悉。大连市光荣院始坐落于庄河市兴达街道后炮台村，是大连地区唯一集中供养全市农村孤老烈属和孤老复员军人、残疾军人，并对其实行特殊保障的优抚事业单位，2007 年 7 月被命名为大连市级爱国主义教育基地。

自建院以来，光荣院先后收养优抚对象 500 余名，他们当中有的参加过抗日战争，有的参加过解放战争，还有的参加过抗美援朝战争。这里的优抚对象大多是有功于国家的老功臣，他们或他们的亲人把最美好的青春年华献给国防事业；他们有的痛失亲人，有的因公负伤造成了终身残疾，有的耽误最佳婚配年龄甚至影响到下一代，他们是一个特殊的群体。

高广东要为这个需要特殊保障的群体修脚的想法一直停留在脑海中。到了周末，他觉得要去一趟庄河，圆自己的这个梦想。于是，高广东背着修脚的工具包，一个人来到汽车站，坐上了驶往庄河市的大客车。2004 年大连往返庄河的客车比较陈旧，经过 4 个多小时晃晃悠悠到庄河的时候已经临近中午，他又一路打听着来到了庄河光荣院，找到负责人，说明了来意。

光荣院负责人看着满头大汗的小伙子，被他的一脸真诚打动了，招呼他赶紧喝水休息一下，然后就把几位老人组织到一起，让高广东给修脚。那时候高广东只有 20 岁，脸上还带着几分青涩，负责人对他又不了解，还担心他把老人的脚修出血，一直在现场观察。30 多分钟后，第一位老人的脚修完了，老人露出满意的笑容，负责人这才放心。看着眼前这位认真修脚的小伙子，他们都由衷地高兴。给老人修完脚，高广东匆匆赶往汽车站，赶上了返回大连的末班车。

回来之后，高广东就把给老兵们修脚的事儿和店里的技师说了，“为光荣院里的抗美援朝、抗战老兵和孤寡老人免费修脚，和他们唠唠嗑、修修脚，发现我也能凭借自己的技艺帮助别人了，我觉得很满足。”

说到老兵们满意的微笑，说起老兵们的英雄事迹，高广东不停地说：“这事儿做对了！”大家都对高广东的这一行为敬佩不已，一个人拿出一整天时间来，自费去那么远的地方给老人修脚，这股“傻劲儿”不简单。也是从那一刻起，技师们提出来下次去的时候大家一起去。从此，高广东的义务修脚路上有了第一批的追随者。

2006 年，高广东的团队壮大了，有了 10 多个人。这年夏天，他把大家都带到了庄河光荣院，给全体老兵们义务修脚。这次服务结束后，他们在院里留下了一张珍贵的合影，这也是朋朋修脚最早的志愿服务影像记录。

照片中一共有 10 个人，其中 9 人穿着淡蓝色的工装，胸前佩戴着工牌，身穿黄色衬衫的高广东站在后排左二的位置上，这支最早的义务修脚志愿服务队中，有高广伟、马迪、黄文爽。他们是见证朋朋修脚创业发展的元老级人物，是朋家军最早的班底，现在高广伟、马迪、黄文爽都成为集团的骨干，事业发展得有声有色，家庭经营得幸福美满，实现了财务自由。不变的是，他们还是义务修脚的志愿者，初心不改。

光荣院成了朋朋修脚的第一个固定志愿服务点，每隔几个月就要去一回。因为路途遥远，也发生过很多曲折的故事。高广东回忆说："有一次当地下起了大雪。高广东为了赶到光荣院，冒着大雪前行。汽车行驶在路上时，风雪阻挡了视线，路面上又十分湿滑。司机在打方向盘的时候，差点儿出了交通事故，幸亏反应迅速，才躲过了一劫。"

"咱们是去做好事儿，上天也会保佑咱们的。"回来后，高广东这样安慰志愿者们。其实，高广东一直笃定做好事儿是一定会有好报的，但行好事莫问前程。

公益之花开遍全国

随着朋朋修脚门店的增多和团队的壮大，高广东又把义务修脚志愿服务延伸到了大连市区的社区、养老院，他把门店也作为义务修脚点，经常邀请在门店周边打扫卫生的环卫工人们到店里来，帮他们修修脚、暖暖脚。

就这样，义务修脚这件事儿，高广东和朋朋修脚志愿者们一做就没有停下来，一直坚持到 2013 年，真正做到了十年如一日。2013 年年初，朋朋修脚全国门店数量达到了 20 家，高广东逐渐地融入全国修脚从业者当中，经常参加各类行业会议，共同发起筹备行业协会，在全国修脚同行中有了一定的知名度和感召力。

2013 年 3 月的一天，在沙河口区五一广场一家名为 1919 的咖啡厅里，高广东和几位朋友一起聊天，当聊到如何把做了十年的义务修脚升级做大、如何为修脚技师注入精神动力时，朋友们展开了一场头脑风暴会，大家一起总结、提炼修脚服务的精神内核，经过碰撞，大家为这个项目取了一个名字：孝行中华 · 全国义剪。

"孝行中华 · 全国义剪"—— 这 8 个字对项目进行了高度的概括。"孝行中华"，表达的是义务修脚这个项目承载的精神要义，行中华之孝道，传承中华民族的优良传统；"全国义剪"，要把义剪这件事儿做到全国去，不仅仅局限于大连，也不仅仅局限于朋朋修脚一家来做，要以更博大的胸怀来感召同行一起做这件有意义的事情。

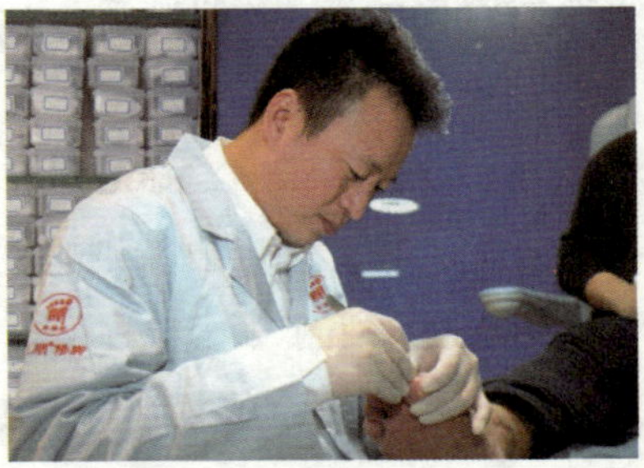

高广东发起了"孝行中华 · 全国义剪"活动。

在当时的设计中，"孝行中华 · 全国义剪"是一个起统领地位的总的项目名称，具体到各地，可以灵活落地，可以根据城市名称改为"孝行大连·全城义剪”“孝行北京·全城义剪”，这一项目命名方式坚持了几年时间。后来为了体现项目的标准化，高广东将项目名称进行了调整并固定下来，改为：“孝行中华·全国义剪”大连站、“孝行中华·全国义剪”北京站。这样，项目主名称不变，各城市以分站的形式出现，体现了公益品牌的统一性、系统性。

再回到2013年春天，有了这个响亮的名字，头脑风暴团队也都非常兴奋。然而，空有其名不行，接下来怎么实现这一项目的全国化推广铺开呢？在高广东的日程安排中，2013年3月下旬，他要到江苏扬州参加行业协会的会议，参加会议的有来自全国的200多位同行，这是一个非常好的宣传倡导时机！

古城扬州是一座典型的休闲城市，有闻名全国的“扬州三把刀”。“扬州修脚刀”是其中一把刀，指的是扬州传统修脚术。扬州的修脚业极为繁盛，修脚技艺冠领全国，素有“中华修脚刀之乡”的美誉。2014年，在国务院公布的第四批国家级非物质文化遗产代表性项目名录中，扬州传统修脚术榜上有名。

为何修脚业独兴盛于扬州？据扬州修脚非遗传承人介绍，扬州是长江和大运河交汇之地，自古繁华，富商云集，是一座典型的休闲城市，因此修脚、洗浴等休闲业自古就相当发达。修脚刀在手艺人手里可以化腐朽为神奇，修脚师在“肉上雕花”时来不得半点儿马虎，通过望、问、触、摸来修治足病是一门大学问。近些年来，各地修脚行业均有大的发展，扬州修脚仍然是中国修脚行业的一面旗帜。

2013年3月26日，高广东、高广伟等公司骨干成员一起到扬州参加“中华修脚师联谊会”期间，高广东向同行们发起了“孝行中华·全国义剪”的倡议，得到了与会同行们的积极响应。与此同时，高广东还率先垂范，将倡议变成实际行动，在扬州给全国同行们做了一个样板。

在时任《扬州日报》记者胡俭老师的帮助下，高广东和朋朋修脚志愿者高广伟、余政蔓一起来到扬州市邗江区双桥社区夕阳红老年公寓，开展“孝行中华·全国义剪”在全国的第一次义剪活动，为老人们义务修脚。

胡俭是媒体记者，是扬州好人义工总队队长，还是扬州市政协委员。2016年，胡俭参加全国第三届“好记者讲好故事”选拔比赛活动，11月8日记者节当晚亮相央视一套。在此，也要特别鸣谢2013年胡俭老师的助力，让“孝行中华·全国义剪”在全国播下了第一粒种子。

“孝行中华·全国义剪”引起了当地媒体的关注，并纷纷给予报道。其中，《扬州晚报》在2013年3月29日A14版刊发了新闻报道，被搜狐网、扬州文明网等众多媒体转发，标题是《来自全国的修脚师义务助老——“全国义剪”昨在扬启动》。

《全国修脚 两派三大路"聚扬城》后续

来自全国的修脚师义务助老——

“全国义剪”昨在扬启动

首站走进夕阳红老年公寓

昨天，全国200多位修脚大师在扬欢聚一堂，相互交流学习。由大连朋朋修脚服务队倡导的助老公益活动——“孝行中国，全国义剪”正式在扬州启动，双桥社区夕阳红老年公寓是本次大型公益活动的第一站。活动发起者表示，将向全国修脚行业发出助老倡议，并把这一活动在全国修脚师中推广。

活动

外地师傅为老人义务修脚

3月26日至29日，中华修脚师联谊会在扬州举行，昨日上午，趁着会议间隙，来自辽宁、福建的修脚师们来到夕阳红老年公寓，为老人们义务修脚。活动倡导者——大连朋朋修脚还向老人们赠送了修脚的刀具礼盒、防干裂的袜子、泡脚药品等。本报记者和双桥十姐妹义工队一起参与、共同启动了“孝行中国，全国义剪”活动。

高广东是大连朋朋修脚连锁机构创始人，已连续8年发起“全城义剪，孝行大连”活动，免费为困难孤老和特殊人群进行修脚、剪趾甲。除了大连，他们还在北京、沈阳等地开展多起“全城义剪”活动。

“到老年公寓做公益活动，发现有的老人从来没有修过脚，加上缺少活动，有的趾甲甚至长到1厘米厚，有的还有脚部疾病，老人感到不适，但他们的子女拿普通剪子根本剪不了厚厚的趾甲。”高广东说，倡导“孝行中国”也是希望有更多的修脚师服务公益，帮助更多的老人，为老人尽孝。

献艺

两7旬老人现场秀绝活

昨天下午，两位本土修脚大师高同林和朱庆华还在现场展示扬州修脚功夫，分别从脚病修治和刮、捏两个方面全面展示了扬州刀工，其精致的修甲功夫获得了现场北派大师的一致赞赏。据了解，高同林和朱庆华两位师傅都是70岁，从事修脚行业已经有50多年，现在仍旧有不少老扬州找上门“求修脚”。

从河南郑州赶来的修脚店老板魏二平介绍：“扬州修脚大师特别注重舒适度，北方则注重脚病的治疗，已经呈现出两种完全不同的经营模式。”

通讯员 蔡娟

记者 仲冬兰 屠明娟

外地修脚师为老人修脚。仲冬兰 摄

2013年3月29日，《扬州晚报》报道了全国义剪启动的消息。

“孝行中华·全国义剪”第一站在扬州成功启动，拉开了这一活动在全国开展的序幕，随后朋朋修脚在全国10多个城市的门店均标准化、规范化开展义剪活动，统一的服装、统一的服务流程、统一的条幅等，在义剪志愿者出现的地方，形成了一道亮丽的风景线。截至2019年9月，“孝行中华·全国义剪”已经在全国60多个城市的400多家朋朋修脚店常态化开展义剪活动，同行们也纷纷响应。

与此同时，朋朋修脚不断探索志愿服务机制，以志愿服务队为主体，与所在地区政府部门、文明办、慈善总会、街道、社区、党群服务组织、民间公益组织、养老机构多方联动的机制，与媒体联动，让更多志愿者参与其中，让更多的老人真正受益。高广东也无私地将开展公益活动的经验分享给同行业，帮助同行开展义剪活动。

2013年至2019年的六年多时间里，由高广东首倡发起的活动，在全国修脚行业中也全面展开，很多全国性、地方性修脚品牌均纷纷擎起“孝行中华·全国义剪”的志愿服务大旗，志愿服务已经蔚然成风。

高广东欣慰地说：“让公益之花开遍全国，这是我最希望看到的景象。”

坐而论道：举办志愿服务论坛和大赛

高广东是一个喜欢不断革新、不断挑战自我的领导者，做企业如此，做志愿服务，亦是如此。

“孝行中华·全国义剪”在全国如火如荼开展的时候，高广东又有了新的课题，他在思考如何让义剪常态化、如何激励志愿者、如何将志愿服务精神传播得更远。

2015 年，高广东在辽宁省文明办、大连市文明办以及各区文明办的指导支持下，将“孝行中华·全国义剪”按照项目化进行管理，形成了志愿服务活动、志愿服务论坛、志愿服务大赛“三驾马车”并驾齐驱的创新公益模式。

做公益也要有门槛？是的，高广东创造性地提出了开展志愿服务技能大赛的设想并付诸实践。为提升每名修脚技师的工匠精神和修脚技术，打造一支技术过硬的志愿服务团队，从 2015 年开始，朋朋修脚举办了“朋朋杯”志愿服务技能大赛。

2015 年 4 月 2 日，“孝行中华，全国义剪”公益活动在大连市举行启动仪式，来自北京、南京、西安、乌鲁木齐等全国 45 个城市修脚服务行业的代表共同发出倡议。这一活动得到了众多媒体的关注和报道，《大连日报》《大连晚报》等纷纷报道。

2016 年 4 月 20 日，“孝行中华·全国义剪”年度高峰论坛在大连市西岗区召开，论坛为 2015 年度优秀团队与志愿者颁发奖牌与证书，并启动了全国修脚行业首个“精准服务”项目。此次论坛是继 2015 年 4 月在大连举行的“孝行中华·全国义剪”公益活动启动仪式后的首次全国范围内同一主题公益活动的成果展示。

2017 年，朋朋举办第三届志愿服务大赛。

2017 年是迈出坚定步伐的一年，共青团大连西岗朋朋为老服务中心委员会成立。在西岗区文明办的牵头组织下，在北京街道黄河社区建立了首个 529 精准服务基地，并与西岗区的 10 多个社区、养老机构签订了精准服务协议……2017 年“孝行中华·全国义剪”活动全年达到 1400 余场，不仅超过了前几年总场次之和，而且创造了单月 159 场、单周 57 场、单日 18 场活动的纪录。

此外，朋朋修脚志愿服务总队还进行国际志愿服务交流，在赴德培训期间将义剪项目带到欧洲，并成功开展了一次符合德国法律法规的志愿服务活动。2017 年 12 月 28 日，在“孝行中华·全国义剪”义务修脚志愿服务项目总结表彰大会暨“朋朋杯”第三届志愿服务技能大赛颁奖仪式上，表彰了志愿服务项目中的十佳志愿者和十佳志愿服务队。

2018年，“孝行中华·全国义剪”活动再次进行了升级，重点在大数据管理方面进行了有益的探索，加入共青团中央主办的“志愿汇”APP中，成为“志愿汇”近百万个入驻团队中进步最快的团队之一，在记录志愿服务时长等大数据管理、智能化办公方面得到了极大的锻炼。

2018年12月31日，朋朋2018“学雷锋志愿服务”总结表彰大会暨华连生“医技之长足行天下”迎新晚会在大连皇冠假日酒店举行。高广东在致辞中表示，“学雷锋是一种信念，有了这种信念，在岗位上、在社会上都能产生无穷的力量。”

随着义剪的持续开展，高广东已经和团队一起将义剪与践行雷锋精神、干事创业紧密结合在一起。高广东在致辞中表示，辽宁是雷锋精神的发祥地，是“当代雷锋”郭明义工作生活的地方，“当前，东北振兴正处于滚石上山、爬坡过坎的关键时期。越是在困难面前，越需要强大的精神力量去支撑、去引领。我们提倡鼓励学雷锋精神，正是我们扎实推进振兴发展所必需的强大而持久的精神力量。在学雷锋的道路上，朋朋人愿一直走下去!”

2019年开年之际，“孝行中华·全国义剪”项目发起人、全国岗位学雷锋标兵高广东对全年的志愿服务工作做出了具体安排，向全国100多个城市的志愿者们发出倡导，积极配合各地党委和政府的中心工作，以优质的志愿服务，为街道社区党群服务增光添彩。

在这一原则指导下，各地积极行动、主动联系、热情服务，在学雷锋日活动期间（2019年2月25日至3月10日）共开展义剪有效活动90场次，其中街道社区义剪46场次，养老机构义剪28场次，其他场所义剪等公益活动16场次，其中城市一级的大型活动3场次。

严谨规范的义剪活动得到了各地政府部门的肯定与表扬，也引来了众多媒体的报道，雷锋网、《三峡晚报》、《半岛晨报》、大连电视台、《大连日报》、大连广播电台、《辽阳日报》、《鞍山日报》、福安电视台、大连瓦房店电视台等多家媒体纷纷报道朋朋志愿者的义剪事迹。

“没有比脚更长的路，没有比人更高的山。”

高广东说，“孝行中华·全国义剪”是一条没有终点的义务奉献之路，他衷心希望每一位志愿者都能在义剪的路上，提升技术，修好内心，学会做事，更要学会做人。

2019年10月28日，华连生集团公益活动负责人王英告诉笔者，截至2019年

10 月 25 日，全国各区域近百支服务队（分队）累计开展活动 5283 场次，参加志愿者 4.44 万人次，服务人数达 18.68 万人次，服务时长约 16.7 万小时。大连地区义剪活动负责人杨楠说，2019 年大连地区义剪活动有望达到 500 场次，这一数字在全国同行中绝对是一个创纪录的数字。让志愿者们高兴的是，不断攀升的数字背后是老人们开心的笑容。

朋朋每年都会举行表彰活动，对优秀志愿者进行褒奖。

02 关爱环卫工人

公益贵在持之以恒，一些爱心活动看起来似乎十分平常，但小善大爱、亲力亲为，贵在滴水穿石能够持之以恒。做社会公益事业与做人、做企业是一样，如果没有坚定的恒心和毅力，没有一干到底的决心与勇气，必将一事无成或是半途而废。

和义务修脚一样，朋朋修脚关爱环卫工人系列公益行动，也是从头一直坚持到了现在。和环卫工人们的结缘，透出高广东和冯鹤骨子里的善良。高广东的妻子冯鹤，被大连的环卫工人亲切地称作“最美修脚妹”。

高广东、冯鹤夫妻俩对环卫工人有着特殊的感情，他们说：“刚来大连的时候，人生地不熟，总是环卫阿姨热情地指路。”开店之初，店里的顾客少，他们经常到门口往外看，盼着顾客进门，而他们看到的除了川流不息的汽车，最多的就是一遍遍在马路上清扫卫生的环卫工人。寒冬的一天，门外寒风呼啸，冯鹤对高广东说：“打扫卫生的也是在外打工的，我们也是在外打工的，我们其实是一样的。天这么冷，我们请他们进来暖暖身子、暖暖脚吧，再给他们修修脚。”他们就是从这样的点滴小事儿做起，用他们的真情来温暖环卫工人这个群体。

总结起来，朋朋为环卫工人做了四件事，每一件看似微小的举动，背后都有一个温暖的故事，有一种直抵人心的力量。

第一件事：将用过的一次性刀具集中收纳

在朋朋修脚，每个店都配有一个大大的透明玻璃罐，每次用完的刀片，技师都扔进瓶子里，日积月累，每家店的玻璃罐子里都堆满了刀片。或许会有人问，这与关爱环卫工人有什么关系呢?

起初创业的时候，高广东也没想到这一层，他把用过的刀片扔进了纸篓里，有一次他去翻纸篓找东西的时候，手指头被刀片划破了。疼过去之后，高广东突然想到了一件事，环卫工人在清理垃圾的时候，是不是更容易受伤呢?我们开店创业，难道要把风险转嫁给他们吗?他越想越觉得不安，这份不安让他一夜难眠，第二天就到市场买了一个大大的玻璃罐，将刀片收纳起来集中处理。

无心插柳柳成荫，在店里，陈列刀片的玻璃罐成了一件不错的装饰品，总有顾客问收集那么多刀片干什么，技师们会把这个故事的原委讲给顾客听，收获了顾客们的好评。

“这件事儿虽小，说不上是公益。但这么做了，心里很踏实，”高广东说，“我们做每一件事，不一定非得让对方知道并接受。让自己心安理得，挺好。”

第二件事：发起公益项目——请环卫工进屋歇歇脚公益行动

这些年，高广东、冯鹤夫妻俩已经在60多座城市的400多家门店发起了“请环卫工进屋歇歇脚”公益活动。在朋朋的任何一家门店，环卫工人们都可以进屋免费休息、饮水、修脚、洗手……冬天送他们热水、送手套，夏天就给他们送冰水、送饮料。

2012年12月9日，高广东（右）冒着严寒给环卫工人送棉衣。

2013年7月18日，网友@流浪的三毛w在新浪微博上写道：“蒙蒙雾雨中，正仁街，一名女环卫工坐在马路边，吃着自带的凉饭。”短短一小时，这条微博就被转发近百次，上千人点击阅读，更是“瞬间戳中泪点”，有网友呼吁应该给环卫工人更多歇脚的地方，更多地给予环卫工人关爱。

为回报环卫工人为城市美化做出的突出贡献，朋朋修脚平时就坚持做关爱环卫工人的事。在此次行动中，朋朋修脚率先响应，联合《大连日报》《半岛晨报》等众多媒体，发起了“敞开大门，让环卫工人歇歇脚”公益项目。其中，《大连日报》发挥党媒的主流影响力，发起了让“城市美容师进屋歇歇脚”的公益行动，倡议临街店铺和单位主动敞开大门，让环卫工人有个临时歇脚、遮阳避雨的地方，不到 1 个月，146 个商家单位主动挂起行动标志，成为“环卫工歇脚地”成员。在媒体助推下，大连掀起了一个微公益高潮，引领越来越多的临街店铺积极参与其中。

至今，这项公益活动仍在有序地开展。2019 年，在高广东的倡导下，朋朋修脚大连 80 多家门店又积极加入大连团市委联合市邮政管理局为快递小哥等发起设立 449 个“爱心驿站”，为送餐骑手、快递小哥提供温馨服务。

第三件事：长期关爱困难环卫工家庭

在高广东、冯鹤的心里，环卫工人始终是他们的牵挂，尤其是那些因病、因伤不能工作的困难环卫工家庭，只要留意到这样的消息，他们肯定要奉献一份爱心。

2013 年 2 月，《半岛晨报》发起“新春送温暖”活动，由爱心企业、爱心机构实地走访贫困家庭并献上爱心。朋朋修脚创始人冯鹤听闻此事后与记者沟通，牵头负责本次走访活动，并出资 4000 多元采购了爱心物资，为每户准备了一袋 20 斤装的大米、一袋 20 斤装的白面和 8 斤装的适合包饺子的猪肉，并送了一个指甲刀套装以及 2 双老人穿的防脚干裂袜子。

2013 年 2 月 2 日，冯鹤等人一起走访了环卫工人、卖报人及残疾人家庭，还为媒体报道过的遭遇火灾的环卫工家庭送去了床具和电视机。在活动开展的过程中，冯鹤还发动同为修脚技师的刘宪庚、黄文爽、高广伟、杨楠楠一起参与进来，每人拿出 400 元（共计 1200 元现金），送到了兴工街环卫所，通过所长捐助给家庭困难的环卫工人。

2015 年 12 月 5 日，一条来自丹东凤城的微信文章传遍朋朋人的朋友圈，文章中讲述了经历坎坷的环卫工人邢莲琴，家住在绸厂棚户区驾校大门正对的公厕旁。她曾是一名高级电焊工，因 13 年前丈夫重病卧床而放下工作做起环卫工人。每月仅靠病退费及做环卫工作的一千多元过活。即使生活如此艰辛，但她也依旧乐观。怎奈生活总是很多磨难，2015 年的 12 月 1 日，她家中线路老化失火，老伴不幸在这场大火中遇难。如今的她什么都没有了……

2015 年 12 月，朋朋志愿者和辽宁好人杨东文一起去看望困难家庭。

高广东看到后立即组织朋朋家人为这位环卫阿姨捐款。高广东、朋朋丹东区域经理孟令贤分别捐款 1000 元，高广东的儿子高维朋从自己的压岁钱里捐出 1000 元。随即公司号召更多的修脚行业家人及社会爱心人士伸出援手，并委托辽宁省道德模范志愿服务总团杨东文，中国好人、丹东市快乐奉献义工站站长严哲，庄河市速成义工大队队长邢亮及朋朋修脚丹东分公司经理共同将爱心送达。

就这样十元、二十元、一百元、两百元……在短短的六个多小时里，共筹集爱心善款 14277.99 元。

2018 年，冯鹤购置了一批保温杯、饭盒，送给长期在街头作业的环卫工人，得到了大连市委市政府的高度赞扬。辽宁省委常委、大连市委书记谭作钧和冯鹤一起，将保温杯送给一线的环卫工人们。

第四件事：免费派发 5 万个车载垃圾桶，发起“拒绝车窗抛物”公益倡导

高广东常常说：“环卫工人就跟我的亲戚一样。”因此，与他们有关的事，高广东都特别放在心上。2017 年，多地发生环卫工人在马路上清扫垃圾时被撞的悲惨事故，很多路面上的垃圾就是路过的汽车司机抛下来的。一个环卫工人倒下去，一个家庭可能就要散了。每每看到这样的新闻，高广东都格外心痛。

怎么能减少此类事情的发生呢？爱思考的高广东和这件事儿较上了劲儿，他分析后认为，车窗抛物这个习惯很不好，政府可以宣传倡导、加以引导。这个问题再往深里想，很多时候是因为车内没有安装垃圾桶，垃圾没地方放，因此一些素质不高的人就随手将垃圾抛到车窗外。这随手一抛，给环卫工人的生命留下了巨大的安全隐患。

想到这里，高广东的心中有了答案——定制一批车载垃圾桶，免费发放给汽车驾驶员。可是制作车载垃圾桶的费用不是一个小数目，这笔支出不在公司日常的预

2018 年 10 月，冯鹤董事长向出租车司机捐赠车载垃圾桶。

算之内。于是，高广东憋着劲儿压缩开支攒了一年，2018 年 10 月终于启动了这个项目，而这项行动正好与大连同期开展的文明城市建设主题契合。

10 月 26 日上午，由大连市文明办等单位主办、华连生集团等单位承办的“拒绝车窗抛物，共树滨城形象”活动启动仪式在大连钻石湾滨海公园举行，相关单位负责人、出租车司机、各城市志愿服务队长、市民代表共计 200 余人参加活动。

本次活动旨在让更多的市民了解、支持、参与拒绝车窗抛物的行动，自觉抵制车窗抛物，自觉摒弃生活陋习，牢固树立文明意识，共同培育城市的文明风尚，助力大连城市路街交通环境“亮化”百日行动。

华连生集团将通过朋朋修脚门店向北京、辽宁、吉林、黑龙江、内蒙古、河北、山东、河南、湖北、山西、陕西、江苏、江西、福建、海南 15 个省（自治区）总计 43 个城市出租车和私家车驾驶员赠送 5 万个小型车载收纳桶，车主可凭有效车辆行驶证，在全国 400 家朋朋修脚门店免费领取。

这一活动也得到了众多媒体的报道支持，通过众多媒体的助力，高广东的倡导走进了千千万万个司机的心中。华连生集团创始人高广东说，大连这座文明美丽的城市一直给予他温暖和包容，帮助他克服种种困难，坚定信心，成就事业，“现在仍然存在一些司机和乘客随手车窗抛物的现象，既有损城市环境和形象，也增加了环卫工人作业负担和清扫保洁过程中的危险系数。希望通过这次活动，能够带动更多的市民加入拒绝车窗抛物的队伍中来，共同维护城市的文明形象，让文明新风吹进每一位市民心中，共建文明城市！”

03 朋回故里·反哺家乡

高广东是凤城市青城子镇青城子村姚家沟人，他热爱家乡、不忘家乡，在很多场合，总会提及自己在青城子打工、蹬三轮的那段艰苦的日子，都会提起自己创业的第一笔外来扶持资金来自青城子镇金融机构。正是怀着这样的感恩之心，怀着对家乡深厚的感情，只要是家乡人、家乡事他就真帮实干。几年来，他为家乡公益事业投入的资金达 30 多万元，带动 100 多位家乡人成功创业，在大城市买上房、买上车，提前过上了小康生活。

精准扶贫见实效

2015 年 11 月 27 日至 28 日，中央扶贫开发工作会议在北京召开。中共中央总书记、国家主席、中央军委主席习近平强调，消除贫困、改善民生、逐步实现共同富裕，是社会主义的本质要求，是中国共产党的重要使命。全面建成小康社会，是中国共产党对中国人民的庄严承诺。脱贫攻坚战的冲锋号已经吹响。立下愚公移山志，咬定目标、苦干实干，坚决打赢脱贫攻坚战，确保到 2020 年所有贫困地区和贫困人口一道迈入全面小康社会。

“脱贫攻坚战打响了，我们能做点什么呢？”那段时间，一直关心、关注农村发展的高广东通过新闻媒体的报道反复学习总书记的讲话精神，寻找朋朋修脚的切入点。2015 年，是朋朋修脚第一个五年规划的第 4 年，事业处于上升期，那时候，社会对修脚技师这一职业还带有偏见，高广东一直在想如何提升修脚行业的认可度，进而帮助家乡的乡亲们。

2016 年 4 月 19 日，高广东组织了首届全国修脚师职业技能竞赛总决赛，他要通过这样的比赛，让更多的人客观正视修脚行业，推动修脚行业发展及产业扶贫。

4 月 20 日，“孝行中华 · 全国义剪”年度高峰论坛在大连市召开，论坛为 2015 年优秀团队与志愿者颁发奖牌与证书。“我们在内部评比优秀志愿者、优秀志愿服务队，这些都将由大连市文明办备案授旗。”而这也是高广东规划当中推动修脚行业发展的举措之一。

在高广东规划的产业扶贫计划中，他希望通过办学校、编制修脚技艺教材等渠道，为当地更多的务工人员、待业青年提供免费的修脚职业培训，继而在全国范围内为他们提供工作岗位。而在此之前，朋朋修脚和大连市残联开展帮扶残疾人的订单式培训项目积累了一些经验。

朋朋修脚中许多农村出身的员工均因修脚行业买上了房和车，这在农村里是非常不容易的。2004 年以来，朋朋先后为 100 余名凤城老乡提供了就业岗位，其中 40 多人成长为店长、区域经理，拥有了自己发展创业的空间和舞台。

助力家乡环境建设

高广东反哺家乡的善举，也在当地传为佳话，本地媒体也经常报道。2018 年 7 月 4 日，丹东新闻网就报道了高广东积极参与凤城市精神文明建设的事迹。

2018 年 6 月 29 日上午，由凤城市委宣传部、市文明办主办的助力家乡开展文明交通行动捐赠仪式在凤城市工人文化宫广场举行，这次高广东为家乡捐赠 4000 个总价值 4 万元的车载垃圾桶，再一次用实际行动来支持家乡争创全国文明城市。早在 2014 年，高广东就曾为家乡捐赠价值 10 万元的垃圾桶，分发到农村各家各户。

2018 年 8 月 20 日，青城子镇政府新闻网站刊发了一篇题为《青城子镇：游子在外创业 心系家乡建设》的新闻，讲述的是青城子镇的垃圾池都穿上新衣的故事，故事的主人公就是一直关心家乡环境建设的高广东。

2014 年高广东给家乡捐赠价值 10 万元的垃圾桶。

这一次，高广东为村镇赞助近 4 万元，把所有垃圾池进行统一粉刷，并制作反光字环境卫生词语宣传板 180 块安装在镇村公路垃圾池两侧，让本镇居民和外地人来本镇的人员都能爱护环境卫生。

其实，这并不是高广东为家乡做的第一次奉献，救助老家环卫工人、特困学生、白血病患儿等一系列行动，都诠释了他情牵故土、心系故乡的拳拳诚意。

高广东捐赠的垃圾桶分发到每家每户。

为助力家乡建设发展和文明城创建，朋朋先后出资为青城子镇捐赠 6000 个高品质室内垃圾桶，带动全镇群众树立“青城子是我家、洁净靠大家”环保理念；为青城子镇捐赠 70 套环卫装备，用于改善乡村环卫工人的工作条件；为青城子镇更换新农村建设宣传标牌，较好地改观了镇容村貌。着眼助力家乡开展文明交通行动，为凤城市捐赠 4000 个车载垃圾桶，旨在杜绝车窗抛物等不文明行为，进一步叫响“你我同携手、共创文明城”口号。

面对家乡人的感谢，高广东总是说："作为在大连谋生的青城子人，有机会为家乡的建设出一点点力，我感到很荣幸。青城子永远是我的家，我会一直做下去。"

从一个人做到一群人做

高广东反哺家乡的善行善举，也在潜移默化中影响和感染着朋朋的家人们。一个人的不懈努力，产生了示范和连锁效应，大家也自觉地为家乡做着力所能及的贡献。2018年的农历春节，高广东被朋朋修脚志愿服务队宜昌分队的"回乡公益行"活动感动了。

朋朋修脚湖北宜昌分公司负责人刘伟将经过写成了文章，后来还被多家媒体采用。2018年2月14日至21日，在农历狗年新春之际，朋朋修脚志愿服务队宜昌分队的7位志愿者利用回老家过年的机会，把大连总部发起、在全国五十多个城市开展的"孝行中华·全国义剪"公益活动也带回了各自的家乡，为父老乡亲带来了平时见所未见、闻所未闻的修脚服务，让他们实实在在地享受了一回"不一样"的新年问候。

"2018年回乡公益行"活动的发起，是因为队员们看到他们父母在农村干农活时忽视了自己的脚部卫生，从而导致脚底干裂掉皮时冒出的想法。看到父母们干裂的脚，作为修脚师的他们心疼不已："一方水土养育了自己长大成人，而现在有了手艺，又有了'孝行中华·全国义剪'这么好的公益项目，趁春节期间老家人农闲时都有空，不如为他们修修脚，表达一下自己的感激之情。"

宜昌志愿服务队还贴心地为每个队员量身定制了三张展画，一张是带有平时义剪相片的"孝行中华·全国义剪"宣传海报，一张是队员快乐工作和生活中个人风采展示的海报，还有一张是朋朋修脚代表中国修脚师集体赴德国学习考察的活动回顾，既让乡亲们也为咱们中国的国术骄傲一把，也让他们知道修脚在城市生活中是很普通的生活保健方式。

此次公益活动，朋朋修脚志愿服务队在武汉黄陂、荆州洪湖、宜昌猇亭、襄樊襄阳四名队员的老家开展，共有7名队员在家门口为乡亲们提供修脚服务。在服务过程中，队员们发现乡亲们普遍都有嵌甲症和干裂脚气的症状。主要原因是对于脚部保养知识的缺乏，平时穿鞋不穿棉袜，影响到了皮肤的正常功能，又没能够及时做护理，从而长期导致皮肤干燥失去弹性、脚干脚裂等状况。经过队员们细心的修理后，摸着光滑变嫩的脚丫，老乡们都露出满脸憨厚的笑容，还有不好意思的乡亲硬要塞个红包给我们的志愿队队员。

老家住在武汉黄陂的朋朋修脚宜昌区域技术总监李强，在给乡亲们义剪后深情地说："家里兄弟姐妹四个，小时候条件差，总缺吃的，常常跑到村中其他叔叔伯伯家玩，今天这家给点，明天那家给点，自己也算是吃百家饭长大的。现在有门手艺赚钱了，条件好了，能以这种形式回馈老家人，很开心。非常感谢父老乡亲当年的恩情。"

荆州洪湖的杨萍和她的丈夫回家探亲做公益义剪，也得到家乡人的热情欢迎，大家一传十、十传百，都挤到了她家门口。"来看看修脚是怎么回事？"大家看完展画、体验过修脚后，都很佩服他俩："年纪轻轻的学这门手艺不简单，不光解决别人脚上的问题，还在外面为孤寡老人做了这么多好事。"

这次"回乡公益行"活动，让队员们实现了反哺家乡的愿望，朋朋修脚的志愿服务公益项目也得到了父老乡亲们的认可。朋朋人无时无刻不在践行人在哪志愿服务就到哪的火热爱心行动。

一群年轻人，一群把青春无私奉献他人的志愿者们，一番爱脚的事业，一次次公益行动，是新的一年里最美的开始。

04 跟着郭明义学雷锋

党的十八大以来，习近平总书记对学习雷锋活动高度重视，先后多次就辽宁学雷锋活动作出重要论述和重要批示指示。特别是2018年9月28日，总书记在参观抚顺市雷锋纪念馆时指出：雷锋是时代的楷模，雷锋精神是永恒的。

辽宁是雷锋的第二故乡，是雷锋精神的发祥地，同时也是"当代雷锋"郭明义工作生活的地方。雷锋和"当代雷锋"郭明义这两个代表时代精神的先进典型同出自辽宁，这是辽宁人的骄傲。

郭明义，第三届全国道德模范。他始终把助人为乐当作自己的使命，他是新时代的雷锋。为了发动更多的人参加社会公益活动，2009年7月，郭明义组织成立郭明义爱心团队。多年来，郭明义带领爱心团队的广大志愿者积极投身捐资助学、无偿献血、捐献造血干细胞、捐献遗体（器官）、慈善义工、红十字志愿服务等社会公益领域。2014年3月，习近平总书记给"郭明义爱心团队"的回信，广大志愿者们备受鼓舞。

接受媒体记者采访时，高广东说，在郭明义爱心团队大连志愿服务总队队长韩伟老师的指导和帮助下，朋朋修脚成立了郭明义爱心团队朋朋修脚分队，在公司上下已经形成了"跟着郭明义学雷锋"的浓郁、热烈的氛围，高广东多次与"当代雷锋"

郭明义老师见面，倾听郭明义老师的教诲，跟着郭明义学雷锋，像郭明义那样学雷锋，像学雷锋那样学郭明义，通过学郭明义进一步把雷锋精神传承下来，发扬光大。

2015 年：郭明义给“孝行中华 · 全国义剪”题词

2015 年 5 月 29 日上午，大连棒棰岛宾馆八号楼的会场内掌声雷动、气氛热烈，由大连团市委、大连保监局主办，大连市青年志愿者协会承办的郭明义先进事迹报告会成功举行。高广东和朋朋修脚志愿者们也来到现场聆听报告。

报告会结束后，郭明义老师特意为朋朋修脚开展的“孝行中华 · 全国义剪”题词。5 月 29 日，正是朋朋修脚首倡提出的“全国爱脚日”，在这个特殊日子里，郭明义老师为朋朋修脚题词，有了特别的纪念意义。

2016 年：跟着郭明义学雷锋，全国各地在行动

在朋朋修脚全国各分公司、各服务队，跟着郭明义学雷锋不是一句口号，而是实实在在的行动、无怨无悔的付出、日复一日的坚持。

在郭明义老师工作和生活的辽宁省鞍山市，朋朋修脚鞍山志愿服务队是近水楼台先得月，他们经常在郭明义老师及郭明义爱心团队的直接指导和帮助下开展志愿服务活动。

鞍山志愿服务队队长王征回忆说，2016 年 4 月 26 日上午，朋朋修脚志愿服务队与郭明义爱心团队孙宝江分队直属队“一号航班”爱心团队携手来到深北街道社区卫生服务中心，为社区的劳模老党员免费修脚服务，双山标杆社区领导对朋朋爱心服务很认可。

2016 年 9 月 12 日，郭明义爱心团队虹桥社区孙宝江分队、朋朋修脚爱心团队等联合队举办“关爱环卫工，温暖一座城”大型公益活动，志愿者们为立山区环卫“郭明义”所 60 多名环卫工人义务修脚。

在郭明义老师精神指导下，王征和朋朋修脚志愿服务队进步很快，服务质量越来越好，得到了鞍山市各级党委政府以及广大市民的认可，王征被评为鞍山好人。2018 年，王征又被辽宁省文明办评为辽宁省最美志愿者。

在大连、在沈阳，在每一个朋朋修脚开店扎根的城市，跟着郭明义学雷锋活动都在扎扎实实、有条不紊地推进中。

在公益的路上，朋朋人总是说得少、做得多。朋朋修脚沈阳志愿服务队就是一个例子。在跟着郭明义学雷锋精神指引下，沈阳团队在姜传超、高广伟、纪雪莲的带领下，常态化开展志愿服务，朋朋人用自己的实际行动证明，风雨路有多远，朋朋就陪

您走多远。

2017年8月19日星期六上午，服务队在队长高广伟的带领下，刚结束义剪活动赶回学校，便收到沈阳市沈河区幸福苑居家养老服务中心工作人员送来的锦旗，上面写着“热心公益事业，弘扬雷锋精神”金光闪闪的大字，它深深地鼓舞着朋朋修脚沈阳志愿服务队的全体人员。高广伟说：“不论春夏秋冬，不论阴晴雨雪，朋朋修脚沈阳志愿服务队必将走在公益的最前线，用一把修脚刀，修出人间大爱。”

在2018年3月5日学雷锋纪念日这个特殊的日子里，“当代雷锋”郭明义专程来到大连市瓦房店，为大家进行了党的十九大、十九届三中全会精神以及雷锋精神宣讲，与志愿者们一起参与助学活动。郭明义爱心团队朋朋修脚志愿服务分队参与其中。

近些年来，朋朋修脚团队志愿者取得了诸多荣誉，高广东还获得了辽宁省岗位学雷锋学郭明义标兵，全国岗位学雷锋标兵等众多荣誉。

2017年：成立郭明义爱心团队朋朋修脚分队

2017年1月19日上午，大连市甘井子区行政中心会议中心热闹非凡，600余名志愿者欢聚一堂，共同参与由大连市文明办、大连团市委、大连市残联主办，由甘井子区委宣传部、团区委、大连市青年志愿者协会承办的甘井子“郭明义爱心团队”成立授旗仪式。

全国道德模范、中共中央候补委员、全国总工会副主席郭明义出席活动，并为朋朋修脚志愿服务分队等12支志愿服务队伍授旗。

仪式现场，郭明义先进事迹报告团成员刁莹同志讲述了郭明义先进事迹。30多年来，郭明义同志坚持不懈做好事，先后资助了400多名特困学生，无偿献血累计达6万多毫升，由他倡导成立的郭明义爱心团队，遍及全国20多个省、市、自治区，注册志愿者达140多万人。郭明义同志的事迹平凡中见伟大，点滴中见真情，感人至深，催人奋进，不愧为新时代的精神楷模。

活动间隙，郭明义来到辛寨子街道星语家社区为向日葵精准扶贫孵化基地及“大连好人”韩伟工作室揭牌，现场与残疾儿童进行了交流，鼓励他们通过自己的双手，借助义卖等活动开启美好的生活。

在机场街道蓝天社区，郭明义与志愿者一起向空巢老人们拜年，并给老人们捐赠了“福”字和米、面、油等节日慰问品。活动现场，郭明义爱心团队、朋朋修脚志愿服务分队为老人们提供了义务修脚服务，李老汤志愿服务分队的厨师们为老人们现场制作拉面，慈爱宝贝小义工还为老人们表演了精彩的文艺节目。郭明义老师还鼓励正在为老人修脚的“孝行中华·全国义剪”的志愿者们，并祝福大家新春快乐。

2018 年：郭明义老师来到朋朋修脚看望志愿者

在很多场合，郭明义老师都对朋朋修脚这个爱心品牌大加赞扬，尤其对朋朋修脚合伙人、公益部主管王官升非常熟悉和赞赏。每次在大连市和辽宁省开会，一见到王官升，郭明义老师就远远地打招呼，“我认识你，你是朋朋修脚的王官升。”

2018 年 12 月 4 日，在国际志愿者日到来的前夕，郭明义老师再次来到大连作报告，高广东和朋朋修脚志愿者代表们一起聆听报告。报告会结束后，郭明义老师匆匆赶往大连北站，准备乘坐高铁返回鞍山。

在行驶的汽车上，郭明义老师问王官升返程的线路上有没有朋朋修脚店，新年马上就要到了，他要去给志愿者们拜个年。行驶线路恰巧能路过张前路店，于是郭明义老师当即决定到店里去看一看。

当身着工装的郭明义老师出现在店里时，正在忙碌的技师们抬头就认出了郭老师，店长孟令君惊讶地说：“郭老师，您怎么来啦！？”语气中还有点难以置信的味道。以前他们都是在电视里、报纸上、网络上看到郭老师，真人到了店里，让大家都惊喜不已。

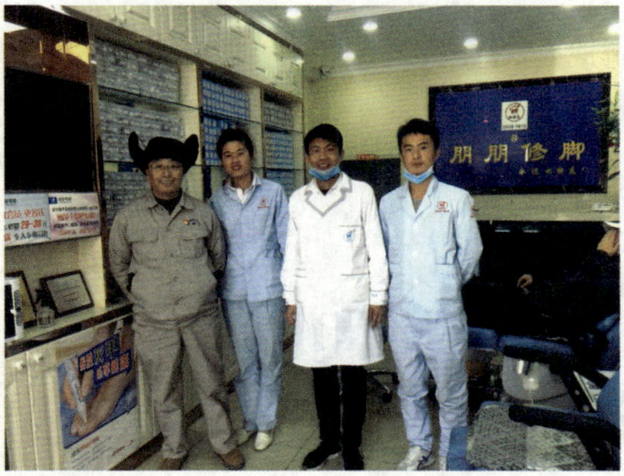

2018 年冬天，郭明义到店里看望朋朋修脚志愿者，与志愿者们合影留念。

郭明义老师爽朗地笑了，他询问技师们的工作情况，并提前祝福他们新年快乐。郭明义老师的到来，给了朋朋修脚志愿者们巨大的鼓舞。朋朋修脚志愿者们也纷纷表示，跟着郭明义学雷锋，没有终点。

2019年，郭明义老师也多次为朋朋修脚志愿者们鼓励、点赞，5月8日还为本书作序、题词，鼓励朋朋修脚的年轻人们勇敢追梦。

6月13日，郭明义在大连市总工会为朋朋修脚志愿者们做事迹报告会，并和与会嘉宾们一同启动了“关爱身边老兵，传承红色精神”公益项目，郭明义为新成立的爱心团队授旗。

2019年6月13日，郭明义作为主讲人来到大连参加先进事迹报告会。

2019年6月13日，郭明义与嘉宾们一同启动关爱老兵公益项目。

05 公益雁阵

雁群在天空中飞翔，一般都是排成人字阵或一字斜阵，并定时交换左右位置。生物学家们经过研究后得出结论，即雁群这一飞行阵势是它们飞得最快、最省力的方式。因为它们在飞行中，一只大雁的羽翼能够借助前一只大雁的羽翼所产生的空气动力使飞行省力。飞行一段时间后，它们交换左右位置，目的是使另一侧的羽翼也能借助空气动力缓解疲劳。

雁阵不仅引起了生物学家们的兴趣，也激起了管理专家们的专业敏感神经，他们将这种有趣的雁群飞翔阵势原理运用于管理学的研究，形象地称之为：“雁阵效应”。

回望朋朋15年的公益路，以高广东打头阵的朋朋公益团队，正是以雁阵的形态，创造出了“飞得最快、最省力”的发展模式。

社会各界的榜样引领

朋朋修脚在开展公益服务的路上，得到了众多政府及协会组织的大力支持，文明办、团委、妇联、工会……一长串的名字，时刻铭记在高广东和朋朋人的心里。

近些年，朋朋公益活动也得到了媒体的支持的引导。2012 年 12 月 10 日，高广东和志愿者“大连刁刁”等人一起给环卫工人送棉衣，发起“为环卫工暖暖脚”爱心行动，大连本地媒体纷纷报道；2013 年 2 月 6 日，农历小年，冯鹤和杨楠楠也登上了媒体。在大连市西岗区民政局的支持下，于 2013 年成立了民非组织大连西岗区朋朋为老服务中心，作为开展公益活动的载体。

在朋朋修脚和高广东的前面，还有一群飞得更高的公益雁阵，他们都是高广东的公益引路人，这份名单中包括辽宁好人杨东文、大连市希望工程爱心大使李光祥将军、大连市心连心 365 志愿者服务中心韩伟老师等，韩伟老师十余年来一直给予朋朋团队无私支持，是朋朋团队的公益导师、良师益友。

飞得最快、最省力的公益雁阵

这些年，朋朋修脚团队也得到了很多荣誉和褒奖，在创始人高广东的带领下，形成了一个飞得最快、最省力的公益雁阵。

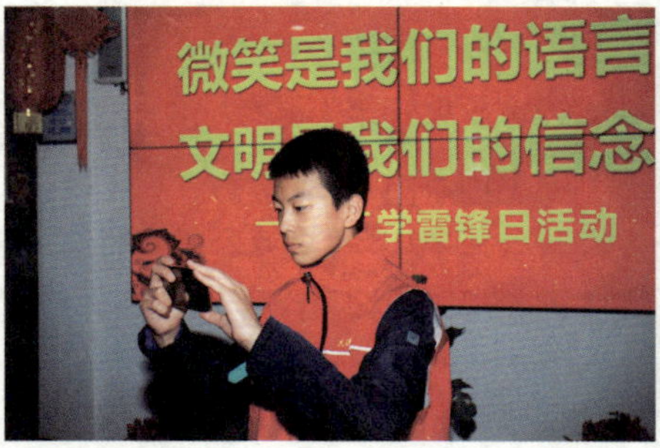

2019 年 3 月 5 日，高广东带领儿子高维朋来到义剪现场，高维朋做记录工作。

2019 年 3 月 5 日，高维朋和爸爸高广东一起做志愿服务。

“打虎亲兄弟，公益父子兵。”在高广东的影响下，他的儿子、女儿也都积极地加入志愿者的行列中来，成为志愿服务事业的小小志愿者。2019 年 3 月 5 日，高广东带着儿子高维朋来到西岗区人民广场街道胜利社区，为辖区居民义务修脚，高维朋也穿上红色马甲全程跟踪服务，现场当起了摄影师，为活动留下了完整的影像资料。志愿服务活动结束后，高维朋还写了一篇日记，抒发自己做志愿者的内心感悟。

朋朋修脚团队获得的部分荣誉

2016年，“孝行中华·全国义剪”福建站志愿服务队获2016年第三届中国青年志愿服务项目大赛银奖。

2017年，“孝行中华·全国义剪”被中央文明办评为全国4个100最佳志愿服务项目。

2017年，“孝行中华·全国义剪”沈阳站获辽宁省4个100最佳志愿服务项目。

2018年，“孝行中华·全国义剪”捧起全国青年志愿服务银奖。

个人荣誉（部分）

1. 朋朋修脚创始人高广东

大连市青联委员
大连市西岗区青联委员
全国岗位学雷锋标兵
全国百姓学习之星
中国生活服务业年度人物
2015年首届“搜索中国正能量点赞”
2015创客先锋奖
辽宁好人
大连市道德模范
大连好人
大连市优秀青年志愿者

2. 华连生科技集团企业社会责任中心主任王官升

瓦房店市政协委员
辽宁好人
辽宁省道德模范
辽宁向上向善好青年
大连好人
大连市道德模范
大连“俊”青年
大连市十大青年志愿者
大连市优秀团干部
点赞公益2018年百城公益人物
中国希望工程30年·希望之星

3. 集团市场部部长侯绪婷

大连好人
大连市十大杰出青年志愿者

4. 朋朋修脚鞍海辽分公司总经理王征

全国模范退役军人
辽宁省四个100最美志愿者
鞍山好人
鞍山市岗位学雷锋学郭明义标兵
鞍山市青年志愿服务优秀个人

5. 福建福安区域经理余政蔓

2016年“全国向上向善好青年”
“第十一届中国青年志愿者优秀个人奖”
“福建省向上向善好青年”
第十三届“福建青年五四奖章标兵”

6. 长春区域经理刘颖

长春好人
长春好人标兵

公益雁阵之王官升：人生最重要的十年，有朋为伴

王官升，华连生科技集团企业社会责任中心主任、华连生书画院院长，是朋朋公益雁阵中一颗闪亮的公益之星，起到了很好的模范带头作用。自2012年以来，王官升荣获辽宁好人、辽宁省道德模范、辽宁省向上向善好青年、大连好人、大连市道德模范、大连市十大杰出青年志愿者、大连俊青年等20多项荣誉；他是中共党员，大连市青联委员，还是瓦房店市政协委员。

王官升的书法作品《足界追梦》。

“20岁至30岁，在人生最重要的十年里，我有幸遇到了高广东，他是我生活中的挚友，事业发展道路上的引路明灯，是我非常尊敬的企业家。我能够成为朋朋的股东，这是我在十年间最大的幸运！”访谈中，王官升说，和朋朋的相遇是在10年前，这10年间，他见证了朋朋的稳步前进，见证了朋朋人十年如一日的志愿服务热忱。

2010年冬天，王官升在学习的课堂上认识了高广东，两位同样热爱学习的年轻人成了好朋友。十年来，王官升成为朋朋事业发展的见证者、参与者。2013年，王官升加入朋朋大家庭，6年多来，他不断成长、发展，成为高广东的得力助手。

“很荣幸能在课堂上遇到高会长，他身上散发着积极向上的正能量，我一直把他当成自己的榜样，是他的引领让我找到了奋斗的方向和人生的价值。”王官升说，“朋友都是相互吸引的，高会长身上散发的正能量，在影响着他身边的每一个人。而我就是最好的见证者、陪伴着、受益者。”

作为公益雁阵的重要一员，王官升着重从公益角度分享了他与朋朋一起走过的往事。“我们相识后一直保持着联系，在微博上、微信上，只要是发现有需要帮助的弱势群体，高会长都会伸出援手，捐钱或者捐物。这10年间，高会长通过我捐助的钱物，我都记不清有多少了。他还常年坚持给环卫工人捐衣服、捐手套、送热饮、水杯，关爱环卫工人的公益活动一直持续至今，这份坚持，令人敬佩！”

“我们都是大连志愿者爱心联盟的志愿者，爱心联盟倡导‘小善大爱，亲力亲为’的公益理念，高会长一直身体力行。我记得在 2012 年，我们共同帮助的一户残疾人家庭的孩子有个心愿，就想去金州体育场看一场球。高会长知道后，就主动开车接送他去看球……类似的事情有很多很多。”

在朋朋，王官升也一直在利用自己的资源和经验，助力朋朋公益事业的开展。特别值得一提的是，王官升还是一位颇有名气的青年书法家，师从著名书画家戴子忠老师。受师父的感召和影响，王官升经常到大连北华小学、南关岭小学、理工附小等学校给学生们上书法公益课。

2019 年 7 月，王官升的书法作品作为国礼赠送给俄罗斯代表们。

王官升的《中国梦》《精气神》《不忘初心》等书法作品非常受欢迎，经常有贵宾向他求字，其作品被德国、俄罗斯、日本等多国友人收藏。2018 年，王官升发挥其书法特长，在高广生和冯鹤的关怀支持下成立了华连生书画院并担任首任院长。在王官升的努力争取下，华连生书画院已经成为中国硬笔书法协会大连书法培训学习基地。

同时，王官升为公司撰写了数百幅书法作品，作为司礼送给朋朋的贵宾们；朋朋家人们遇到婚宴、百岁宴时，他也代表华连生书画院现场赠送独创的书法作品作为特殊的纪念。2019 年 7 月，共青团中央举办“友谊长青，青春永驻”纪念中俄建交 70 周年活动，王官升代表华连生书画院受邀参加，他的书法作品作为国礼赠送于百位来访俄罗斯代表，受到了热烈欢迎。像这样的事还有很多，这也成为华连生集团的一个文化特色，公益服务的一个创新举措。

回望有朋为伴的十年，王官升感慨万千；展望未来，他信心满怀，“下一个十年，我会在高会长的指引下，不忘初心，砥砺前行！”

公益雁阵之王飞：退伍不褪色，担当为老情

王飞说，在朋朋体验不一样的人生。

在公益雁阵中，王飞的故事充满正能量。

王飞 1975 年 6 月出生，中共党员，退伍军人，朋朋修脚志愿服务总队原秘书长，现任华连生科技集团有限公司总务部部长，是朋朋公益雁阵中的导航者。

退出现役后，王飞时刻牢记党和军队 20 多年的教育培养，不改初心、不忘宗旨，更加扎实地把“为中国人民谋幸福，为中华民族谋复兴”的最高指示铭刻于心，把“全心全意为人民服务”作为终极理想追求，紧紧抓住为老服务这个切入点，尽心竭力服务社会、献身公益。

2016 年至 2018 年担任朋朋修脚志愿服务总队秘书长期间，他注重在思想建队、练兵强队、效益兴队上狠下功夫，逐步把这支名不见经传的志愿团体打造成扬名全国、有口皆碑的为老公益团队。2017 年，他所在的团队发起的“孝行中华·全国义剪”被中央宣传部、中央文明办评为全国学雷锋志愿服务“四个 100”最佳志愿服务项目；2018 年，他带队参加全国第四届中国青年志愿服务项目大赛，并斩获国字号大赛银奖。

思想建队——注入“为民为老”情怀

多年的部队培养，让王飞深刻认识到，打造一支过硬成熟团队必须从思想上抓起。团队成员来自全国各地，思想水平有高有低、认知能力深浅不一、学历层次参差不齐。针对这种情况，他利用自己军队政治干部出身的优势，积极建立学习教育机制。他注重以党的十八大、十九大精神为基本内容，突出习总书记“全社会一起努力，把老年人安顿好、照顾好，让老年人安度晚年”等为民为老一系列重要论述，配以“夫孝，天之经也，地之义也，民之行也”等中华孝道传统文化思想，结合为老公益实践，精心备课授课，以通俗、直观的方式推动理论的强化、内化、深化和转化。他先后撰写了 20 余万字的学习教育提纲，并积极组织全国各服务队负责人理论集训和全员轮训，努力把所属志愿者队伍的思想认知水平提升起来，让“为什么搞公益、怎样搞公益、搞什么样的公益”等基本问题明朗起来，使在党的宗旨下开展活动、在践行社会主义核心价值观中服务老人，在习近平新时代中国特色社会主义思想指引下发展公益事业形成广泛共识共为。

练兵强队——培养为民为老真本领

王飞深知，发展为老公益，必须把提升开展公益的核心能力突出出来，必须紧盯公益业务范围，着力打造专业技术过硬的公益队伍。志愿服队的志愿者全部来自朋朋修脚一线员工，虽然在加入志愿团队之前都经过专业培训、取得了修脚资质，但面对老年人这一特定群体开展义务修脚，从更加贴心、更加周到的角度为老人解决足部疾患上来看，服务工艺要求上还有较大改进空间。

2018 年，王飞带队捧回全国银奖。

认识到这一问题，他主动协调培训机构，与朋朋培训基地校长、教员一同研究改进培训教程相关事宜，特别突出为老年人服务这个主题，增设和改进相关教学内容，经过多方征求意见、充分技术研究，积极筹划推进为老服务工作，从理论及准入源头上推动为老服务本领的提升；他借鉴运用军队比武竞赛的模式，积极建立奖励激励机制，推开“朋朋杯”志愿服务技能大赛和年终评奖，2016—2018 年先后组织开展了三届竞赛和评选活动，表彰上百余名十佳志愿者和优秀志愿者，真正让本领强、服务好的人脱颖而出、受到褒奖，从思想及动力源头上砥砺为老服务本领的提升；他着眼公益活动中老年人糖尿病足群体存在的潜在和现实风险，配合朋朋修脚服务有限公司，分两批选派 23 名志愿者赴德国留学，掌握国际前沿修脚技术，特别是糖尿病足的判断与处置技术，从更高层次上淬炼为老服务本领的提升。

效益兴队——推进为民为老好事业

在为老公益中，王飞一直辛勤耕耘、默默奉献，旨在实实在在地为老人服务，尽到一份无愧于心、无愧于党性的社会责任。为了更好地为老人提供服务，他亲力亲为开展调查研究，积极与服务队队长沟通学习，了解掌握老年人足部健康现状，征求老年人的足部养护需求，紧密结合实际制订最佳志愿服务活动方案。他结合需要，编撰义剪工作流程和宣传手册，积极致力于为老活动的制度化、标准化和规范化，坚持每周审定计划、汇总分析数据，两年来亲自整理的报表累计达 4000 余份。

2017 年 4 月，他又筹划启动了“精准服务 529”项目，即每个服务队分别定点 5 个社区、2 个养老机构和 9 个特殊家庭，指导各服务队签订精准服务协议，实现通过义剪传递文明、传承美德、传播孝爱的常态化、专业化和精准化服务。

截至 2018 年年底，朋朋志愿服务全国义剪已举办 3911 场次，共计为超过 15.3 万人次提供义务修脚服务，累计服务时长逾 12.6 万小时，参与志愿者超过 3.6 万人次，在全国各地陆续涌现出一大批“城市好人”“先进个人”“优秀志愿者”，朋朋为老公益事业也在他的引领带动下不断向前迈进。

公益雁阵之余政蔓：愿为他人开一朵花

在雁阵中，有一位故事感人的女修脚技师，她就是来自南国福建的余政蔓，一位最美的公益花。

余政蔓 1979 年出生在美丽的湖北宜昌，她非常感谢华连生集团、本书编委会给她这个机会来讲一讲她和小伙伴们足界追梦和义剪的故事，“作为华连生集团旗下的分公司，作为受高广东会长影响成长起来的公益人，我非常感谢、感激高会长的引领，高会长就是领头雁，我愿意和我福建团队的这支小雁阵一直追随会长，一路追梦。”

余政蔓参加全国行业大赛。

曾经，5 次创业 5 次失败

和很多同龄人一样，余政蔓是家中的独生女，受尽了父亲母亲给予的无限关爱。小学、初中、高中都是父母和老师眼中的“乖乖女”，19 岁高中毕业后本可以找份安定的工作，但骨子里喜欢挑战的她拒绝了父母安排的售票员工作，自己选择了喜欢的销售行业。从在报社做报纸订阅员到在煤场卖蜂窝煤，从在美容公司做市场推广到在服装销售公司做库存统计。直到因为网络情缘认识了先生，余政蔓孤身一人来到福建嫁给了爱情。

2002 年 1 月 6 日，余政蔓在福建福安开始自主创业，从一张桌子、3 平方米的美甲店开始，一做就是近 10 年。其间的 2005 年 9 月，她到扬州陆琴脚艺培训学校脱产学习 4 个月，经专业考评取得了修脚师职业资格证书。“创业之路虽然辛苦，但是毕竟组建了自己的团队；几个姐妹一路相辅相扶，总算遇事能有个商量的人；团队虽然很稚嫩，来自原先做的品牌福建区域的帮扶太少，如果以前的品牌区域经理能像朋朋家人这样帮扶我们，相信也早该成长得更好了。”余政蔓感慨道。

创业之路起起沉沉。未加入朋朋前，余政蔓是一个“打不死的小强”，经历开店5次、闭店5次。“因为迷恋创业无法自拔，再怎么苦都一路坚持。认识高会长和冯董事长至今13年有余，真正的脱胎换骨涅槃成长是2015年3月15日加入公司后。2005年年底，通过查找原来公司产品认识了高会长。朋朋修脚在高会长和冯董事长的经营下蒸蒸日上，生意越做越红火。相比之下，自己做的公司虽说是大品牌，但因为诸多原因，我的生意日渐萧条，举步维艰。”余政蔓回忆说。

2011年10月，余政蔓来到大连学习考察后回到福建，萌生了与高广东合作、开拓“朋朋修脚”福建市场的想法。经选址后，余政蔓决定在福州开店，店面经大半个月的装修落成后，却发现用人与合作伙伴出了大问题，最后不得已无疾而终，匆匆关门。在接下去的日子里，余政蔓一直在反思为什么合作不成功，并不是她与公司合作不愉快，而是没有找到好的合作伙伴，没有后期利益的共同支撑点。

近一年时间后的2012年年中，余政蔓与另外两位同行再次谈及“朋朋修脚”，在合作意向基本谈成的情况下，其中一位同行突然提出不做了。随后与总公司多次交谈阐明具体情况后，高广东再次告诉她：“时机不成熟，先暂缓合作。”时间就这样一天一天过去了，余政蔓亲眼见证北方市场做得有声有色、红红火火，店面数量与日俱增，人员士气节节高涨，在南方做原有品牌的余政蔓却陷入了越来越糟糕的境地，分店开一次倒一次，再开再倒，店里员工也像走马灯般换了一批又一批；而她就像一位不怕死的勇士，屡战屡败，屡败屡战。余政蔓的负债也在一次又一次开店关店中迅速达到20万元。对于一个普通工薪家庭来说，这是一笔沉重的负担。上有老下有小，团队中两家店面8位员工与她一起并肩工作，每个月除了在单位上班领取普通工资的老公的收入作为家庭日常开销外，店里的状况让她一度非常抑郁，倍感压力。

这时候，她开始思考：屡败屡战、虽败犹荣？做打不死的小强，有意义吗？

思考的结果是，她要对得起自己的付出，要对得起大家的追随；要成功，不要失败！

铁心加入朋朋，迎来转机

2014年12月，向原公司提出整改市场意见已经两年之久了，一直没有反馈，余政蔓真的感觉身心俱惫，看不到任何希望。无奈，她厚着脸皮拔通高会长的电话，只是抱着试一试的想法，向会长求助，希望能够再次前往大连学习，并且想带上团队中的 3 位小伙伴。哪知会长二话没说，满口答应。

2015 年春节一过，正月初五，余政蔓姐妹四人从福安出发，一路周转，初六上午来到美丽的大连，受到公司的热情接待。进门店、到公司，用眼睛看，用心去感受朋朋人对她们的关怀照顾。优秀的朋朋人让她们眼界大开，原来修脚店是可以做到这般好的！

有了前两次不成功的经历，这一次加入朋朋大家庭可以说是大势所趋，高会长给余政蔓及福安团队定下了目标：做好、做透福安市场；一个市场做好做透后再向外围发展，一步一步脚踏实地地做好当地市场。由于和原来一开始就着眼省会城市的观念不同，如今的合作更加务实，更加接地气，也更加出成效。目前，福安市区 4 家门店、福安赛岐镇 1 家门店、宁德市区 1 家门店、福州长乐区 1 家门店，都处于盈利状态，有的门店业绩甚至较之前没有加入朋朋时翻了 3~4 倍。

余政蔓（中）和团队伙伴们在一起。

现在朋朋宁德团队得到总公司大力扶持，各方面管理都步入正轨，余政蔓和团队所有人都对未来充满了信心！

首创陪护式义剪

说起余政蔓走上公益之路，还应该感恩 2005 年 9 月至 12 月在扬州陆琴脚艺培训学校学习期间校方对她的引导。那个时候校方经常带大家深入敬老院、福利院等养老机构为老人们免费修脚。每次义剪后老人们都特别开心，不断对志愿者道谢，说自己是天下最幸福的人。4 个月的时间，余政蔓不仅学会了修脚的技术，更让她的心态发生了翻天覆地的改变。2006年，学成之后的余政蔓独自一人走进了福安市光荣福利院，为院里老人免费修脚。

那个时候在福安做志愿者的人员很少，像余政蔓这样有一技之长走进光荣福利院的更少，老人们完全不知道修脚是什么？好在当时光荣福利院的王院长对她们的义举特别支持，每次她到院里，院长都会亲自到现场给老人们解释并协助我开展义剪服务。就这样，她坚持不断地做，团队人员不断扩充，从2人、3人、5人到现在的近20人。

公益之路，余政蔓也坚持了整整13年，从开始的服务对象仅为福安市区光荣福利院的残疾人、老人，到现在已经涵盖福州市长乐区、宁德市、福安市、福安赛岐镇的多家福利院、养老院、敬老院、社区、小区、居家养老服务中心，仅2018年全年在宁德区域就一共开展150场义剪活动。余政蔓的志愿服务已经从过去的单一组织发展到精准服务，与所在地的福利院、敬老院、社区签订了志愿服务协议，被授予“529精准服务基地”铜牌。

在义剪活动中，余政蔓首创陪护式义剪。她在义剪中与服务对象亲切沟通，一来根据老年人的足部问题给予专业的护足知识解释传播，二来和老年人聊聊天，听他们讲过去的故事。“每位长者都是独一无二的，都有着属于自己的传奇故事，与他们聊天也是学习提升我们自己的一个过程。”余政蔓认真地说。

义剪结束后，余政蔓和老人合影。

义剪过程中发生了很多让人难忘的事情，最让余政蔓记忆深刻的有两件事：“一件是第一次做义剪的福安市光荣福利院，当时帮助院里的老人和残疾人修脚后，他们都特别高兴，一直感谢我。其中一位二十几岁的残疾人因为右脚大脚趾的趾甲过度增厚，造成穿鞋困难，我帮助他把厚趾甲修掉后，年轻人非常高兴，把鞋穿好后，用她那跛行的步伐不断地来回走动，开心溢于言表。赠人玫瑰，手留余香。作为志愿者的我，因为用自己的一技之长帮助别人解决了实际问题而感觉特别有成就感！”

“第二件事是2016年夏天，我在福安市崇一敬老院为爷爷奶奶们修脚。当时天气炎热，不一会儿志愿者们就汗流浃背，老人们主动给我们扇扇子，护理人员弹起走廊上的电子琴，爷爷奶奶们一起高歌歌曲《感恩》，表达对我们的谢意。”每每回想起那天的场景，余政蔓都非常感动。帮助他人是举手之劳，但是这么被爷爷奶奶们呵护，给予志愿者最好的回应，更加坚定了余政蔓义剪道路上绝不放弃的决心。

截至 2019 年 3 月，余政蔓坚持 13 年公益之路，一共开展 445 场活动，累计义剪人数 14500 人次。因为长年坚持不懈地奉献，余政蔓的义剪行动也引起了相关政府部门的关注与肯定。“孝行中华·宁德义剪”志愿服务项目荣获宁德市文明办“最佳志愿服务项目”，“孝行中华·福建义剪”志愿服务项目荣获 2016 年第三届中国青年志愿服务项目大赛全国银奖，2017 年福安分队被福安市妇女联合会授予“福安市巾帼文明示范岗”。余政蔓也获得 2016 年“全国向上向善好青年”“第十一届中国青年志愿者优秀个人奖”“福建省向上向善好青年”“第十三届福建青年五四奖章标兵”等殊荣。

紧跟领头雁，飞得更高

荣誉代表过去，新的一年，余政蔓将会在领头雁高会长的引领下，计划开展 200 场义剪活动，深入各敬老院、福利院、社区、小区。同时把志愿服务做精做细，最后她也把自己很喜欢的一首小诗《为他人开一朵花》送给自己也送给所有爱心满满的义剪志愿者：

《为他人开一朵花》
如果有了花，
清寒的春风将变得温柔；
如果有了花，
寂静的夜将变得绚烂；
如果有了花，
孤单的大地将变得缠绵。
我愿意成为那朵花，你呢？

余政蔓说，女人要活成一朵花。

06 走进央视，向幸福出发

中央电视台（以下简称“央视”）是中国国家电视台、中国最具影响力的媒体，因其高端而备受瞩目。“我要上央视”成了很多人的愿望，希望通过国家大台展示风采、传播正能量。朋朋修脚创始人高广东和冯鹤，与央视有着不解的缘分。

2012年9月17日，中央电视台大型活动“温暖中国——寻找身边的好人”大连选区评选活动正式启动，《半岛晨报》作为大连地区选拔活动唯一合作媒体具体承办。

中央电视台大型活动“温暖中国——寻找身边的好人”全国征集评选活动由《向幸福出发》栏目主办，被称为感动中国的姊妹篇。作为综艺频道唯一一档道德建设类节目，自2011年开播以来，节目通过展现普通百姓的感人故事，为每位平凡的百姓提供了一个表达自己内心真实情感的舞台。

在2012年度“温暖中国”全国候选人中，常年为孤寡老人和老兵修脚的“80后”青年高广东位列其中，“温暖中国”总导演在半岛晨报社与入围的部分大连好人见面，面对面倾听发生在你我身边的感动故事。

当日，央视《向幸福出发》官方微博还专门对高广东的事迹进行了报道，并进行了重点推送，配发了高广东在接受采访时的新闻照片。微博中写道：“大连好人高广东：常年为孤寡老人和老兵修脚的‘80后’青年。”

当时，高广东还没有被正式评为“大连好人”。但是两年后的2014年，如央视《向幸福出发》官方微博所愿，高广东荣获了大连市文明办颁发的助人为乐“大连好人”荣誉证书，2015年8月入围“中国好人榜”。

2013年10月10日，《半岛晨报》以《最美修脚妹关爱环卫工善举感染11城》为题报道了冯鹤的故事，这一故事也引起了央视的关注。当年，央视《温暖中国》栏目组再次来到大连，专门找到了“最美修脚妹”冯鹤。

冯鹤生于1986年，从吉林农村到大连打拼已经10年了。她从一个修脚师做起，在大连创办专业修脚店，还发起“孝行中华全国义剪”“给环卫工人找个歇脚地儿”活动，被誉为“最美修脚妹”。

在《温暖中国》总导演见面会上，大连市沙河口区汇达公司兴工街环卫所的代表孙丽也来到现场。孙丽是一位在环卫战线工作很多年的老环卫工了，说起初识冯鹤和高广东的情形时，她说：“有一年冬天下了大雪，环卫工连续几天奋战在一线，特别辛苦。他们给我们送热水、送手套，还邀请我们进屋歇歇脚。当时我觉得他们都是年轻人，能给我们献一次爱心就不错了，没想到他们一直坚持了下来，夏天又给我们送水、送饮料，还给我们送衣服。”

高广东、冯鹤夫妇受邀参加央视的《向幸福出发》栏目，主持人佳明为他们点赞！

冯鹤说，她也是基层的一个打工妹，相似的经历让她对环卫工格外尊敬，也格外心疼……这位只有28岁的最美修脚妹让全场人感动不已。“最美修脚妹”冯鹤的故事，打动了央视“温暖中国”栏目组的所有导演，他们邀请冯鹤和高广东通过央视的《向幸福出发》栏目，讲述创业故事和关爱环卫工的故事。

2013年12月，高广东与冯鹤、兴工街环卫所的代表孙丽一同受中央电视台邀请参加《向幸福出发》节目录制，接受著名主持人佳明、王冠的面对面访谈，讲述朋朋修脚温暖故事，该节目在2014年年初在央视滚动播出。

看完这一期节目，很多人都评价说，高广东和冯鹤是“修脚人的榜样，创业者的楷模”。

第六章

从脚到觉悟人生

经营企业的最高境界是经营文化，最好的企业最能经营文化。对于一家处于成长发展期的公司来说，文化的归纳与总结必不可少。文化是细水长流的慢功夫，成就文化事业非一日之功。

在创建文化、经营文化的道路上，创始人高广东和冯鹤都以高度的自觉，以开放的心态和开阔的视野，不断学习、吸收、消化，不断拜师学艺，学经营之法，学心法之法，汇集各家之长，为朋朋事业所用，为全天下的修脚人所用。

01 拜师王建生

中国有讲究师承关系的传统。师者，传道、授业、解惑也，尊师重教是中国自古以来的优良传统。特别是在国医领域，拜师是一件极其隆重的仪式。高广东怀着一颗虔诚之心，拜师王建生，师徒给修脚行业留下了许多佳话。

一直敬仰，一生追随

王建生，男，汉族，家住北京市西城区，中医诊疗法（清华池传统修脚术）非遗传承人、中华传统技艺技能大师、享受国务院特殊津贴的高级修脚技师、全国五一劳动奖章获得者、清华池浴池脚病治疗中心技术总监。

1976 年 9 月，王建生随知青返城。当时被分配到了修脚店，他一干就是 40 多年。2014 年起，王建生将修治脚病几十年积累下来的资料整理后，挑出最典型、最好辨认的脚病图片 100 多张，配上文字，出版了《修脚图谱》，填补了行业空白。

2016 年，王建生成为享受国务院政府特殊津贴的高级修脚技师，他的工具箱里放着 82 把修脚刀，常用的有片刀、抢刀、轻刀、条刀四种；一套修脚刀有 14 把，片刀 2 把，抢刀 2 把，轻刀 6 把，条刀 4 把。治疗脚气、修脚垫、治灰指甲等。

2017 年 12 月 28 日，王建生入选第五批国家级非物质文化遗产代表性项目代表性传承人推荐名单。

2018 年，王建生是清华池唯一一位首席专家。因为名气大，自从实行预约挂号以来，王建生每天的接待号都会预约满，他每天要接待 30~50 位患者。

王建生师从于杜德顺、刘振英两位师傅学习修脚技艺。至今一直从事清华池传统修脚术的传承、教学、研究等实践工作，现为清华池首席专家，掌握和继承了修脚项目的全部技艺，具有代表性和影响力，为修脚项目第四代传承人，传承脉络清晰，定期培训技师，组建清华池疑难脚病研究，定期会诊疑难脚病，对传承、发展该项目起到很大作用。

王建生是高广东一直敬仰、一直追随的行业大师级人物，每每提到王建生老师，高广东的眼神里总会透出向往与敬意。每次来到北京，高广东都会特意留出时间到清华池学习、体验，即使预约不上王建生老师，他也会在清华池多留一会儿，感受清华池的专业氛围，听清华池的工作人员讲述王建生老师点点滴滴的故事。

说起《修脚图谱》这本书，高广东也赞叹不已。他说之所以想在新中国成立70周年之际出版一本反映足界追梦的书籍，就是向师傅致敬。

高广东拜师王建生

2017年5月6日，为响应国家提出的“弘扬大国工匠精神，传承中华传统技艺”的精神，响应国家重点提出的人才战略政策，中商联沐浴委技术专家委员会工匠——特一级修脚师王建生先生在北京举行了收徒仪式，愿意将40多年积累的宝贵经验倾囊传授，并喜收高徒11位。

全国总工会权益保障部副部长王晓华，中商联沐浴委会长、中国沐浴商学院院长李凯，中商联沐浴委副会长、党组织筹备负责人韩建民，北京修脚协会会长周宝明先生，中商联沐浴委副会长、北京市沐浴行业协会会长于志远，中商联沐浴委副会长、北京足浴协会会长韩玉，北京修脚协会党支部书记梁学清，北京足浴协会秘书长孙君等领导及嘉宾一同见证了拜师传承的时刻。

高广东按照祖制古训，鞠躬，奉茶，向王建生及师母行拜师大礼，正式成为王建生的亲传弟子。仪式上，主持人是这样介绍高广东的：从事本行业15年、大连朋朋修脚服务有限公司董事长、全国生活服务业年度人物；近年来朋朋分店遍布大江南北，朋朋家人的公益善举在全社会引起了强烈的反响。

拜师仪式上，高广东和师傅王建生合影。

王建生老师特地为徒弟准备了师徒信物“葫芦刀”（由王建生老师的师父传承下来），望各位徒弟时刻不忘初心，尊师重道，把修脚事业传承发扬，让工匠精神和中华传统技艺代代相传。

作为新收弟子代表发言时，高广东说：“希望师兄弟、师姐妹们能够精诚合作，尊师重道，发扬王建生老师的优良传统，倡导全国的修脚从业人员都能够向王建生老师学习，几十年如一日地不忘初心、矢志不渝，为人民服务。”

笔者了解到，本次拜师会的11位高徒来自不同省（市、区），分布在祖国的东西南北，具有地域上的代表性，除了来自辽宁省的高广东，其他十位分别是：郑州奉天药业有限公司董事长魏二平，山西勇跃健康管理咨询有限公司总经理陈勇，北京华夏艳丽手足口病医学研究院创始人李艳丽，甲乐康手足健康连锁机构创始人关彦芳，山东鲁派刘式修脚创始人刘晓芹，新疆足星晟铭足艺服务有限公司总经理周荣，内蒙古呼和浩特“韦一夫修脚”创始人韦好全，2005年进入彭世修脚开始专研修脚及脚病技艺、被称为“快刀手”的万正元，山西刘氏育脚堂手足修护有限公司联合创始人、技术总监刘春雷，从业15年、有400多家连锁加盟店的马林。

李凯代表中国商业联合会沐浴专业委员会、中国沐浴商学院向王建生老师及师徒表示诚挚的祝贺。他说，王建生老师从事修脚行业40多年，是行业权威的专家，他的修脚技艺首屈一指。

李凯介绍，“为规范化和标准化修脚行业，中国沐浴商学院已经成立了中国沐浴商学院修脚分院，中商联沐浴委技术专家委员会工匠——特一级修脚师王建生先生也是修脚商学院的专家，亦会参与修脚行业权威标准化体系的制订。未来在考证方面是系统和严格化的，我们会与知名连锁企业合作，在修脚商学院考取的执业资格证书高中等级都是与收入挂钩的，修脚商学院最终会作为修脚行业标准化、规范化和职业化的最高培训鉴定机构，为社会做出应有的贡献。”

全国总工会权益保障部副部长王晓讲话时提到三点：一是中央加快审批了由全国总工会牵头的加强产业工人队伍的意见；二是党中央、国务院高度重视产业工人队伍建设、加强高技能产业工人的待遇；三是沐浴行业在积极往大健康方向发展，符合国家对中医和传统工艺传承的精神。

李凯会长还赠送了王建生老师一首藏头诗：

王者大工耀名收，
建器能匠献妙手。
生出灵精细腻心，
巧夺工神薪火授。

王建生来大连授课讲学

从敬仰的名师、大师，到正式叩拜的师傅，高广东与王建生老师的关系近了，崇敬之情也与日俱增。高广东常说：“师傅不仅教我们足部护理的知识，传授我们经验，还教导我们如何做人、如何做事儿、如何与别人合作，是我的人生导师。”

为了让自己得到更大的提升，为了让朋朋修脚的广大技师，以及大连、辽宁乃至东北的修脚行业从业者们有近距离向大师学习的机会，高广东多次邀请王建生老师到大连授课、讲学。王建生也非常愿意舍弃自己休息的时间到大连指导、交流。

2017年12月28日，首期朋朋志愿者国际培训班暨朋朋商学院第六期全国骨干精英集训营开营。此次集训持续两天三夜，包括名师授课、团队合作、行业知识和专业技能等多项内容。来自全国的朋朋修脚的优秀志愿者、分队长及精英代表共计240人共同参与，王建生老师专程到大连为学员们分享授课。

2018年10月26日，王建生来到大连参加华连生科技集团喜迁新址仪式，并向来自全国的朋朋修脚技师们传授修脚技法，分享脚病防护的知识。在参观新落成的中国第一家修脚博物馆时，王建生不停地给高广东点赞，“这是一件功德无量的好事，高广东为中国修脚行业的文化挖掘、传承做出了重大贡献，我会全力支持的。”

2018年12月30日，王建生再次来到大连，参加中商联沐浴委修脚分会二届三次理事会，当选为中商联沐浴委修脚分会名誉会长，并做了修脚文化传承的分享，为新一代修脚人传经布道，倾囊相授。

师傅不辞辛劳，到大连等地讲学，无私地传授经验，这种孜孜以求、诲人不倦的精神，也一直在感染和鼓舞着高广东。他说：“一日为师，一生为师。师傅是我专业技术领域的引路人，是我为人处世的开悟人，是我人生成长道路上的精神导师。我愿意尽我的所能，陪同师傅一起，在挖掘和传承修脚行业文化的道路上继续前行！”

02 寻根问祖

我们的根在哪里？我们从哪里来，要到哪里去？

作为最具钻研精神的修脚人，高广东一直在追问和考证修脚行业的起源。他一贯的做事风格就是开放，号召有志于共同推进这项工作的同仁一起动起来。2017年12月29日，高广东作为发起人在大连举行了第一届中国修脚行业寻根问祖研讨会。

寻根问祖，叩问初心

首届寻根问祖研讨会吸引了行业的瞩目，在中国东、西、南、北、中五大区域的修脚行业重量级代表人物均出席并发言，世界多元文化教育家、中国庙会文化研究院院长恒顺特邀出席。

本次研讨会由中国商业联合会沐浴专业委员会修脚分会会长、朋朋修脚创始人高广东发起并主持，协会秘书长韩晖、常务副会长周荣，深圳君艾教育联合创始人杨济源，华连生集团董事长冯鹤等协会领导和重要嘉宾到会支持。

出席本次研讨会的嘉宾在行业中的分量都很重，东、西、南、北、中五大区域的修脚行业重量级代表人物出席，他们分别来自黑龙江哈尔滨、辽宁大连、山东济南、新疆乌鲁木齐、广东深圳、江苏扬州、北京、陕西西安、陕西宝鸡，代表了中国主要的修脚技术派别；年龄从 30 岁至 70 岁不等，代表了修脚行业各年龄层。

其中，来自北京的王建生和江苏扬州的陆松林都是国家级修脚大师、国家级非物质文化遗产传承人，两位重量级嘉宾的莅临大大增加了研讨会的厚重。

为什么要发起这样一项文化研讨活动呢？高广东在致辞时说："修脚在中国是一项有着悠久历史的传统国术，可以追溯到 4000 年前甚至更早的时间，随着时代的发展，修脚术也越来越受到重视和欢迎。当今时代，国家大力倡导发展大健康产业和服务业，修脚行业也迎来了蓬勃发展的难得历史机遇。对修脚行业从业人员的能力考核越来越严格，行业发展才会越来越规范。"

"但不可否认，行业目前还存在阻碍发展的一些问题，特别是近期发生在杭州、沈阳的事件，让全国修脚人为之震惊。行业协会作为一个为全国修脚人服务的平台，需要发挥作用，探索行业发展的新路径、新模式、新领域。这时候，更需要的是回头看，跟我们的老祖宗学习，探究修脚国术的起源，梳理其文化脉络，找到支撑行业发展的文化基因，助推和服务于整个行业。"高广东说道。

找到修脚行业的文化支点

中国的修脚术，在多个书籍记载：传统意义上分为"两派三路"。随着科技的发展，近些年又诞生了新派修脚、华派修脚等技术派别。虽然各派别在刀具上、技术上各有差别，但是全国修脚人以行业发展为己任，相互尊重、取长补短、共同发展，本次研讨会在友好的氛围中展开，行业大家各抒己见。

北京王建生：两本专著上记载，智公禅师是行业祖师爷

来自北京的王建生是享受国务院特殊津贴的国宝级专家。在研讨会上，他保持着一贯严谨的作风，“我一直在倡导古为今用，中国修脚行业寻根问祖是一件大事儿，我认为大家在探讨时尽量找到书籍、历史文物等佐证，让研讨经得起时间的推敲。”

王建生说，在中国修脚界，有两本书是非常珍贵的，一本是出版于1963年的《修脚术》，另一本是1980年出版的专著。“这两本书中记载着修脚国术的起源和一些典故，我们的行业祖师爷是智公禅师，相传他禅杖上挂有修脚刀具，曾为周文王等人修过脚、治过足疾。”在与同是河北定兴籍贯、现哈尔滨从业的闻平老师的对话中，二位还共同想起一本记录修脚师生活的连环画《郑师傅的遭遇》。

扬州陆松林：每年4月14日修脚人不动刀

陆松林是扬州修脚术的代表性人物，虽然年逾七旬，但记忆力非常好，言谈举止间都透着对修脚行业的无限热爱，对挖掘和传承中华悠久的修脚文化也是满怀热忱，这种匠人精神鼓舞着新时代的修脚人。

他说，寻根问祖对行业来说是一件非常重要的事情，之前在扬州就有每年4月14日修脚人不动刀的传统，这一天修脚人放下刀，聚在一起研讨技艺、叙友情、谋发展。“在扬州有很多关于修脚的传说，其中一段提到，修脚术的祖师是八仙之一的吕洞宾。”

陕西崔梦丽：传说中殷商时代就有修脚术

“行业协会发挥平台作用，助推行业发展，服务于全国的从业者，这是一件应该载入史册的事件。”来自陕西西安的崔梦丽也是行业重量级人物，她对高广东会长发起的研讨会给予了很高评价。

“我所了解的历史，是发生在殷商时代的。皇帝得了脚疾，御医束手无策，发布皇榜寻找能够治愈脚疾的人。鲁班的师傅出现了，揭榜入宫给皇帝治好了脚疾。皇帝给他赏赐并建庙，弘扬修脚术。”

陕西韩晖：青铜器“铜锛”类似于现代修脚刀

除了上述三位专家，与会嘉宾也纷纷发言。其中，来自陕西宝鸡的韩晖提到，在当地博物馆中有青铜器的“铜锛”，类似于现代的修脚刀。从器具的角度来说，可以

追溯到青铜器时代。还有的记载中提到，“铜锛”就被解释为修脚工具。

山东吴芸芸：20 世纪 70 年代就有女性修脚师

来自山东济南第一人民医院脚病科的吴芸芸老师特别关注女性修脚技师的历史，她从当代修脚师说起：“在济南，最早的女修脚师出现在 1972 年。当时是归国华侨饶曼妮女士带领其他三位女工一起学的修脚，饶曼妮后来成为山东省侨联主席、全国人大代表，是行业学习的榜样。”

辽宁戚其范：20 世纪 70 年代两角钱修一次脚

第八届、第九届全国人大代表，全国劳动模范，朋朋修脚首席技术总监戚其范介绍了他从浴池服务员转做按摩师在自学修脚改行修脚的经历。从 20 世纪 70 年代 2 角修一只脚，到现在 78 元修一次脚的服务价格变化，这 40 年他修脚收费价格调整了十几次。可以说，修脚价格见证了改革开放以来群众的收入增长！

恒顺法师建言献策：从文化中找到内生的力量

作为世界多元文化教育家、中国庙会文化研究院院长，恒顺特邀出席研讨会，并对修脚行业寻根问祖的举动给予积极的评价。恒顺法师也对中国修脚国术的发展给出了很多建设性的建议。他还提到，在甲骨文中就有“足病”两个字，可见文字记载是非常重要的。因此，当代修脚人也应该不断地继承、发扬、记载、传播优秀的行业文化，让灿烂的中华优秀文化得以传承。

高广东会长：“我们找到了修脚行业的文化支点”

研讨会热烈的气氛让与会者都有沉甸甸的收获感，都有意犹未尽的感觉。在最后总结时，高广东会长说：“时代在发展，社会在进步，我们既要古为今用，也要洋为中用，向古人学习的目的只有一个，那就是促进行业的健康平稳发展，解决更多人的足部问题，为国民健康做出修脚人应有的贡献。”

“我们很幸运的是，找到了修脚行业的文化支点。智公禅师的故事告诉我们，修脚技术可以去行善，去帮助别人，这与我们开展‘孝行中华·全国义剪’活动的初衷都是一样的。当我们掌握了能够帮助别人的技能时，我们的个人价值、行业价值也就放大了。这是一个处处是机遇的新时代，衷心祝愿全国的同行们找到方向，共同推进行业的发展。”高广东最后说道。

第一届中国修脚行业寻根问祖研讨会的成功举办，给了高广东巨大信心。他也表示研讨会将会持续举办，让更多的同业者、研究者有发声、发言的机会，汇聚众人的智慧，共同构建中华修脚行业的文化传承体系。

2017年12月29日，朋朋举办首届中国修脚行业寻根问祖研讨会。

03 从脚到觉，觉悟人生

科学研究认为：人是唯一可以接受暗示的动物。积极的暗示会对人的情绪和生理状态产生良好影响，激发人的内在潜能，发挥人的超常水平，使人进取，催人奋进；反之，消极的暗示就会使人渐渐颓废、变得平庸，在不知不觉中偷走你的梦想。

现实中，你和谁在一起的确很重要，不一样的人在一起，就会有不一样的人生。与智者同行，你会不同凡响；与高人为伍，你能登上巅峰；与善者为伴，你将不会孤单。

高广东常说，好读书、遇贵人、交高人，乃人生三大幸事。他也常说，读万卷书，不如行万里路；行万里路，不如阅人无数；阅人无数，不如高人指路。

借助中国的文字密码，解开“企业”之谜

2017年，公司董事长冯鹤结缘释恒顺法师，师从恒顺法师学习心法，得老师点化，心门顿开。

恒顺法师出家于中国嵩山少林寺，崇文尚武，为世界多元文化教育家、世界多元文化的传播者与实践者。恒顺法师社会职务众多，任中华人民共和国文化部艺术发展中心中国庙会文化研究院院长、辽宁省佛教协会常务理事、大连市心理咨询师协

会副会长等职务。

恒顺法师为佛商觉知文化的发起人及实践者，2013 年设立了佛商大学，很早就提出了佛商觉知；经典济世、文化给予、器以载道、教富济贫等经典理念，并著有“佛商觉知”“庙会”系列丛书。恒顺法师说，佛商实为用佛陀的智慧，经营我们的人生，乃至我们的整个生命，觉知即是觉悟人生，知行合一，觉醒自己的良知。佛商觉知文化的核心价值观即给人健康、给人快乐、给人富有。觉者是愿意付出和给予别人的人，给人信心、给人能量、给人方向、给人希望。

结缘恒顺法师后，冯鹤投入更多的时间跟师傅学习、悟道。冯鹤也经常邀请恒顺法师到华连生企业大学为朋朋修脚的管理团队和技师们授课。

在跟着师傅学习心法的过程中，冯鹤不断得到开悟，很多经典的法门经师傅的一番解读后顿时就融会贯通了。师傅常说：“佛法在心中，修行在当下。”每每遇到难解的问题，师傅总是会教诲说：向内修行，问问自己的内心，愚痴的人，一直想要别人了解他；有智慧的人，却努力地了解自己；在找到智慧之前得先找到快乐，找到快乐之前得先找到自己。人要寻求更高的觉悟，得先明白自己和自己与时空的关系。

在讲佛商觉知的时候，恒顺法师会引经据典，也会结合当下的企业管理以及自己的心得，给管理者以智慧。比如，在讲到“企业是什么”的主题时，他会说企业就是要满足人们的心愿和需要，借助中国的文字密码，来解开这个千古之谜——企业。

企字，上面是一个“人”字，下面是一个“止”字，从此我们便不难看出，所谓的企业，也就是能够把人给止（留）下来的地方。中国人常说“人事！人事！”其实也就是先有人后才有事，故古人说：“得人心者得天下！”那如何才能把人留下，把人的心留下。把人的心愿留下自然就成了企业间的差别、修养、文化与境界之所在了。

恒顺法师总结说，一流企业把人的心愿留下，二流企业把人的心留下，三流企业把人的人留下，四流企业把产品留下，落后的企业什么也无法留下。

那什么才是一流企业呢？又是什么造成了他们之间的差别呢？

一流的企业承载了太多人们对美好的向往、梦想和心愿，所以他们能够留下人们的终极心愿。你仔细看看，到寺院和教堂的人们都是去做什么呢？——许愿。

二流的企业承载了人们对根的眷恋，以及对自己从哪里来、又要到哪里去的认同感和归属感。所以，他们留下了人们的心。

三流的企业为了更大的利益，大家聚到了一起，所以他们能够留下的只有人们的人而已，而精神的心灵，却仍然需要他处归依。

四流的企业，像工厂，他们只承载了人们对金钱的压迫感，为了养家糊口的生计而到处奔波；他们以不出错为原则，以不干坏为导向；心中所想，也只是哪里更好，工资更高，跳槽和转行才是他们天天的真正所想。所以到最后，企业都没有凝聚力，留下的也只是一堆产品而已。

落后的企业，什么也不像，他们既无理念，也无技术，更无产品的形象；偷窥和模仿是它们的长项，他们根本也不知道自己将走向何方；东拼西凑，装模作样，投机倒把，见利就止。所谓的“生意”也被他们做得像赌博一样，所以到最后他们将什么也无法留下，企业也必将消亡。

那如何才能认出企业的问题？如何才能提升企业的境界？如何才能加强企业的修养？如何才能完善企业的文化？如何才能走出企业的困惑和迷茫？

一流的企业是用“意”来经营的。他们以设计为核心，故能有灵性和创造性，所以他们能够承载人们的梦想，留下人们的心愿和向往。

二流的企业是用“义”来经营的。他们以技术为核心，故能得到客户的认同，所以他们能够留下人们的心。

三流的企业是用“艺”来经营的。他们以生产为核心，故能满足客户的基本需求，所以他们也只能留下人们的人而已。

四流的企业是用“益”来经营的。他们以销售为核心，故能给客户提供便利，所以他们能留下好的产品。

落后的企业是用“亿”来经营的。他们以金钱为核心，却在不知不觉中走入了一个由钱而贪、由贪而贫、由贫而穷、由穷而骂的怪圈。他们经常用传销，传销销不掉就用直销，直销销不掉就用推销，推销推不掉就用营销，终于把人家给忽悠昏了，买回家一看——报销！所以，他们就拿着棒子，两个人——开销！到此，我们可以看出，落后的企业也只有死路一条！

所以，恒顺法师提出了一个振聋发聩的观点：我们一定要——“停止营销”！

“停止营销”并不是不再营销，而是更高级的一种营销——回到我们企业本应该处的位置上来，看看自己究竟是属于第几类企业？我们又是用什么来经营的呢？

坐下来静静地思考一下，什么才是生命的意义？

如果已经想好，那就行动起来创造生命的意义；

如果有所成就，那就行动起来分享生命的意义；

如果已经做得很好或是不太满意，那就再次坐下，总结一下生命的意义。

只要我们真的能够找到我们企业的生命，找到它本有的价值和意义，即使它不想放光，也不太可能——金子无论放到哪里，它都是要放光的！

从脚到觉，觉悟人生

在朋朋修脚文化形成过程中，恒顺法师起到了重要的推动作用，他常常问冯鹤的一个问题就是：你要做一流企业吗？如何才能达成心愿？答案只有一个：向内修，修自己的心。

在帮助朋朋修脚梳理企业文化的过程中，恒顺法师提出了一个形而上学的观点："从脚到觉，觉悟人生。"在2017年年底举行的朋朋商学院第六期全国骨干精英集训营中，恒顺法师为学员分享了"从脚到觉"的格局，在思想维度上引领学员走得更远。

在2017年12月29日举行的首届中国修脚行业寻根问祖研讨会，特邀出席的恒顺法师就对修脚行业寻根问祖的举动给予积极的评价，他说："这是从传统文化的维度来重新考量修脚行业，在文化中寻找行业内生的力量，实践证明，任何一个行业，只有从器具到文化的不断深化，才能永葆其生命力。"

恒顺法师的上述观点是基于其多年来研究器具文化而得出的一个结论，他从古籍中提炼出"器以载道"等诸多理论，原话是"道以成器，而器以载道"，器以载道是中国传统造物的意境，讲究通过形态语言，传达出一定的趣味和境界，体现出一种审美愉悦。所谓"器以载道"，在诸多的博物馆中陈列展示的器皿，无一不是历史的见证者，无一不是文化的传承者，也是一种生命境界，生而有限，一件携带着浓厚生命的器物，突破了生命的局限，并在一定程度上延续了生命。

根据"器以载道"的理论，他深刻洞察修脚行业的变迁与发展，从方铲到传统修脚刀、再到手术刀一次性刀具。工具在不断进化，文化也在不断得以改进、提升，最终，行业文化一定会脱颖而出，超越器皿能够达到的顶峰。

在给冯鹤讲学的时候，在给朋朋修脚技师们授课的时候，恒顺法师结合"五流企业"的理论，多次深刻地剖析"从脚到觉，觉悟人生"的要义，他说："技师们修的是脚，是一种技术的传承和发扬，以技术为核心，故能得到客户的认同，所以能够留下人们的心。那么接下来该怎么走呢？就得需要引导从业者们从技术往内心修炼，修炼自己的思想觉悟，修炼人生，只有在'觉悟人生'的道路上不断研修，才能抵达真正的成功的彼岸。"

在华连生科技集团内部，"从脚到觉，觉悟人生"已经得到了全员共识，在实践中还有很长的路要走。冯鹤也不止一次地在不同的课程中做分享和阐述，不断地将她自己的收获与感悟融汇到每一次的分享与演讲中。

2018 年 12 月 31 日，冯鹤在华连生科技集团迎新年会上，面向全场 500 多位宾朋分享她事业成长和心灵成长的故事，得到了全场的共鸣。

2019 年 1 月 23 日，华连生企业大学 2019 年的首期宣讲会在辽宁省省会沈阳开讲，冯鹤以“相由心生”为关键词，结合自己身心成长的点点滴滴，与家人们分享了修心的心法。

冯鹤说：“大河奔流，万卷归宗，回归到一点，就是初心；不忘初心，不忘做人之本，不忘自己的梦想，不忘平台的托举……”冯鹤用她的大爱和满满的正能量，给在场的朋朋修脚沈阳团队的家人们输入了强大的精神力量。

2019 年及以后的日子里，冯鹤董事长还将通过华连生企业大学的平台，陆续走进全国各分公司，为分公司输入能量、输入智慧、输入源源不断的动力。

恒顺法师向朋朋修脚赠送《从脚到觉》书法作品。

04 “5·29”爱脚日，一个新 IP

3 月 3 日、4 月 8 日、6 月 6 日、9 月 20 日，这些是什么特殊的日子，您知道吗？

它们分别是：全国爱耳日、爱鼻日、爱眼日、爱牙日。即使您不知道这些节日是哪一天，但大部分都听过吧？大家再回头想想，同样是身体的重要器官，为什么不能有一个“爱脚日”呢？

世界上的很多问题，都是先有了疑问，最后才有了答案。

1666年秋天的一个傍晚，牛顿坐在花园的苹果树下，正在考虑一个运动的问题。忽然一只熟透的苹果掉了下来，正好落在牛顿的前面。这只苹果引起了牛顿的注意。他想，苹果为什么不向天上飞，也不向前后左右落，而偏偏垂直地落到地上呢？带着这一系列的疑问，牛顿最终提出了万有引力定律。

“爱脚日”的提出也是如此。自2004年朋朋修脚创立以来，每当看到媒体上宣传爱眼日、爱耳日的时候，高广东就会想为什么足护理行业没有一个被大众广泛认可和接受的“爱脚日”呢？

如果有“爱脚日”，应该定在哪一天呢？后来，高广东想到了529这个日子，529的谐音是“我爱脚”，于是在朋朋修脚内部，每年的5月29日就被作为朋朋修脚的“爱脚日”开始宣传起来了。高广东对529这个数字也有着极为深刻的理解，在朋朋商学院的课程中，有这样一句话：1厘米宽，529厘米深。

高广东解释说：“朋朋修脚的一次性刀片只有不足1厘米宽，但无论是修脚技术领域，还是为人处世的境界，都要有529厘米甚至更深的距离。通过这个形象的比喻，告诉大家，要虚心学习，而不能好高骛远；要深入钻研，而不能浅尝辄止。”

在行业文化挖掘与传播方面，高广东一直有个愿望，就是要把“5·29爱脚日”推广到全行业、全国，作为一个行业性纪念日。在行业协会和全国同行的一起倡导下，高广东原创性地提出了“5·29爱脚日”这个行业纪念日的概念，营造节日气氛的一系列活动。“爱脚日”及其理念的传播，构成了一个全国范围内、全行业广泛认可的独立IP，逐渐走向大众。

“我希望这个行业性节日，能变成世界性节日。”高广东说，“在全世界范围内，不管是大人，还是儿童，都可能患有足部疾病。设立‘5·29爱脚日’的初衷，就是希望通过社会倡导，呼吁每个人都能够对足部健康给予足够重视，提高全人类的足护理意识和基本技能。”

笔者注意到，近几年，在童鞋行业、在骨科医师领域，也有人提出过“爱脚日”“爱足日”等相类似的提法，日子也各不相同，有的是“5·29”，有的是“9·29”。对此，高广东和修脚行业部分从业者的愿望是各行各业对爱脚护足都有不同的解读，都有不同的贡献，能够达成这样的共识是大好事儿，希望大家共同呼吁和推动“5·29爱脚日”成为世界性的纪念日。只要大家的初心是一样的，就没有达不成的愿望。

在这里，也普及几个关于脚的数据和小常识。

随着智能化时代的到来，人们依据手机里的运动健康类软件，记录每天行走的步数，以此作为健身的数据指标。一份数据显示，人每天平均要走 8000 步，一生的走动量可绕地球 4 周。足部承重步行时是体重的 1.5 倍、跑步时是体重的 3~4 倍。足部是站立和运动的根基，它影响着人体的发育与生物力线。

脚又被称为人体的“第二心脏”，人的每只脚上都有 26 块骨头、33 个关节、20 条大小不同的肌肉，并有 114 条坚强的韧带以及无数灵敏的神经与丰富的血管，他们共同支撑着庞大人体的各种活动。

另据统计资料显示，现代人一生之中，双足平均触地次数超越 1000 万次以上，一个体重 100 斤的人，双足每日累积承受的总压力竟在几百吨上下，足见其惊人的承重力。然而，脚因很少患重特大疾病，又处在人体边缘末梢，往往被大家忽视。

因此，我们不能忽视足部的健康和隐患。这就是高广东倡导设立“5·29 爱脚日”的初心。

05 足界走进新时代

文化的传承，需要载体、需要媒介，尤其是在传媒形态日趋丰富的新时代，离开了传播，文化就失去了生命力。

2018 年 10 月，高广东在华连生科技集团大楼的一楼最显著的位置设立了修脚博物馆，展示他收藏的器具、刀具、书籍等。很多业内人士和爱好者们纷纷慕名而来，只要高广东在公司，他总乐意作为解说员，向来宾们介绍博物馆的馆藏和修脚的历史。他也充分发挥新媒体的优势，将一些珍贵的馆藏发布到媒体上，让更多人了解和熟悉。

随着科技的飞跃发展，随着媒体形态的不断演进，进入 2018 年以来，中国迎来了真正意义上的融媒体时代，在挖掘、传承、弘扬修脚行业文化的不凡旅程中，迫切需要一个承担文化传播重任的行业性媒体的诞生。高广东创建了“足界”传媒平台，以开放性姿态，以全行业视角，面向全社会开放、共享。

与此同时，高广东根据传媒业发展节奏，创建了杂志、微信公号、网站、短视频为一体的融媒体平台，以《足界》杂志、足界官方微信公众平台以及众多门户网站相互支撑的融媒体平台，与时俱进，汇聚文字、图片、音频、视频等多种传播形态，传播优秀的行业文化。

对于修脚文化的虔诚，促使高广东在寻根问祖的工作进程中不断兼收并蓄，增加新的设想。在文化大师们的指导下，要为修脚行业的开山祖师建立一座集传统文化与现代科技为一体的智公庙被提上议事日程。智公庙将供同行业人士们祭拜。

规划中的智公庙既是一个文化场所，同时也是一个信息传播的媒介载体。为了逼真地还原智公的形象，高广东还根据传说中的体貌特征，请中国书法家协会副主席戴子忠老师专门为智公画像，进行一系列文化设计。相信在不久的将来，智公庙必将成为中国修脚行业历史上一个文化符号。

“能够看到多远的过去，就能抵达多远的未来。”

承载继往开来使命的高广东，用新时代修脚人的不懈追求，链接古今，古为今用，书写新的辉煌。

2019 年 1 月 30 日，高广东带领好人模范代表参观修脚博物馆。

第七章
平台成就个人

高广东和冯鹤相濡以沫，携手创办了一个开放式、集群式事业平台。两位创始人以大海般的广阔胸襟，吸纳来自五湖四海的伙伴们加入朋朋。

15年来，两位创始人守着如明月般清澈的初心，以巨大的人格魅力，吸引了不同领域、不同经历的成千上万的伙伴，迎来了一群群可爱的朋朋家人。大家在朋朋的舞台上，释放光芒，成就自我，共同擎起了一片晴朗的天空。

01 戚其范：在朋朋迎来第二春

戚其范这个名字，对于很多老大连人、修脚行业的人来说并不陌生。他就是那个曾经因为修脚技术高超而一举成为全国五一劳动奖章获得者和全国人大代表的人。

1978 年，21 岁的戚其范被分配到大连九三浴池工作，曾在原大连天津街人民浴池做一名特一级修脚师。

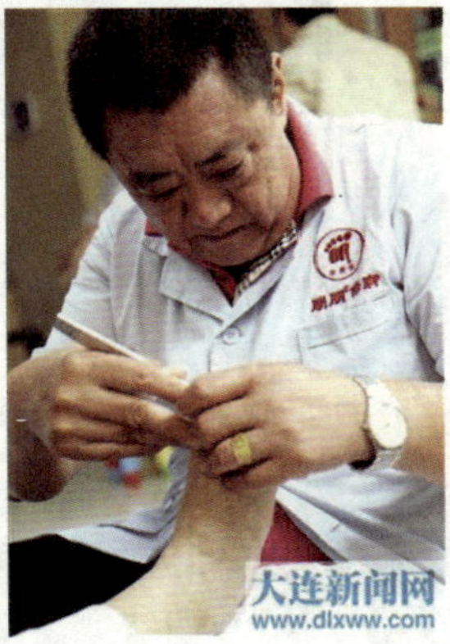

戚其范给顾客修脚时一丝不苟。（大连新闻网报道）

1993 年，他光荣地当选为全国人大第八届代表，同全国各行各业的先进人物一同在北京的人民大会堂开会。

1995 年，他当选全国五一劳动奖章获得者。一时间，戚其范的名字在大连市家喻户晓。

2002 年，因天津街改造，全体员工买断工龄回家，当时各大洗浴老板找他去帮忙。因为照顾老父亲的缘故，戚其范没有答应他们，在家一心一意地照顾老父亲。主要靠老父亲的退休金生活，有时开三轮车出去拉客挣点钱，养家糊口，一直持续到他的父亲去世。

2013 年，高广东和冯鹤通过大连市残联和《半岛晨报》找到戚其范，请他到朋朋修脚当技术总监。戚其范二话没说就答应了，不是因为朋朋给的待遇多好，而是之前通过报纸看到朋朋修脚的高广东和冯鹤二人经常给环卫工人送手套、袜子、矿泉水等，去社区做义剪，公益做得特别好。他打心眼里佩服这对年轻的夫妇，于是决心加入这个有爱的大家庭。

2013 年 9 月 23 日，戚其范来到朋朋修脚。在朋朋修脚这个平台上，他的技术才能有了用武之地。高广东夫妇特别重视技师，特别爱惜人才，特别注重人才的培养，也让戚其范在这个平台上发挥出了自己的价值。

5年多的时间里，戚其范先后培养了100多名技术骨干。在2016年的年会上，在高广东夫妇的精心安排下，戚其范收了30名徒弟，不但教他们技术，也教他们如何感恩平台、珍惜平台，鼓励他们跟着公司的指导思想，聚精会神、干事创业。

戚其范是一个懂得感恩的人，在接受笔者访谈时，戚其范说："特别感谢高总、冯总对我的关心。每当我有病住院时、过年过节时，他们都来看我，真心谢谢他们。今后我要发挥自己的技术，为朋朋修脚培养更多的技术人才，来报答高总、冯总对我的关怀和信任。最后祝朋朋修脚越来越好！"

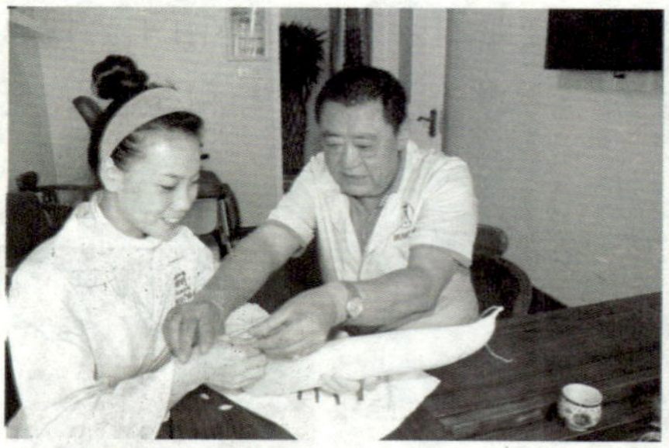

戚其范在朋朋带出了很多徒弟，上图为他在教大学生胡杨学修脚。

戚其范在朋朋修脚焕发事业"第二春"。

02 创业大学生

侯绪婷：跟着朋朋一起好

在朋朋企业文化中，专注、公益、感恩……这些关键词是必不可少的。辽宁师范大学毕业的侯绪婷2013年正式加入朋朋，是公司第一位拥有大学本科学历的正式职员。在公司培养下，现在的侯绪婷在华连生科技集团担任市场部部长，同时兼任营口区域经理，荣获了大连市十大杰出青年志愿者、大连好人等荣誉称号。

侯绪婷是朋朋管理公司第一位入职的大学生。

在接受笔者访谈时，她说在朋朋这6年感悟最深的就是"感恩"二字。她用自己的成长经历告诉每一个人，在注定不会平坦的成长路上，感恩有多么的重要，尤其是她领悟到了什么叫“爱出者爱返，福往者福来”。

侯绪婷（左）非常感恩高广东、冯鹤提供的事业平台。

侯绪婷说，她感恩高总、冯总给大家创造和提供的这个平台，帮助很多人实现了“赚钱、成长、发展”这三个职业道路上的基本需求。大学毕业后的两年间，侯绪婷做过婚纱摄影、文化公司、社会组织、蔬菜配送、海参专卖店、医学培训学校，两年间 6 次创业，她虽然被撞得头破血流，但也从中获得了成长。

2013 年，侯绪婷通过几位创业导师与朋朋结缘，高广东和冯鹤的信任，给了她激情、梦想和施展才能的舞台。这几年，她参与并见证了朋朋的快速发展，朋朋也见证了她的成长。

侯绪婷也常说，平台大于个人。在她心中，高广东和冯鹤为大家提供的这个平台是她最受益的，通过在朋朋三年的努力，她买上了房子、车子，实现了自己大学毕业 5 年内买房的梦想。

侯绪婷身为朋朋公司第一批管理人员，她做过大连区域经理、公司办公室主任，总部多个部门、岗位都是他协助总经理创建的。但作为以技术作支撑修脚行业，没有一线锻炼的基础让侯诸婷感到政令中缺乏权威性，虽然她也经常去店里调研，但是对顾客的熟悉程度，以及对店面管理、店面服务、区域营销和开拓市场的标准化都需要有亲身的感同身受，做出来的流程才更具权威。

学新闻的人的敏感让侯绪婷深知，要想在未来有大发展，缺乏一线履历这一课迟早要补，早补比晚补更有价值！带着这些使命，侯绪婷参与了店面经营的一线，做了一名修脚师。经过一年的实践与探索，她全面掌握了店面一线工作人员运营的真实情况。带着总结好的经验，2018 年她回到总部担任运营部部长，至今一直负责集直营部、产品部、运营部为一体的市场部，工作跨度大。

工作中的侯绪婷是一名干练的女将。

侯绪婷能在不同岗位都有出色表现，与她大学时就加入了中国共产党有很大关系。

“上大学时我比较活跃，很多活动都积极参与。2010年4月15日，我在大学三年级的时候成为一名共产党员。入党是一件光荣、神圣的事，我觉得不仅要在行式上入党，更要在思想上入党，其过程是漫长、艰辛的，因此自己要坚持。一个人如果没有任何理想、追求，那么他活着就犹如行尸走肉。只有明确自己的理想，坚定自己的信念，那么不管遇到什么困难，才有克服它的可能，也才会活得有意义。”侯绪婷说。

如今，随着朋朋修脚在全国的快速发展，门店已发展到全国15个省近60个城市的400多家门店。侯绪婷负责的市场部承担着指导、培训全国各区域的市场营销、管理、运营，以及产品的供销、店面招商等工作。人手少，任务重，成为她所在部门面临的一个不能回避的问题。

“加入朋朋修脚这些年，不管是以前，还是现在，都面临着这样的问题。我觉得自己是一名党员，就一定要发挥党员的带头作用，像刚入党时宣誓那样，多干实事、少说空话、深入实际、不改初心，要多为公司着想，从大局着眼。”侯绪婷表示，现在公司正处于发展得最好时期，自己只有加倍努力，才能跟上公司的发展步伐。

“大河无水小河干，大河有水小河满。只有公司发展得好， 我们个人才有前途。今年是朋朋修脚成立15周年，我相信：自己一定会跟着朋朋一起好，跟着朋朋一起老！”访谈的最后，侯绪婷坚定地说道。

胡杨和夏远飞：因为刚好遇见你

胡杨，来自吉林，2011年7月毕业于吉林工商学院旅游管理专业，本科学历。如果不是大学毕业后家庭突遭变故，可能这辈子她都与朋朋无缘了，可能会像其他同学一样，找个朝九晚五的工作；或者做个办公室白领，过着平淡无奇却又安稳舒适的日子。

毕业前，胡杨和所有即将毕业的大学生一样，实习、找工作，跟着学校的安排，和几个要好的同学来到北京一家知名酒店实习。实习结束前期，餐厅主管已经和她沟通好，希望她继续留在实习酒店发展。可是在胡杨准备回学校办理手续的时候，父亲打电话说母亲病重要到北京看病。其实，胡杨之前也知道母亲病了许久，在县里医院看过，一直说肺里有炎症，而后来在长春医院确诊为肺癌晚期她并不知晓。当胡杨回家看到病例的那一刻，觉得整个世界都黑暗了。

母亲就是胡杨的顶梁柱，在她的心里，母亲就是最伟大的。她和父亲为了供胡杨和妹妹上学吃了很多苦，多少次在外面打工没有要到工钱，甚至有一次在北京的一个酒店后厨洗碗，手被鱼刺扎了以后化脓感染，整个手肿得像馒头一样，因为北京的医药费太贵都没有处理，坚持坐了十多小时的火车回到县城的小医院做手术，将鱼刺取出……

家里突然遭遇这样的变故，妹妹还没有毕业，父亲又要管家里的庄稼，胡杨只能挑起大梁，放弃在北京的工作。因为北京的医药费太贵，北京的专家建议母亲回当地医院做放化疗。听人介绍沈阳的肿瘤医院做得好后，胡杨又带着母亲辗转来到沈阳治疗。经过家里亲戚的帮助找了住的地方，胡杨找了一份在书店导购的工作，每天工作三四小时，还可以陪母亲做化疗，这样的日子过了大概一年左右。在母亲放疗回家休养期间，胡杨又在酒店找了一份工作，工资在两千四五百元、供吃住。这样，她的工资可以用来承担每月2000多元的印度抗癌药。也是在这个时候，胡杨遇到了夏远飞，陪胡杨走过人生中最黑暗时光的爱人。

最终奇迹并没有出现，谁也没有能力挽留母亲的生命，她还是走了。母亲临终前跟胡杨说："你是老大，照顾好你妹和你爸……"顿时，泪水模糊了她的双眼。

胡杨知道她的人生不能这么过了，因为母亲生病治疗花的十多万元都是借来的，她要挣钱、多挣钱，还清家里的外债，同时她也不能辜负母亲的一番期望。于是胡杨来到大连，但是找了一份工作以后发现并不适合自己，于是来到表姐的朋朋修脚店。看到表姐一身干净的大褂跟顾客交流轻松愉快，觉得修脚这份工作并不是自己曾经想象的样子。

表姐劝说胡杨，修脚是一门赚钱的手艺，工资不低，而且学成以后还可以开一家自己的门店，自己当老板，挣的钱能更多一些。胡杨考虑后决定试试看。对于胡杨的加入，朋朋修脚的领导也给予了很大的支持和帮助，并且能有机会拜全国人大代表、全国劳模戚其范为师，更是为胡杨的事业增添了巨大的助力。为了能够快速掌握这门手艺，胡杨勤学苦练，下班后也会练到很晚。“很快我就可以上手给顾客修脚了，第一个月的工资是 4600 元。”胡杨知道，以后她还有能力挣得更多。

看到这个行业的发展与前景，胡杨更是积极地劝说爱人夏远飞与自己一同加入朋朋修脚。夏远飞也是大学毕业，如果在酒店工作，将来也会比较稳定，也有机会走上管理岗位；但是胡杨还是希望他来陪伴自己一起创业。起初，夏远飞也是放不下面子，觉得一个大学生修脚在同学面前抬不起头，经过胡杨一再坚持，再加上她筹备的第一家门店即将营业，夏远飞决定过来与胡杨一起创业。

2015 年，胡杨和夏远飞一起参加第二届全国修脚师职业技能大赛。

修脚这个行业真的挺神奇，它有一种不知不觉让你投入并喜欢的魔力。虽然技师不是医生，不像医生那样治病救人，甚至不被很多人认可，可是胡杨能处理很多医院也解决不了的脚部问题。顾客相当于她们的患者，为顾客祛除疼痛那一刻，技师们是自豪的。参加公司组织的“孝行中华 · 全国义剪”的活动，让技师真正体会被人需要、被人尊敬的归属感。

现在，修脚对于胡杨来说不仅仅是赚钱的工作，更是她实现人生价值的载体。胡杨发现，她慢慢地不再只关注修脚是不是给她带来的利益了，她渐渐爱上了这份职业。她很庆幸自己没有虚度光阴、碌碌无为，而是打磨技艺，为了更好地服务顾客，不断地钻研专业知识。

在从业第二年，胡杨参加南京的比赛，虽然那时候没有取得名次，但她深知人外有人、天外有天，原来还有那么多的专业知识需要去学习。第二年，胡杨再次报名参加考试，在距离预产期只有三天的时间里，胡杨取得了朋朋杯大赛第三名；爱人夏远飞取得了第一名的好成绩，他也通过自己的努力和管理才能被提拔为大连区域经理。在2018年参加的中商联沐浴委联合举办的全国大赛里，胡杨获得了全国第三名，成为名副其实的修脚大师……

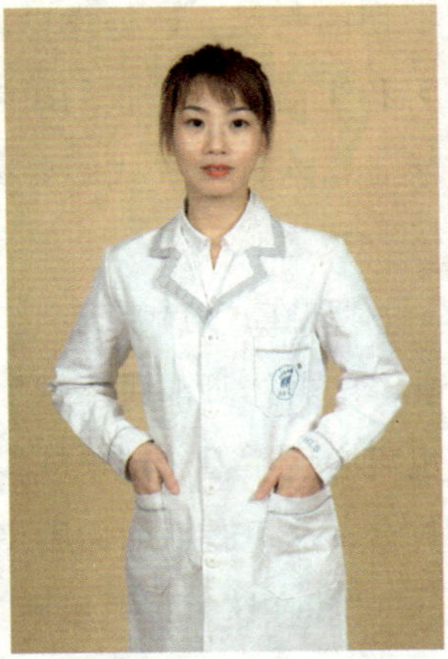

胡杨是朋朋的一个大学生创业典型。

这些荣誉见证了胡杨和夏远飞的成长。当然，修脚也提高了他们的生活质量，现在他们在大连买了房子，有了车子，这对大学生情侣可以堂堂正正地在亲戚朋友面前说他们是修脚师，他们是创业者，是靠自己双手过上幸福好日子的新时代大学生。

访谈时，胡杨和夏远飞说："在朋朋修脚的这几年里，我们从高广东会长和冯鹤董事长的身上学到了很多的知识、做人的道理、干事创业的激情，是两位领导给了我们事业发展的平台、引领我们不断成长、进步，让我们把学习当饭吃，让我们把目标定得高一点，踮踮脚才能够得着……这些道路和理想，慢慢地转化为我们自己的知识和能力，慢慢把公司的理想、梦想转化为我们共同的梦想。我们和公司越来越紧密地结合在一起，就像我们在培训的时候喊的口号一样：我就是朋朋，朋朋就是我。就是这种主人翁的精神，就是这种以公司为家、以事业为家的责任感，让我们和所有的朋朋人一样，在遇到困难挫折的时候不气馁、不言放弃。我们和所有的朋朋人在一条船上，这条大船正在驶往更遥远的、更宽阔的海洋。我庆幸，我是其中的一员；我庆幸，我可以与公司所有的同事们一起，搏击风浪、勇往直前，看最美丽的风景。"

最近几年，公司鼓励朋朋的有志之士们向全国发展，到其他区域去干事创业，将朋朋的大旗插到祖国的四面八方，让更多人因为朋朋而免除脚病的困扰，让更多的人因为加入朋朋而奔小康。每次胡杨都鼓励夏远飞跟着公司的大旗走、跟着新时代的发展方向走，忠于自己的内心，有梦想就去实践。

2018年年底，夏远飞和他的伙伴们踏上了去山东开辟新市场的征途，那一刻，尽管有不舍、有担忧，胡杨还是把最好的祝福、最饱满的鼓励送给远飞和伙伴们。2019年开春，潍坊地区三店同开的消息传来，胡杨非常欣慰。尽管前路漫漫，尽管创业艰辛，但她相信在朋朋潍坊区域全体伙伴们的努力下，一定能在鲁中地区开辟出一篇崭新的天地，不辜负高会长和冯鹤董事长的期望。

胡杨说："一切的一切，感恩朋朋修脚给了我们施展才华的舞台。因为刚好遇见你，我们有了更好的机遇；因为刚好遇见你，我们可以在新时代实现自己的梦想；因为刚好遇见你，我们可以在时代巨浪中做搏击风雨的弄潮儿。"

最后，胡杨说，她想跟大家分享的是，"学历不等于能力，学历不等于财富，一切的一切，还得靠自己的选择。有一句话说得很对——选择大于努力。大学的学习和生活，给了我们思考世界的思维方式，给了我们更开阔的视野，但是走出大学、踏入社会，我们要有面对现实的勇气，要有自力更生的能力，要有撑起一个家的一技之长。"

"现在，时代在变化，人们的思想观念在变化，修脚已经变成了一种必需的行业。随着修脚与医疗越来越紧密的结合，这个行业必将迎来更为蓬勃的发展机遇。我也衷心地希望，越来越多的大学生以及优秀人才加入朋朋大家庭。这里有你想要的舞台，这里有帮助你腾飞的平台。朋朋，欢迎你！"

"我在这里，风里雨里，朋朋等你！"胡杨向大学生们发出了邀请，邀请有志于从事修脚行业的大学生们到朋朋来参观、考察。

郑全慧：从设计师到修脚师的完美蜕变

大学生创业者郑全慧的故事，在朋朋也堪称传奇。郑全慧 1991 年出生于本溪市桓仁县的一个小山村。和胡杨一样，她进入朋朋也是一种机缘巧合。

郑全慧从小就特别喜欢绘画，但是家里条件有限，无法让她和专业的老师学习，郑全慧只能在家看动画片、动画书自学。

直到上了高中，郑全慧才有机会和专业的美术老师学习。因为起步很晚，郑全慧每天都是最早一个去画室，最晚一个离开。功夫不负有心人，郑全慧通过自己的努力考上了理想中的大学，学的是动漫设计专业。那时的郑全慧依旧相信可以通过自己的双手描绘出属于自己的人生。

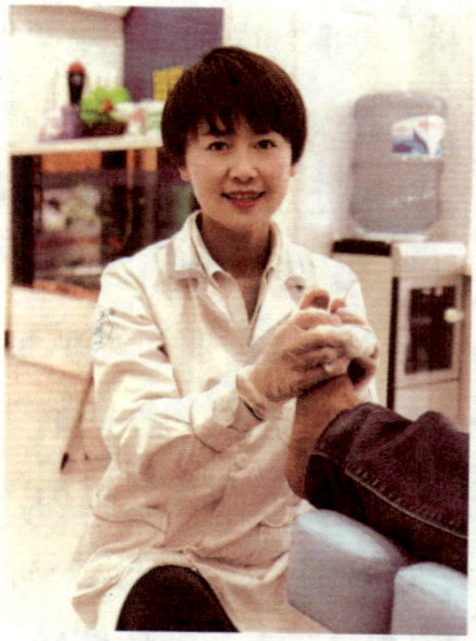

郑全慧已经深深爱上了修脚这一行。

但是，理想很丰满，现实却很骨感。"2013 年毕业后，面临着专业冷门、没有工作的窘境，在坚持了一年左右之后，我只能无奈转行。在烧烤店干过服务员，干过房产销售，始终没有什么大的发展，只是在日复一日地浪费时间。"郑全慧回忆道。

2014 年，郑全慧陪同双脚患有严重灰指甲的哥哥到朋朋修脚金马路店咨询并做了康复，同时接触到了当时的店长孟令贤，和她慢慢成为朋友，也间接了解到了朋朋修脚以及高广东。那时候，家人就特别希望郑全慧去学习修脚，掌握一门养活自己的技术。

但是，那时的郑全慧很抵触，心里总是在想：我一个大学生，天天摆弄人家的脚，接受不了，也不可能去学，学完之后大学同学知道了岂不是会笑话我。纠结了近半年以后，郑全慧还是去学了，因为她要生活、要养活自己，不能靠家人养活。

通过几个月的学习，2015 年 7 月，郑全慧成为一名正式技师，学习力很强的她很快成为一名店长。然而，当时她心里依旧没有真正喜欢上修脚这个行业。直到参加高广东发起的“孝行中华 · 全国义剪”大型公益活动后，郑全慧开始改变了。

郑全慧和志愿者们定期去敬老院为老人们义务修剪趾甲。老人们有的长期卧床，指甲增厚、扎肉，非常痛苦，大家看了也很揪心。当志愿者们用专业的技术帮助老人们解决脚上的疾病后，郑全慧才知道自己是一个有价值的人，能用她的双手帮助很多需要帮助的人。郑全慧感觉到特别开心、自豪。

因为郑全慧就是姥姥从小带大的，看见那些老人，就如同看见了自己的姥姥姥爷一样。她认为每个人都有老去的那一天，所以要善待身边的老人们。每次想到在店里康复好的每一双脚，郑全慧都感到特别开心。以前的郑全慧用画笔描绘着自己的理想，现在她手里有一支能去腐生肌的神笔，她爱修脚这个行业。

最让郑全慧难以忘记的，也是她最喜欢参加的活动，就是公司每年定期组织的培训。以前的郑全慧，因为工作、家庭，常常感到很自卑，没有自信，不爱说话，敢想不敢说；但是通过参加公司培训、团建，通过与家人们的沟通、互动，她又重拾了自信。

每一次讲师的培训都使郑全慧收获巨大。培训中，朋朋家人们都打开心扉，恒顺法师教会大家如何去表达、如何打开自己的内心，让人真正意识到自己的不足。上完课程的郑全慧就好比变了一个人，那时的她业绩不好，各方面都很一般，多次想过要离开；但是通过和朋朋家人们在一起学习，感受到了这个大家庭的爱，郑全慧才真正意识到离不开他们，同时也不想离开这个集体，不管再难，都要努力克服，让自己变得更好。

加入朋朋 4 年有余，现在的郑全慧是大连天河路店的店长，同时担任大连朋朋修脚志愿服务队无私奉献分队队长一职。其间，郑全慧也紧跟高广东的脚步，几年间参加义剪 290 余场、服务近 8000 人次。2018 年，她获得了雷锋标兵称号，同时也成为大连市文明办“大连好人”的提名候选人，这些荣誉时时激励着郑全慧。

加入朋朋的郑全慧，目前的收入很可观，足够养活自己和家人。虽然过程中因为自己的原因错过了很多机会，但是她依旧在坚持，因为她离不开朋朋修脚这个大家庭。在这个大家庭中，郑全慧感受到了温暖，感受到了源源不断的爱，找回了自己的人生价值。同时，发自内心地感谢公司领导们在她最萎靡不振、业绩最不好的时候依然支持她。她会继续努力，用实际行动证明自己。从设计师到修脚师的这一蜕变，郑全慧觉得是她人生中最美好的一次转身。

郑全慧说，遇见朋朋，人生可以再设计。

“人生可以再设计，如果你对现在的自己不那么满意，也欢迎你来到我们朋朋大家庭，在这里，找到真正的自己！”

03 那些走进朋朋的老兵们

王征的梦想：修脚行业做大做强，服务初心永远不变

“每个人都有最初的第一个梦想，我也不例外。2019 年 7 月，我荣获全国模范退役军人称号。这个荣誉不属于我个人，属于朋朋这个好平台，是朋朋助我成长，帮我圆梦！”

王征获得全国模范退役军人光荣称号。

说出上面这番话的是王征，朋朋修脚鞍山、海城、辽阳、宁波市场负责人，在朋朋，是一位名副其实的“闯将”！

1985 年，王征出生在岫岩石庙子镇石佛村。为了更好地了解王征的成长历程，2019 年 5 月，本书主创团队与王征一同回到石佛村。爬到王征家对面的山顶上，望着炊烟袅袅的小山村，王征的思绪回到了童年，他说：“从小我就喜欢听老一辈们讲红色故事，听他们讲我们村每一座山头的故事，那是一生中最难忘的时光。”

跟很多农村孩子一样，因为条件所限，王征初中就辍学了。但跟许多农村孩子又不一样，王征的父亲是一名老兵，自小从父亲那里继承来的就是对部队的热爱以及做事要有目标、做人要有骨气。

从学校出来后，王征步入社会。曾经做过押运员，在街头发过传单。王征愿意靠自己的力量谋生，不想给父母增加压力。

18 岁，王征应征入伍，成了一名军人。从小的梦想成了现实，他特别享受和珍惜在部队的日子。训练中，全力以赴，很快成为入党积极分子、成为预备党员。在入伍第二年执行特殊任务中，王征荣立个人三等功一次。部队图书室有很多书，王征一有空就去读书，最爱读的是《毛泽东选集》。许多人不理解，但王征真心喜欢。直到现在，里面的许多话他都能背下来。

可以说，是《毛泽东选集》培养造就了王征的人生观、价值观和世界观。现在，王征的办公室里还摆放着《毛泽东选集》，当他迷茫的时候，都会去其中寻找答案。

转业后，王征实现了第二个梦想，回到家乡。然而，他不想一辈子待在村里，想到外面的世界闯一闯。

一个偶然的机会，王征在大连朋朋修脚学习了修脚这门手艺。当时不少人反对，他们觉得，一个大小伙子，一把子力气，干点什么不行，为什么非得摆弄修脚刀？但王征不这么想。一把修脚刀，看似很小，但却能给人带去健康。修脚看起来修的是脚，但实际上，一双脚代表了一个人，甚至可以说是一个人很隐私的部分。有人愿意把一双脚毫无保留地展示给技师，愿意把脚交到技师手里，是对技师的无比信任。技师们把顾客的脚修健康了，他们才会走得更远、走得更稳。一双脚体现的也是一种人生，在修脚过程中，与脚主人的接触，更是技师与他们人生感触的碰撞。人

2015 年，王征参加第二届全国修脚师职业技能大赛。100，是他的目标。

间百态，莫不在其中。

王征认定了修脚这个行业，执着地往前走。

2007年，王征揣了3万元只身来到鞍山，在一个叫对炉的地方租了一个不到20平方米的小门店，开始了艰辛的创业之路。

5元、10元、20元……刚开始做，顾客少，王征也年轻，摸不着门道。每天能挣到的钱一只手能数过来。一年时间下来，小修脚店只盈利了500元钱。

当时的日子非常苦。为了节省开支，王征白天在店里修脚，晚上在店里睡觉，一个折叠床就是全部家当。连续数天，每天只吃土豆白菜，不敢有一点多余的开销。后来，媳妇张录叶从岫岩出来跟他一起创业。“印象特别深，当时正赶上元旦迎新，忙活了一天，我和媳妇两个人却只买了一个汉堡，越吃越不是滋味，差点哭出来。但媳妇特别理解我，什么也不说，只是默默地陪着我。”

尽管很长一段时间入不敷出，也曾想过放弃，但不肯服输的王征一直觉得坚持就是胜利。事实真是这样，慢慢地，由于王征的认真负责、踏实可信，小店客源开始多起来，而且还有了不少回头客。到2008年末，王征的修脚店盈利了5万余元，这是创业以来的第一桶金。

为了让梦想更近一步，做大做强修脚店，王征加入了也是刚刚起步的大连朋朋修脚，成为鞍海辽三个区域的创办人。那时候，不少老乡看到修脚真的也能干出名堂，想跟王征一起干。王征毫无保留，只要他们来，王征就用心教。他想的是，创业不能是一个人的事，应该是一群人去努力。王征不想止步于赚点小钱，他想带着一群人实现一个创业梦想。

2009年，王征开了第二家店。虽然也经历了一段“赔本”时期，但很快扭亏为盈。就这样，经过10年的“摸爬滚打”，王征的修脚店从最初的一家发展到十家，从十家发展到三十家，目前已经遍布鞍山各城区，并发展到了海城、辽阳以及南方的宁波。所有店铺的营业总额也在逐年增加，从最初的几万元增加到现在的几百万元。

日子好了，王征有了更多的能力。他想的不是个人先怎样享受，而是想到了父亲曾教育他的话：“人活着得做点事，为别人做点事。”

王征在思考：我是一名修脚师，我能为别人做什么？一次经历让他想明白了。一天，他在店里接到一名老人的家属打来的电话。等他上门一看，这名老人瘫痪在床，因患有严重的甲沟炎十分痛苦，连觉也睡不好。于是，他为老人去甲、清创、上药，整整40多分钟，一切处理妥当，老人终于可以安稳地睡觉了。家属十分感谢王征，说：“因为老人的身体原因，脚一直没法修。也找了不少人，都不愿意上门服务。你的上门服务帮老人解决了难题，更让我们安了心。”

这件事启发了王征。除了在店里给有需要的顾客修脚，也可以走出去，给那些需要修脚但行动不便的人服务啊。

2012 年 9 月开始，王征带着鞍山朋朋修脚团队走进了敬老院，开始义务为孤寡老人修脚。刚开始，老人们都不相信，当发现王征和志愿者们的服务是认真的，老人们都乐坏了。他们中的许多人已经被脚病折磨了许久，但就是没有机会和条件去修治。王征等人的出现，解决了他们的难题。

不仅义务修脚，王征个人也主动参与多种社会公益活动，时至今日，王征在鞍山、海城、辽阳、宁波等多个城市共进行义剪等公益活动 186 场，服务人数达 1252 余人次（服务价格相当于人民币 110176 余元），服务时长约 3735 小时，到鞍钢总院肿瘤医院临终关怀 3 次、服务 3 人（服务价格相当于人民币 1500 余元），服务道德模范和身边好人 102 人次（服务价格相当于人民币 8976 余元）、康复类（服务价格相当于人民币 20714 余元），捐款捐物 41 次（折合人民币 64454 元），为其他团队志愿者、义工提供各类免费修脚卡 234 张（折合人民币 11892 元），以上共计 21.7 万余元。

这些年，王征直接解决就业岗位 153 个，直接间接地解决了一部分大学生、退伍军人、下岗工人和农村剩余劳动力的待业问题，并带动他们积极创业，现有 43 人脱贫致富奔小康。

梦想，是王征前进的动力。他的人生有了第三个梦想，中国修脚行业是中国医疗行业看不见的战线，王征将带领团队努力拼搏，让这一行业上一个新的台阶，更加规范，来解决人民群众日益不断对足部健康的需求，满足人们平稳前行的心愿，为之奋斗终生。这就是一名共产党员追求的看得见、摸得着的梦想。

10 年了，王征一直感恩遇到了朋朋这个事业平台，是一群人、一颗心、一辈子的情怀，是众人划桨开大船的豪迈，是一起好一起老的幸福追求。

10 年了，王征的梦想从未改变，他一直朝着梦想的方向不懈地努力着，未来还会继续。

追梦，永不停息……

于开航：做一个优秀的朋朋人

獐岛被誉于“祖国万里北疆第一岛”，那里风光秀丽，山青崖秀，林木茂密，以盛产海鲜和自然风光优美而闻名遐迩。生于 1986 年的于开航，在辽宁省丹东市东港北井子镇獐岛村度过了自己的童年和青少年美好时光。

从小，于开航就渴望当兵，做一名光荣的人民解放军战士，保卫国家、保卫人民。中学毕业后，于开航立志去部队锻炼自己、接受组织的考验。2003年12月，于开航应征入伍，带着那份家乡人的嘱托和对外面世界的向往走进军营，在部队工作了十年。

部队是个大熔炉，在部队的十年，对于开航的一生影响巨大。在部队的这段时间里，他的工作岗位不断调整，做过哨兵、炊事员、仓库保管员、汽车兵，从一名战士成长为副班长、班长、士官排长，他感谢党和人民的培养。在这个过程中，于开航意识到学习才最重要，知识改变命运，而且要理论联系实际，实践才是检验真理的唯一标准……这些知识对他日后的工作产生了极大的影响。

由于部队深化组织机构改革，2013年于开航选择退出现役，不给党和人民添负担；选择自主创业，和战友朋友几人合伙做点小生意，在社会上证明自己，但由于经验不足、经营不善导致亏损。第一次创业失败之后的近一年里，于开航都在自我调整当中。当时他的心情很差，他觉得自己给家里人带来了不小的负担，毕竟他是一个家庭主力，这份愧疚一直在心里萦绕着。

有一次于开航和战友聊天的时候，无意中听说朋朋修脚这个事业平台，大家都说朋朋修脚康复脚疾技术水平高，义剪老人口碑非常好，就是看自己能否看得开，放得下自己的面子来做这个事业。

就这样，怀着一份美好的憧憬，于开航在网络上做好一份简历投递到当时的朋朋修脚公司网络平台，应聘助理一职，一段时间后，他接到公司的面试通知。到公司面试后，于开航了解到如果在一线工作，虽然比较累，但工资会高一些，还能直接参与义剪活动，是一份有长期可靠收入的技术活儿，很适合当时自己的现状。就这样，2016年9月15日，他光荣地成为朋朋大家庭的一员！

生活中的于开航是一个开朗的人。

刚开始在朋朋培训学校的时候，于开航也有一段时间不适应。面对突如其来的陌生领域，他和五班的同学们在杨萍校长循循善诱的指导下，修脚基本功稳步扎实提高，从不敢修、不会修，终于到了敢修、会修的成熟阶段。

高广东带领下的公司领导在此期间不断给于开航和学员们讲授公司理念、使命、愿景以及康复理论、系统应用、销售方法等，把大家培养成全方位的修脚行业从业者。于开航在这4个月内，担任过班长并获得了当年的优秀学员。他依然记得，高广东提出的那句"把学习当饭吃"，时刻提醒自己在工作生活中"把学习当饭吃"，不断提高技术和理论水平，更好地服务顾客朋友们。

学校毕业后，在大连开发区金马路店面工作的短暂几个月时间里，于开航在店长李珍和有着"大姐大"美誉的冯桂花、赵广玉等家人的无私传帮带下，个人的技术水平和销售能力突飞猛进，终于达到了公司开店标准要求，可以自己开店了。2017年5月5日，于开航带着赵洪丽接手了旅顺九三路店，带着理论联系实际这个思想行动方针，经过不懈努力实现了扭亏为盈，打开了旅顺市场的局面。

管理门店的同时，于开航积极参加公司组织的学习活动，并在活动中获得精神上的升华、技术上的提高、业绩上翻倍的实在利益。因为表现突出，于开航获得了公司金星一枚、银星银章数枚。每每看到悬挂在胸前的奖章，于开航都会想起在部队工作争优争先的情形，正是在部队的锻炼让他思进取、求上进。在朋朋的大家庭里，于开航依然努力争先、不甘落后。

作为一名退伍军人、一名党员，于开航在朋朋修脚这个大家庭找到了稳步前行的方向，继而通过行动来实现自己的人生价值。

平台大于个人，集体大于个人，这是于开航一直坚信的道理。他也坚信，在高广东会长和冯鹤董事长正确领导下，大家撸起袖子继续干，朋朋一定会实现大家的"朋朋梦"！

于开航获得了公司颁发的6颗银星。

于开航说，他代表小团队以及家人们，衷心地感谢高广东会长和冯鹤董事长为大家提供的平台。一定不忘初心，牢记使命，成为一名优秀的朋朋人！

世界上有一千种等待，最好的那一种叫做来日可期。

"朋朋的家人们，我们一起携手、一起努力，照听照做、亲力亲为，跟着集团的大旗，向着美好的未来，前进吧！"

04 临床大夫王纪斌：加入朋朋一起追梦

在朋朋大家庭中，不乏各行业的精英人才，王纪斌就是其中一位。王纪斌是山东莱芜人，医科毕业，外科临床大夫。

2001年春天，王纪斌出发到江苏扬州，在修脚店得到启发。于是当机立断，放下手术刀，拿起修脚刀，为广大脚病患者服务。这些年，王纪斌继承中华修脚术并将其发扬光大，走南闯北，东拓西进，遍访名师，博采众长，砥砺磨剑，学艺成才，精通了脚病修治技术，熟练掌握了治疗灰趾甲、鸡眼、脚垫、甲沟炎、嵌甲等脚病的方法。

王纪斌传承泰山铭得池修脚术，2009年冬天，在泰城创办了海派修脚服务中心，带徒授技，将现代医学理论与传统修脚术相结合，融合发展，自成一家；通过望、问、触、摸，使用专用刀具，运用娴熟的修脚术，辅以适当中药，对足部进行修治。他出手轻、锛得平、铲得圆、断得净，手法稳、准、轻、快、柔，技术全面，独树一帜，被称为“肉上雕花”。

创业路上，研发一事也未曾中断。王纪斌不断研发创新修脚术，将中华药术、医术、修脚术合为一体，创作出泰山修脚技艺。他独创的甲沟炎嵌甲根治术，用特殊金属丝通过杠杆原理，使嵌入肉里的指甲慢慢弹出来，不再扎在肉里，治疗手术简单，患者无痛苦，随治随走，无须住院，不影响工作、生活，能够做到根治。

王纪斌生活照。

王纪斌研制的足病中药浸泡法，遵循“扶正祛邪、驱邪安正”的学术思想，辨症施治，处方严谨，发挥中药“治本正源、活血通络”之功效，配合足部按摩手法，事半功倍，疗效显著。

此外，王纪斌还积极用己所长，服务社会，为众多患者解除了脚病痛苦，使他们恢复了正常的工作与生活，还为一些奔走各家医院、花了数万元医治不好的患者根治了脚病，减轻了他们的经济负担。多年来，他一直热心公益，开展义剪，一直坚持为敬老院的老人、伤残军人、抗战老兵义务修脚，免费服务。

人生，就是一个不断奋斗的过程。这些年，王纪斌不辞艰辛，扎实创业谋发展，开办门店，带徒授技，坚持师傅带徒弟，学成后自立，帮助徒弟们在省内外发展100多家分店。

授徒学艺的过程中，王纪斌主要采用理论与实际相结合的教学模式，通过师傅传、帮、带，让学员从理论理解和实际练习中慢慢领悟、体会、总结、提高，直到掌握全部技术要领。目前，王纪斌已培养成熟徒弟200多名，先后解决了数百人的就业问题，为社会做出了积极贡献。

王纪斌创办的海派修脚服务中心坚持患者至上、精心修治、优质服务、收费低廉的经营理念，坚持医德为本，注重社会效益，满腔热忱地为广大足病患者修脚服务，受到社会各界的好评，产生了显著的社会效益，受到社会各界称赞。王纪斌被誉为德艺双馨的"泰山修脚第一刀"，先后被评为慈善之星、泰山区道德模范、泰山工匠、山东好人、全国十佳修脚师、中华修脚大师、全国技术能手。

要说起事业的转折点，还要回到2015年。在济南举行的一场行业协会上，王纪斌认识了朋朋修脚创始人高广东，30岁出头的高广东事业发展得有声有色，那时候在全国的门店就有上百家了。王纪斌非常羡慕，暗暗敬佩。在聊天的过程中，王纪斌也被高广东对足护理行业的深刻认识触动了，"他懂得非常多，对这个行业也有自己的清晰认知。"王纪斌觉得真是江山代有人才出，也为行业中有这样一位有着深谋远虑的新生代力量而感到欣慰。

高会长的无私、博爱给王纪斌留下了更深的印象，"在和同行们交流的时候，他毫无保留地将自己摸索出的经验分享给大家，没有一点私心。这几年他担当行业协会的会长，经常在各大会议论坛上忙碌着。他是为行业争取社会的认可和关注，他是为修脚同仁争取平等发展的机会和职业尊严。"通过3年的观察，高广东高尚的人品彻底征服了王纪斌。

2018年年底，王纪斌受邀参加朋朋修脚的年会，在五星级酒店举行的年会场面宏大、贵宾云集。让王纪斌深深震撼的是，年会中穿插了行业大师的培训，特意安排了医技结合的培训，博导、教授都来给朋朋的家人们授课、分享。这种大格局、大手笔、磅礴的气势深深地影响了王纪斌，他有强烈的愿望加入这个大家庭中。

2019年元旦过后，回到泰安的王纪斌就开始重新思考未来的路：到底是自己偏安一隅单打独斗，还是加入一个大平台去寻找更大的机会、更大的可能？经过与家人、伙伴们的反复论证，王纪斌决定加入朋朋，在更大的平台上专注于自己的专长，做好当下的事情，也为将来做一个长远的设计。

就这样，王纪斌和高广东走到了一起，和朋朋人走到了一起，和积极上进、充满正能量的人走到了一起。在集团的帮助下，王纪斌对三家门店进行了升级，按照集团的标准重新定位、重新开业，以崭新的形象为广大顾客提供更优质的服务。

2019 年 4 月，初春的泰安迎来了一群特殊的客人，他们就是来自朋朋全国各分公司的区域经理们，此外还有高广东会长、冯鹤董事长以及华连生科技集团总部的多位部长、高管。他们来到泰安举行第一季度区域经理会议，对新成立的泰安团队来说也是个宝贵的学习机会。

王纪斌拜师王建生。

“山东人热情好客，也好面子，每家有大事儿的时候，都喜欢相互走动、捧场支持。4 月，在朋朋修脚泰安三店开业之际，高会长、冯董事长带领高管和全国各区域经理来到泰安，给我们捧场、助阵，让我感受到了集团对泰安市场的重视，感受到了暖暖的亲情。中国最优秀的一群修脚人来到泰安为新公司团队鼓劲加油，给新团队增添了无穷的动力。”

在这里，王纪斌也代表泰安团队感谢所有朋朋家人们的厚爱与支持，“我将带领我的徒弟们、伙伴们，高举旗帜，脚踏实地，把泰安这片市场经营好，把泰安人们服务好，用实际行动让朋朋修脚的金字招牌在泰安熠熠闪光。”

王纪斌说：“以公司倡导的‘孝行中华 · 全国义剪’活动为例，今后我们会按照公司的要求，在泰安地区认真开展下去。孝，中华民族的传统美德，弘扬和传承中华孝道，是我们新时代广大人民群众应尽的义务与责任。”4 月 2 日，朋朋修脚志愿服务者们来到泰安英雄山社区，与社区一同开展以践行孝道为主题的新时代文明实践活动，为辖区老年人义剪，鲁网泰安也报道了志愿者的事迹。

“孝行中华 · 全国义剪”，义剪路上，山东泰安不会缺席！

华连生朋朋修脚事业发展的路上，泰安分公司不会缺席！

05 姐妹花刘利、刘颖：6 年开 19 家门店

在朋朋大家庭里，有多位优秀的技师放弃了海外的高收入加入进来，共同发展创业。长春的姐妹花刘利、刘颖是其中的优秀代表。

“我相信每个人都有不平凡的成长。成长对每个人都是一个必将经历的过程，每个人的成长都不可能一帆风顺，只有曲曲折折地成长才能谱写出多姿多彩的人生。我的成长道路中有坎坷、有欢笑、有泪水……未来让我充满了期待与幻想，直到我的人生来到另一个驿站时。我想对自己说：我叫刘颖，我相信我的未来不是梦。”

刘利、刘颖（右）姐妹俩是朋朋美丽的姐妹花。

写下上面一段话的人，是朋朋修脚19家连锁门店的区域负责人，也是一位巾帼女将。2019年9月，她荣获了“长春好人”“长春好人标兵”两项沉甸甸的荣誉。

2010年，刘颖毕业于天津市机电职业技术学院，怀揣着对未来的幻想和憧憬踏上了四处寻找工作的旅程。天遂人愿，刘颖顺利地在长春汽车行业找到了一份比较安逸的工作。“时间久了，这份安逸把我裹得‘支离破碎’。”不安于现状的刘颖有了出去走走的想法，而刘颖给自己定了两个方向——要么出国学习，要么自己创业。

思来想去，忽然回想到2009年5月1日那天，那年刘颖大二，她和朋友一起去大连游玩，经介绍和朋朋修脚创始人高广东有了一面之缘。那是刘颖第一次知道有修脚这个行业，但当时并不为之所动，觉得一个大学生修脚面子上过不去，凌乱的思绪、内心的纠结交杂着。

此时，刘颖想起了远在新加坡的姐姐刘利。说起姐姐，刘颖内心的感激之情油然而生，在刘颖的成长道路上姐姐是她最要感谢的人。由于家是农村的，生活条件不好，为了帮助家里和资助她上学，2007年5月姐姐毅然决然地选择了出国打工，说这样能多挣点钱。在一个人生地不熟的国家，生活习惯不同，语言不通，但刘利必须坚持下去。所以，刘颖无论遇到什么事都会跟刘利说，刘利成了刘颖的依靠。

刘利听了刘颖的介绍后，起初对修脚行业有些质疑，说：“等我放探亲假的时候，去考察一下再说吧。”就这样，2012年9月，刘颖和刘利坐火车来到大连进行实地考察。在高广东和冯鹤的陪同下，姐妹俩在仅仅几天内走进多家朋朋的门店，了解了朋朋的专业技术和发展前景，更加深入地认识了解了修脚这个行业。

回家后，刘颖和姐姐经过一番探讨，决定自己创业，发展朋朋事业。一个月后，刘颖辞掉了原来的工作，真正加入朋朋这个大家庭，姐姐则返回新加坡。令刘颖记忆犹新的是，她到大连的那天正好是自己的生日，而朋朋的家人给了她一个非常难忘的生日，感谢相信，感恩遇见！

刘颖在长春好人颁奖活动的现场。

在学习旅途中，刘颖一直都觉得自己是最幸运的那一个 —— 无论在学习上，还是生活上，都得到了很多人的帮助。起初，刘颖很懦弱，在店里学习的时候总感觉有很多人在看她，她却不敢看顾客的眼睛，总有种低人一等的感觉。她记得很清楚，在实习的某一天，一位阿姨问她："你一个小姑娘怎么选择做这个呢？"刘颖知道这位阿姨是好心，所以晚上回家后自己问自己：是我选错了行业吗？

当晚，刘颖辗转反侧却始终找不到答案，而这直接导致她第二天工作时心不在焉，把一位顾客的脚修出了血。"这下麻烦了！"刘颖瞬间觉得自己一下子清醒了。"没事。"顾客简单两个字的鼓励，一瞬间让她忘却了懦弱与迷茫，让她战胜了自己。后来，当刘颖踏踏实实一步一个脚印地完成了培训，突然想到一句话："要么是你去驾驭生命，要么是生命驾驭你。你的心态决定谁是坐骑，谁是骑士。"刘颖终于明白了什么是正确的心态。

清晨的第一缕阳光很耀眼，也很温暖。学成后，刘颖怀揣初心返回春城，开启了自己的创业之路。创业之路艰难且坎坷，父母的不理解和资金的缺乏都成了她前进路上的绊脚石。无奈之下，她又拨通了远在新加坡的姐姐的电话。刘利给父母做思想工作，最后东拼西凑借了 10 万元支持刘颖创业。

2013 年 3 月 31 日，长春第一家朋朋修脚北安路店顺利开业。功夫不负有心人，经过不断的努力和坚持，修脚店业绩逐渐小有起色，顾客越来越多。刘颖一个人实在忙不过来，于是再一次给姐姐打了电话，将近况和困难向姐姐说了一遍，建议她回国发展。刘利立即递交了辞职报告，启程回国。2014 年 5 月，刘利正式加入朋朋大家庭，姐妹花一起并肩"战斗"。

"光阴一去不复返，水流东海不回头。其实无论在成长道路上，还是在人生道路上，每个关卡都会有人扶我一把并指引我前进的道路。有了姐姐的陪伴，似乎所有困难都迎刃而解了。"刘颖说："长春朋朋修脚店从 1 家门店发展成现在 19 家门店，从业绩每月几百元发展到每月几万元，这些都离不开姐姐和合作伙伴们。从练习刀法到成为技师，再成为店长，最后成立独立门店，我们共同见证了朋朋的发展历程。我也从一个一线人员变成了几十人团队的管理者。虽然遇到很多艰辛和困难，但最终都经过努力一一化解，总觉得时间不够用，恨不得自己可以分身……”

工作这些年里，刘颖不断给自己充电，让自己变得更优秀、更强大，她始终相信一句话：人生没有白费的努力，也没有碰巧的成功。自 2016 年至今，刘颖通过不断努力先后获得先进个人、杰出队长、中华修脚协会理事、中国修脚大师等称号。“这些都离不开公司的鼓励和支持，高总为我们提供了这样良好的平台，让我可以释放自己‘大显身手’。”

“吃水不忘挖井人。朋朋修脚在高总、冯总的带领下发生了翻天覆地的变化，从大连的 1 家门店发展成全国 400 多家门店，高总让每个朋朋人实现了自身的价值。在公司和领导的支持下，在我与姐姐的协作下，在合作伙伴的共同努力下，长春朋朋修脚不断壮大，同时也参与了高总倡导发起的‘孝行中华・全国义剪’大型公益活动，在长春的各个社区和养老院义务服务。看到老人不再因为足部疼痛而开心的露出笑容时，我的内心无比温暖。”刘颖说。

让刘颖最记忆犹新的是 2014 年曾两次为“美丽的大脚”赵娜义务修脚。“第一次到她的家里，看到那种环境，说真的，酸楚油然而生。”在这种情况下，赵娜的精神感染了刘颖和团队的伙伴们——手不好用，那就用脚。“她的脚很灵活，做饭洗衣服，敲键盘。上帝剥夺了她的双手，但赐予了她一双灵活的脚。只是雪上加霜的是，她母亲的糖尿病加重了失明，记得她说：‘母亲照看我 18 年，我要靠这双脚照顾她后半生。’”

虽然只是做了一点力所能及的事情，但对于刘颖来说也是非常有意义的。她觉得自己要更加努力，以自己微薄的力量去感染更多的亲朋好友加入公益事业当中来。

刘颖认为，做这些事情都是要发自内心的，公益事业是一颗心带动一颗心，自己做好，身边也会有更多志同道合的朋友加入进来。如今，长春朋朋修脚团队已从两个人发展到现在的 40 余人，团队也取得了骄人的公益成绩。目前共完成了 159 次义剪，累计参与志愿者达 700 余人，服务 5000 余人次，服务时长达 800 小时，平均每次都达到 3 小时以上。

在朋朋未来的发展道路上，刘颖希望在长春凭借修脚这门传统技艺，在传承非物质文化遗产的同时，爱岗敬业，扎实肯干，努力奋进地关爱社会中低收入老人的足部健康，为老人们义务修剪趾（指）甲，弘扬“奉献、友爱、互助、进步”志愿精神，践行社会主义核心价值观，以朴实的行动向社会传递文明、传承美德、传播孝爱。

从2013年3月至今，长春分公司走过了6年多的时光，从1家店到19家店，刘颖做到了连自己都不敢想的事业。她说这就是平台的力量，这就是梦想的力量，这份成绩来自公司的支持，是平台的价值帮助她实现了人生价值。

刘颖说，梦想就在前方。

访谈的最后，刘颖说："2018年，集团公司的成立让我们这些区域分公司看到了更广阔的前景、更长远的未来。我们将会在集团的统一领导下，以务实的工作来迎接更加美好的明天！"

06 行业精英齐聚朋朋

韩晖：遇见朋朋，柳暗花明

来自陕西宝鸡的韩晖，在当今的修脚界是一位人缘颇好的人。

20多年前，在单亲家庭长大的韩晖还是个叛逆十足的毛头小子，不顾父亲的苦心劝阻，放弃学业与几个小伙伴以"义气"之名懵懵懂懂地闯入社会，想着只要肯吃苦就能混口饭吃。

一张火车硬座票，大约40小时的绿皮火车，几个自以为是的黄土地小子从大西北来到大东北。靠着几分力气，韩晖和同行的伙伴在工地打杂，开始了人生的第一次打拼生活。高强度、快节奏的工地生活让十几岁的韩晖尝尽苦头，最后又因年幼体弱被包工头劝退。当时，身无分文的韩晖被吉林松花江边一个好心农户收留，从此开始了三个月的放羊生涯。

韩晖是人缘颇好的人。

工地打杂的苦、放羊经历的难，深深地触动了韩晖，也让他有了坚定的信念：不要过这样的生活，一定要出人头地！几经思考，韩晖他与好心的农户依依惜别，心怀感恩和坚定，重回故乡。

20世纪90年代末的中国，各种新生事物层出不穷，洗浴中心、足疗店、按摩店等都成为应运而生的新事物。返回故乡的韩晖，随着这股大流进入洗浴中心做起了服务生，学习搓背和修脚。凭着踏实吃苦、头脑灵活，韩晖慢慢积累经验，逐步从一个小小的服务生做到管理层，有着稳定的收入和一定的职位，在当时也算是一份非常体面的工作。可是，有着一颗不安分的心的韩晖，不甘于做个打工者，加之20世纪初创业热的触动，韩晖总想开创一番属于自己的事业。

2005年，韩晖在陕西省安康市任一家足疗店的经理，正当他在寻找事业突破口的时候，无意中得知当地足疗街有个足疗行业协会，街内的二三十家店面都归其统一管理，这不同于他之前工作的足疗店。此刻的他是第一次听说“协会”这个词，对“协会”的第一印象就是觉得可靠、正规、有组织，这个新奇的组织吸引了他，“未来我要是创业，也要跟个可靠、正规、有组织的。”

也是在安康的工作，让他寻觅到创业的突破口。足疗街有一位独一无二的工作者，是位40多岁的大叔，身体算不得挺拔，皮肤黝黑，几缕白发，背着一个破旧却整洁的小包。就是这位看起来平凡无奇的大叔，却是当地唯一一位可以治疗足病的修脚师。当时，足疗店技师大不相同。

正是这位不知姓名的修脚师，为韩晖的创业之路点燃了明灯。“正是他让我第一次认识到修脚的价值。我也学过修脚，为什么不将这门手艺利用起来？多年的工作经验也让我看到，修脚行业虽然现在稀少，但未来必定会有新发展。”几经思索，韩晖放弃了在外人看来体面的工作，决定开个修脚店。

2006年6月6日，当地首家专门修脚的门店正式开业。虽然仅有一桌两凳、一套修脚刀和一位年轻的修脚师，但韩晖很自豪，因为他开始了一个新的事业。最初的忐忑很快就被意外的收获抚平，第一个月原本只打算达到400元的营业额，没想到竟达到590元，接近两倍，韩晖喜出望外！第二个月火速突破千元大关，如此业绩是他始料未及的。渐渐地，这个修脚店在当地出了名，大家都知道菜市场里有个修脚店，不仅能修剪，还能治疗脚病。

名声在外，业绩喜人，慕名而来的除了客户，还有想拜师的。2008年初，韩晖正式收了两名学员，没有收取任何费用，只是在店里学习。2008年3月，韩晖的修脚店开了第一家分店；5月1日，第二家分店也和学员合作开业。蒸蒸日上的小事业让韩晖着实美了一把，可是猝然而至的大地震把他生生地从刚刚品尝到的喜悦美好生活中拽了出来。

2008年5月12日，正在收拾店面的时候，韩晖突然感到剧烈的震动。原来，汶川大地震波及这个小县城，刚刚攀升的小事业如遇寒冬，两个分店相继关门，原有的母店也步履维艰。面对困难，不服输的韩晖拿出了手中全部资金，于是一个40多平方米的修脚店于2009年5月1日轰轰烈烈地开业了，整洁亮堂的店面比之前的小门店专业了许多。生意渐渐步入正轨，学员络绎不绝，学员出师后也陆续开店。除了韩晖的修脚店成为当地的标杆店，韩晖更成为当地修脚行业的“老师傅”。

2010年的一个下午，一位大叔再次光顾修脚店，韩晖亲自为其修脚。闲聊得知，这位大叔曾任当地民政局局长，他随口说起好多行业都有自己的协会。“对方随口一言，却擦亮了我内心的火花——‘协会’，这不是曾经让自己眼前一亮的那个组织吗？”于是韩晖激动地抓住大叔问：“我们修脚能不能也有自己的协会？”“当然可以有啦！只是咱们这儿还没有修脚协会呢！你可以努力自己成立啊！”大叔热情地给这位好学的青年解答，还仔细告诉了他成立协会的各种注意事项。

2011年10月28日，经过一年多的筹备和人员组织，“宝鸡市修脚保健行业协会”在宝鸡市民政局和商务局的支持下成立了。

2011年11月11日，韩晖像往常一样结束一天的工作，躺在床上翻阅手机。突然跳动的QQ群又给他带来灵感：如今协会筹备工作推进稳定，并且也有了一定的支持者，为什么不为大家提供一个共同交流的平台？想到就做的他，立刻申请了一个QQ群，取名为“中国修脚协会筹备群”，然后逐一邀请好友加入。没想到他的做法迅速得到大家的积极响应，不仅一同致力于协会筹备的热心者加入，大家还努力邀请更多同行加入。仅半个多月，这个群就迅速扩大到160多人！

2011年12月22日，韩晖与郑全德老师以及另外17名热心筹备者相约在山东派修脚的中心——济南，这是自协会筹备工作开展以来，参与同行的初次见面。大家专程拜访了济南市第一人民医院足病科主任吴老师，与吴老师探讨了足病修治回归医学的问题，吴老师对成立行业协会也作出大力支持。19名全国各地的同行首次相聚，吴老师对协会工作的推进进行了详细了解，不仅给出了极为重要的建议和意见，还大力支持韩晖勇敢走出去，让他在全国寻求更多的同盟者。

第一次筹备会议的圆满结束，第一次走出故乡的行业拜访，这些都让韩晖对未来充满了希望和力量。回乡后，韩晖积极进行会议总结，对筹备工作进一步进行了系统梳理。在济南见面后，几个非常投缘的同行联系越发密切，都争先把筹备协会当成分内之事。新疆同行周荣与韩晖多次沟通，决定趁热打铁，2012年3月再次进行较大规模的筹备会议。

在得到同行如此热情的协助下和首次会议顺利进行的鼓励下，韩晖自掏腰包做了条幅、参会牌，在QQ群内向全国代表发出邀请，希望大家能到北京参加2012年3月18日的全国修脚协会第二次筹备会议。3月15日，韩晖与周荣再次相约北京，提前进行会议选址、联系食宿、安排路线等细节。虽然只有两个人忙碌，却因为彼此的信任和共同的目标而斗志满满。

2012 年 3 月 18 日，来自全国的 79 名同行相聚北京，就协会成立相关事宜进行探讨。全国各地的修脚人如此规模的聚会尚属首例。会上全票支持成立全国修脚协会，顺利完成了协会成立条件之一——找齐了发起人。而在会后的半个月内，原本 160 人的群，火速发展到 800 多人。“当时我的 QQ 在不停升级，以满足群内人数的增加！”曾经 QQ 群的疯狂似乎成为韩晖稳步推行协会成立工作的礼炮。曾经单纯的想法，如今越来越真切，成功的脚步渐渐近了！

真实的人生不可能一帆风顺。一直以来，韩晖顺风顺水的“协会之路”亦是如此。3 月的第二次筹备会议后，韩晖和另外 10 多位发起人想趁热打铁，计划在 7 月召开一次规模更大、更为正规的筹备会，并开始与国家相关部门领导积极联系，希望能通过会议对一直以来的筹备工作进行汇报。

经过 4 个月的准备，预计将会有 400 多名同行参加会议。7 月初，十多位发起人首先抵达北京，与部门领导接洽、联系会议场地、协助与会人员订票、安排与会人员的食宿……与会议相关的细枝末节的工作，大家都不放过。

7 月的北京正值旅游旺季，不仅订票难、订宾馆难，炎热的天气对原本艰难的工作更是火上浇油。不只是忙碌不堪、焦头烂额，甚至还有些狼狈，白天汗流浃背地跑在北京的大街小巷，分分钟汗水就浸透衣衫，晚上回到宾馆挑灯夜战，统计、安排、计划第二天的工作，全天手机响个不停、打个不停，充电宝随身携带……半个多月的奔波终于将一切准备工作圆满完成，而十多位热心尽心的发起人不仅拥有了古铜色的健康肤色，还意外收获了“瘦身”奖励。

7 月 28 日，在国家民政部、商务部相关领导的见证下，中国修脚行业技术交流暨护足产品展示大会在北京工会干部学院顺利召开。会后，韩晖与其他发起人火速将资料整合完毕，完成递交。等待是漫长的，一次次完善资料，又一次次地递交，一层层等待批复……在这个漫长的过程中，韩晖和多位发起人不仅积极组织同行多次交流学习，还特别拜访了行业著名的前辈老师。

通过协会多次活动和筹备，韩晖认识了朋朋修脚创始人高广东，两个有相似经历的人走到了一起，聊了很多关于修脚发展的想法和方案，一拍即合。

2013 年 3 月 28 日，中华修脚师联谊会在江苏扬州召开，130 多名业界精英齐聚。这也是自协会筹备以来首次南下。同年 7 月 26 日，中华修脚协会发起人从全国各地赶到郑州，针对筹备召开成立大会进行了第五次理事会议，大会对各项议程进行了审议表决，对全国各地的会员代表和理事进行了推荐提名，并通过了第六次理事会议召开的地点、议题和执行方案。随后的9月9日，韩晖和其他发起人在陕西西安组织40名行业积极分子召开了中华修脚协会筹备预备会，扬州市商业局原局长张泉生、十届、十一届全国人大代表陆琴，以及行业前辈陆松林老师等多位扬州修脚代表人物亲临会场，大家共同为即将正式召开的成立大会做准备。

2013年11月30日，这是让每个中华修脚人热血沸腾的日子。历经三年多的艰难奋斗，中华修脚协会成立大会在中华人民共和国民政部国家康复辅具研究中心隆重召开，来自全国各地的修脚师代表近400人参加大会，引起全国近百家媒体的关注。此次大会的顺利召开标志着中华修脚协会正式成立，选举产生首届理事会，陆琴女士当选首任会长。至此，韩晖涌动在内心多年的夙愿终于达成。

申办行业协会的过程中，韩晖把协会工作放在了首位，因此而耽搁了自己品牌的发展。2013年12月25日，协会成立近一个月后，韩晖开办了第二家美弗特修脚连锁店，经过三年多的学习和总结，他找到了当地知名的老修脚师黄师傅，又开始了修脚店之梦。然而，经过半年多的努力，生意不见起色，黄师傅和韩晖的意见慢慢也得不到统一，韩晖只好退出。那段合作经历对韩晖来说也是一个教训。

2014年7月的一天，韩晖和高广东闲聊。高广东得知开店失败的韩晖还想继续开店，便给了很多鼓励。高广东说："你这些年一直在跑协会的事，耽误了店里的生意，好不容易开个店，却赔钱失败了。我要帮帮你。"

这番话深深地触动了韩晖。因为这几年，韩晖看到了朋朋修脚规模不断扩大，看到了高广东一路走来的坚定与务实，尤其是看到了企业文化的日趋成熟。韩晖也经常受邀到朋朋大连总部参观、访学，高广东夫妇每一次都知无不言、言无不尽，无私地跟他分享企业经营管理的秘诀，使他受益匪浅。

后来，在高广东的大力帮助下，韩晖很快开起了美弗特第二家分店；2015年1月，又是在高广东的协助下，美弗特第三家连锁店开业了。有了朋朋修脚模式作为基础，开店的速度就快了很多、稳了很多。2015年8月，美弗特第四家连锁店开业；2016年1月，美弗特第五家连锁店开业。从此，美弗特顾客越来越多，学员也络绎不绝。到2017年7月，韩晖开设了六家分店。

店多了，新的问题又暴露出来了：单纯复制朋朋的发展模式是不行的，自己的管理跟不上、培训跟不上，到头来业绩和绩效也都不理想。在与高广东多次交流之后，韩晖决定加入朋朋、一起创业。2017年12月25日，美弗特正式加入朋朋，成为华连生科技集团在祖国大西北的一面旗帜。

"2018 年 8 月，我们迎来了第七家分店。截至 2019 年 4 月，在高总的帮助下，美弗特已开设分店 8 家。"韩晖信心百倍地说，"展望未来，我充满信心。我衷心希望在全体朋朋人的努力下，创造更加辉煌的明天！"

刘伟：朋朋帮我插上腾飞翅膀

刘伟，今年 31 岁，湖北武汉人。每年的朋朋年会上，刘伟都会带着团队给大家表演楚味十足的地方特色节目，给人留下了极其深刻的印象。而在事业发展的道路上，他的故事，也一样精彩。

2006 年，刘伟在汉口随一位北京清华池出来的师傅学习北京修脚技术，后举家迁往宜昌，开了一家 20 平方米的小店维持生计。

由于未满 18 岁，无任何社会经验和做生意的头脑，刘伟不温不火地经营了三年。直到有一次看见中央电视台里播放扬州修脚师傅的创业故事，他才知道修脚发源于扬州，才知道这个世界上竟然有专业的修脚培训学校。第二天，刘伟毅然决然地背上背包，坐了十几小时的绿皮火车赶到了"扬州陆琴脚艺学校"，报名系统地重新学习起了修脚术，由此才懂得什么叫传统修脚术和职业道德操守。

自信阳光的刘伟。

在修脚发源地扬州学成归来后，也让经营不善的生意彻底重生，每天顾客盈门、风风火火，刘伟也在经营的第四年里赚得了人生中的第一桶金。

在后来的五年里，随着社会的发展，百姓对脚部健康的重视与需求，刘伟也经历着员工增多、店面扩张、服务项目增加、同行数量增加、加盟商上门求访等。结婚生子、买房买车、赡养老人、哺育小孩以及购房还贷等压力也随之而来。

"那个时候，只顾赚钱，没有发展方向，导致店里人心涣散，老员工合伙去开店，还带走了不少老顾客，对加盟商无扶持、无监管，连而不锁，影响品牌信誉。自己每天困在店里，不得空闲，一系列难题摆在了桌面上，每天凌晨回家躺在床上，就感觉赚取再多的钱财也满足不了内心的空洞。一睁眼是无法解决的问题，一闭眼就要过劳死一样。现在才知道，那种深层次的痛苦叫——能力配不上欲望、收入配不上享受。"刘伟回忆往事时感慨万千。

直到现在，刘伟都一直坚信，当人眼前一片黑暗的时候，要主动拨开云雾看看外面的世界。

2014年，刘伟参加了在成都举行的中华修脚协会联谊会，第一次认识到了高广东。高广东那时拥有50家分店，对刘伟来说是那么的遥不可及。高广东在会后无私地讲解公司文化、发展愿景、团队风采、公益义剪等情况，深深地吸引了刘伟。

说者无心，听者无意，这正是刘伟想要的。修脚行业的特殊性让前无借鉴、后有来兵，社会对从业人员认可度不高，修脚工人普通文化程度偏弱，进入行业门槛又很低……然而，高广东的胸怀让员工找到了归属感，新的模式为行业发展打了一个样板，公益活动又深得民心民意。刘伟通过朋朋看到了修脚行业的未来和自己努力奋斗的方向。

刘伟（左）和高广东一同参加活动。

一个月后，刘伟第一次以修脚同行的身份来到大连参观朋朋企业，高广东陪同两天和入店学习，朋朋人那种对修脚工作的喜悦。对企业的高度认可，高总对行业未来方向的把控都深深地感染了刘伟。修脚行业到了新的时代，想要做大做强，要么自己有能力做一个品牌，要么加入一个足够好的平台，而刘伟认为朋朋已经具有这两个特质。于是在从业第九年里，他放弃了自己已经注册的品牌和公司，于2015年6月选择带领员工一起加入朋朋，在宜昌区域发展团队。

中国地大物博，更是有南北之别，朋朋作为北方的品牌进入宜昌这个南方市场，开始还是出现了水土不服的情况——员工不认可、顾客退会员、市场打不开，一些负面现象笼罩在刚刚萌芽的团队头顶上方。还好，大连总部的支持一直都在，每个季度都在优秀区域召开区域经理会议，持续不断地通过培训提升区域经理管理能力。直到现在，刘伟都感恩大连、沈阳、鞍山三大区域，“对新区域，毫无保留地传经送宝和指点迷津，让我们更加清晰地看到自身的不足，也让我们有机会到店里看优秀店员怎么样为顾客服务，每天在微信群看到全国家人聊天聊经验，看到每家店面的业绩报表。”

以前，刘伟的生意在宜昌可能算好的，那是因为参照物和目标都太小了；现在眼界扩展到全国，生意好、服务有特色的店都是在前进道路上需要学习的目标。因为有了更高的目标、更好的对标门店，刘伟内心那股不服输的劲儿又被激发起来了。

“修脚从业人员虽然被认可度低，但我们坚持了十几年的‘孝行中华·全国义剪’公益活动，彻底改变了世人对修脚人的认知。比如宜昌区域，从 2017 年到今天，一直都是实行周周有义剪的公益活动频率，可以毫不夸张地说，我们做到了自觉奉献，做到了人人有收获、次次有感动。”

从 2016 年以来，刘伟的团队每年都被文明办和学雷锋协会评为“学雷锋先进集体”，刘伟被评为“学雷锋先进个人”，东湖路店的胡金萍店长被推荐为“学雷锋先进个人”，万达店的胡晓莉店长被港务社区推荐为“社区道德模范”。2018 年，宜昌志愿分队被当地三大主流媒体报道 13 次，上综合电视台节目 2 次。“我们每位队员已经把志愿服务上升到了一种信仰，这种信仰已经超出了金钱的诱惑，让大家无私地、自愿地、紧紧地连接在一起，无怨无悔地为之放弃上班赚钱、休息度假的时间和精力，认真地对待和完成工作。”

在朋朋，除了日常的华连生企业大学和朋朋商学院培训外，最让刘伟意想不到的是能够万里远赴德国学习先进的现代护足技术，去比利时、荷兰、法国游览。“做梦都不敢想象，一个修脚工能成为千年来行业中首批组团出国学习中的一分子。不仅为我们的从业道路上多了一份选择和坚守，而且开拓了一片天空。原来修脚还能更进一步，原来在保有传统技艺的同时还能深造往医学足护理上靠拢。”

“幸福总是来得太突然，科隆大教堂、奥特莱斯购物村、埃菲尔铁塔、圣母玛利亚大教堂、巴黎香榭舍大街、凡塞尔宫……美丽得让人流连忘返。我们在学校取得的 ISO 9001 体系认证的证书还可以合法地在欧洲获得蓝卡执业，对于我们文化不高的年轻人来说，是真正意义上的以技出国，实现弯道超车了。”

作为孝行中华全国义剪志愿者，刘伟给老人剪指甲。公益让他找到了人生价值。

刘伟说：“在朋朋的四年中，高会长的个人魅力和宽广的胸怀也影响了我们对区域家人的关怀。宜昌区域从一家店发展到目前 13 家店、恩施3家店，人员达到40人，成就股份店长16人。这些成绩的取得，离不开大家把朋朋当成自己的家，在大家的心里，朋朋不是一个人的，它属于这个大家庭的所有人。所以我们不是在为某一个人干活，而是在为自己拼搏。大家不由自主、由心而生地想把这份事业告诉亲戚朋友，大家都真诚地感召身边生活困惑或者想学一技之长的人，让他们也进入朋朋，能了解我们的企业文化和愿景，在平台中实现自己的梦想。”

“现在，四年过去了，没有人认为北方和南方有什么不同了，大连、沈阳区域能各自做到80家以上的标准店面。南方的市场更大，做到100家以上都是有可能的，我们需要的是学习对方的长处，补齐自我的短处。”

在朋朋，刘伟不仅仅收获了技术、财富、团队，还收获了友谊、收获了成长、收获了发自心内的喜悦。每年总部的年会他都认真准备，渴望在总部领导和全国各地区的朋朋精英们面前展示宜昌区域的风采。“我们热爱朋朋这个舞台，我们热爱每一位家人，我们愿意做文化的使者，把荆楚大地上的优秀文化带到东北、带到有朋朋足迹的每一个城市，这是一种文化自觉，也是一种朋朋人热爱生活的精神。”

回望十四年的修脚路，刘伟没有想到会取得这样的成绩，他很感恩公司提供的平台，让他能在上面自由发挥。从看着其他区域有店、有人、有钱到自己努力奋斗，也实现三个阶段性成果，真正做到信则有，不信则无。这是一种幸运，这是一种人生的小成，远未达到人生的巅峰。“目标就在远方，我辈仍需努力。”刘伟坚定地说。

唯有努力出真知，唯有实干出结果。访谈的最后，刘伟说：“我愿意和宜昌区域的所有家人们一道，在集团的指引下，向着更美好的未来，义无反顾，不达目标，誓不罢休！”

07 自强模范，自强人生

1. 娄弘瑀：青春无畏，逐梦扬威

娄弘瑀，1996年生人，身高145厘米，是一个来自大连农村的孩子。因为不爱学习，早早地辍学工作了。然而，在朋朋，他打开了另一番新天地。

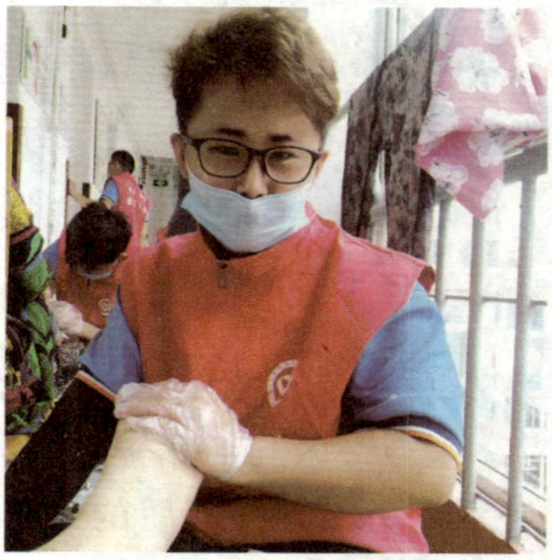

小娄在给老人义务修脚。

娄弘瑀16岁出来打工，因为个人身体原因，找了很多工作，不是人家看不上他，就是经常被同龄

人嘲笑他的身高，然后自己慢慢地就放弃了。

一次偶然的机会使娄弘瑀有了一个人生转折点。或许也只有这份工作才是人生好的开始，也是为了那份尊严和脊梁，受过白眼的他也更加坚定。“没有路，就是爬也要爬出一条路来，只是为了有一天不会后悔。”娄弘瑀说。

“2017 年 10 月 14 日，通过官清介绍加入了朋朋，刚开始来学修脚完全是枯燥乏味的，成天背理论、应对考试，想想都头疼。”庆幸的是，娄弘瑀年轻、记忆力还不错，没什么能难倒他。

可是到了学拿刀修脚时，娄弘瑀顿时就蒙了。“那是拿刀在肉上‘雕花’啊，不小心就会划破的……”起初，娄弘瑀一直接受不了，一考修脚就哭。经过老师和同事的帮助安慰、细心教导，加上他不服输的性格，过了半个多月，娄弘瑀自己慢慢地敢自己拿刀修脚了。熬过了几天，传来了一个既兴奋又害怕的消息，娄弘瑀可以在公益活动中为别人服务了。

他记得很清楚，那是 2017 年 12 月 5 日，第一次参加公司的公益活动的他有点忐忑。当他第一次看到那样的场面时，瞬间心被震撼了——原来现在的社会还有这样一群老人需要帮助。娄弘瑀调整了一下自己的情绪，进入了工作状态，走到一位老人面前拿起了工具。

“因为是第一次给人修脚，我很紧张。我一边小心翼翼地给老人修脚，一边跟老人聊天。通过和老人聊天，我得知她已有 96 岁高龄，是参加过红军的老兵。”看着老人慈善的面容，娄弘瑀紧张的心情也放松了许多。

快修完脚的时候，老人从一个小柜子里用颤抖的手拿出了一块手表，说这是一位老兵给她的，她要送给第一次给自己修脚的人。娄弘瑀说：“奶奶，这么贵重的东西我不能要，为您服务是我们的义务，我们不能拿您的东西。如果您觉得舒服，我有时间就来给您修一修。但这块手表我不能收下。”娄弘瑀说完就转身跑了，心里喜滋滋的，刚开始忐忑的心情也烟消云散。

青岛朋朋志愿服务队已经成立 4 年了，通过一年来的努力，娄弘瑀从一个志愿者成长为公益队长。养老院里一位名叫“龙龙”的先天性智障儿童给娄弘瑀留下了深刻的印象。龙龙的眼神中充满了兴奋与渴望，当娄弘瑀蹲下身张开双臂时，龙龙就会跑到他怀里。“抱着他，感觉他很需要关怀、需要爱，哪怕只是一个拥抱。”娄弘瑀感触良多。

娄弘瑀陪龙龙做游戏，陪龙龙吃饭，还将书包上的一个拉链挂件送给龙龙。

"龙龙不知道自己的父母是谁，养老院的护工、主任、院长抚养他长大，他心里难免有一些缺失，然而这些缺憾需要我们每个人去帮助他弥补，让他得到更多社会上的爱。"

"龙龙"是不幸的，同时也是幸运的，院里的护工对孩子关爱的眼神，让娄弘瑀感受到一种震撼心灵的力量，他从他们身上学会了耐心、细心，对他们充满了钦佩之情。"人间自有真情在，作为志愿者，我们一定会尽自己最大的努力去帮助别人，我们会继续关注社会公益事业，让更多的人参与其中，让爱永远传递。"

通过不懈的努力和勤劳付出，在2018年底举行的朋朋年会上，娄弘瑀获得了"学雷锋优秀标兵称号"。这一年多来他觉得自己成熟了很多，有担当、有果断、有责任心、有同情心、有爱心，也收获了很多。

2018年年底，娄弘瑀做了一件以前自己想都没有想过的事情——开店。2019年年初，娄弘瑀成为一名店长。从一个学员到技师，最后成长为一位店长，这个过程是艰辛的，哭过、笑过、感动过，也有过不想干、撂挑子的想法。俗话说得好，"不经历风雨，怎么会见彩虹"，是大家的帮助让娄弘瑀坚持了下来。

说到平台，娄弘瑀感慨万千，他说："在此感谢朋朋给了我这么好的平台，感谢我们经理宫清的细心教导，今年的计划是再提升自己、提高业绩，弥补自身不足的地方。当然公益的路上我会继续走下去，去回报社会、回报公司、感恩他人、奉献他人。"

记得在娄弘瑀学习的时候，老师曾经说过，"你很平凡，甚至到人堆里一抓一大把的，没有突出的相貌让他人仰视你，也没有出众的才华让他人羡慕你，更没有丰厚的家庭条件支持你干这干那。你也不能和任何人比这比那，你只能靠你自己的努力养活生你养你的人。"我知道，靠我自己并不丢人，我会坚持做我认为对的事情，把自己经营好。把自己的小团队经营好，给高会长，冯鹤董事长、给公司和宫清经理最大的回报！"娄弘瑀信心满满地说。

2019年，娄弘瑀只想对自己说：

不放弃，有毅力，别信上帝信自己；

不后悔，不犹豫，把握每次好机遇；

多微笑，别哭泣，不要等人同情你；

失败了，不可惜，只要自己曾努力。

只要下定决心去做，这世界就没人能阻碍我。

所有流言蜚语和火上浇油，

只要我不记在心里，终会成为我实现梦想的助力器。

记住：每个人都曾卑微，但并非所有人一辈子都渺小。

赵成强：我可以选择最骄傲的活法

赵成强是沈阳分公司里的一位自强典型。2019 年下半年，赵成强在公司的安排下，从沈阳分公司来到哈尔滨分公司，在新天地里贡献自己的一份力量。

赵成强，平时大家都叫他“小双”，1992 年 7 月 14 日出生在鞍山岫岩石庙子镇的一个农村家庭。因为身体原因，加上父母离异，在学校总是被人欺负、嘲笑，后来离开了学校。幼稚的他以为这一切都结束了。

可迎接赵成强的却是更复杂的社会，当他踏入社会那一刻，所有美好的想象全部被打破，赵成强感受到了人与人之间的竞争，鱼龙混杂的环境让他受尽了挫折、打击。那时候的他，真的恨命运为什么如此不公平、如此残忍！但又想到现实，抱怨没有用，只能咬着牙向前走。

后来，为了给老爸减轻生活负担，赵成强必须靠自己养活自己，帮助老爸支撑起这个家。于是他来到鞍山寻找工作，每天早出晚归地去应聘，但由于身体原因，没有人愿意接受他，也没人理解他。可能是老天的眷顾，赵成强在一家普通餐馆找了一份后厨工作，他每天起早贪黑，不怕脏不怕累地努力工作。可后厨的同事总是挤兑、嘲笑、瞧不起他，在老板面前告状。后来，老板把赵成强开除了。

第一份工作就这样在短短几个月的时间结束了，从餐馆出来的赵成强没有去处，更失去了方向，只能怀着失落和伤心的心情回家。想来想去，自己的身体不适合给人家打工，也没有人愿意接受自己，只能学点手艺，自己创业。

赵成强先来到村边学修摩托车，刚开始感觉挺好，后来由于个子小、手劲不大，有的螺丝也拧不动。一次，赵成强因多次换车内胎不成功而被师傅埋怨，心里很不是滋味。他问自己，“我真的干什么都不行吗？”后来，赵成强花了一年半时间才学会这门手艺。然而，这份工作每个月只有 200 元工资。

慢慢地，赵成强感觉摩托车会被逐渐淘汰，于是离开了这个行业。此后，赵成强又陷入了迷茫，不知道接下来该何去何从。为了给老爸减轻生活压力，赵成强只好到南方找妈妈，妈妈帮他找了份工作。赵成强知道这份工作来之不易，十分努力地工作，干了两年多。

2017年，赵成强回家过春节的时候，听当时在朋朋团队的哥哥赵英语聊起在朋朋工作的事，得知朋朋修脚为大家提供创业平台，还有人文关怀，企业文化非常好，他被深深地吸引了。赵成强坚信自己身残志不残，不能依靠父母一辈子；即使今天很残酷、明天很残酷、后天更残酷，他也要去试试，必须靠自己的努力来改变自己的人生。

于是，赵成强于2018年3月7日来到了沈阳朋朋分公司，见到了高广伟副总经理和纪雪莲主任。沟通后，赵成强只说了一句话："只要别人能做到的，我就能做到。"后来因为公司领导的大爱，赵成强成为朋朋一员，领导们告诉他，"公司相信你，加油去干吧！"

在公司学习修脚技术期间，同事们对赵成强都非常好，就像一个大家庭一样，这让他感觉自己真的很幸运，更加有信心。每天的培训学习和各位领导的鼓励、支持，让赵成强感到自己与别人没什么不一样，更加坚信自己的选择没错。

学习期结束后，赵成强来到了沈阳阳光100店工作，他开始面对顾客了。由于赵成强的身体原因和刚刚下店的不自信，加之有时候修脚时会割到自己的手等原因，没有人愿意让赵成强修脚，有的顾客进店看见他也有很大抵触。

赵成强回忆说："印象最深的一次，两位阿姨来到店里，看见我的时候眼神里充满了质疑，甚至怀疑我会把她们的脚修坏了，为什么我还可以在这里工作？后来两位阿姨还是选择了附近其他朋朋门店修脚。"当时赵成强的心情真的不知道该用什么语言来形容。那时候的他开始埋怨自己、怀疑自己，是不是自己不适合这个行业，更不能因为自己影响店里。"卜宝昌哥哥、勾金凤姐姐看到后并没有指责我，而是不断地鼓励我，教我怎么跟顾客沟通，怎样才能跟顾客成为永远的朋友，怎样让自己相信自己、让顾客相信我。"通过店长和技师的不断帮助，赵成强的工作终于步入正轨，他对进店的每一位顾客的服务都像对待家人一样，让每一位顾客感受到他的专业，感受到他的用心服务。

赵成强收到顾客送来的锦旗。

赵成强告诉自己，"世上无难事，只怕有心人"。就这样，赵成强从每月个人业绩几千元做到现在的三四万元。这真的让他相信有一个好平台、遇到好领导好同事的重要性。他坚信，越努力越幸运！这也是赵成强人生中第一次感受到来自团队的力量和温暖，这让他充满了信心，去定更高的目标，也相信自己不比任何人差。努力的人运气不会太差，赵成强的目标会从2019年开始一点一点去实现，通过朋朋来实现自己的人生价值。

接受访谈时，赵成强也是有一肚子的话想说，“在这里，首先我要感谢高会长、冯董事长，一路用他们的心血和汗水搭建朋朋企业平台，让我在这个平台上找到自己，发光发热。还要感谢沈阳朋朋分公司姜总、高副总、纪主任给了我机会，选择了我、相信了我、鼓励了我，让我重新认识了自己，找到了自我提升的空间。”

“我要感谢一直站在我身边的宝哥、勾姐。是两位恩人给我不断的鼓励，让我在朋朋继续成长下去，给了我最大的支持和勇气，使我今天站在这个灯光绚丽的舞台上讲讲我的人生，能让我跟家人们相识、相聚在这个朋朋的大家庭里。我会用我的努力和业绩来感谢回报我的宝哥、勾姐一直以来对我的帮助照顾。”

“最后我希望尽我自己的微薄之力，与所有朋朋家人共同成长，共同努力，把朋朋做得更好，走得更远，创造更大的辉煌。我坚信：有心人，天不负，你的努力终究成就最好的自己！”

08 卜宝昌：幸遇朋朋，人生从此不同

有人说，社会是个大染缸；也有人说，社会是个大熔炉。其实，社会还是那个社会，打铁还需自身硬。卜宝昌在加入朋朋前，人生经历十分丰富，但是往事不堪一提，加入朋朋后，他的人生变得有了色彩，人生从此不同！

卜宝昌出生在鞍山岫岩的一个小山沟里，家里条件一般，但是从小就争强好胜的性格注定他想走出家门去闯荡社会、证明自己。

16岁，卜宝昌独自一人来到沈阳一家轮胎厂上班，虽然工作环境十分艰苦，但是卜宝昌利用自己聪明的头脑发现了商机。在轮胎厂干了两年以后，自己回老家开了一家轮胎店，第一年的年收入就达到百万元。可以说成了暴发户，有了钱，也结识了很多朋友，成天花天酒地。

从穷小子变成了有钱人，这个转折来得太突然了。年轻的卜宝昌在周围环境的影响下迷失了自己——误入歧途，迷恋上了赌博。俗话说得好，赌博就是个无底洞，只要赌，就注定输了。

在轮胎店干了两年以后，卜宝昌的钱就挥霍光了，还欠下了不少外债，汽车也卖掉了，整个人被打回原形。在卜宝昌走投无路的时候，只能关店外出打工。他决定到当地矿上出苦力，可是大手大脚的他不光赚钱不够自己花，还要应对债主每天不断地打电话或者去家里要钱，家里人也因为自己备受折磨，生活受到了很大的影响。卜宝昌常常感到自责，那时候的生活就像陷入了泥潭，难以自拔。

就在卜宝昌感到生活绝望、不知道如何是好的时候，朋友苦口婆心地劝说他去沈阳朋朋学修脚。卜宝昌觉得自己散漫惯了，不可能落魄到给别人弄脚的地步，好面子的他当时心里真是接受不了。但是想到自己一无所有，只得低头了。

卜宝昌在家想了两天，还是决定咬咬牙、拼一下。2016 年刚过完年，卜宝昌就来到了朋朋修脚沈阳分公司。刚开始，他每天都接触不同的人、不同问题的脚，心里无数次想过放弃。可是生活还得继续，欠的债还得还，他又逼着自己静下来、坐下来、坚持下来。

这时候，公司的姜传超总经理发现了卜宝昌内心的顾虑，不断地开导他、鼓励他，让他找回了自信。在领导们的鼓励下，卜宝昌也想开了，不断给自己打气：自己还年轻，别人能行自己也行，一定要改变命运，也要让以前看不起自己的人重新认识自己！“虽然我没有较高的文化，但是靠勤劳务实、善于领悟、不甘示弱的精神，我很快就适应了工作。经过一段时间的考核，领导还让我担任了沈阳中山店的店长，这是对我极大的信任和鼓舞。”卜宝昌也不止一次地对自己说：“卜宝昌，你要争一口气，你要干出个样子来，不能给领导丢脸，不能给团队丢脸！”

店长就得以身作则，卜宝昌开始对自己严格要求。在店里，他对待客人像家人一样耐心负责；在闲暇之余，跟公司同事去敬老院、社区参加义剪，得到了大家的一致好评。第一次去义剪的时候，卜宝昌非常开心，当给第一位老人修完脚时，他觉得自己也挺伟大的，自己也做了一件让人瞧得起的事情，也是一名志愿者了。那一刻，卜宝昌很骄傲。

2017 年 4 月 6 日，卜宝昌被调到沈阳阳光 100 店后，业绩一路上升，沈阳朋朋人都为卜宝昌点赞。卜宝昌给整个团队带来了新气象，为新加入的员工树立了良好的榜样。这时候，他已经深深地意识到，是朋朋修脚这个正能量的团队和良好的团队氛围，在感染自己、熏陶自己、鼓励自己，是这个真真正正干事创业的平台激发了他、成就了他。他打心眼里喜欢上了这个团队、这个行业、这帮兄弟姐妹。

卜宝昌（中）第一次当店长就得到公司的嘉奖。

2018年，卜宝昌为自己定下了四个目标，有自己的几个门店，买房、买车、娶妻，这些梦想在年底都一一实现了！现在，卜宝昌更加积极、健康、阳光了，腰包鼓起来了，家乡的亲戚朋友也都正视他了，父母也对他放心了。这一切的一切，都是在朋朋得到的。

在朋朋，卜宝昌感受到了命运的神奇，从一个浪子变成一个事业型的顶天立地的男人。每当夜晚睡不着觉的时候，卜宝昌就在想，这一切就像梦一样，是朋朋修脚的两位创始人、是沈阳团队的领导、是每位亲爱的同事帮助了他，感化了他，让他重新活了一回，活得像个人样了，让人生有意义了。

卜宝昌深深地感恩朋朋修脚这个平台。他说，他也要用实际行动来回馈这个平台，要像公司领导一样去成就追随自己的人！2019年，卜宝昌又给自己定下了人生目标：他带出来的新人挣到丰厚的工资，也跟自己一样拥有属于自己的门店，过上幸福的好日子，在沈阳立业、成家。他希望利用自己的经验和经历让更多的人更好。

回望这4年的点点滴滴，卜宝昌深深地感悟到：生命不能轻言放弃，在漫长的人生中，谁也不会一帆风顺，谁都难免经历挫折和坎坷；被挫折历练后的人总是更顽强、更成熟、更勇敢，也就更能看到近在咫尺的成功。

今天卜宝昌成功了，也给家人给以前的朋友带来了一个不一样的自己。他不仅自己改变了、成长了、进步了，而且还帮助有困难的朋友、同事过上了好日子。

在公司举行年会上、培训课上，卜宝昌也经常发言，讲自己蜕变的故事；他的故事也经常被作为案例讲给大家听。卜宝昌说："每一次分享，都有种痛痛快快哭一会儿的冲动。有时候在台上就哭了，有时候回到台下还在擦眼泪。那是真诚的泪水，那是幸福的泪水，那是一个人洗心革面、完成自我救赎后坦坦荡荡的泪水。”

卜宝昌总是跟朋友说：“是朋朋让我重活了一回，让我知道无论何时都要能吃苦、自强不息、踏实肯干、敢拼搏、懂感恩，以后我还会继续努力把自己变得更强大，把朋朋事业做得更高更远。”

几年来，卜宝昌推荐几十位精英加入朋朋。2019年，卜宝昌跟随公司管理团队奔赴哈尔滨开辟新的事业，开启了另一段打拼的岁月。

“最落魄的时候，我幸运地遇到了朋朋，我的人生得以彻底逆转，这是一种莫大的幸运。感谢平台、感谢领导、感谢同事、感谢每一位顾客的信任，你们都是我的贵人。最后，我想说，如果你也想改变自己的人生，朋朋，是一个不错的选择。我在等你，朋朋在等你，美好的未来在等你！”

第八章

经营管理哲学

创业维艰，每一位成功的创业家都有自己独到的见解。在高广东心里，诚信经营是第一位的，这也是朋朋15年来一直坚守的优秀品质，诚信是1，所有的经营管理方法和工具都是1后面的0。善于总结的朋朋团队，将成长路上的点点滴滴记录下来，既是对过往的纪念，也是一种无比坦诚的共享。希望走在创业路上的伙伴们，能激发出火花，不要小看一点点的微光，它会点燃整个世界！

01 人无信不立，业无信不兴

“人无信不立，业无信不兴，国无信则衰。”

中国是个诚信古国，在《论语》中就有这样的表述。做人、做事、创业、治国，诚信都是关键因素，没有诚信，一切无从谈起。

在朋朋修脚，诚信被创始人高广东和所有朋朋人视为最宝贵的财富。高广东常常教导朋朋的家人们：诚信就是道德，是公民行走世界的第二个“身份证”，为人处事要真诚，尊重事实，实事求是，做事要信守承诺。

创业十五年来，诚信一直被奉为第一信条。高广东常常说：“在诚信面前，没有任何条件可以谈，我们开店做生意，不是街头游医，我们的品牌跑不了，我们的门店跑不了。所以我们就实实在在做，和顾客诚心实意交朋友，和顾客的脚交朋友，让顾客明明白白消费，这样比什么都好。”

经常有人向高广东请教做好企业的秘诀。每一次面对这个话题，高广东都说最大的秘诀是诚信，商业模式、团队建设……都必须排在诚信的后面。15 年来，他已经形成了自己的一套经营管理哲学，“我们的产品不是唯一的，我们的一次性刀具可以很快被模仿，我们的门店装潢装饰可以很快被抄袭，甚至我们的标准化服务体系都可能被照搬，但是唯有我们的品牌和口碑，别人无法偷走，不可能复制。朋朋每长一岁，诚信这块金字招牌的含金量就会增加一分，这是后来者、模仿者永远无法超越的。”

中国的企业诚信评价体系尚在进一步完善中，官方认可是一个重要的参考系。在这方面，朋朋修脚走在了行业的前面，用过硬的表现，赢得了政府、社会、市场和消费者的高度认同。

自 2013 年开始，朋朋修脚报名参评大连市十星级文明诚信个体工商户荣誉称号。该荣誉称号由大连市文明办、大连市工商局联合授予，十星级文明诚信个体工商户包括：爱国爱岗星、敬业致富星、诚实守信星、遵纪守法星、公平交易星、文明礼貌星、友善服务星、团结和谐星、公益奉献星、环境卫生星。

评选活动自开展以来，得到了大连市个体经营者的广泛关注和参与，经过自评申报、民主评议、审核确定、公示公议等评选程序。2014 年，朋朋修脚等 568 家个体工商户达到“十星级”标准，从大连市 30 余万个体经营者中脱颖而出，获得殊荣。

2015—2016 年、2017—2018 年两届评选中，朋朋修脚蝉联获得这一荣誉称号，成为大连市唯一一家连续三届获此殊荣的修脚连锁品牌。

2016 年，朋朋修脚获得“大连市消费者满意单位”荣誉称号，朋朋人为大连市民交上了一份满意的答卷。

2017 年，大连朋朋修脚服务有限公司获得由大连市工商行政管理局颁发的“守合同重信用”企业证书，这也是大连唯一一家上榜的修脚行业企业。

2017 年，根据《大连市著名商标认定与保护暂行办法》和《大连市著名商标认定工作规范（试行）》的相关规定，经大连市工商行政管理局审查，依法认定“朋朋”商标为大连市著名商标，按商标法将受到重点保护。这是全体朋朋人用共同的努力换来的行业唯一，大连市著名商标，一块沉甸甸的奖牌，它诠释了朋朋人十几年如一日的努力，是朋朋人一刀一刀修筑出的大连市民对“朋朋”品牌的赞誉，是朋朋人日复一日对身边顾客诚信服务的认可。

2019 年 4 月 10 日，从《消费日报》传来消息，为更好地贯彻落实习近平总书记在全国民营座谈会上的讲话精神，充分展示辽宁省民营企业在辽宁老工业基地新一轮全面振兴中诚信经营、守法经营的崭新风采，构建政府职能部门与民营企业之间全新的政商关系，搭建各类企业与企业之间交流与合作的最佳平台，树立一批“讲诚信，负责任，守法纪”的先进典型，在企业自愿申报和相关新闻媒体与社会组织推荐的基础上，结合市场了解和用户（消费者）的意见反馈，该报向社会公示拟推荐为“诚信经营示范单位”名单，希望社会各界对其质量和服务进行监督。

在“诚信经营示范单位”名单中，朋朋修脚赫然在列。朋朋修脚沈阳分公司副总高广伟代表高广东出席并领奖。高广伟说：“今日有幸代表华连生集团朋朋修脚创始人、中国沐浴委员会修脚分会会长高广东先生参加辽宁省诚信消费发展论坛并领奖，朋朋修脚在众多企业中脱颖而出实属朋朋每个人的骄傲与自豪，相信朋朋人必定打造百年企业而继续努力加油！”

"人无信则不立，业无信则不兴，人没有诚信就不能生存，做事业没有诚信就不能兴旺，朋朋修脚秉承着诚信经营理念致力发展百年企业。俗话说得好，金杯银杯不如老百姓的口碑！"高广伟也代表沈阳区域表示，一定会按照集团的要求，知行合一，为朋朋修脚的金字招牌增光添彩！

诚信经营路上，朋朋修脚永不缺席。

02 朋朋营销十八掌

古人说，酒香不怕巷子深。

现如今，再好的产品，也离不开营销。

两句话放在不同的时代背景下，都对。只是一古一今，时代变了，环境变了。

说到营销，高广东可谓是无师自通的实战派大咖。他没有学过营销学，也没有听过广告课程，却在纷繁复杂、日新月异的市场和媒体环境中，自创出一条极简的实用主义整合营销模式——"朋朋营销十八掌"。

"朋朋营销十八掌"出自高广东15年来的一线营销实践，是这些年来朋朋修脚使用过的一些营销手段、模式，甚至远超十八种。可贵的是，朋朋营销十八掌是掌掌见风、招招管用，整合起来，就是一套呼风唤雨的营销宝典，已经被列为华连生企业大学顶级的课程。

第一掌：精准投放

第一总是令人印象深刻的。高广东投出的第一笔广告费是在2009年，这一年公司走出推广战略第一步，在大连市多家三甲医院做形象广告。这一波操作是高广东整合营销的第一次尝试。因为当时受财力制约，有限的资金必须要用在刀刃上，必须要精准，点对点，要求实效。

彼时，电视、报纸、杂志以及电梯广告等户外广告媒体正如日中天。高广东却选择了在医院做形象广告，因为在修脚行业尚未得到大众认可的年代，很多人发现足部有问题后第一个想到的就是到医院检查，而很多医院没有足科诊室，在目标客群如此精准的地方做形象推广，目标精准、效果更为显著。很多中小微企业的广告投放带有很大的盲目性，往往是竹篮打水一场空。

第二掌：汽车自媒体

2009 年，高广东有了人生的第一部汽车——棕色的铃木汽车。外出办事时，他总喜欢把汽车停在人流量最大、最显眼的位置，因为在车身上有朋朋修脚的广告。只要从这部车子周围经过，朋朋修脚的广告就无法被忽视。

朋友合伙人王官升回忆说："2010 年冬天，我与高广东一起在大连海事大学听张子凡老师的课程，他的车正对着礼堂门口停放，车上的 LED 宣传朋朋修脚，给学员们留下了极其深刻的印象。"

第三掌：玩转微博

2010 年，微博开始兴起，高广东也成为最早的一批活跃用户。他注册了朋朋修脚的微博，发布热点话题、公益活动、脚病防治知识等，还经常参加线上、线下公益活动等。他利用两年时间在微博网友圈中有了一定的认知度和美誉度，结识了一大批微博大 V。

此外，朋朋修脚员工的微博也做到了名称统一、标识统一、活动发布统一，形成了磅礴的气势。后来，微博推出"粉丝通"等功能，朋朋修脚也成了最早的尝试者。

第四掌：公益传播

公益活动是朋朋修脚 15 年来一贯坚持的企业公益行为，高广东给公益活动的定位是通过公益传播公司的服务及理念，这就够了。难能可贵的是，朋朋人始终守住一颗初心，从没有在开展义剪等任何公益活动中变相收费、盈利，真正做到了公益和商业完全分开。尽管做了无数场的"孝行中华·全国义剪"活动，但从来没有被服务对象投诉过。高广东一直倡导的是，做好自己的本分工作，修好每一双脚，顾客自然就会为你做宣传了，那是顾客对志愿者的一种尊重。

第五掌：最亮的门头

15 年来，朋朋修脚的门头形象进行过 3 次重大升级改版，参考过北京、上海、广州和香港的门头风格、材质等，一直在选择最夺人眼球的门头形象，包括绝大多数门店的门头下方都带有 LED 滚动显示屏，这是门店自带的广告媒介，可以定期更换内容。

特别值得一提的是，朋朋修脚门店招牌在夜间也一直是亮的，在周围漆黑一片的环境中，朋朋修脚闪亮的门头几百米外就能让人看到，可以说是"城市夜间最亮的门头”。大连一座城市就有80多家门店，夜晚每穿过一条街，都会看到闪闪发亮的朋朋修脚，怎能不给人留下深刻的印象呢？这一现象，甚至成为市民尤其是驾驶员热议的话题。

第六掌：自办媒体

高广东具有强烈的阵地意识。近些年来，朋朋自办了很多媒体，作为企业对内对外传播的阵地之一。公司创建多个微信公众号，定位各自不同、相互支撑，出版过《朋朋家天下》纸质版报纸和电子版报纸，还在持续出版《足界》杂志，通过全国400多家门店、行业会议、大型活动等渠道免费赠阅，为行业传播尽一份力量。

第七掌：微信公众号

微信这一即时通信工具出现后，朋朋人很快就成为体验和使用者，注册官方微信公众号，熟悉平台的规则，除了推送文章，更重要的是利用其互动功能为营销服务。2014年至今，微信也成为朋朋修脚节日行促销活动的一个重要载体，朋朋团队还开发了很多小程序，利用发红包、答题等互动性强的方式进行活动推广和品牌推广。在企业类公众号中，能够保持长期更新、长期使用，这也是一种坚持与坚守。

第八掌：网媒整合

在互联网这一看不见硝烟的战场上，朋朋早早地进行了布局，充分利用网络媒体稿源沉淀的功能，让宣传朋朋的文章能够在网上搜索到。2014年以来，朋朋与人民网、中国搜索等大型网站开展了品牌合作，充分利用国家级大平台的优势传播企业形象和企业文化，取得了不错的效果。在网络媒体的价值认知方面，高广东看得更远、更深，因此与门户网站开辟专题、专属频道等，合作层层深入。

第九掌：打造人物IP

在塑造企业领导人的品牌形象方面，朋朋修脚进行了不懈的探索，企业领导人的形象、公众定位等逐渐清晰，公益榜样、创业典型、商界精英、行业协会带头人……不同时期有不同的身份定位。朋朋在打造团队以及明星技师、明星合伙人方面也下足功夫，深入挖掘每个人的特点，“最美修脚妹”“学修脚的女大学生”等人物IP都曾是媒体关注的热点，通过典型人物的社会化传播带动企业的品牌传播。

第十掌：故事营销

故事营销是21世纪颇被推崇的高级营销形式，它将固化的品牌宣传、产品宣传、服务宣传以故事的形式，润物细无声地渗透给目标受众。朋朋修脚在这方面也做了很多探索和尝试，朋朋人的创业经历就是一个个励志的创业故事，每每讲起都能引人入胜、赞叹不已。尤为值得称道的是，每一位朋朋人都有故事，在服务顾客的同时会在聊天中传递朋朋的理念、情结。讲好朋朋故事，是每一位朋朋人的必修课。

第十一掌：礼品营销

朋朋每年会组织年会、周年庆等很多场大型活动，每年接待的同行及各界人士超过500人次，公司领导每年外出参加学习、交流活动30余次，会特意准备不同形式的礼品，小到台历、带公司LOGO的笔、记事本、水杯，大到定制款白酒、熏灸座椅等。

2018年，公司成立了华连生书画院，王官升担任院长，利用带有LOGO的定制款宣纸，绘制“知足常乐”“足下生辉”等创意书法作品，作为公司独特的文化礼品。书法作品曾被作为礼品送给国际友人和贵宾。

第十二掌：节日营销

中国一年大大小小的节日众多，每年年初，朋朋都会针对节日提前做好全年度的营销计划，还会针对特殊季节开展针对性的营销活动，如秋冬季节提醒如何暖脚泡脚护足等，暖心的软性宣传深得人心。最为同行及广大顾客称道的是，朋朋倡导的“5·29”全国爱脚日这一个行业性节日，倡导全国人民提高对足部护理的重视，这是一个惠及全民的公益倡导，既填补了行业节日的空白，也体现了作为行业领军企业强烈的社会责任感。

第十三掌：大众传媒

大众媒体因其权威性而备受瞩目，是众多品牌的首选投放媒体。在报纸、杂志、广播、电视等传统媒介上，朋朋的广告投放、软文投放和品牌形象传播有章可循，做性价比最优的投放。以辽宁卫视为例，新年到来之际，投放以拜年为主题的公益广告；在每天公众收听率比较高的天气预报节目中，做贴片广告。以上种种操作手法，都是建立在对媒介环境、媒介属性充分了解的基础上打出的营销组合拳。

2017 年，高广东冯鹤在沈阳站广告牌下合影。

第十四掌：会议营销

自从 2013 年举行第一届朋朋年会开始，每一届的年会都成为年度最宏大的盛事，是朋朋人的节日、欢乐的聚会，朋朋家人们精心准备节目、着盛装出席。自 2016 年开始，年会举办日期也固定下来，并且持续三天，将团建、培训、年会、志愿者表彰相结合。每年 12 月 31 日，全国朋朋家人聚到一起，守岁跨年，辞旧迎新。朋朋以开放的姿态开门办年会，广邀同行参加，所以每一场年会也都是一次行业盛会。

2019 年迎新年会邀请了曾经登上春晚的“西单女孩”来到现场唱歌，掀起了一个高潮。每一届年会都会在朋友圈掀起一波“朋朋秀”，节目评选等活动还会持续举行，延伸到春节期间，将年会传播的长尾效应发挥到最佳。除此之外，朋朋代表还经常参加全国及地方性展会、会议，以创意方式在展会上展示产品和服务，常常是展会中人气最旺的展位。

第十五掌：视频营销

2017 年开始，直播、短视频迎来爆发期，朋朋也适时地搭上了顺风车。在众多大型活动中，与快手、ZAKER、网易、新浪等直播平台合作，获得了很好的传播效果。在快手、抖音上，朋朋人日常推送的短视频也有神来之笔，高广东发布的一条消防救援视频引来 100 多万的点击量；费日升总监的个人抖音号有粉丝 2 万多人，成为品牌形象输出的重要媒介，吸引了多位学员来到朋朋学习修脚。

第十六掌：移动广告

2018 年，在朋朋修脚广告传播史上是一个破旧立新的年份。这一年，朋朋修脚在大连市区公交线路、大连至开发区的城际线路上投放了多台公交车车体广告；在公交站牌投放广告；在24小时不停歇的出租车上也投放了500台车广告。这些移动媒介载着“朋朋修脚”穿行在大连主要的通道上，大大提升了品牌曝光率，朋朋修脚的那一抹蓝色也成为一种流行色。

第十七掌：高速立柱广告

经常走高速公路的人都对路两侧的巨幅广告牌印象深刻，那是知名品牌、大型企业、上市新品的必争之地，是品牌的象征，行业地位的象征，更是企业实力的象征。2018年，朋朋修脚一个大手笔就是在沈大高速投放了10多块立柱广告牌，其中有3块广告牌间隔不足1000米，一个接一个密集出现在视野中，带来巨大视觉冲击力。一时间，朋朋高速公路广告成为热门话题，甚至有好奇心重的人专门驾车走高速，数一数朋朋修脚到底投放了多少块广告牌。

第十八掌：公益广告

公益广告，是一种更高级的品牌传播。2019年3月“学雷锋月”到来之际，高广东决定在高速公路立柱广告位中投放1块公益广告，公益广告的文案也提交给省市有关部门审定。

朋朋修脚投放在高速路上的广告牌。

朋朋在高速路上立起的公益广告牌。

其中一面的内容是“雷锋头像+雷锋精神代代相传”，另一面的内容是“孝行中华·全国义剪”，小字标注的是“全国四个100最佳志愿服务项目”。由企业出资，投放学雷锋的公益广告，营造出热烈的学雷锋气氛，也再次引发了公众的强烈共鸣。

朋朋修脚独步江湖的营销秘籍中，不只有“十八掌”，还有“二十四式”“三十六计”“七十二变”，我们将会后续图书中陆续呈现，敬请期待！

03 朋朋独创的团建体系

在市场竞争日趋严峻的当下，团队建设受到越来越多企业的重视，甚至成了企业经营管理成败的关键。国有企业、民营企业、个体经营者，都将团队建设放在了非常重要的位置。

团队建设是指为了实现团队绩效及产出最大化而进行的一系列结构设计及人员激励等团队优化行为。在各大高校 EMBA、MBA 等常见经管教育均对团队建设有所关注，团队建设主要是通过自我管理的小组形式进行，每个小组由一组员工组成，负责一个完整工作过程或其中一部分工作。

在朋朋修脚，企业领导人赋予了团队建设新的内容、新的形式、新的使命，提出了将团队绩效与个体成长相结合的“双目标驱动团建模式”，尤其本着以人为本的指导思想，注重员工的个人成长和收获感，注重员工与企业共同成长、共享企业发展红利，而不仅仅是追求经济效益的提升。在这一点上，高广东有着清晰的认知，“企业发展如果不能与个体成长相结合，那么个人永远不会在企业中找到归属感，所以朋朋要打造的是集群式创业的模式，打造的是先富带动后富、最终达到共同富裕的模式。”

为了给一线技师、管理团队赋能，公司以朋朋商学院、华连生企业大学为依托，设计了一套完整的、覆盖各阶层员工成长和员工成长各阶段的团队建设工作体系，自主研发培训课程，同时引入专业培训机构，达成长期战略合作，助力员工成长。以下结合 2019 年开展的几场活动，简要介绍公司的培训体系。

在朋朋修脚，“把学习当饭吃”是全体朋朋人的共识，培训是日常工作中的一部分。高广东在 2019 年 3 月 27 日至 4 月 11 日的一份两周工作安排时间表很好地呈现了全体朋朋人的学习状态。

3 月 27 日，高广东和大庆市第四医院内分泌科主任医师、国家二级教授来到集团培训部授课讲学，为新一届学员普及专业脚病康复知识。

4 月 1—2 日，高广东、冯鹤参加在大连市旅顺口区举行的华连生企业大学精英拓展训练营暨 2019 朋朋商学院第十二期班。

4 月 8 日，高广东、冯鹤参加大连分公司全员表彰暨第二季度培训动员大会。

4 月 11 日，第一季度区域经理会在山东泰安举行，高广东、冯鹤全程参加。

两周时间，企业领导组织和参加了四场团建活动。打造团队、成就员工的路上，高广东、冯鹤不辞辛劳，步伐坚定而有力。

精英拓展训练营

为了进一步加强员工之间的交流与沟通，提升员工的意志力、执行力和创造力，打造一支富有激情和凝聚力的团队，构建和谐、向上的企业文化，华连生企业大学精英拓展训练营暨 2019 朋朋商学院第十二期班于 4 月 1—2 日在大连旅顺万发庄园拓展基地开营。

拓展训练过程中，朋朋的老朋友、金牌教练王圣伟老师以团队精神为引领，借助一系列精心设计的项目，带领大家体验了拓展活动的乐趣与魅力。通过一次次的挑战和考验，队员们不断突破自我潜能，不仅提高了执行能力，顺利地完成各项活动，而且拉近了彼此间的距离，加强了相互之间的信任、理解和配合，使团队更富凝聚力。

培训期间，恰逢几位员工的生日，董事长冯鹤专门预定了生日蛋糕送给员工们一份惊喜和感动。此外，冯鹤特意从外地赶回大连参加结业仪式，给大家鼓劲儿加油。高广东也来到会场，为培训教官和培训部部长送上了鲜花，感谢他们的辛勤付出和专业的课程服务。

此次拓展活动使员工有了更多交流与沟通的机会，员工们纷纷表示，此次拓展训练受益匪浅，一定要把拓展训练中团结互助、突破自我的精神贯穿到今后的工作中去，为公司的发展和新的跨越贡献自己的智慧和力量。

“这是一次常规培训，这样的培训是常态化的，是持续性的。”培训结束后，集团培训部部长尹彦说，“看着每一位学员突破后真诚、用心、感恩、激情、幸福、喜悦的笑容时真的非常开心。最大的困难不是别人给的，而是自己给自己的，愿每一位家人都能闪闪发光。”

作为培训部负责人，尹彦和部门同事为大家源源不断地输送精神能量。他说：“我愿做这样一个人：你们不需要我的时候，我是白天时的样子，默默地为你们付出；你们需要我的时候，我是夜晚时的样子，即使不能带给你们强烈的光芒，至少也能给你们指引一点点方向！”

管理论坛为高管赋能

在华连生科技集团组织结构中，分布在全国 40 多个城市的区域经理是需要独当一面的全能型人才。 集团也针对区域经理开设了专门的课程，区域经理每季度举行一次季度总结会议，同时开展针对性的管理论坛，不断激发区域经理的潜能。会议地点、形式、内容等都在不断创新，可谓常变常新、常新常变。

2019 年 4 月 10 日至 13 日，第一季度区域经理会在山东泰安举行，各区域经理及总部高管团队共计 39 人参加，高广东、冯鹤全程参与。在管理论坛中，还特别增加了集体登泰山和观看封禅大典精彩节目，开眼界、长知识、提士气。每个细小的环节都是企业领导人精心设计的，每个环节也都能够带给参会者很多启发。

集团培训部部长尹彦说："领略了五代十国的辉煌盛世，虽然气温很低，不过非常震撼人心，秦统一六国，修建万里长城；汉儒家文化，开辟丝绸之路；唐盛世王朝，万邦来朝武后登基；宋风雅盛世，上承五代十国下启元朝繁荣；清康乾盛世，八旗汇聚满汉融合……"

每一次参加管理论坛，都是一次自我修炼与提升，沈阳分公司纪雪莲说："当我朝向美好的时候，所有的美好都不断投向了我。 感谢你们的认可，让我能量汇聚，感恩遇见！"

每一次的区域经理会都有惊喜的收获，朋朋修脚潍坊区域经理夏远飞的收获很大，在泰安迎来了潍坊区域第 9 位家人的加入。 他写道："每隔一段时间都有新人加入，欢迎鞍山鼻炎王大夫加入我们这个有爱、有温度的大家庭！只要行动了，任何时候都不晚！让我们并肩前行！潍坊战队期待你的加入！"

参加完区域经理集训离开泰安的时候，福建福安区域经理余政蔓为自己立下了新的目标，也将自己的收获分享给团队的伙伴们，她写道："今日启程回家，感恩三天四夜的相聚，收获快乐幸福成长富足；感恩高会长、冯董事长搭建平台让我成长；感恩生命中的贵人孙纪佳欣的帮助；感恩与自己相伴 12 年的林梅一起见证登顶泰山；人生之路，感恩遇见，唯珍惜，修行之路，感恩遇见，唯祝福，美丽的大福安，我回来啦！"

聚是一团火，散是满天星。2019 年第一季度区域经理会圆满结束，经理们带着满满的能量回到所在区域，加足马力，开启新的征程。

工会在行动，运动更精彩

团队建设除了拓展、培训外，朋朋人还在不断创新团建形式。 2019 年 10 月 16 日，朋朋人迎来了"朋朋工会杯"2019 秋季趣味运动会的开幕，来自总部及大连区域的 200 多人参加了本届运动会，入场式、升国旗、唱国歌……朋朋人做事，向来是有板有眼，高标准、严要求，运动会也不例外。

简短隆重的开幕式后，各个比赛项目陆续展开。拔河比赛、摸石过河、百米折返跑、脚夹球、跳绳、踩气球、多向拔河、螃蟹夹球跑，4 个团体项目和 4 个个人项目中，既有体现运动员个人能力的项目，更有团队合作的项目。虽然是以趣味为主，但每个项目都特别考验团队协作精神。比赛中，裁判员精神饱满，有序地组织项目的进行；参赛人员个个斗志昂扬，信心十足；助威呐喊声、加油喝彩声连同一串串欢乐的笑声席卷了整个赛场。运动会趣味十足，现场气氛热烈，异彩纷呈。

为了筹备本届运动会，大连朋朋修脚有限公司工会主席王飞带领团队做了大量工作，保证了此次以“强体魄、增友谊、创佳绩、促团结”为主题的运动会圆满成功。

工会组织趣味运动会，丰富员工们的生活。

同时，朋朋修脚大连区域各店的家人们也全力支持本次活动。为了保证运动会的顺利进行，朋朋修脚大连所有店面当天全部闭店，尤其是瓦房店、旅顺口区较远的家人们，起大早赶到赛场参加活动。

妙趣横生的比赛、团结协作的氛围，使趣味运动会成为培养团队凝聚力、提升集体荣誉感，帮助员工释放激情，增进交流的良好平台。参赛队员纷纷表示，要以本次运动会为契机，加强同事之间的交流，发扬团结拼搏、开拓创新的精神，以崭新的风貌和昂扬的斗志投身于各项工作中去，为朋朋修脚创新发展增砖添瓦、助力加油！

运动会闭幕式上，董事长冯鹤等公司领导为获奖团队和个人颁发了奖杯、奖牌和礼品，并为大连市总工会评选出的“服务之星”王春凤和“大连市劳动模范”杨平颁发了奖品和奖金。

朋朋精英云南游学会

趣味运动会刚刚落下帷幕，又一项团建活动紧锣密鼓地开始啦！这一次，企业领导人将管理团队们带到云南进行高原拉练。

2019 年 10 月 17 日至 22 日，华连生朋朋 32 位中高层管理精英在高广东带领下，进行了为期六天的云南游学活动。此次活动是集团着眼公司未来建设，更新观念、创新思维、开拓视野、引领发展的举措，也是关心员工身心健康，提倡快乐工作、快乐生活的具体体现。

俗话说：读万卷书，不如行万里路。集团领导从顶层设计出发，让中高层管理人员走出来，以看世界来改变世界观，不断提升能力水平和综合素质。

在游学中，大家一边学习，一边对照分析，通过上下互动、左右交流，进一步拉近了距离，加深了感情，增强了协作。其中，全国销售冠军赵广玉和销售能手司文华分别介绍了周年庆活动心得体会，沈阳分公司办公室主任纪雪莲分享了个人的奋斗历程和辛酸故事，集团培训部部长尹彦分享了赴欧洲学习感悟。

高广东围绕公司发展方向规划了战略目标，并对所有游学人员提出了要求和期望，希望大家在新时代有更多新作为，把中华传统发扬光大，共同把朋朋修脚越做越好！

朋朋组织中高层管理精英赴云南开展游学会。

为期六天的云南游学为团队赋能。

04 一起好，一起老

“一起好，一起老！”从2017年开始，这句话在朋朋团队中逐渐流传开来。提出者自然又是高广东。

都说前生五百次的回眸，换今生一次的擦肩。朋朋修脚成立15年来，已经有近2000人加入朋朋团队。相遇是缘，真性情的高广东非常珍惜这份相逢之缘、共事之缘。

每每想到朋朋的家人们在工作一线的认真执着，每每想到朋朋的家人们在义剪路上的不辞劳苦，每每想到公司管理服务团队无怨无悔的追随，高广东都会打心底里疼爱这些家人。高广东也时常在想，大家都是心潮澎湃奔着一个好的目标来到朋朋，朋朋能承载得了大家的心愿吗？朋朋会辜负他们吗？

是啊，在一个团队领袖的心里，他怎么会割舍这些如兄弟姐妹般相亲相爱的同事们呢？越是在乎，高广东越是自觉自己担负的使命伟大而光荣。

曾经一段时间，高广东提出的口号是“修出车，修出房，修出理想”，带领团队买上房、买上车、买上新款的手机，实现经济上的自由。后来，当这些非常具体的生活目标一点点变成现实的时候，他觉得这个目标定得有点低了。

后来，他提出了我们要组团买房、就近买房、住在一个小区的目标。很快，这个目标也实现了，他和很多公司管理层、店长、技师都在钰桥庭院小区买了房子，大家住在了一个小区，有的还住在楼前楼后；沈阳分公司的不少同事也在同一个小区一起买了房子。

再后来，高广东想到了为大家改善生活品质，提升个人品位，倡导大家在平时努力工作，到了周末、假期多出去旅游，还和多位同事在著名5A级风景区金石滩买了同一个小区、同一栋楼，大家相约一起来度假，这些也都变成了现实。

2017年，高广东开始思索新的问题。作为公司掌舵人，他该引领这艘巨轮上的人们驶向何方？他想到了我们人类无法突破的规律，那就是人人都会变老，老了之后大家会怎样？往前想，想想三十年、四十年、五十年之后的事儿，高广东心里亮了。

“我能想到最浪漫的事，就是和你一起慢慢变老，直到我们老得哪儿也去不了，你还依然把我当成手心里的宝……”每当听到赵咏华演唱的这首《最浪漫的事》，熟悉的旋律、暖暖的歌词，就会带动高广东心里的阵阵涟漪，他开始穿越时空，畅想未来几十年后的生活——大家都老了的时候，在一起来养老，一起看大海，一起喂海鸥，一起晒太阳，一起侃侃年轻时吹过的那些牛……

“一起好，一起老。”想着想着，这六个字从他的脑海中闪现出来，“这不就是我们要追求的目标吗？年轻的时候，在该奋斗的年纪，我们就一起打拼、一起好；等我们老了，我们就在一起，相互依靠，慢慢变老。”高广东的眼前浮现出一个儿孙绕膝、共享天伦之乐的场景。

就这样，在公司管理团队的会议上，在区域公司经理会议上，在学员毕业典礼上，在一年一度的年会上，这句话慢慢地走进了朋朋人的心里。这是朋朋人共同的信仰，越来越多的人相信了、认同了，融入血液中。

2018年下半年，高广东找到了一个可以安放朋朋人信仰的所在——“华连生庄园”。高广东在5A级风景区金石滩附近的山上购置了一大片土地，地上还有一些建筑附属物。他请人做了大致规划，这里就是将来朋朋人共同的家园，朋朋人一起养老的地方。有山，有海，有森林氧吧，将来还会有别墅、楼房……

2019年1月23日，在华连生科技集团朋朋沈阳分公司年会上，高广东第一次在公开场合用PPT向朋朋家人们展示了安放朋朋人信仰的那座美丽的山头。看到那片有绿树映照的土地，听着高广东描述未来的样子，全体朋朋人的心都融化了。

在互动环节，高广伟、纪雪莲都问到了同一个问题：“谁有资格住到那里？”这也是大家都关心和好奇的问题。

高广东给出了他心目中人选的画像，“我会给公司的‘18 罗汉’按照别墅的标准每家建造一栋房子，给公司‘108 将’每人准备一套两居室的房子……”他说，“大家不用担心挤不进去、住不开，当家人们都努力做到最好的时候，我会把周边的地也买下来，把‘华连生庄园’继续扩大，大到足以盛放每一个人的梦想。”

华连生庄园就在那里，梦想就在那里，心中有梦，就快行动吧！

别忘了我们的约定：一起好，一起老！

朋朋有着浓浓的家文化。正在 2017 年年会上，朋朋家人们一起喊出了“一起好，一起老”的口号！

第九章
行业旗手有担当

2007年7月，时年23岁的高广东，怀着对修脚行业的深深敬畏，怀着对行业大师、行业精英的无限崇敬，怀着对行业未来的美好憧憬，在锦州参加了中国修脚产业联盟大会，由此踏入了全国修脚人的大家庭。

从那以后，高广东的视野就从自己的品牌放到了全国的修脚行业，以仰望的姿态，虚心向优秀同行们学习。十年磨一剑，他从修脚行业的“小白”成长为行业领军者。无论是协会，还是商会，高广东始终将自己的位置放得很低，希望做一颗铺路的石子。

01 行业旗手，在其位努力谋其政

有一张合影，高广东一直珍藏着。

照片中，青涩面孔的高广东夹在一群人中，处在 C 位的是行业的大师级人物们，其中有京城著名的修脚大师乔全英老师，还有刘景玉、王帮龙等行业人士。

2007 年，高广东（左一）和南北修脚大师合影。

那是 2007 年 7 月，23 岁的高广东第一次在锦州参加中国修脚产业联盟大会，有心的他在参会间隙和他仰慕已久的行业大师们拍了一张合影。那时候，他不会想到，5 年后，这些大师都成了朋朋修脚的座上宾，高广东也经常站在 C 位与修脚同行们合影了。

这是高广东第一次参加行业性会议，目的是开开眼界。在这场会议上，高广东眼界放宽了，在一个更高的平台上观察了修脚行业，认识了行业大咖，了解了更多的产品和修脚门派，找到了差距，当然也找到了方向。有了第一次后，高广东的心“野”了，他回到大连迫切地想改变朋朋，把朋朋带上更高的平台。

后来，高广东又参加了很多的行业会议。直到 2011 年，他结识了陕西宝鸡的同行韩晖，这两个有共同追求的人都想为行业做点事儿，他们又结识了一大批奋斗在足护理行业的年轻精英们。大家来自五湖四海，有的是志同道合，想的是拧成一股绳，提振行业影响力，难得的是大家形成了一个共识：把行业做大，每一家都能分一块大蛋糕。正是在这种理念的支撑下，中华修脚协会在多次筹备会中完成了它的使命。

相互抱团取暖、一起摇旗呐喊的时光，是美好的！那段时间，韩晖秘书长在经营自己修脚门店的同时，自费买票坐飞机、火车走了多个城市，这种不求回报、无私付出的精神是高广东所深深敬重的。也是在韩晖等人的鼓励下，高广东从一个追随者，逐渐变成参与者、策划者、倡导者和引领者。

这些年，高广东为行业所做的思考、努力、付出、创新和引领，同行们受益颇多，行业主管单位也看在眼里。2017 年，高广东接到一个光荣而艰巨得任务——被委任为中国工商联沐浴专业委员会修脚分会会长，站到了行业舞台的中央，成为名副其实的行业棋手。

做好桥梁和纽带

作为国家级行业协会会长，高广东深知肩上的担子很重，他说："工商联是中国共产党领导的人民团体和商会组织，是党和政府联系非公有制经济人士的桥梁纽带，是政府管理和服务非公有制经济的助手，修脚分会作为工商联沐浴专业委员会的下设机构。我一定要深入学习贯彻习近平总书记重要讲话精神，真正用习近平总书记重要讲话精神武装头脑、指导实践、推动工作；认真按照工商联沐浴专业委员会的具体要求来履职尽责，不负所托，不辜负全国修脚行业从业者的期望。"

做好桥梁和纽带作用，是高广东的中心工作之一。2017 年至今，高广东频繁在全国各地组织和参加行业会议、交流、学习，出席各种活动。他将工作重心放在市场调研、行业调研、产业调研上，及时传达工商联沐浴专业委员会的各项工作，并将行业发展情况及时向上级部门汇报。

在大连的时候，他也经常性接待来自全国各地的同行们。为了便于开展行业协会的工作，他推掉了集团董事长的职务，组建了专业高管团队负责公司的日常运营，以保证他有足够的时间想行业之所想、急行业之所急，切实担负起组织交付的任务。

"我始终认为，行业兴则企业兴，大河有水小河满。因此，我在任期内要做的就是提升行业社会地位，增加行业从业者职业自豪感，提高行业从业者的综合收入。"他说，在众人期盼之下，他成为这个行业的棋手，就得真心实意为行业发展、行业振兴做事情，发挥行业协会的纽带作用、平台作用，为行业同仁提供交流、学习、互动的机会，在政府、行业、顾客、大众之间搭建一座沟通的桥梁。

做好服务和标杆

如何将大家凝聚到一起、汇聚众人的力量、开动行业这艘巨轮，这是高广东时时思考的问题。他常说："我就是为大家服务的。为行业服务的，大家都好，才是真的好。我会努力谋其政，做好大家的服务员。"正是这种虚怀若谷的务实精神，感染和影响着修脚分会的理事们，大家齐心协力做了很多大事儿。

组织行业交流会、行业赛事、交流活动，是协会开展工作的主要途径，他不但个人出人、出钱、出力，而且很好地动员行业有识之士，达到了同频共振，让广大成员单位互动起来，集中力量干大事。

以 2018 年 1 月 13 日举行的华夏论坛为例，作为新晋行业领袖，他团结大家在河南省郑州市举行了一场规模大、规格高的行业盛会。会议期间还举行了"2018 修脚行业企业家大型分享会""论证会"等专业性分论坛，由行业大咖主讲的"华夏论坛"大气开场，嘉宾也都是名头响亮、各有担当。

陆琴，陆琴脚艺董事长，第十届、十一届全国人大代表，中国商业联合会沐浴专业委员会修脚分会名誉会长、国家级非物质文化遗产传承人。

魏二平，郑州奉天药业董事长，甲冉生 &JRS 修脚产业集团董事长，中商联沐浴委修脚分会常务副会长，被誉为"中原药王"。

祁利民，祁仁堂修脚创始人董事长，中国沐浴商学院修脚学院西北分院院长，甘肃九州职业科技培训学校校长。

陈炫仁，来自宝岛台湾，足护修脚行业高级讲师，富足康科技足垫大中华区总裁，台湾淡江大学航空航天工程学士。

黄治冶，黑龙江省绥化政协委员，中国沐浴商学院修脚学院院长，东民修脚服务有限公司董事长，外科执业医师。

杨济源，君艾奇源联合创始人、金牌讲师，足疗行业顶级营销专家，销售落地训练第一人。

彭有兵，中商联沐浴委修脚分会副会长，彭世修脚集团董事长，是彭世修脚第四代传人。

孙君，君艾奇源董事长、联合创始人、金牌讲师，北京足浴协会秘书长，养生行业实战管理运营专家。

陆小庆，北派修脚董事长，中国修脚行业的传奇小哥。

高广东，中商联沐浴委修脚分会会长，华连生集团创始人，全国百姓学习之星，全国生活服务业年度人物，全国岗位学雷锋标兵，2016 公益中国公益人物，辽宁好人，辽宁省向上向善好青年，大连市道德模范，大连好人。

介绍高广东时这样写道：他是一位有信仰的“80后”满族青年企业家，乐观而务实,又是一位新晋而富有号召力的行业领袖。从不谙世事农村娃到受人尊敬的修脚师，师从中国修脚工匠王建生，虚心而虔诚；从手持270元艰苦创业到担当行业发展大任的协会领袖，不断自我突破和创新，实干而乐观。15年8个月的学习与复盘，造就朋朋修脚400位年薪20万元以上经理高管。亲率16人专家团赴德考察取经，汲取德国标准化技术和精细化管理，推动中国修脚行业国际化进程。千余次媒体报道，近百个国家级及省市级荣誉称号，堪称行业楷模。

在系列活动中，高广东时时处处以身作则，做好标杆，为大家树立好的榜样。

做好示范和引领

在成为修脚分会会长之前，高广东不仅对自己高标准、严要求，而且要求他团队中的每个人都积极发挥模范带头作用，做到示范和引领。

说到举办全国性的赛事，有一项活动不得不提。那就是2016年4月18至19日在大连举行的首届全国修脚师职业技能竞赛总决赛，大赛参赛选手经由全国各省市行业协会推举，赛制公开、透明、规范，多位行业大师及嘉宾出席本次大赛。这也是大连市举行的最高级别的修脚行业国家级专业性比赛，赛事组织工作由大连朋朋修脚服务有限公司承办。

中国商业联合会沐浴专业委员会秘书长郭振奎出席本次大赛，在接受媒体采访时，他说：“这是中华人民共和国成立以来，首次举办全国修脚师职业技能竞赛，是由人社部批准的国家级别大赛。修脚行业作为沐浴行业中的一个业态，在人民群众的生活中属于刚需，全国从业人员超过40万人。举办此次大赛，就是大力培养专业化人才、专家型人才，让优秀的技师得到展示的舞台。”

为了响应国家大力发展“健康服务业”的号召，打造沐浴行业“工匠精神”，传承沐浴行业传统技艺、技能，国家举办了这次全国性的修脚职业技能竞赛，不仅是为了沐浴行业顺利开展以“全民大健康”为理念的转型升级工作，也是为了使沐浴行业以“中医保健养生”理念为基础的技艺、技能能够得到很好的传承，使中国古老的沐浴文化焕发新颜，还是为了鼓励广大从业人员积极学习知识、认真钻研业务，打造新一代的修脚技师队伍。

作为行业顶级的赛事，本次大赛不仅有传统的笔试、实操环节，更首次增添论文答辩环节，以考验参赛选手的综合能力。所有脚模经多方面筛选，并非传统的指定性比试，而是由选手赛前抽签随机分配，比试与实操总成绩前20名再进行论文答辩，现场抽取考题作答。大赛组委会表示：增加答辩环节，是为了更深层选出内外兼修的优秀修脚师，修脚人不仅技术过硬，理论知识也一定要兼具。

此次参赛选手均来自全国各地沐浴企业，经过各地区选拔赛，北京、上海、天津、黑龙江、辽宁、河北、河南、内蒙古、山西、山东、安徽、江苏、浙江、贵州、新疆、陕西、江西、福建、甘肃等25个省（区、市）选拔出来的91名优秀选手云集大连参加总决赛。

此次大赛严格按照国家正规考试的要求进行，其中笔试部分的考卷采取密封形式，在开赛前通过航运运抵大连，全程有专人监管。试题形式包括填空、判断、论述等，试题内容涉及传统知识、职业道德、专业技术、历史沿革等各方面。此外，比赛现场也进行封闭管理，确保大赛的严肃性。

比赛现场由大屏幕实时播放，环卫工人、孤寡老人、出租车司机等报名担任本次大赛的脚模。来自附近环卫所的环卫工人齐大姐说："真没想到修脚大赛这么正规，坐在椅子上接受全国最优秀技师的服务，我觉得这是一种光荣！"

赛事评委阵容强大、大师云集，他们是来自全国的行业精英。这些行业大师更是在比赛间隙为各位参赛选手进行技术分享。

最终，经过严格的比赛和考核，来自北京市翔达投资管理有限公司清华池浴池的马玉龙摘得桂冠，由中国财贸轻纺烟草工会为其向全国总工会申报"全国五一劳动奖章"荣誉称号；第二名和第三名分别是来自山东泰安海派修脚的王纪斌和来自北京屈氏国利修脚中心的屈国胜，报请人力资源和社会保障部授予"全国技术能手"荣誉称号；第四名至第十名，由中国商业联合会和中国财贸轻纺烟草工会授予"全国十佳修脚师"荣誉称号；第四名至第十名，由中国财贸轻纺烟草工会授予"全国十佳修脚师"荣誉称号。

此次活动的承办方负责人、全国岗位学雷锋标兵、大连朋朋修脚服务有限公司董事长高广东在现场接受了新华社、人民网、搜狐网等媒体的联合采访。高广东表示："这次大赛能够成功举办，要感谢政府部门的大力支持，以及行业前辈同仁对我们的信任，我们有责任也有义务为这些技艺、技能的传承尽一份力，让'工匠精神'得以传承和发扬。身为修脚人，能够更好地造福国人，甚至走向世界，让全世界的人都能体验到中国古老的沐浴文化，是我们矢志不渝的目标。"

02 商会有担当

高广东的社会职务很多，受邀在很多商协会担任理事等职务。高广东是一个对家乡有着深厚感情的人，每次遇到在大连工作、生活的丹东人，他都倍感亲切。在媒体上看到大连异地商会成立或者举办年会的消息时，他希望在大连也能有个丹东商会，这是他的梦想。2016年，在丹东籍老乡周岩的引领下，高广东走进了大连丹东乡友会，与老乡们的联系也密切了起来。

组建大连市丹东商会一直以来都是在大连丹东籍企业家和具有家乡情结的各界人士的共同心愿。自2016年初开始成立大连市丹东商会筹备小组以来，在全体会员的共同努力下，商会筹建工作稳步推进。

在大连市创发企业商会，高广东学到了很多商协会运作的实战经验。当大连丹东商会开始筹备的时候，高广东积极参与，建言献策，认真履职，按时按质按量完成筹备组分配的工作任务，其热爱家乡的拳拳之心和无私无我的公心也得到了大家的广泛认可。

大连市丹东商会依法登记注册

在大连市、丹东市的大力支持下，在大连市民政局的指导下，在筹备组成员共同努力下，2018年12月6日，大连丹东商会在大连市民政局正式登记注册，获得了社会团体法人登记证书，高广东担任法人代表。

2019年3月15日，大连市丹东商会第一届二次会员大会在华连生集团会议室召开。这是商会完成社团法人注册登记实施独立运行后召开的首次会员大会，大连市丹东商会会员代表40多人参加会议。会议由秘书长张云博主持，监事长李铭言做时间郎。

大会伊始，会长牛紫东与执行会长高广东、常务副会长王萍、常务副会长宫兴业、副会长蔡洋、理事会成员王伟、于鲲鹏登台代表商会宣布大连市丹东商会正式成立。会员代表对《大连市丹东商会会费收缴使用管理办法（草案）》《大连市丹东商会组织成员名单》《大连市丹东商会专职工作人员薪资待遇及商会办公地选择办法》进行了热烈的讨论。大家各抒己见，一致认为：作为商会的一名会员，必须要有奉献精神。只有发挥好商会的平台作用，加强商会自身建设，才能吸引大企业及更好的资源进来，从而实现资源共享、优势互补。最后，会长牛紫东进行了总结发言，并对商会发展提出规划与展望及工作要求。

在理事会上讨论并通过了成立以执行会长高广东为组长的2019年会员大会筹备组工作目标；制定了组织媒体采访全部发起会员以及理事会成员、全面宣传丹东商会会员单位的工作计划；组织商会服务团走访会员企业，全方位了解会员的工作生活状态，增强彼此熟悉了解，有效对接会员间的商业资源。

理事会同意由高广东执行会长赞助在 G16 高速公路大连开发区董家沟设立丹东商会单立柱形象广告事宜；同意由理事会成员于鲲鹏赞助丹东商会公交车内形象广告事宜，即将制作安装。

宽甸人在大连乡友会执行会长林峰表态说："我们在大连的老乡们对大连市丹东商会的未来充满期待。"

商会广告立在高速路上

2019 年 3 月 22 日，由大连市丹东商会执行会长高广东赞助的 G16 鹤大高速董家沟立交桥处的大连市丹东商会形象广告投放使用并初显成效，由商会副会长于鲲鹏赞助的 400 个公交车看板广告也将陆续上刊。这是对第一届第二次会员大会决议的高效落实，也是商会人对商会正能量形象宣传的热情与贡献！无论在漫漫的归乡途中，还是公共交通的细微之处，都能看到大连市丹东商会闪亮的身影。

持续走访会员单位

为了把脉会员企业发展，发挥商会信息交流作用，促进会员企业间联系，大连市丹东商会持续开展对会员单位的走访采访活动。2019 年 4 月 2 日下午，商会秘书长张云博带领秘书处杨婷及合作媒体记者参观考察商会副会长于鲲鹏企业——浩音传媒大连有限公司。

参观过程中，于鲲鹏总经理介绍了企业主营业务及企业的经营状况。浩音传媒目前主要经营大连公交车拉手广告、灯箱广告、公交候车厅广告、地铁广告及户外媒体资源。覆盖面广，投放量大，一手精准资源。于鲲鹏表示，面对新媒体爆发的大浪潮，公司也将抓住互联网+的丰富模式，拓展更广阔的新媒体业务。

于鲲鹏接受商会采访时分享了自己的创业经历，未来规划及对商会发展期望等。他说，自己在大连创业发展十余载，体会过创业的艰辛也感受着收获成就的喜悦，感谢商会对自己的关爱和支持；大连市丹东商会是一个有凝聚力和向心力的大家庭，会员企业间的交流合作应该如同家人之间的亲切问候，希望丹东商会人抱团取暖取得更大的成绩！

商会走访会员企业工作，是以把脉新老会员的动向、整合各方资源、助推未来发展为目的而开展的一项基本工作。在未来的走访中，商会领导将继续带领会员单位紧密团结，共同迈向新台阶！

相信在全体会员单位的共同努力下，大连市丹东商会必将走出一条前途光明的康庄大道！

03 跟着创发会学标准化

2019年华连生朋朋修脚迎新年会上，朋朋拍出了公司创建15年来最令人满意的一张合影。

高广东说，这张合影的背后，有一个人一直在默默付出，跟踪服务、指导了一个多月，他就是尊敬的周爱忠会长。2018年11月22日，大连市创发企业商会周爱忠执行会长应邀来到华连生集团总部，为高管们开展专题讲座，主题只有一个：如何拍好年会大合影。

周爱忠通过一张张真实的照片，讲解创发会历年来合影的优缺点。他说，2017年、2018年开始，创发会的年会合影开始有了质的飞跃——一年比一年正规，不仅仅是服装统一，每一排的排面也都是整齐划一，每个人的姿势也都是规范有序。

如何做到的呢？素以严谨著称的周爱忠，研发出一套拍摄年会合影的标准化流程，不但把这套流程传授给朋朋，还亲自担任现场总指挥。

12月31日，2019年年会当天，周爱忠早早来到会场，担任总指挥。按照拍摄年会合影标准化流程，训练有素的朋朋人在两个半小时里完成了最快的一次集结，拍下了这张人人称道的标准照。

这张全家福就是在周爱忠会长的指导下完成拍摄的，服装统一、排面整齐、气势宏伟，堪称企业年会合影的经典之作。

在商协会的标准化方面，大连市创发企业商会走在了全国商协会的前面，大连市创发企业商会（简称创发会），创始于2004年12月26日（朋朋修脚于同年9月19日成立），是经大连市民政局批准注册，由在大连市注册的民营企业、企业家自愿组成的地方性、行业性、非营利性的社团组织，定位为“学习型的社团组织，标准化管理倡导者”，历经15年跨越式的发展，已成为在全国都具有一定知名度和影响力的标准化商会。2012 年 5 月 23 日，创发会被评为“全国先进社团组织”；2015 年 6 月 30 日，创发会当选为“大连市社会组织联合会常务副会长单位”。周爱忠就是那个探索者、执行者和倡导者。

作为中国商协会标准化管理的创始人，周爱忠经常受邀到全国各地讲学，2018 年他将一次极其重要的会议放在了大连，笔者也到现场聆听各位专业的分享，受益颇深。

有关数据显示，截至 2018 年 3 月，全国社会组织 80 多万家，社团组织 36 万家，社会组织从业人员达到 1400 万人。社团组织尤其是商协会组织日益成为中国经济发展和社会稳定的主力军。在新常态下，商协会面临发展机遇的同时，也面临严峻考验和挑战，迫切需要从传统型、经验型、粗放型的管理，向科学化、标准化、精细化管理转型!

为了提高商协会会长在新思想、新形势下的办会能力，探讨如何做大做强、持续性发展商协会的办会理念、格局、模式，2018 年 4 月 26—27 日，由大连市工商业联合会主办、大连市创发企业商会承办、32 家商协会联合协办的“中国商协会标准化管理（大连）培训会”（全国第 28 期）在大连香格里拉大酒店胜利召开。

来自全国各地的商协会会长（副会长）、秘书长及社会各界嘉宾近 400 人出席了会议，大连市工商业联合会副主席刘琳出席会议并致辞。

中国商协会标准化管理创始人、中国商协会合作联盟副主席、丝绸之路商协会联盟副主席、东北亚商协会联盟副主席、中国商会学院副院长、大连市社会组织联合会常务副会长、大连市创发企业商会执行会长周爱忠将进行主题演讲。

在两天的培训时间里，周爱忠将从如何吸引人才、建设文化、打造团队、建立制度、组织活动、管理分会、运作项目、导入感恩文化、导入积分制管理和开好一个高品质的会议 10 个方面进行深入分享。以期通过此次培训会，进一步提升中国商协会的规范化建设能力。

从 2015 年开始，周爱忠先后到北京、上海、广州、深圳、重庆、成都、南京、济南、南昌、西安、哈尔滨、沈阳、长春、温州、宁波、青岛、珠海、中山、嘉兴、烟台、潍坊、通辽、齐齐哈尔等地分享《商协会标准化管理》，将创发会超前的理念和规范化的管理经验与大家分享，以期携手共进，共促商协会健康发展，为中国的经济发展和社会稳定贡献力量。

足界追梦 ▶

跨越 70 年的奋斗故事

下篇

风雨走过
70 年，
继往开来
谋新篇

第一章
从北京走出的修脚大师

在中国足护理行业，北京是人才辈出之地。有幸在北京采访到几位德高望重的行业大师，亲耳聆听他们的讲述和教诲，是一种偏得。

01 老骥伏枥志千里

——记新中国第一本修脚专著《修脚术》执笔人、北京修治脚病保健按摩研究会首任会长张延芬

2019 年 6 月 16 日下午，笔者在高广东会长和北京清华池王建生老师的带领下，从北京城区经过 1 小时 40 分钟的车程，赴昌平区崔村采访中国修脚界前辈张延芬。

作为新中国修脚界为数不多的女性，张延芬在新中国成立前就参加了工作，她在 20 世纪曾是修脚界响当当的代表人物。虽然她的脸上留下了岁月的痕迹，但聊起她从事修脚的经历，她却兴致高昂，仿佛把我们带回那个属于她的修脚年代。

入行做了修脚师

1933 年出生的张延芬今年已经 86 岁了，用她自己的话说，“生在北京，长在北京，是个地地道道的北京人。”虽然头发有些花白，但耳不聋、眼不花，面色红润，精神矍铄，说起话来逻辑清晰。

张延芬是新中国成立 70 年来修脚行业沧桑巨变的见证人。

“新中国成立后，我就在北京市人民政府的保卫科做内勤工作，主要是写工作汇报材料，也算是国家干部编制。”张延芬说。

随着新中国社会主义改造的完成，20 世纪 50 年代后期，发生了一个当代中国史上的重大事件：国家将上百万干部下放农村、工厂，参加劳动。1958 年 2 月 28 日，中共中央发出《关于下放干部进行劳动锻炼的指示》。在这种背景下，张延芬也于 1958 年从北京市人民政府保卫科下放劳动，到当

时的宣武区服务公司下属的西四浴池工作。让她没想到的是，从此她与以前从未想过的修脚有了“亲密接触”，而且一干就是一辈子。

“当时修脚并不是像现在这样单独存在，而是分散在各个浴池里，我看到男的去男部修脚，女的也去男部修脚，就问怎么不去女部。结果人家告诉我说，没有女的干修脚工作，女部里没有修脚师傅。那时正是学雷锋精神时代，要干一行爱一行。我就说，别人不愿意，我就去报名修脚得了！”回忆起当年从事修脚工作的原因，张延芬这样说。

以前还是国家干部，但现在却要从事属于“下九流”的修脚行业，巨大的落差让张延芬的家人难以接受。“家里人没有同意姐姐去修脚的，我姐夫是天桥剧场的党委书记，他反对我姐姐去修脚，我爸爸妈妈也不同意。但就在一片反对声中，她毅然决然地走上了修脚这条道路。”今年已经82岁的张延芬妹妹张延蕙这样告诉笔者。

事实上，当时的浴池并不仅仅提供洗澡、修脚服务。作为服务行业，用张延芬的话说，“推煤、抬煤等什么都要干。”“夏天就让我们女同志去卖冰棍，穿着白大褂和小碎花裙子，还挺好看。有一天，我正在门口卖冰棍，‘冰棍败火，3分钱一根、5分钱一对。’我正喊呢，正好我父亲路过，说听声音好像我家的珍珍（张延芬的小名），一看还真是我，父亲当即就表示不同意。”张延芬说。

张延芬年轻时的留影。

“当时的师傅好，下班后就让我们泡脚，练习刀法、指力。由于我们都使用传统刀，不仅需要自己磨刀，还要在竹片上练习指力，腕力，只有把力量掌握好了，才能保证为患者刀到病除。那时要求特别严格，学好长时间才出徒。”由于张延芬勤奋好学，很快就成为浴池的修脚骨干。

执笔撰写修脚术

张延芬执笔撰写了新中国第一本修脚专著《修脚术》。这本由北京市宣武区服务公司编、人民卫生出版社于1961年12月出版的小册子，虽然只有2印张，包括7章、66页、只有4.4万字，但在中国修脚史上却是具有里程碑意义的。正如这本书中前言所写的那样，“这本小册子，是根据北京市著名修脚师安起、刘振英等同志的经验整理而成的。”

修脚术是一项治疗脚病的特殊技术，它具备了操作简便、疗效显著的特点，千百年来，深受我国人民欢迎。我们知道，修脚在旧社会里是被歧视和压迫的行业，其技术内容没有什么记载可资学习推广，只凭师徒们口传心授才使这种技术一直保留下来。新中国成立后，特别是1958年以来，在党的英明领导下，在各有关部门的大力帮助下，这项技术得到了很大的发展。为了使这项技术更好地为人民健康服务，张延芬等人整理了这本小册子。

“当时把东城区、西城区、崇文区、宣武区的修脚专家组织起来，成立了北京搓修技术研究组。那时的人们特别纯粹，没有任何私心，就是竹筒倒豆子，没有任何其他的目的，就是觉得咱们应当把这些技术记载下来，不管以后有用没用，把当时这些技术给后人做个参考。”

由于张延芬以前做文字工作，文笔不错，公司决定由她来执笔，由北京市著名修脚师安起、刘振英等口述，最后形成了《北京搓修技术》手稿，出版时书名改成《修脚术》。事实上，在刘振英保存的遗留手稿中，整个书稿用蓝色钢笔抄写到绿色的稿纸上，字迹整齐工整，其中不少的繁体字虽然打上时代的烙印，但并不影响辨认和阅读。采访中，当高广东会长将手稿照片给张延芬看时，张延芬笑着说：“是我写的，字就像我的性格一样，大大咧咧的。”

这本小册子除了结论外，包括了概说，皮肤的构造和生理作用，工具的使用和保护，修脚的要点及练习方法，操作方法，意外事故的处理和卫生要求，治疗。“就全国来讲，修脚术大致有三路师承，即河北路、江苏路、山东路。该书写的只是河北路的修脚术，搓澡术不包括在内。修治脚病，首先不需要医疗设备和药物，只用几把刀子就可以随时随地修治，而且所需要时间很短，一般如修治干疔、脚垫等，仅需1~3分钟的时间手术即完成；即便是手术比较复杂的，如切除瘊子、脚胆等，最多也超不过5分钟。其次是患者的痛感较小。由于修脚术要求细致、准确，必须严格循着青线以切除病变部分，不允许伤及好肉，因而在手术当中和手术后，一般伤口没有痛感，即使有，痛感也很轻微。治疗后，除特殊情况以外，一般不需要休息，可以照常工作。总的来说，修脚术有一定的临床实用价值，是值得介绍推广的。”讲起修脚，张延芬侃侃而谈。

她说，这本书定价只有0.24元，当年第一版第一次只印刷了5500本，1964年1月又印刷了1380本，但却是整个行业的一个里程碑。

干一行爱一行

20世纪六七十年代，张延芬始终执着在修脚业内的耕耘。由于技术出众，张延芬还为时任共和国副总理耿飚、1955年被授予中将军衔的刘志坚等党和国家领导人及其家属修过脚，媒体还以《巧夺天工》为题报道了张延芬的事迹。

“当时我经常和北京有名的劳模淘粪工人时传祥一起做报告。有时大会给我们安排报告时间，他没上过学，有时说的也不多，剩下的一小时或两小时就是我的了，我就得将报告时间全部讲满。”张延芬说，由于自己的工作性质，还受到时任国家副主席刘少奇的亲切接见。

1978年底的改革开放，为中国打开了一扇新的大门。此时，张延芬也有很多机会离开修脚行业，重新回政府机关工作，继续做国家干部，但她却都一一拒绝了。“当时我们公司的工会主席姓苗，他说你愿意的话可以到工会来。我自己深受雷锋精神的影响，他说过‘干一行爱一行’，自己就婉拒了工会主席的邀请。虽然说工会工作的社会地位肯定比修脚高，但我已经适应了修脚工作，我自己也很喜欢。做什么都一样，就继续干修脚吧。”张延芬说，这一干就直到20世纪90年代初离休。

奉献社会心不老

1986年，北京修治脚病保健按摩研究会成立，德高望重的张延芬出任首任会长。这是修脚行里较早的行业组织。多年来，张延芬带领研究会的所有人员定期参加修脚、按摩等内容的学习、交流和比赛等，制订行业发展计划，规范行业行为。这些措施对行业的健康发展无疑起到了巨大的推动作用。

离休后，张延芬搬到了位于北京市昌平区的文化新村居住。村子以前叫名人村，后改叫香樟村，最后又改成了文化新村。这里离北京十三陵水库很近，树木环绕，空气清新。正因为如此，有很多老人来到这里居住。张延芬来到后，发现这里的老人、五保户等根本没有人给修脚，于是她主动为村里的老人们义务修脚。

“那时就是提着小箱子，带着工具，到村里的敬老院为老人们修脚，整整修了十年，为很多老人送终了。村干部看我一直免费给老人们修脚，就说给你一间房子，干脆你就挣钱吧。我说我就和钱有够。所以一直没有收费，也没有要房。”张延芬说。

十年的时间，张延芬一边为村里的老人义务修脚，一边为全市培训了80多名三级修脚工，将自己的所学倾囊相授。她说，这些技术以前都是口口相传保留下来的，我们这一辈也不能断了，应该让更多有志修脚的年轻人了解、掌握，更好地为人民大众服务。

2017年8月6日下午，在位于海淀北部的稻香湖景酒店玛雅岛上，酒店品牌技师张宏军正式拜北京市沐浴行业协会会长于志远先生为师。拜师会上，已是耄耋老人的张延芬语重心长地对师徒二人表示："一定要博采众长，融会贯通，要为传统技艺的传承不懈努力，为行业发展不懈努力，要努力成为保健按摩界的佼佼者。同时，也呼吁年轻人行动起来，刻苦学习，追求上进，扬我中华志，树我中华魂。"

在采访即将结束时，张延芬还为《足界》杂志亲笔题词："传承发扬中国传统修脚技艺，为社会为大众做好服务。"简短的话语，寄托着她对新时代修脚人的无限厚望。（作者：王博）

王建生（左）和高广东（右）看望张延芬老师（左二）。

02 大国有工匠

——记清华池脚病治疗中心首席专家、国家级非物质文化遗产传承人、国务院政府特殊津贴获得者、全国五一劳动奖章获得者王建生

有这么一位老先生，每天早上六点准时起床、七点出门，自行车骑行半个多小时到单位，便开始了一天忙碌的工作。下午四点半收工后，老先生再骑上他的"老伙伴"慢悠悠地回家。晚饭后，他会跟老伴一起遛遛弯或是约上三五老友偶尔小酌，颇有几分老顽童的趣味。在40多年的工作生涯中，风雨无阻从无迟到和早退。他给自己的定位很简单："我这一辈子，就做了一件事——修脚；就一个工种——修脚工。从上班做到退休，又被返聘，一天别的没干过。"他，就是清华池脚病治疗中心首席专家、国家级非物质文化遗产传承人、国务院政府特殊津贴获得者、全国五一劳动奖章获得者——王建生。

王建生受邀参加庆祝新中国成立70周年招待会。

练就修脚十八般技艺

初中毕业后，16岁的王建生便被安排在北京郊区大兴插队，直到1976年年底返城。当时在100多名知青中，王建生和另一个人被分配到虎坊路浴池（清华池）跟随老师傅学修脚。“当我听到被分配到清华池当修脚工时，第一反应就是我怎么能干那活儿？”回忆起当时的情景，王建生不禁莞尔。

于是在报道第二天，年轻气盛的王建生就以“罢工”来抗议：“我整整46天没去单位，怎么也想不通。那个年代的服务行业的‘八大员’，都属于特别不体面的工作，会被人瞧不起，而我呢，甚至要整天面对别人的脚丫子，太不是味了！”可是现实却让人学会“低头”。单位的领导和师父，轮番到家里找他开导谈话，父母也在不停地劝说，加之想到自己还有赡养双亲和抚养幼妹的责任，迫于生计的王建生只能又硬着头皮去了单位。

20世纪70年代，中国的大众浴池条件十分简陋。特别是修脚室，就是一个个逼仄的小隔间，门口挂上半截白布帘子，就算是比较私密的空间，也根本谈不上通风。加上上了岁数的人大多都裹脚，拆掉裹脚布的一瞬间，简直是味道熏天。在这样的条件下，刚一掀起门帘，王建生就被房间的异味熏得头昏脑涨。还有些年轻执拗的他，转身走出修脚室，一屁股坐在浴池大堂的凳子上生闷气。透过半截门帘，看到里面忙碌的老师傅，偶尔客人进出带起门帘，室内那些难闻的气味便会跑出来。王建生实在想不通，那些师傅们就不会觉得臭吗，抱着别人的脚就不会觉得难为情吗？

就这样在门口呆坐了三天，直到他看到一位妈妈抱着一个五六岁的小女孩走进浴池。小女孩边哭边喊疼，妈妈也急得眼泪哗哗流，母女俩匆忙进了修脚室。透过半截布帘子，王建生看到师傅果断地一刀下去，简单地一剜一挑，小女孩不哭了，仍挂着泪珠的脸露出了甜甜的笑。前后不到一分钟，这让王建生瞪大了双眼。“突然被震惊了，觉得这招真绝，不由自主地起身想进去看看。”提到此处王建生幽默地说：“真是要感谢这个小女孩，要不是她，我还得在外边坐一阵子。”

虽说进了门，可是王建生内心的排斥感并未完全消失。房间内的老师傅看着主动走进来的小徒弟，却露出了笑容，手下的活儿依旧是一丝不苟。他看着几位五六十岁的老师傅握着一把小刀，三下两下就把客人的脚修利索，客人解除痛苦真诚道谢满意而去。从那天起，王建生开始默默地观摩，逐渐转变自己对修脚的看法。

一周后，一位老人一瘸一拐地走进修脚室，说他的脚痛了好久，去医院也看不好，于是有人建议他来找修脚师。抱着“死马当活马医”的心态，老人今天过来碰碰运气。师傅抱着老人的脚观察后就握着刀一阵削刮。神奇的是十几分钟后，老人的脚不痛了，走路也不瘸了。亲眼见证这样的奇迹，深深触动了王建生的内心。他原本以为修脚是个下贱活，现在却看到了高尚的光环，那些发自真心的尊重和感谢，令他彻底转变了对修脚的态度和看法。

1977年元旦后，王建生正式踏上学技之路。当时清华池有六位经验丰富的老师傅，而徒弟只有他一人。老师父们都很重视和喜爱这位勤奋肯学的小徒弟，无私地将自己的毕生所学倾囊相授。王建生没有停下学习的脚步，继续深造，拜在传统修脚术第三代传承人杜德顺和刘振英两位前辈门下，成了他俩的关门弟子。

修脚看似简单的一剜一挑，内里的学问却非常多。在多位名师严格认真地指导下，王建生从持刀、推手、削竹板等基本功开始埋头苦练。“修脚最基本的，你得会持刀，要做到刀不离虎口，刀一离开虎口，你瞧这就跑刀了，很容易给人划出口子，这不行！还必须掌握好‘指腕功’，手指有力灵活，才能下刀稳准快，拇指和食指得有力。你看，就这样反复推，手指不能发酸。”王建生老先生拿着一支笔自然地比画着，右手虎口处一块指甲盖大小的老茧清晰可见。此外就是削竹片，一点点地推、削，锻炼手指手腕的力量，“力的作用就在毫厘之间，这也是修脚独有的刀工”。

经过长时间的练习，王建生终于被允许在师父的监督下开始进行实操演练，其实主要是为一些老客户做些修脚垫等最基础的“平活”。“最开始时，师父找来他的老客户给我做脚模，我紧张啊，都给人划破了。但人家不仅不在意，还安慰我，这些都成为我当时坚持学下去的动力。”王建生说。

青年人内心微波涟漪

1978年，祖国迎来改革开放。虽然当时的王建生已是北京市最年轻的修脚师，算得上是小有名气，可是正值青春朝气的他，内心对工人、参军有着无言的崇拜。随着计划经济逐步向市场经济转变，同单位的许多同事纷纷调走，王建生刚刚安定的心也有了些许波动。特别是身边的同龄人都有了对象，自己却还是单身一人。介绍的人不少，可是一听他的工作就没了下文。“被人瞧不起”的感觉再次充斥着王建生的内心。

当时年轻的修脚师屈指可数，加之王建生一向勤奋刻苦，练就了过硬的技术，对工作一直兢兢业业、一丝不苟，自然成为单位的重点培养对象。他情绪上的波动引起了单位领导的重视，特意派他到西安学习。一周的学习生活对王建生产生了不小的影响，特别是对修脚的重新定位——不是“伺候人”，而是和医生一样有着扶伤的意义。学习结束后不久，王建生再次在技术练兵中获取修脚第一名，也是这一次的领奖让他邂逅了未来相守一生的幸福伴侣。更幸运的是，未来岳父竟然和自己的师父是关系颇好的老友，一开始就知道两人的事情，不仅不觉得王建生工作不好，反而十分认可这个小伙子的人品和学习精神，对女儿的选择非常支持。这给予了王建生极大的鼓舞，也彻底稳固了他动摇的内心。

1980年，22岁的王建生在北京市开展技术大练兵活动中，获得北京市技术操作能手称号；由于一直以来踏实工作、业绩突出，1985年7月1日王建生光荣入党；1987年，修脚行业恢复职称，王建生获得北京市修脚技师特二级技术职称，当时获此职称的技师全北京市只有十名。工资与职称挂钩，他每月工资涨到94元，成为高收入者。评职称、涨工资，加之家庭平稳幸福，王建生干劲十足，更是一心都扑在了工作上。

王建生回忆，20世纪七八十年代是修脚业的黄金时代，到浴池的人最多，修脚的人自然也多，覆盖到了男女老幼。当时国家投资发展国营服务业，清华池作为老牌子自然备受欢迎。那会儿春节时候顾客最多，师傅们都得加班，从早上8点忙到晚上7点。当时练就了自己“快手技术”的王建生，一般一两分钟就能完活，特殊难症也超不过半小时。平时一天能有二三十个客人，最多一天他修了101人次，成了他入行至今单日修脚人次的最高纪录。

中西合璧修脚新定义

进入 21 世纪后，许多国营企业都面临坍塌瓦解的局面，浴池业亦是如此。新型洗浴中心的迅速崛起，大众便民浴池发展迅速，对国营浴池形成巨大冲击。清华池虽说是百年老店，但仍不可避免地受到巨大的挤压，人员流失惨重，修脚师也只剩下五六人。修脚作为中国传统技术，即便是在经济快速发展的浪潮中，仍具有巨大的发展潜力。随着人们对修脚观念的变化，许多人都专门学习这门技术，作为百年老店的清华池自然也吸引了许多慕名而来的求学者。

为了顺应时代发展，清华池开始举办修脚技艺培训班，吸收大批外地学员前来学习。而修脚这门传统技艺一向是“师徒传承”，授课的任务自然落在王建生的肩上。清华池的培训班自 2002 年办学至今，开班 30 多期，培养学员 2000 多人。

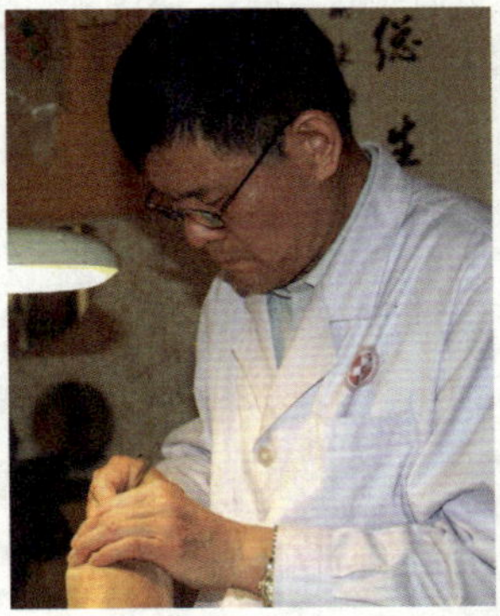

王建生工作起来一丝不苟。

工作、授课，接触的客人、同行和学生越来越多，王建生越来越意识到自己所学知识的局限性。“为什么会有脚病”“如何有效预防”“如何避免反复”……为了解决这些问题，王建生开始了二次学习，专门买来《中医按摩疗法》《人体解剖学》《肿瘤组织学鉴别诊断》《皮肤学病》《外科学矫形外科理学诊断》等关于皮肤学、药物学、中医学等中西医专业书籍自己研究，不懂的就找专家讨教。渐渐地，王建生的知识涉猎到医学的皮肤科、医药科、卫生学、骨骼神经、中医学、解剖学、矫正外科以及外科等多方面，知识的丰富不仅使他完善了技术、开阔了视野，也让他对传统修脚有了新的想法。修脚和针灸、按摩堪称我国三大国术。针灸、按摩都被纳入医学范畴，唯独修脚没有，而修脚又是中国特有的技艺。可以说，修脚本来就是一只脚在医学的门里，另一只脚在门外。所以修脚这一传统技术是和医学互为补充、相辅相成的。他认为，修脚需要在传统技艺基础上积极与现代医学知识结合，做到中西合璧。因此，他开始尝试将传统修脚、治疗脚病的技术与中西医现代技术相结合。

2000 年以来，王建生开始从操作程序方面入手，逐步对传统修脚操作程序进行改进。首先，让过去的“腿上作业”登上台面——设立操作台，统一手法、统一刀具消毒密封，坚持泡脚袋、拖鞋、毛巾一次性使用，以保证卫生安全；改进工作台，沙发升降自动、环境卫生安静。这些改革举措使修治脚病逐步靠近医院治疗技术和环境标准。然后效仿医院，逐步建立技师挂号制、诊疗记录建档制，将浴池修脚沿用了几十年的传统操作流程彻底改变。其次，将技师称谓标准化，2000年清华池按技术等级分为首席专家、专家、高级修脚师，以此表明对劳动的尊重，对修脚师价值的肯定。据不完全统计，他从业至今，先后医治好20多万名脚病患者。2009年，清华池修治脚病传统技艺被列入北京市非物质文化遗产报名名录。

弘传国技，重塑新国标

2003年，王建生在北京市首届技能大赛中获得金奖，并荣获北京市劳动技术能手，同年获国家资格认证的特二级技术职称，成为目前我国最高级别的修脚技师。2005年王建生获国家职业技能鉴定考评员资格，而有此资格的修脚技师在北京市修脚行业中仅有5人。

2009年，清华池修治脚病的传统技艺顺利入列北京非遗名录，之后清华池传统修脚术又被列入《国家级非物质文化遗产代表性项目名录》。同时，王建生也成为市级非物质文化遗产传承人、中华传统技艺技能大师，2009年成为北京市第一位享受到市政府特殊津贴的修脚师。

几十年丰富的从业经验，让王建生逐步成为中国修脚的代表，也让他备感肩上的责任重大。早在20世纪50年代王建生师傅的那代人中，他们就在钻研修脚技术的同时，专门去医院学习外科、解剖等专业的医学知识，并借鉴医生的刀法，对自己的修脚技术进行改良。20世纪80年代初，王建生的两位师父刘振英和杜德顺曾提议成立专门的脚病医院。随着时代的发展，王建生这代修脚人经过努力，成功地将传统的修脚技术提升为国家级非物质文化遗产，并逐步归向中医范畴。

虽然如此，但王建生并不满足。“修脚，是我们国家独有的传统技艺。我的师父刘振英在1995年5月去世时，将《修脚术》的孤品手稿和他珍藏一生的葫芦刀传给我，师父一生收徒三名，坚持至今的只有我一人，所以我更觉肩上责任重大，我必须也一定要将我们国家的这门手艺、将师父所给予我的一切，传承下去！同时，我也忘不了师父成立脚病医院的梦想。如今修脚仍有一只脚在医学门槛外，我希望在自己的有生之年能将另一只脚也迈进门槛里，真正成立脚病专科医院。这是师父那一辈人从20世纪50年代起就一直期待的事情，这也是整个中国修脚人的梦想！”提到修脚人的这个目标，王建生严肃而认真。

说起传承与发展，王建生有自己的想法。一是人才的培养，二是传技的方式。现阶段，我国修脚行业从业者的整体素质有了较大的提升空间。“我要让那些德才兼备的技艺传承人成为行业的未来支柱。就像我收徒弟一样，第一条，必须有德！”2000

年至今，王建生先后为全国培训学员近千人，培养大学生传承人6名，为清华池培养了几十名修脚师。2013年，单位组织的第一次正式拜师会，收大徒弟马玉龙；2016年由全总烟草工会和中国淋浴委员会联合举办的第二次拜师会，收徒王建军、陈国雷；2017年5月，由中淋委举办的第三次拜师会，也是收徒最多的一次，来自全国各地的魏二平、陈勇、李艳丽、关健、高广东、刘晓芹、周荣、韦好全、万正元、刘春雷、马林11人。

2013年9月24日，是王建生一生铭记的日子。时任国务院副总理王岐山在北京调研服务工作会上亲切询问他："建生，你关于修脚技术传承的建议我都看了，你现在还在一线干吗？"他回答："在一线干。"王岐山语重心长地说："建生，你一定要多培养几个大师。"总理的鼓励让他万分激动，暗下决心一定要精心培养修脚传承人，让修治脚病传统技艺代代相传，为更多百姓解除脚病痛苦。

提到传承带徒，王建生一直秉承一个原则——不遗余力，毫无保留。"我所知所会的，哪怕一点一滴，我也都会传授给我的徒弟。我有责任也有义务，让这门技术代代相传，为更多的人解除脚病痛苦！"

为了将技术更好地传承，王建生彻底改变了沿用几千年的口传心授方式，进行培训授课，并多次在电视台讲解脚病与预防的知识，同时开始编纂教材。2006年，受国家人力资源和社会保障部委托，王建生参与制定修脚师国家标准；2008年参与《人社部修脚师国家标准》的制定工作；2013年参与编写《国家职业资格培训教程——修脚师系列》和《国家职业技能鉴定考试指导——修脚师系列》；2016年在大连举行的首届全国修脚师技能大赛中。他负责理论考试出题和裁判工作。

从2014年开始，王建生将自己从业几十年来工作积累的资料进行整理汇编，挑选出最典型、最清晰、最好辨认的102张脚病图片，悉数配上文字，由中国劳动社会保障出版社出版了修脚师历史上的第一本专业书籍《修脚图谱》，为弘扬修脚国术，开创修治脚病大众足部健康领域做出了突出贡献。提到此书，王先生说："希望不论是修脚师，还是普通读者，都能够通过这本书，从感观上对各种脚患了解得更清楚、形象，更准确地对各种脚患做出正确的判断和修治。"

回春妙手，名扬海内外

从业40多年，王建生经手的客人数不胜数，从襁褓婴儿到百岁老人，从国内各地到世界各国。提到这些，王建生露出自豪的笑容。"这么多年，让我印象最深的一个客人，是20世纪90年代的一位老人。他当时足部长有粉瘤，四处求医都没有治好，最后朋友介绍他来找我。结果我一看，就是个粉瘤嘛，几分钟就给老人治好了。当时老人特别感慨，说一定要写封表扬信，还要把信登到报纸上。其实我并没在意，毕竟粉瘤是一种常见脚病。没想到，过了几天，老人再次出现在单位，这次他是特意给我送报纸的！”王建生眉角上扬，历经沧桑的脸上满是自豪，“他当时说，你瞧，我说我一定得给你登到报纸上！看着《北京青年报》上《修脚不是修机器》的醒目标题，我的眼泪都要出来了！当时就觉得修脚真正的解除百姓疾苦，很伟大！”虽然过去二三十年了，可是每次回忆起来那份感动，王建生说一点都没减少。

从20世纪80年代开始，意大利驻华大使夫人和阿根廷驻华大使夫人都会定期找王建生修脚，各国大使馆的官员更是他的常客。因为国外没有修脚行业，有人回国后还特意邀请他到国外去。

20年前，一位日本友人经中央电视台记者介绍来到清华池，从此和王建生成了异国的朋友。慕名而来的客人遍布大江南北、世界各地，真正诠释了“修脚无国界”！

这，就是王建生，一个不可复制的传奇！（作者：温洁）

03 敢问路在何方

——记国家特一级修脚技师、北京乔氏甲沟炎医学技术研究院院长、北京足部诊疗中心创始人乔全英

6月的北京，依然花团锦簇，当绿意渐重，火热的夏天便如期而至。

如期而至的，还有为参加“2019·中国乔氏修脚学术国际交流大讲堂”而聚集在北京翔达国际商务酒店2楼会议室的150多位国内修脚界知名人士、专家学者和从业人员。

6月15日晚，交流活动在众人的期待中拉开帷幕。7时许，一曲高亢、充满激情的《敢问路在何方》把开幕式推向一个新的高潮——刹那间，讲堂内掌声如潮，欢呼声和叫好声交织在一起。

这位演唱者，就是国家特一级修脚技师、北京安仁医院足科主任、北京乔氏甲沟炎医学技术研究院院长、北京足部诊疗中心创始人乔全英。

他的故事，要从20世纪70年代说起。

乔全英出席行业活动。

选择无悔，执着成就梦想

生活给乔全英上了一课，他却还给生活一个激情的拥抱。每当诸多弟子围拢在乔全英身旁或者接受媒体采访，他总是静下心来，讲述起第一次修脚时的故事。这故事仿佛在说给他自己听，也像说给众人听。

现在修脚是人躺着，脚搁在床沿上。过去修脚都是人坐着，把脚放在修脚师傅的腿上。乔全英第一次修脚的对象是位胖胖的老大爷，这位老大爷坐好后，就把肥硕的脚搁在乔全英的腿上。第一次“持刀上阵”，乔全英心里有些紧张，紧握修脚刀，瞪大着眼睛越凑越近，没想到老大爷的脚丫子发出一股臭味儿。刚开始，他还屏住呼吸，小心谨慎地修，可时间一长，就憋不住了——那股异味儿直往鼻子里钻，呛得他喘不过气来，就把头扭向一边，吐出一口气再深吸一口气，又继续修，如此反复数十次……花了一个多小时还没修好。后来，是和蔼的师傅过来帮忙修了修，老大爷才满意地离开。午餐时，他凝视着饭，怎么也吃不下去——修脚时闻到的那股臭味，总也挥之不去。他仔细端详已洗过多次的手：摸了半天人家的脚丫子，肯定是又脏又臭。可转念一想，有什么办法呢？既然干上了这行，就要干好，不能老这样。于是，他三下五除二，把一碗饭吃光。自此，乔全英走上了修脚之路。

在恋爱婚姻上，乔全英经历了比一般人更多的曲折和磨难。找女朋时，对方一听说是修脚的，准吹。不过，也正是修脚这门技艺，给他修来了现在的夫人。当时，一个女孩因甲沟炎找到他，女孩按治疗程序泡好脚后要躺着等待手术。通过交谈，他知道女孩的脚病已治了很多次，就是不能根治，特别是一看到人家要在自己脚上动刀子，就特别害怕。乔全英微笑着对她说：“没事儿，一不怕苦，二不怕死，中国人死都不怕，还怕修脚吗……”就在女孩还在为他这句话感到很好笑时，乔全英则缓缓地放下手术刀，抬起头来问道：“还痛吗？”

女孩倏然缓过神来："嗯，真不痛了！"

她觉得这事真神奇，双眼定定地看着他，他也定定地看着她，两人就这样四目相对地凝视了半天。当时，她觉得眼前这个人真了不起，单他那幽默的谈吐就令人陶醉，让人觉得病好了一半，随后再通过高超的技艺解除你的病痛。就这样，她们恋爱并于6年后结婚了。

矢志不渝，续写辉煌

有一天，一辆黑色轿车停在北京新街口浴池门口，接乔全英去一位中央领导家看脚病。乔全英还像往常一样，带上必备的工具就上了车。下车后，便跟随司机径直步入客厅。客厅里有位慈祥可亲的老人笑呵呵地朝他走过来。乔全英定睛一看，居然是全国人民尊敬的邓小平同志！小平同志平易近人、和蔼可亲，怕他拘束，在他动刀修脚之前，操着四川乡音幽默地说："我该叫你乔老爷呢。乔老爷，上轿嘛！"从那时起，"乔老爷"的绰号就叫起来了。此后，乔全英每次去小平同志家里治脚病，都会受到小平同志和夫人卓琳女士的热情接待。小平同志和一位修脚工的情谊，成了修脚行业的一段佳话。

自此，"邓小平特用修脚师"的大名不胫而走，乔全英一朝成名，并先后为卓琳、王光美、荣毅仁以及侯宝林、关幼波等近百位领导人及国内知名人士修脚。

正在乔全英畅想着如何干好本职工作、继续钻研修脚技艺的时候，他所在的浴池却倒闭了。那时候，电视剧《西游记》正在国内热播，其主题歌《敢问路在何方》一夜之间传遍大江南北。自幼就对音乐情有独钟的他，喜欢伴随这激越的旋律吟唱：你挑着担，我牵着马/迎来日出，送走晚霞/踏平坎坷成大道/斗罢艰险又出发，又出发/一番番春秋冬夏/一场场酸甜苦辣/敢问路在何方？路在脚下!

几多无奈，几多辗转，一年后，乔全英创办了自己的诊所，取名乔氏修脚门诊。"是啊，也许正是这首歌，激励了我，让我重拾信心，并创办了乔氏修脚门诊。"每当回忆起逝去的岁月，乔全英依然感慨万千，而兴致来临，他依然会再次走上舞台，激情演绎他的拿手"好戏"《敢问路在何方》。

说乔全英是"乔一刀"绝不夸张。一位中年妇女脚底长了个鸡蛋大的瘤子，跑了几家医院都不给她治，在乔氏修脚门诊，乔全英只在瘤子的表皮割了一个两厘米的小口，就把瘤子取了出来，然后抹上自制的特效药，两周时间，居然痊愈啦！熟悉他的人都知道，乔全英能成为"邓小平的特用修脚师"，是因为他确实无愧"乔一刀"的美誉。他仿佛金庸武侠小说《雪山飞狐》中的胡一刀，总是在病人尚未觉察到痛的时候，他这边却轻轻放下工具，略带几分幽默地告诉病人："好喽，您感觉怎么样啊？"这不仅是他对修脚行业的热爱，更是他坚持数十年钻研修脚技艺的结果。

一次，有位大妈拄着棍子来找他，"哎呀，乔大夫，我到处打听可找到您了！听说您治脚病不错，您看看我这脚还能不能治啊？我跑了不少医院吃了不少药，都没看好，还试了好多方法也没效果，您要是治好我的脚——我给您磕头！"乔全英看了看大妈的脚，是老龄趾关节炎，加上长出的脚垫发炎，致使行走困难，拄着棍儿都一瘸一瘸的。乔全英说："大妈，您这头是磕定了，这病不算什么，我可以根治。"他先清除患处的腐肉，再敷上自配的促进生肌长肉的药，不到一个月，果真把大妈的脚治好了。大妈专程赶到他的诊所，非得跪下给他磕头，乔全英当然不会应允。而这个故事，则成为他弟子津津乐道的一段佳话。一次，有位来自英国的中年妇女走进他的诊所，略带祈求地说："乔先生，您一定要治好我的病，不然我可就完蛋了！"原来，她的身上和脚上居然长着1000多个瘊子，走路都十分困难，曾去某知名医院做冷冻激光疗法，却因瘊子太多，无法手术。她慕名找到乔全英，乔全英没有让患者失望，用修脚刀把瘊子一个个挖出来，再点上止血药，居然把上千个瘊子祛除了，还不留任何瘢痕。而这，就是中国修脚师的绝技。

医术精湛，自然会有许多赚钱的机会。乔全英曾有多次出国的机会，但都被他婉言谢绝了。有位澳大利亚的华人，在领教过乔全英高超的医术后，便回到澳大利亚建好诊所、备好洋房汽车，欲高薪聘请他。乔全英却说："京城技术好的修脚师很少了，我如果再走，人们有了脚病找谁去？我出国挣大钱去了，可对不起病人呀！"

2002年7月24日，是乔全英永远都不会忘记的日子。那天，北京科技研究学院聘任他为学院中医系的客座教授。周继庭院长将一张大红的聘书交到他手上，告诉他："学院将和他联合办学，正式把修脚这个行当作为一个学科，学生的学习期限为四年本科。首批学生毕业后，学院将建一所北京专科脚病医院……"那一刻，他的眼眶湿润了，表示定将不负学院厚望，继续发挥余热，把自己的修脚技艺传扬下去。从此，他除了每天在自己的门诊出诊，还定期为学生们主讲中医理论、经络学、针灸学、中药学。同时，结合脚病治疗的实践，配制了20多种专治脚病的药方，免费提供给毕业后创业的学生使用。

医脚之旅，在足下延伸

乔全英当学徒时就发现，无数需要修脚的人脚上都患有这样或那样的疾病，简单的修脚早已不能满足他们的需要。若从病理上进行研究治疗，不是简单拿把刀切了、割了的问题，要从根源上寻找发病的原因，如内脏、骨骼、皮肤等。于是，他开始阅读书籍，拜师学医。在短短几年时间里，就阅读了大量的医学书目，拜访了多位医学专家，其中不乏像中医泰斗关幼波这样的名人。

功夫不负有心人。乔全英终于发现了脚病的各种致病原理。自2015年以后，他不再给人修脚，而是医脚，把脚病当成一种医学。他说："我是修脚出身，但对于一些病症，我就反对修脚。我在原来的工作当中发现，很多疾病是没有地方治疗的，比如甲沟炎、跟腱炎、骨刺、趾关节炎等，比身体各部位的疾病还要多。因此，脚上的病是医学领域的空白点，没有人去研究它，从历史资料或教科书里从没有提到怎么治疗脚病。脚病是一种边缘医学。"因为他更清楚，目前修脚这个行业还存在一些问题。比如行业的不规范，导致了大街小巷到处可见"挖鸡眼""挖瘊子"等"江湖郎中"，他们达不到卫生标准，且刀具没有消毒条件，无菌操作更是无稽之谈。

既然是边缘医学，就意味着乔全英的医脚之路注定要走得辛酸、走得艰苦。他从浴池出来到诊所，又从诊所到医院，他的医脚历程实现了三个跨越，目的就是将这个行业正规化，踏上一个正规的台阶。

然而，对于乔全英来说，这样的"华丽"转身需要时间，更需要付出代价，特别是经济收入减少的代价！对此，一些同行奉劝他："专注于修脚，更有利于发展啊。"他目光如炬，信心十足地回答："如果连这点勇气都没有，我还有什么资格坐在国家特一级修脚技师的位置上为人修脚？我们修脚人，也要与时俱进啊！"

他相信：路，在脚下。只要选准方向，就勇敢前行。因此，当修脚被商业炒作遍及全国的时候，乔全英默默地将他苦心经营几十年的诊所搬到了医院里。他不在乎流失顾客，不在乎损失利益。曾经有个香港商人出价1000万港元买他的方子，他断然回绝。在乔全英的心目中，只有一个信念，那就是：把病人治好，把行业带到一个更高的层次。

桃李满园，他一如既往

目前，乔全英是国内为数不多的特一级修脚技师。中央电视台、北京电视台、《北京青年报》海外版、《北京晚报》、《成功》杂志等多家媒体都报道过他的事迹。他的名气越来越大，前来拜师学艺者越来越多。而他，总是尽其所能，满足这些求技者的愿望。因为他知道，修脚技艺不仅可以治疗脚病，而且中华民族宝贵的非物质文化遗产，需要更多人的关注和传承。

2019年1月12日，一年一度的乔氏门徒内训在海南乐东隆重开幕。北京修脚协会副会长张洪春为参加内训的“乔家班”讲解修脚行业的法律和股权。会议以“与时俱进、推动修脚行业升级迈进新时代”为主题，顺应中国修脚发展的大趋势，分享和讨论当今中国修脚行业的法律法规和股权话题，重点探讨了中国修脚的未来和发展方向，剖析当前修脚行业升级及提质增效等关键问题。在互联网与技术深度融合背景下，这次内训的举办既有现实意义，更有深远的历史意义。

在此次内训会上，乔全英针对徒弟们在行业里遇到的问题和困惑，进行面对面的解析。提出“技术一流、服务一流”“修心、修人、修脚”的理念，叮嘱徒弟们把修脚技艺发扬光大。会议期间，他还接收了14名弟子，为弘扬乔氏修脚贡献余热。

于6月15日开幕的“2019·中国乔氏修脚学术国际交流大讲堂”则是他在2019年推出的又一项旨在推进修脚行业交流，促进与国际同行协同发展的又一壮举。高广东、吴芸芸、韩晖、牛德英、麦丰华、李军等行业资深代表与修脚界知名人士、专家学者和从业人员开展了广泛而深入的交流。在活动现场，身着浅黄色健身装的乔全英，不时被现场人员团团围住，向他请教一些疑难问题，他总是不厌其烦，耐心讲解，直至对方弄明白为止。16日下午，他再次被20余位从国内不同省市赶来的从业人员围住，请教一些疑难杂症的破解之术。面对眼前如饥似渴的年轻人，乔全英逐一解答大家心中的疑问，并与在场人员合影留念，彰显了他平易近人的大师风范，以及致力于交流学术、弘扬修脚技艺的高风亮节。

现在，乔全英的徒弟、徒孙已达数千人，遍及国内20多个省市。韩晖、牛国柱等数十名弟子早已成为当地修脚行业的领军人物，被誉为国内最具影响力的“乔家军”，他们不但传承着他的技艺，也传承着他的信仰和追求，奔赴在理想和信念的征途上。（作者：吉尚泉）

04　开弓没有回头箭

——记北京牛德英手足康复技术研究所所长、北京匠人易合健康科技有限公司董事长牛德英

“她能把一份工作当作崇高的事业去追求，她钻研修脚业务46年不间断，甚至在退休后还一如既往，持之以恒。她为修脚行业的发展，做出了巨大的贡献。”中国商业联合会沐浴专业委员会修脚分会会长高广东曾这样评价她。

她就是北京牛德英手足康复技术研究所所长、北京匠人易合健康科技有限公司董事长、太原汉肤特康抗菌剂制品厂厂长、北京修脚协会常务理事、副会长、中国商业联合会沐浴专业委员会特聘专家牛德英。因为她始终坚信：开弓没有回头箭。

因为热爱，所以执着

“热爱是什么？热爱就是再苦再累，也微笑着坚持。”牛德英这样诠释自己为之钻研一生的工作。

1968年，年仅17岁的牛德英从北京出发，和千千万万的知识青年一样“上山下乡”。身为那个年代的青年，她远赴山西芮城插队，农村艰苦的自然条件，没有磨灭她从事手足康复的信念。相反，在芮城工作和生活期间，更坚定她源自内心深处的热爱——因为在芮城，她耳闻目睹过数以百计的手足病患者，因求医无门而饱受病痛折磨。那时候，她就立志要用自己所学为患者医治脚病，尽管当时她对脚病的修治知识知之甚少，但她凭着源自内心深处的热爱，摸索着为患者医治脚病，被当地的患者称为“牛医生”。

1973年她返回北京，被分配到北京西城德外医院外科工作。在医院里，她每天都会看到很多患有脚病的人一瘸一拐地前来就诊。当时，有位患有严重甲内卷的患者慕名前来治脚病，因当时医疗水平所限，医院只采取拔掉趾甲的方式进行“治疗”。可没过多久，趾甲又长出来，这位患者便只好再次赶至医院治疗。如此反复7次。也因为如此，这位患者居然13年无法正常工作，恨不得把自己的脚趾剁下来。

每每看到病人无比痛苦的表情和期盼的眼神，牛德英便暗下决心，一定好好钻研手足康复技术，为更多的患者解除病痛折磨。但受医疗理论和技术的制约，德外医院也只能拔甲，并无其他良方。有一次，外科主任王耀华医生对照甲的解剖图谱画出几张如何做矫正术的图样，尝试治疗脚病的新途径。在一旁的牛德英则把这些图谱牢牢记在心里，不断揣摩。第二天，她怀着喜悦和忐忑的心情，为一位远道而来的患者做甲的矫正术，居然取得良好效果。当这位患者紧紧拉住她的手千恩万谢的时候，她平静地回答：“这是我的职责嘛，我觉得我做得还不够好，谢谢您的鼓励！”王医生见她如此热爱本职工作，也无私地向她传授技艺，并叮嘱她：“每一位患者都是带着身体上的病痛与精神上的折磨来到医院，他们希望医院能够解除痛苦。我们不但要懂得医学和科学，还要懂得病人的内心，全力以赴。‘医乃仁术’说的是要有医术，有治病救人的本领。”自此以后，她便跟随王医生学习手足康复的实践和理论知识，并且明白了：任何学问都要学精髓，多动脑，要明白举一反三的道理。

此后，牛德英在外科工作，不但学到诸多医学知识，更学到了如何以仁爱、仁慈之心对待病人，坚定了要在手足康复的路上奋斗终生的理想信念。在这个信念的驱动下，她攻破了严重嵌甲的矫正术。这一技术的突破，实现了术后无须再缝合的效果，一改以前治疗过程中患者必须在术后进行创口与甲板的缝合这一过程，避免了拆线时病人的疼痛。

1979 年 5 月，医院创立了手足癣（后改为手足病）门诊，牛德英担当主治医师，在追求理想的征途上，实现了一次新的跨越。

牛德英工作时的图片。

因为钻研，所以进步

热爱是最好的老师，而钻研则是打开成功之门的钥匙。

那时，灰指甲被列为“不治之症”，国内医院对症治疗就是让病人口服半年灰黄霉素，局部用 30% 的冰醋酸或一些传统的药物，效果甚微。加之治愈灰指甲可参考的经验很少。因此，牛德英便在这一“领域”开始钻研。有一次，她有幸结识了虎坊桥浴池（后改为清华池）的杜德顺老师，和他切磋治疗灰甲技术。杜德顺老师介绍说，修脚师治疗灰指甲也是封包，方法很简单：在灰甲的部位，先敷一种黑药膏，再用宽胶带缠上即可；每周修一次，一年半左右可治愈。她觉得这些经验可供参考，但还需深入钻研，寻找更佳方案。

牛德英身处北京，国内顶尖的专家学者不计其数，她便悉心地向身边的同行请教，一次拜访不行就两次，两次不行就三次。功夫不负有心人，那些身怀绝技的专家学者终于被她追求医学的精神所感动，与她交流治疗灰指甲的心得体会。随后，她一头扎进院里的图书馆，如饥似渴地查阅医学资料，甚至通宵达旦。在此后的数年间，她一直致力于手足癣及指趾甲病的药物研究、开发和治疗工作，并以相关的临床医学理论为指导，逐步总结出汉肤特康封包削法。经过无数次的临床试验，她发现简单的封包对自己很有启发，分析此类病人一般患有鳞屑、角化型手足癣才感染的灰指甲，便结合甲的解剖及病理特点，对治疗灰甲进行大胆尝试，使甲的治愈率达到

96%，嵌甲的治愈率高达100%，获得最后的成功。该技法在治疗灰甲的同时，还可治愈手足癣，让病人手足活动自如，不影响生活和工作，且具体操作十分简单，一看就懂。时至今日，这一技法仍一直被国内同行广泛使用，为数以千计的患者解除了病痛。

一位伟人曾说过：创新是一个民族精神的灵魂。她铭记“医务工作者要有崇高敬业精神”的院训，对技术精益求精，把专研业务知识，创新治疗手段，作为毕生奋斗的目标。

经验是人的宝贵财富，5年后，牛德英凭借自己的经验，用封包削技术解决了一个困扰患者长达数千年的难题——她对常见的脚拇趾嵌甲合并甲沟炎病症展开钻研，创新性地提出：把嵌甲合并甲沟炎分为轻度、中度、重度，分别施治，不但治好趾甲炎症，还根治了嵌甲。

牛德英执着的钻研和探索精神，不但赢得了广大患者的称道，也引起许多同行的关注。北医三院的皮科主任、博士生导师李世荫医生看到她治疗灰指甲的独特疗法治愈率高、无任何副作用后，鼓励她一定要在国家卫生部立项，造福更多患者。在医院领导的大力支持下，1998年底，牛德英如愿申报了国家科研项目《运用汉肤特康药物封包削甲癣》。1999年3月，经北京医学情报所检索83万篇论文，未见有相同的国内文献报道。2000年9月，汉肤特康产品以《一种治疗甲癣的组合物》获得国家发明专利，成为当年国内脚病医疗行业的头条新闻，从而实现了她人生追求的又一次跨越。

一个学科的生命力很大程度上取决于该学科所处时代的社会需求。手足病是世界性的常见多发病，尤其是手足癣、灰甲、嵌甲、胼胝、寻常疣、跖疣、鸡眼、手足湿疹、掌跖角化症、外伤性厚甲症、甲旁肉芽肿、足跟痛等，占手足病80%以上。要求治疗和康复的人越来越多，并希望具有专业性、规范的手足病治疗的康复机构满足他们的需求。牛德英对此深有感触，她始终铭记着华罗庚曾说过的一句话：搞科学、做学问，要“不空不松，从严以终”。

手足修复技术没有终点，牛德英的探索实践之路同样没有终点。近年来，她在不断实践和总结研究成果的基础上，对一些新的手足病展开新一轮的研究。而手足修复技术就是她要继续研究的新领域。因为她清楚，手足修复技术是一种新兴的、实用性很强、内涵深厚的技术门类，它既不同于医院的外科技术，也不同于传统修脚技术，它是以现代医学理论为基础，采用先进的专业技术结合传统经验，对于一些手足病进行修复，使之恢复健康。在修复过程中，一般无出血、无疼痛或少疼痛，无任何副作用。手足修复范围包括手足癣、灰指甲、嵌甲、胼胝、寻常疣、跖疣、鸡眼、手足湿疹等。虽然手足甲病诊断准确可靠是修复成败的关键所在，手足修复技术虽然安全可靠、疗效好，但牛德英认为还有发展空间。比如手足慢性湿疹，同一疾病表现出多样化、个体化，即使同患一种疾病，每位患者也有其特点，对治疗有不同的反应和不同的疗效。

因为成就，所以著述

"世上无难事，只要肯登攀"。为了普及手足病的防治知识、推广手足修复技术，牛德英决定要出版一部专著。于是，她找到当时在医学科普出版物最专业的金盾出版社。周国泰是我国著名的军事医学专家，《灾难医学》就出自他之手，他对国内外手足及指甲病也有一定的了解。当周国泰得知牛德英的经历及研究成果后，当即表示《手足癣防治 160 问》一定要出，而且要快出，因为这本书弥补了当时国内对于手足癣及灰指甲的空白。

为了完成这本书的写作，牛德英走遍了北京的大小图书馆，也没有找到可借鉴的成熟理论，完全是以一人之力开创了一个全新的手足修复体系。她利用自己全部的业余时间撰写书稿。该书于 1994 年出版后反响空前，累计出版超过 20 万册——这部医学科普书籍可谓产生了轰动效应。大量的读者来信纷纷寄往德外医院。在此后的很长一段时间，牛德英利用休息时间为求医问药的读者回信，有时一直忙到深夜。她根据大量的读者提问，对所有的问题归纳整理，并于 1997 年出版了第二本书《趾指甲防治 220 问》。

2001 年，牛德英在清华池做顾问那段时间与修脚师傅们深入交谈，结合自己的实践和研究成果，认为手足修复技术与修脚术的综合性特征能够在相互渗透中不断发展与完善。在这种情况下，牛德英于 2003 年出版了《足病修治技术》一书。2003 年，劳动保障部的领导找到牛德英，希望能够出版一本教材，在全国推广手足修复技术。就这样，《手足修复》一书作为中国劳动保障部教材在全国范围内普遍使用。为此，劳动保障部为她颁发了"手足修复师"职业证书。为了让基层医院的医生和手足修复工作者能够在诊断、鉴别诊断与防治中有所帮助，牛德英又陆续出版了《足病鉴别与防治》和《手足病诊治与封包削技术》。

自 1986 年以来，牛德英陆续在《北京晚报》《北京日报》《健康报》上刊登了 17 篇手足病防治科普文章，并于 1995 年在北京电台"健康博览"访谈节目中介绍了手足癣、甲癣的危害与防治。2000 年 9 月，她的"汉肤特康"产品获得国家发明专利。为了规范手足修复行业，从 1997 年至今，牛德英先后为全国各地培养了近万名手足修复师，成为该领域具有传奇色彩的人物之一。（作者：吉尚泉）

第二章 扬州修脚的传承人

扬州，是修脚人心中的圣地，这里走出了多位行业领军者和非遗传承人。一代代坚守，一代代传承，在足界留下了光辉的足迹。

01 扬州修脚第一刀

——记扬州陆琴脚艺三把刀发展有限公司董事长陆琴

说起“扬州三把刀”，谁都知道：厨刀、理发刀、修脚刀。据说许多连医院都无法根治的脚上疾病，在扬州修脚师傅的巧手下就能刀到病除、足下生辉。而说到扬州修脚，当今名气最响的当然是“陆琴脚艺”。陆琴是扬州修脚行业的领军人物，中国沐浴行业形象大使，第十届、第十一届全国人大代表。先后荣获全国优秀服务员、全国技术能手、全国三八红旗手、全国特级修脚大师等多个荣誉称号，称得起“扬州修脚第一刀”。时任全国人大常委会副委员长成思危曾为陆琴题词：勤劳敬业，脚艺专精；人民代表，德艺双馨。

破世俗，女儿当自强

陆琴生在扬州，从小随着爸爸到新疆支边。1988 年，她高考落榜后独自回到家乡扬州找工作。当时，一批坚守在浴室里的修脚师傅年龄渐大，修脚技艺濒临失传。针对这种局面，扬州第二服务公司面向社会公开招收一批浴室服务员，学习修脚技艺。陆琴一看是国营单位，就报了名。

虽然修脚刀是扬州“三把刀”中最传奇的一把刀，但千百年来修脚刀都是男人拿，女人很少碰它。当时修脚被认为是卑贱的行业，人们称修脚工为“摸臭脚丫的”。陆琴刚当学徒不久，社会上的闲言碎语就来了，说什么“商场里交际花，理发店里搬西瓜，还没见过女孩为男人抠脚丫”。

陆琴的修脚室是由售票处改的，三面都是玻璃，她坐在里面工作，玻璃窗外边全是眼睛。陆琴觉得自己像是动物园里的“熊猫”一样被人围观，心里很是别扭。

当时来浴室修脚的多是老人，有的人一个星期甚至半个月才洗一次澡，脱鞋后一股脚臭味扑鼻而来，许多人还有脚病。每天伴着陈垢和浸泡不去的异味，陆琴的胃里直翻。工作一天后，陆琴回到家看到食物就想吐。

更让陆琴难过的是，自从干上这行，过去的一些朋友渐渐不和她来往了，新熟悉的人听说她是修脚的，也不愿多与她讲话。这些无形的压力让陆琴常常一个人闷在屋里哭，走在街上，她总感到有人在背后指指点点。看到一起学徒的姐妹们纷纷改行，陆琴也开始打退堂鼓了。这时，她的师傅高同林经常开导她："修脚业是咱扬州最有名的行业，同样是凭手艺吃饭，我们应该昂起头做人。"在师傅的开导下，陆琴的心渐渐安定下来。

当时，陆琴正处在情窦初开的年龄，因为做修脚工作，找对象遇到了麻烦。看对象时，对方一听说陆琴是修脚的，扭头就走。一次偶然的机会，她与丈夫陈玉春相识了。对陆琴一见钟情的陈玉春怕母亲不乐意，想出了妙招。他把陆琴带到家，先不说明身份，待陆琴将困扰老太太长达5年之久的脚病祛除时，陈玉春趁机跟母亲提起了这门亲事，母亲当场就同意了。

洞房花烛之夜，陆琴在新房的一面墙上刻下了"修脚"二字。她说："别人看不起自己不要紧，关键是自己要看得起自己。"许多年过去了，墙上的"修脚"两字依然清晰可见。而现在陈玉春也放弃了原先的工作，跟她修起脚来。

工匠精神，技惊天下

面对种种压力，陆琴咬牙坚持下来。她坚信，360行，行行出状元，想成状元首先要练好基本功。为了练手感，陆琴每天都要用修脚刀练习削筷子，一层一层地削，既要薄又要均匀，一天练下来，锋利的刀刃常将她的手划得伤痕累累。一年下来，陆琴削掉的筷子有一箩筐。平刀、片刀、条刀、刮刀、枪刀，各有各的招，刀刀有绝招，经过刻苦的训练和钻研，陆琴把"修、片、剥、挖、捏"等技巧掌握得相当娴熟，还学到了如何医治鸡眼、嵌甲、甲沟炎等脚病的方法，练就了一手"脚医运宝刀，如琢又如雕；隐痛顿消失，足轻上九霄"的功夫。

1992年9月15日，首届"全国优秀服务员"评选在北京揭晓，陆琴榜上有名。那一年她才20岁，是最年轻的一位。有评委说，陆琴的当选提高了整个修脚行业的格局。当时任商业部部长的胡平专门将陆琴请到家里，对她说："修脚师在过去是被人鄙薄的'下等人'，现在则是受社会尊敬的'修脚师'。一把小小的修脚刀可以治疗现代医学治不了的疑难脚病，这是一个很有价值的工作。"受到如此礼遇，陆琴深为自己的职业自豪。领奖归来，陆琴更加专注于修脚技艺的提高，名气越来越大，不但本市的顾客盈门，外地客人也慕名而来。

2000年6月，陆琴受我国教育部派遣到中国香港为邵逸夫先生修脚。经陆琴修过之后，脚趾变得光滑圆润，行动如常。老先生高兴地抚摸着自己的脚趾，连连夸赞陆琴手艺高超。

接下来，陆琴就像明星赶场一样，这边才上场，那边的车就已在楼下候着。当时的政界要人董建华以及演艺界名流刘德华、郭富城、张柏芝、曾志伟、胡慧中等都接受过陆琴的服务。

喜爱钻研的陆琴在香港看到美甲很流行，就在这方面进行了探索。在亲朋好友手上做了无数次试验后，2001 年，她凭借以奥运为主题的创意美甲作品，获得了“中国国际美容美发节”全国美甲艺术大赛的铜奖。有位美籍华人对陆琴的美甲技艺十分欣赏，欲出百万美元年薪请她去美国做美甲师，被她谢绝。香港的一个富商希望她能留在香港发展，也被婉拒。

在接受日本《朝日新闻》的专访时，陆琴道出了心声：“并不是所有出名后的中国人都要跑到国外发展才有所作为。中国有 13 亿人，如果按百分之一的比例来计算，修脚的市场该有多大？更何况我手中的修脚刀打上的烙印是‘中国·扬州’。”

创业敬业，展精彩人生

南京当时开了一家“金碧辉煌”洗浴中心，老板专程来请陆琴，只要她每周六、周日晚上去两次，车接车送，每月给她开出的底薪是 10000 元。这个收入在别人看来已经很高了。出乎意料的是，陆琴竟然抛下这一切，自己跑去创业了。

放着每月上万元的收入不干，反而五迷三道地跑去开店，家人和朋友都很不理解陆琴。其实，在香港为那些政商界及社会名流修脚时，陆琴就有了创业的打算。她觉得境内修脚市场太大了，与其给别人打工，不如自己把修脚这个事业做大。当时，陆琴的儿子只有 8 岁，又经常生病，家里仅有几万元的积蓄，想开店必须借很多钱。看着陆琴为了开店到处借钱，老公急了，说她是瞎折腾、胡闹。可陆琴决心已定，谁都阻止不了。起初，她看中了一家 400 平方米的店面，年租金 70000 多元，刚要签合同时，老公赶去把陆琴拉回了家，跟她大吵了一架。

因为顾及老公的感受，陆琴租了一间仅有 100 多平方米的小店，因为是人家转让的美容店，连装修费都省了。店开起来后，生意却非常冷清，有时一天连十元钱都挣不到。高端客户不来，普通市民嫌贵，一些老客户打电话说：“陆琴呀，你那地方档次有些低，不适合请朋友。”就这样，陆琴苦苦撑了一年多，赔了不少钱。那段日子对陆琴来说是非常痛苦的。为了改变这种局面，陆琴找朋友贷了笔款，租了个 500 多平方米的场所进行豪华装修，主打服务项目是修脚。她把足艺按摩等项目引进过来，才使生意慢慢好了起来。

2003 年 5 月，陆琴听说上海等大城市都在搞“足疗”。想到随着人们生活水平的提高，传统、简单的修指甲、去老茧、治“鸡眼”等，已不能适应人们的需求，应该用“足疗”方法进一步挖掘扬州传统修脚业的内涵。于是，陆琴买了足疗专业书籍，抽空到上海等地学习，回来后按图索骥地给客人做，客人十分满意，她的生意开始红火起来。同年，针对传统服务行业有手艺无品牌、有经营无产业的状况，她在国家工商总局成功注册了“陆琴脚艺”商标，这是全国第一个足部护理行业的商标。随后，陆琴积极围绕品牌进行延伸开发，打造足部护理的产业链。

陆琴生活照。

传承发展，光大足艺

扬州修脚刀，既是一门传统产业，也是一个文化品牌。虽然它的名气很大，却没有一本系统介绍修脚技艺方面的书籍；老一代修脚大师虽然技高一筹，但苦于没有文化，会说会做却无法将“名技”记载下来。陆琴当学徒时，就琢磨着如何才能将修脚技艺传承下去。她跟着师傅一边修脚，一边用心记下各种脚病的例子和治疗的方法，日积月累，加上自己的体会、经验，几年下来，写下了20多万字的笔记，为以后出版修脚方面的专业书籍打下了基础。

一天，陆琴下夜班回家，路上突然下起了大雨，随身携带的书稿被雨浇得粘到了一起，字迹变得模糊起来。回到家里，她赶紧找来一个备用的修脚灯，花了近5小时，一页一页将200多页书稿“烤干”。几年来，陆琴陆续出版了《脚艺真经》《修脚保健技巧》《修脚技术》等书。如今在扬州商业技工学校的修脚专业班上，陆琴的这几本书都成了教材。

十几年前，社会上足疗业大行其道，从业人员需求量大增，平时找陆琴拜师学艺的人也很多，她顺应形势开办了培训学校。学校占地面积2000平方米、投资100万元、教师20人，是全国第一家专注于修脚、治疗脚病、足部保健的专业技能培训基地，先后培养学员1000多人。该校学员基本功扎实，技能掌握得快，毕业后十分抢手，成了周边城市足疗业的“黄埔军校”。

在发展事业的同时，陆琴不忘帮扶社会弱势群体。她与有关部门和单位合作，为特定对象开办培训班，还曾与妇联合作，主动提出为100名农村女性提供免费培训；对来自己学校参加培训的贫困学员、下岗女工和残疾人，为他们减免培训费用并推荐或资助其就业创业。

2006年，陆琴随扬州市政府友好代表团赴比利时等国家进行访问，并在当地现场展示足部护理技艺，推广中国传统休闲文化，受到了当地人民的热情欢迎。

随着知名度的增加和影响力的扩大，陆琴还被推选为两届全国人大代表。2008年全国两会期间，一天下午，时任总理温家宝同志到江苏代表团驻地和代表们一起讨论，他笑着请来自基层的代表发言。江苏省的相关领导就让陆琴发言。在总理面前发言，陆琴一时很紧张，手心里全是汗，并不停地在腿上擦汗，但她还是努力使自己平静下来。

陆琴清了清嗓子，先自我介绍道："我是来自基层的代表，是扬州的，叫陆琴。"温总理马上说："我知道你，还全文读过你的报道。"当陆琴发言结束后，温总理动情地说："你的事迹，我以前在报纸上读过。今天听了你的发言我更受感动。我要向你学习，向你致敬，向你表示感谢。你用你自己的实际行动，改变了社会的偏见；你用你自己的实际行动证明，只要有意志、敢于拼搏，就能创造出非凡的事业。"

总理还说："诸如扬州'三把刀'这样的民族品牌，一定要高度重视知识产权。"讨论结束后，总理招手让陆琴到他身边，然后跟她合了影。陆琴感到幸福极了！

陆琴回家后，打破原先的运行机制，成立了扬州陆琴脚艺三把刀发展有限公司，进行品牌加盟连锁经营。如今，"陆琴脚艺"已在北京、杭州、南京、内蒙古、贵阳、温州等地成功开办了一百家加盟连锁店。2018 年 4 月，陆琴传来了新消息——她被评为修脚行业国家级非物质文化遗产传承人，这也是目前全国唯一获此殊荣的修脚业大师。

让陆琴格外振奋的是，这次修脚行业国家级非物质文化遗产传承被列入中医名录。

如今，陆琴有了新的想法，"明年打算建一所新的学校。学校将作为国家级非遗项目修脚刀展示博物馆，打造全国首个洗浴+脚艺+展示的活态博物馆！"为此，陆琴将要投上所有的收入。

有人说，陆琴的经历彰显了一个行业的历史高度，因其个人的特殊影响力，将修脚师提升为"技师蓝领"改变了一个旧时代行业低俗与卑微的形象。而陆琴则认为，这一切得益于改革开放使"修脚刀"行业的市场发展前景看好，从而给了全社会一次脱胎换骨的认知。(作者：张宜昌)

02 擦亮扬州市沐浴协会的名字

——记中国工商联沐浴委副主任、扬州沐浴协会会长张泉生

在国内的沐浴行业里，特别是在修脚业，提起张泉生这个名字，可以用如雷贯耳来形容。而这绝不是因为他担任中国商业联合会沐浴专业委员会副主任、扬州沐浴协会会长等职，而是他能数十年如一日，带领扬州市的沐浴、修脚界的各路精英，为弘扬“扬州修脚”这一非物质文化遗产事业呕心沥血，终于把“扬州修脚”这张名片推向全国，推向世界。

高擎协会大旗，他义无反顾

步入张泉生的办公室，首先映入眼帘的是两个荣誉证书：一个是扬州市沐浴协会获得的“中国商业服务业改革开放三十周年功勋组织奖”，另一个是张泉生获得“中国商业服务业改革开放三十周年卓越人物奖”。这鲜红的奖状、烫金的文字，仿佛记录着他曾经付出的心血和那些激情的岁月。

修脚技艺是我国民间的传统行业之一，历史源远流长，典籍多有记载。“对君坐”，语出清代《韵鹤轩杂著》，指的是修脚师无论替谁修脚，上至帝王，下到百姓，都须对面而坐，故称修脚者所坐折叠凳为“对君坐”。修脚技艺除脚疾之害，康复万众，功莫大焉。

扬州市沐浴协会成立于2002年4月29日，对传扬修脚技艺情有独钟的张泉生被推举为扬州市沐浴协会会长。在有些人看来，这挨累不讨好的差事，他干不了几天。因为他身为扬州市商贸局局长，坐拥扬州最大的商贸服务企业，本来工作就千头万绪，怎么可能为了一个“虚职”而去劳神费力呢？

但谁也没想到，他一干就是20余年，居然把扬州修脚修到了全国，修出了国门！

张泉生在大连接受《足界》杂志的专访。

虚职确实是虚职，为协会工作非但没有任何报酬，还要经常自掏腰包做奉献。只有张泉生清

楚，“扬州三把刀”，曾闻名于天下。“三把刀”在扬州人心目中不仅是一门技术，更是一门艺术，成为独具地方特色的扬州文化的一部分。扬州修脚刀大致有五种：口窄轻便的平刀,厚而坚的锛刀、嵌趾刀，刀薄柄扁的铲刀和刮刀。全套刀又分为大、小两套，大套12把，小套6把，刀型不同，用途各异。一旦修脚师操刀上阵，或撕胼胝，或挖鸡眼，或修嵌甲残甲，动作挥洒自如，谈笑间便可为患者解除顽疾。

张泉生曾无数次领略到扬州修脚技艺的博大精深，更深知这一宝贵的文化遗产，需要他带领扬州的修脚师去继承和发扬。他从走马上任的第一天开始，就把大部分时间和精力投入协会的工作中。从起草章程到具体工作部署，从组织从业人员学习到举办各类比赛，总是忙忙碌碌，起早贪黑，用自己的行动，感染并带领扬州修脚业的各路精英，打造出“扬州修脚”这张响亮的名片。

2007年11月，全国沐浴业交流会在北京隆重召开。扬州市沐浴协会所做的《发挥协会作用，传承扬州沐浴精髓》的报告，打响了“扬州修脚”走向全国的第一枪。甚至在多年以后，行业里的人依然记得，2016年，扬州就有沐浴企业1100多家，从业人员3.8万人，有修脚技师20多人，高级工200多人，中级工600多人，初级工1200多人。全年营业收入6.7亿元。当时，扬州的技师在全国开出连锁店150多家，海外连锁店2家，市外的连锁企业营业额高达3.6亿元。若论扬州沐浴业长足发展的原因，业内人士异口同声：行业协会功不可没!

“张泉生更是功不可没啊，他的付出我们大家有目共睹。”中国商业联合会沐浴专业委员会专家委员陆琴曾这样评价他。

弘扬沐浴文化，他公而忘私

扬州沐浴业的形成，是古城扬州繁华都市特征的产物。过去，扬州的巨贾盐商富可敌国，自然就会沉湎于享受。富裕阶层享受型的生活方式，也引领了全社会追求闲适的消费取向。久而久之，“扬州式”的沐浴变成了一种以休闲为特色的浴种。简单的洗澡各地都有，在这一点上，“扬州沐浴”并没有什么特别之处，但“扬州式”的沐浴所蕴含的休闲特色，就不是当时其他地方的“盆汤”所能比拟的了。在扬州的浴室里，不但可以去污除垢，还可以修脚、捏脚、擦背、捶背，又可以与友人相聚谈天说地，还有品茗、小吃、清唱和小曲。而这看似简单的修脚，就是一种根植于百姓心中的文化符号。

在扬州，每一位平民百姓都会滔滔不绝地向你讲述他们心目中修脚大师的奇闻轶事。可以说，在这座总人口不足500万的城市，深藏绝技的修脚师无以计数，如何把他们团结在协会周围，就是一件棘手的难题。为此，张泉生总会牺牲个人时间，探访那些“隐藏”在民间的修脚师，向他们介绍扬州市沐浴协会的办会宗旨，传扬“扬州修脚”的深远意义，倾听他们的意见建议。

2004年12月16日，浸透着张泉生智慧和心血的《扬州沐浴服务规范》开始实施。这是全国第一个关于沐浴服务行业的规程，对扬州沐浴企业的经营场所、服务设施、经营管理、技术要求、服务质量等方面都做出具体要求，为推进全国沐浴行业健康发展，做出了巨大贡献。几年以后，北京、辽宁等地陆续出台相应规范。

“扬州沐浴业靠什么发展？靠无序经营、扩大规模、打价格战？这肯定不行。”张泉生和协会的副会长达成了共识。他们知道，扬州沐浴的发展，要靠深入挖掘扬州沐浴文化的内涵。于是，他再一次深入基层，开展广泛和深入的调研。在得知扬州历史上，除了对“厨刀”有所著述外，对另外“两把刀”的研究是一片空白。2015年，由他倡导并组织专家学者编辑出版的“扬州三把刀”丛书如期面世。这套饱含着他对扬州无限深情的丛书，从文化角度透析“三把刀”的历史和现状，从“三把刀”的内涵与技艺中提炼哲理，深入浅出，趣味盎然，成为当年国内沐浴行业最重要的新闻事件。

张泉生终于把扬州的沐浴文化推向一个全新的高度，这对挖掘沐浴文化内涵、弘扬沐浴文化精华、加快文化扬州的建设，产生了积极的影响。

为扬州沐浴业发展，他殚精竭虑

2014年11月11日，国家标准查询网发布“扬州擦背标准升级为全国标准，全国修脚师傅都要学扬州标准”这一信息，在不到两天时间内，该信息就创下网站转载次数和点击量的新高。那一天，最开心最激动的当属张泉生。这迟到的“扬州标准”，是他一多年的梦想，也是为扬州沐浴业发展呕心沥血的写照。因为他深知，这看似传扬扬州沐浴技艺的“扬州标准”，是在为推进和规范全国沐浴行业发展吹响了新的集结号。

“擦背用床须一客一清洗，擦背用具要一客一换一消毒，擦背师要了解皮肤基本知识；面部要先擦左再擦右，各重复2次至3次，整个肩部须分七行擦完，擦完脚丫的毛巾不得再接触浴客皮肤……”在接受当地媒体采访时，张泉生这样介绍：“国家标准起草人还是我们原班人马，是在扬州标准的基础上修改而成。”

多年的协会工作，张泉生奔波于不同的城市之间，向国内同行介绍扬州市沐浴业的发展历程，传播修脚、擦背等专业知识。同时，他充分认识到，如何发挥好协会

“规范行业、服务企业、发展企业”的重要性。而在做大做强“扬州沐浴”品牌，推动其持续、快速、健康发展，是一条没有终点的路。既然已经上路，就要大踏步前行。每当新的一天悄然抵达，他都这样提醒自己，以饱满的激情，投身于协会的工作中，有时候甚至一度忘记了自己还肩负着扬州市商贸局局长的重任。在那里，他还有1000余名员工和他宽敞明亮的办公室……

在张泉生的运筹和精心安排下，扬州市沐浴协会联合办了一个“中国（扬州）沐浴行业人才培训基地”。每年培训搓背工、按摩师达1000多人。张泉生说：“有证书的搓背工月薪达到4000~8000元。”除了在扬州本地外，扬州师傅遍布全国，甚至名扬海外。张泉生做过一项统计：仅在扬州的江都、仪征两地，共有5万人在市外、省外做搓背工；北京有一个大型沐浴企业，40名搓背工里有37个扬州人。

2013年12月8日，中国南京沐浴温泉文化节暨首届全国修脚师职业技能竞赛在浦口区汤泉镇开幕。张泉生身为大赛组委会副主任，亲自带领两位裁判长、5名考评员和10位年轻修脚师参赛，成为当年最庞大的裁判、考评和参赛选手阵容。因为在12名国家级考评员中，扬州占据7席，再一次让来自全国各地的修脚师领略了扬州“三把刀”的历史底蕴和发展现状。

春节，是一年中最重要的节日，更是一家人阖家团圆的日子。2018年春节这天，张泉生的家人盼星星盼月亮一样等待他回家团聚，而等来的却是他那熟悉的声音：“我这边的交流活动还没有结束，你们在家好好过年吧，不用惦记我！”随后，就匆匆挂断了电话。类似的情景对于他的家人早已司空见惯，但在他的心中，却有挥之不去的愧疚和牵挂。

2014年12月3日，是他终生难忘的日子。那天，国务院公布了第四批国家级非物质文化遗产代表性项目名录，扬州传统修脚术榜上有名。那天，他在自己的博客里写下这样一段文字：扬州修脚，亦称足医，俗称扦脚，广义还包括刮脚、捏脚，是指修脚师通过望、问、触、摸，使用专用刀具，运用修脚技术，辅以适当中药材，对脚部进行修治的一种医疗技术……

2004年，扬州市沐浴协会被扬州市民政局评为“先进社会团体”，并参加2004年民政部在京举办的全国优秀社团成就展；2007年，中国商联会沐浴专业委员会授予扬州市沐浴协会“2006—2007年度全国沐浴行业协会优秀奖”；张泉生荣获“2006东亚（SPA）沐浴行业（中国）年度行业杰出贡献人物”奖；2008年，扬州市沐浴协会获得扬州市民政局授予的“先进社会团体”称号和中国商业联合会授予的“中国商业服务业改革开放三十周年功勋组织”奖，张泉生获“中国商业服务业改革开放三十周年卓越人物”奖；2009年，张泉生会获“2009年中国沐浴业最具影响力人物”奖；2010年，扬州市沐浴协会获得中国商业联合会授予的“2010年度全国优秀沐浴行业组织”，张泉生被评为“2010中国沐浴行业影响力人物”殊荣；2011年、2012年，扬州市沐浴协会获得“全国优秀沐浴行业组织”称号，张泉生被评为“2012中国沐浴行业先进人物”。

“烟花三月下扬州”是诗人笔下的风景，也是扬州人追求美好生活的写照。在扬州市沐浴协会的引领下，扬州的“三把刀”终于成为扬州的一张靓丽名片。而张泉生的名字和扬州市沐浴协会被国内外的同行所熟识，他为扬州乃至全国沐浴行业发展做出的贡献，更是被载入沐浴行业发展的史册。（作者：吉尚泉）

03 走红网络的《一张刀》

——记江苏省特一级修脚师扬州尹派传人朱庆华

朱庆华做梦也没想到，有一天他会成为“网红”。

2015年12月，一部以扬州修脚师傅朱庆华口述实录形式拍摄的26分钟微型纪录片《一张刀》，迅速在网络走红。

这是南京大学和中国传媒大学南广学院的学生团队，参加第二季“家·春秋”大学生口述历史影像记录计划的作品。该计划旨在鼓励和支持年轻人回归家乡，走访长辈，运用口述历史方法、采用影像拍摄技术制作的小型口述历史纪录片。他们是根据修脚客人在“大众点评”上的好评，找到扬州修脚师傅朱庆华的。

在网络纪录片中，扬州著名修脚大师朱庆华讲述了他从学徒慢慢成长为一名修脚大师的艰辛历程。

“我1961年学徒，第二年开始练刀，第一个试验的就是我师傅的脚。”朱庆华说。后来，他带徒弟也是用他的脚做试验品。“在师为徒，出师为友”的信条经由一张细而长的修脚刀一代代传承下去。

为什么叫“一张刀”？

旧时，修脚是一个讲究传承的行当。学习修脚就像学习武功一般，有门派之别，有师徒之分，要长期苦练技法。老一辈的修脚师傅用“张”来修饰手中的刀，颇具侠气。一张修脚刀，在他们手中，镗、修、钳、锛，如派别武功般，是安家立命的随身物件。

朱庆华师傅从小也是一个苦命的人。他1944年出生在扬州一个普通的市民家庭，因为家庭经济困难，小学只读了三年，小小年纪就成了母亲家务劳动的好帮手。

穷人的孩子早当家。1961年，刚满17岁的他经扬州市劳动局安排进服务公司，分配到浴室业，拜扬州浴室尹锦成为师，学习修脚手艺。

当时，人们的观念还很陈旧，认为“修脚”低人一等。说起在浴室工作的人，一口一个“做澡堂的”，不大看得起修脚工。

俗话说得好，“三百六十行，行行出状元”。朱庆华不信这个邪，他顶着压力，一门心思地学习和钻研修脚技艺。

这一做就是60年。

多年来，因为世俗的原因，他与绝大多数同行一样，经历了技术关、社会舆论关和婚姻关的磨炼，也练出一手好手艺。

“厨刀，剃刀，修脚刀”，是闻名遐迩的“扬州三把刀”。修脚是一门技术性很强的工种，被人们誉为“肉上雕花”。许多连大医院的名医也无可奈何的脚病，在技术高超的修脚师傅手上却刀下病除。要想掌握这门绝技，就得具备扎实的指功、腕功、眼功、刀功。学徒初期，师傅每天早晨教他们练指功、腕功。练指功对朱庆华来说，确实是个难题，需要一个艰辛的过程。握刀全靠右手的大拇指用力，二拇指和中指配合。朱庆华的大拇指在小时候因刀伤缺了一截，这是他的“短板”，练指功对他来说绝对是一个新的考验。他坚持忍受大拇指半截残疾的痛苦，同师兄弟们一块练指功。他用三个指头捏刀练习削筷子，埋头一干就是个把小时，别人喊手腕酸疼，而朱庆华早已是满头冷汗、右臂抽筋，有时甚至疼得全身发抖。没有一定定力的人，是绝不会坚持练习的。个性坚强的朱庆华，不论酷暑、严冬，不论清晨和夜晚，始终如一，坚持练功，不达目的绝不罢休。

在练功期间，朱庆华发现自己身体较弱，出现酸、疼、抽筋等现象，影响练习修脚基本功。为了强身健体，他利用业余时间寻师学习少林拳、研习武功，努力提高身体素质。多年的坚持，朱庆华练就了刚毅的体魄。

已年过半百的朱庆华别看身材不高，说话声音分贝却不低，底气十足，还能打一套灵活的少林拳。用他自己的话说，“我做手艺几十年，一直坚持练拳，强身健体。养成良好的健身习惯，是做好工作的前提，也是永葆青春的秘诀。”

他把修脚看作“肉上雕花”。“学厨师雕个萝卜花错了可以换一个，劈干丝劈坏了可以再来，拿修脚刀可是一点不能出错。修脚刀轻如鸿毛，却又重如泰山。”

既然不能错一点，那么基本功是必需的。尤其是坐姿。“浴室里人来人往，所以学修脚最先要练的就是时刻记得把膀子夹紧了。修脚讲究稳、准、轻，稳排在第一位。修脚刀刀锋厉害，即使你再全神贯注，如果没有点技巧，稍微地碰撞都可能伤到客人。”师傅经常教导他。为此，朱庆华练就的坐姿有点与众不同，两只手臂总是紧贴身体，这是修脚师傅的职业特点。

练腕力、练推手也是一刻都松懈不得的。一把薄薄的修脚刀在朱庆华眼里奥妙无穷。祛除一只小小的嵌指，就有五种刀法，“进刀如劈木柴，要有猛劲；进去了用村刀法，慢慢地；然后用投刀法，因为不知深浅；最后还要探刀。这些都要凭感觉，感觉靠的是什么，一是基本功扎实，再就是经验。手法熟练不熟练，病症能不能一下子找出来，这些都要平时一点点积累。”

三分手艺七分刀

“工欲善其事，必先利其器”，朱庆华说，修脚就是三分手艺七分刀，“修脚刀刀刃要淬火，没有火不行，容易卷口，火硬了也不行会缺口。因为领悟到其中奥妙，手艺好的老师傅一套刀具能用到只剩刀头。”

经过 20 多年的“淬炼”，朱庆华的手艺早已名扬扬州城。

1987 年 6 月，在扬州市首次修脚技术中级职称考评中，朱庆华被评为“一级修脚师”。

1992 年 8 月，在江苏省特级修脚师考评中，他以精辟的理论答辩通过了论文考核，又凭借厚实的功底、娴熟的技艺，以满分的成绩顺利通过了修脚、刮脚等 11 个项目考核，博得了评委们的一致好评。总评时，朱庆华被评为“江苏省特一级修脚师”，由江苏省商业厅授予技术等级证书。根据考评委员会的决定，让他给 44 名来自各县市参考的报考修脚的技师授课。他讲的课题是《嵌趾的根治方法》。这是一门在修脚程序中难度较大的技术，他以多年的实践经验总结出嵌趾甲的不同类型，如“蛇头型、肉包型、荷包型”等。他还对不同类型嵌趾的根治方法总结出：“看、捏、探、稳、准、轻、快”七字操作法。他传授的经验，从理论到实践无不使同行叹服。

朱庆华先后在扬州市区内七家浴室工作过，每到一处都能留下良好的口碑。在曲江浴室，他是唯一有高级职称的技师。他的高超技艺在广大顾客的记忆里留下了深刻印象。他服务的对象不仅有本地的，也有外地的；不仅有国内的，也有国外的；他不仅仅在浴室内工作，还常常被扬州的宾馆、大饭店用小汽车接去给一些来扬州的中央领导及外宾修脚。苏北医院的著名主任医师杨立德先生，一直夸赞朱庆华师傅修脚手艺好。朱庆华每调一家浴室，他就跟到那里洗澡修脚，从不肯换人。

1988 年秋，湖南省汝城县林业局赖局长到郊区谈木材生意，公司的人得知他的脚生了多年的“鸡眼”。当晚，经理陪他去找朱庆华师傅修脚。10 多分钟后，朱师傅从他右脚跟里挖出一粒绿豆大小的鸡眼，既不疼，也没流血。赖局长说：“我在汝城请医生、贴膏药，多年来一直治不好，朱师傅的技术真叫神奇！”

邗江县施桥镇吴庄有位姓吴的华侨，每年从香港回家总要找朱庆华师傅修脚。汉河镇二桥一位叫赵家龙的香港朋友也是如此，凡回家探亲必到扬州找朱庆华修脚。

1986 年，美国西雅图市的美籍华人、中国传统画教授陆之枫在扬州浴室洗澡时，朱庆华师傅只用了 10 多分钟，就给他修治好了肉包型嵌指。陆先生当即离开座位走了几步，顿感舒服。他说：“朱师傅的手艺太棒了，在美国我花 10 倍的钱也请不到你这样手艺高超的修脚医生。”

扬州修脚技艺享誉四方，在老城区的街头小巷中或许也能遇到名师。

寻遍扬州的街头巷尾，你不难发现，一些专业修脚店开在老城区或者转弯抹角的巷子里、小区里。

从滨江路中段拐进引市街南行不多远，有一家修脚社。看似名不见经传，但是却有着多年的修脚历史，前来修脚的都是老熟客。这里就是朱庆华师傅的修脚店。每天一早就有顾客慕名而来。店还是那个店，修脚客人却换了一茬又一茬。

荒年饿不死手艺人

聊起修脚这一行，朱庆华低下去的声音又提高几个分贝，“现在扬州修脚的这个行当比较复杂，学了几个月就出来混饭吃了。我们过去学徒要学三年。”他解释说，“学徒，基本功只是基础，可能只要几个月就能掌握一些技法，但不代表你就有能力独撑。有了基本功还要有实践操作，才懂点皮毛就急着出去挣钱，遇到问题谁来指点你？我跟我徒弟讲，你们抓紧在师傅这边的机会多练，在我这出错不丢人，不要急着出去，有什么事你们丢脸也坏我名声。会手艺不稀奇，关键要专心把手艺学精，你才有本事赚钱。”

“荒年饿不死手艺人。赚钱不费力，费力不赚钱”是朱庆华的人生感悟。几天前一件事证实了他的想法：他把老婆种出来的丝瓜送到东花园批发市场，65 斤丝瓜等了一夜才脱手，赚了 13 元。他说：“我靠手艺修一个甲沟炎不费事能赚几十元，这就是手艺。”

靠修脚这门手艺，朱庆华从岗位上退下来后还能继续挣钱；靠这门手艺，他把家里的茅草房变成平房、楼房。靠这门手艺，他获得了“国家一级修脚大师”的荣誉。

“扬州三把刀”之一的“修脚刀”是扬州的“名优特产”，祖宗传下来的技艺在朱庆华身上得到了继承和振兴。他技艺精湛，经验丰富，功底深厚，刀法独特，担任国家职业技能评委，备受民众喜爱、社会好评，在扬州“三把刀”业界久负盛名，有口皆碑，桃李满天下。

一生执着于修脚事业的朱庆华，把毕生的精力都投入修脚行业中，研磨精髓，传承技艺。他把自己的女儿和侄子都培养成技术熟练的修脚师，还培养了几个德才兼备的徒弟，和他一起传承和弘扬扬州修脚技艺，让这个行当在市场经济的大潮中，迎风而立。(作者柴宝侠)

04 走进央视纪录片的修脚大师

——记扬州“传统修脚术”江苏省级代表性传承人陆松林

2019年年初，扬州沐浴修脚行业入镜央视纪录片《我们的四十年》第四集《乡愁》。在扬州沐浴业德高望重的修脚大师陆松林参与录制，并以他的亲身经历讲述了扬州沐浴文化的兴起和繁盛、奥妙和魅力等40年的变迁。陆松林大师极具亲和力和感染力的深情讲述，赢得人们“经久不息的掌声”。

年过七旬的陆松林，从16岁开始学习修脚，并在长期的实践中逐步成长为一位修脚大师，曾当选扬州市人大代表，现为扬州“传统修脚术”江苏省级代表性传承人、全国修脚协会名誉会长、国家技能鉴定考评员。

艺不惊人誓不休

1946年出生的陆松林，迫于生计，初中没毕业就到广陵路服务公司报名学修脚，后又被分配到校场浴室当学徒，戴春林老师便成了他的启蒙老师。几个月后，他又被调到永宁泉浴室学徒，师从修脚大师季长富。季长富是扬州非常有名的修脚大师，曾在苏北人民医院挂牌治脚病。陆松林是典型的“干一行，爱一行，专一行”。虽然最初学艺时被邻居轻视，但并没有动摇他学习修脚的信心。“我看中了这一行，就要努力做好。”

学徒期间，他和师傅同吃同住整整三年。师傅待他像亲儿子一样，把毕生所学都悉数传授。师傅对技术要求非常严格，摇手腕、推筷子、磨修脚刀等基础手法都要反复练习。遇到脚病顾客，师傅便结合实际教授辨别诊断治疗之法。有时，师傅让他在自己的脚上反复练习修脚刮脚，一旦做得不到位，师傅便反过来在他的脚上演示，让他亲自体验。天长日久，陆松林练就了扎实的基本功，修脚技艺不断进步。他非常感恩师傅，“我一辈子也忘不了我的师傅。我要报师恩，就要将师傅教给我的技艺传承下去！像师傅待我一样，教会我的徒弟。”

一百年来，扬州修脚界形成六大流派。以稳、准、轻、快著称的季派（季长富），以“下手稳、下手轻”为主要特点。好学的陆松林除了跟季师傅学习，还经常去请教修脚大师尹锦城、郭勤、王元鼎、刘万喜等，博采众家之长。他经常跑旅社、医院、居民区、郊区农村为人免费修脚，锻炼手艺，掌握脚病治疗知识，钻研脚技巧。他根据脚病的病理，精准持刀、运刀和下刀，灵活运用锛、修、挖、起等刀术，因人施艺，辨证施术，并不断推出新理念、新刀型、新方法，治疗各种足疾，疗效显著，广受好评，在全市修脚技能比赛中名列前茅。由于他认真学习，勤于钻研，曾被推荐为财贸系统学习毛主席著作的积极分子，加入了共青团，还受到团市委的表彰。他的事迹经常被媒体报道，成为修脚行业精英。

陆松林生活照。

沐浴业焕发新生机

“小荷才露尖尖角，早有蜻蜓立上头”。

已在修脚行业崭露头角的陆松林，凭着过硬的修脚技艺和积极上进的工作态度，备受关注。1983 年体制改革，他从一线修脚技师调到公司业务科工作，专门进行行业培训和技术练兵。一年后，又因业绩突出，调任扬州市第二饮食服务公司，任浴室业务经理。

当时，扬州浴室行业共有门店 13 家，员工 400 多人，年营业额不足 100 万元。浴室行业面临三大困难：一是企业设施差，危房多，破损严重，锅炉带病运行；二是企业分散，内耗大，难管理，员工无积极性，企业无利润；三是专业技术跟不上形势发展，吃大锅饭。针对浴室业的现状，陆松林积极与领导沟通，研究对策。首先，从解决三大困难入手，开始了一场浴室业大规模的改革。利用 2~3 年时间，逐步解决了危房翻新，更新内部设施，添置空调、彩电设备等，并增加浴种，适当调整价格。

在政府的支持下，更换维修浴室设施设备，购置新锅炉。其次，重新修订各部门工种的岗位职责和奖惩条例，狠抓开源节流，防止跑冒滴漏。最后，注重培训，提高从业技能。在全市13家浴室开展了服务技术练兵和技术考核，并由劳动部门颁发技术证书和技术津贴。此外，实行绩效工资等一系列举措。特别是首次招收女修脚师，打破扬州修脚行业的先例。改革后，企业员工干劲十足，精神面貌大改观。短短的几年时间，企业扭亏为盈，经济效益节节攀升。

成绩的取得是无数个努力的结果。人们怎会忘记，陆松林当经理的那年除夕，中华泉浴室的两口大汤锅坏了。为保证浴客年三十能洗到澡，陆松林和浴室负责人冒着风雨去买锅，每人头上顶一口锅，徒步送到中华泉浴室。

人们清楚地记得，为了扬州13家浴室的整修改造，陆松林像苏秦游说六国似的奔波求助各个部门，最后终于筹到30万元改造资金。圈子里的人都知道，陆松林将自己得到的8万元购房款全部用在了浴室改造上。

一曲奉献者之歌，换来丰硕的成果。陆松林也先后被评为市、区先进个人和劳动模范。首批女修脚师当中的陆琴创办了"陆琴脚艺培训中心"，并开办100多家连锁店，培养了一批又一批修脚行业人才，当选为全国人大代表。周业红创办了"业红足艺店"，被劳动部门评为"修脚技师"，还连续三届当选为扬州市政协委员、市劳动模范，为扬州修脚行业增光添彩。

江山代有人才出

只要肯努力，有梦想，谁都了不起。

2000年，陆松林退居二线。人退，思想不退，他开始思考，如何把老祖宗传下来的修脚技术更好地传承下去。

当时，江苏省商业学校有"扬州三把刀"中的理发刀和厨刀培训班，唯独缺少"修脚刀"的培训班。校方负责人找到陆松林。刚刚赋闲的他奉命到学校"开荒"。

被称为"开荒"是因为一无所有。教材、教案、书本都没有。扬州修脚几千年来一直是师徒口口相传，没有手稿资料可借鉴，陆松林只能亲自动手选编教材。对于仅有初中文化程度的他，写教材谈何容易，他便找修脚同行以及师傅共同切磋研究。凭着多年的经验，查找相关资料，边编教材边授课，陆续编写了《修脚理论》《沐浴管理》《沐浴知识》《搓背知识》等教材，共计10多万字。不得不让人钦佩！

有谁能想象得到，为了查一个字，为了弄懂一个生涩的词汇，为了斟酌一个标题或者一个行业术语，陆松林会顶着满天繁星奋战到深夜。打捞岁月里散落的时光，聚沙成塔，那些教材都是凝聚他心血和汗水的智慧结晶。

陆松林为人师表，培养学生德艺双馨。有个叫季庆伟的学生在给他的信中说："老师，我原来是一个刻字社的下岗职工，有老婆孩子。您是一个有责任心有爱心的人，我敬重您，也相信您的为人，所以选择修脚这个行业，希望老师对我多帮助多指导。"在陆松林的帮助指导下，季庆伟在 2003 年"健康杯"修脚比赛中得了第一名，成为修脚行业杀出来的一匹"黑马"。

陆松林在江苏省商校教学的同时，还兼职广陵区劳动局、维扬区劳动局、陆琴脚艺培训中心教修脚工艺课程。尽管很忙，但他还是利用业余时间参加了 2001 年度扬州"烟花三月旅游节"，参加了沐浴文化修脚名师表演和扬州电台"绿杨城廓"扬州沐浴文化的录制。他多次被扬州市社会劳动保障局、扬州市商业局、沐浴协会聘为修脚大赛评委。2003 年又被江苏省商业学校指定为制定江苏省修脚技术考核标准"题库"工作成员。

多年的实践中，他撰写的《论修脚与基本功》《冬季洗澡防晕池》《论修脚技术工作的总结和研究》《修脚名师季长富》《发扬老浴池的传统特色》《扬州修脚方兴未艾》等文章先后发表在《江苏沐浴文化研究》上。

人生路上，难免风雨。2005 年，陆松林的家庭遭遇很大打击，爱人和岳父相继跌断了腿，母亲得了肺癌，一个月后离世。一年中他所遭受的身心痛苦没人知晓，他苦苦挣扎在思想和心灵的边缘。一番苦思冥想后，他还是要将扬州修脚事业做大做强。他给自己制定了两大目标：一是把扬州修脚做成更大品牌，提升服务档次，最终形成产业链；二是对扬州近代修脚、沐浴的历史和文化进行比较全面的收集整理，形成系统性资料，以供后人学习借鉴。

推动沐浴业传承和发展

爱我所爱，无怨无悔。

陆松林一生挚爱的修脚事业，如何才能保护好，一代代地传下去并发扬光大？这是他退居二线后不断思考、不断探索的问题。

2015 年的一天，陆松林下班途经新建成的扬州 486 非物质文化遗产集聚区。他看到展区内展出的漆器、木雕、剪纸等都是扬州传统的代表项目，唯独没有修脚。如此好、如此专业、如此聚集传统文化的地方，怎能没有扬州名片"修脚"呢？陆松林决定想尽一切办法将扬州修脚搬进展区。

梦想一旦起锚，便势不可挡。他四处奔波，找相关部门，打申请报告，签订合同。规划设计，准备资料和图片视频，添置和收集实物。他仿佛又有了20世纪80年代当经理时的精神头。几番努力，2016年年初，扬州修脚顺利获批扬州市非物质文化遗产项目，成功进驻展区。50多平方米的展位，陆松林像小燕垒窝一样，一点一点地将扬州修脚的历史资料、刀具、图片等搬到展位，首次面向大众展出。

人们总能在扬州486非遗文化展区内看到鹤发童颜、精神矍铄、衣着朴素、微笑耐心地向游人讲解扬州修脚故事的陆松林。他将展区当作第二个家，一天不去展区，就好像生活缺少了什么。他每天义务讲解，免费为人修脚，还带徒弟。他在展区内设置了个人工作室，将从业近60年的一些相关资料、图片、工具进行展出，为后人留下宝贵的文化财富。作为国家级非物质文化遗产的“扬州修脚术”第三代传承人，将扬州修脚发扬光大、完满传承，是陆松林最大的心愿。

很多人劝他歇歇吧，他微微一笑答道：“忙惯了，歇下来反而不舒服。做自己愿意做的事，人会活得更有滋味！”（作者：柴宝侠）

05 被媒体遗忘的特级修脚大师

——记国家特级修脚师、国家职业技能鉴定高级考评员朱才林

在修脚行业数以万计的从业大军中，能够通过专业考核、取得修脚师资格，那是修脚人的梦想。而能够成为国家特级修脚大师，几乎是所有修脚人的夙愿。

扬州修脚名家朱才林，是国内屈指可数的国家特级修脚师之一。然而，在信息飞速发展、网络技术日新月异的今天，无论你在网络上如何搜索“朱才林”这个名字，还是输入“修脚大师朱才林”这一关键词，其结果只有简短的几条信息。其中有条信息是中国修脚协会官网于2013年7月3日发布的：“中国修脚协会”筹备委员会郑全德等一行五人相约来到美丽的扬州，商贸学院的高权主任热情的接待，并组织了关于成立“中国修脚协会”的必要性和相关工作的座谈讨论会议。参加座谈会的扬州大师有高同林、朱才林、高权、陆松林、周业红、王福宝、陆健、武贵豪、侯筱林、韩伯顺、闫三羊、史大志、王帮龙。会上，部分大师做了重要发言，对筹委会代表的到来表示热烈欢迎，对成立“中国修脚协会”表示参与和大力支持。此次会谈对“中国修脚协会”的筹备工作起了重要的推动作用。在这区区2000多个字符里，也只有“朱才林”三个字，其他几条信息也如同这条被淹没在网络中的简讯一样，都是一笔带过。

朱才林：是被媒体遗忘的特级修脚大师。

跟名师学修脚，他一鸣惊人

扬州被誉为“中华修脚刀之乡”。令扬州人引以为豪的“三把刀”早在20世纪就根植于这块古老而神奇的土地上，成为经济和文化生活重要的组成部分。从蹒跚学步时开始，朱才林就跟随父母，在当地的大小浴池里洗浴，目睹了当地修脚师那近乎杂技般的修脚绝技，随着年龄的增长，他对修脚更是情有独钟，渴望有朝一日能像模像样地为客人修脚。这一天终于等到了——那年，他刚刚14岁。

也许是穷人的孩子早当家，也许是命运使然。他居然在亲友的介绍下，在当地颇有名气的百年老店双桂浴室当学徒，而他的师傅就是当地知名的修脚艺人王大安，号称“王一刀”。老师傅从早忙到晚，只有午餐的时候才静下来休息一会儿。当时，浴室里的修脚师傅不像现在这样悉心地传授技艺，他们只是低着头，手中紧握那把出神入化的修脚刀埋头修脚，只准许徒弟在一旁静静地看着师傅如何操刀、怎么持脚、不同的脚病要采取什么方法修治而已。朱才林是个聪明懂事的孩子，他总是守候在王师傅的左右，为他端茶倒水或干一些挤毛巾把子、收拾浴椅、倒痰盂等杂活，偶尔还会用他那双小手为师傅按摩捶背，颇得王大安的赏识，认为“此子可教也”。王师傅闲下来的时候，会不自觉地传授他一些修脚绝技，使朱才林受益匪浅。而朱才林没有让师傅失望，他尽管年纪尚小，但凭借顽强的意志和不怕吃苦的精神，苦练修脚本领。他从最简单的持刀法学起，用心揣摩其中的奥妙。渐渐地，他不但领悟了师傅修脚的技巧，而且练就了自己独特的“反手刀”绝技。3年后，他又跟随金汉浦、王岐山两位名师继续学修脚，对扬州修脚师不同刀法技艺有了较全面的了解。

1987年，时任江苏省委书记的韩培信到扬州视察工作，因患脚病行走不便——顶趾疼痛难忍，便步入当地一家知名的浴池修脚。而为他修脚的就是刚出徒不久的朱才林。当时，朱才林并不知晓端坐在眼前的这位客人居然就是省委书记，他像给其他顾客修脚一样，先仔仔细细地查看了一下客人的脚，然后娴熟地取出修脚刀说：“别紧张，我这里可开始修脚了。”朱才林仅用了20多分钟，就解除了韩书记的脚病。从此，他成为扬州修脚行业里有名的修脚人之一。

崇尚刀到病除，服务人民

看似地位卑微的修脚师，却和那些行走于江湖的武林高手有许多相似之处：他们有不同的门派之分，有严格的辈分之别；那些技法高超的大师不仅身怀绝技，还有迥异的脾气秉性和处世哲学，他们或性格豪放不拘小节，或隐身于江湖，神龙见首不见尾。在修脚的方式方法上，也是各领风骚、不拘一格。朱才林属于那种不事张扬，专注于技艺和服务的一类，他曾先后服务于“三星”“扬州浴池”“温沙堡”“金宝泉”“健康海”等浴池，但不管在哪里，他总是兢兢业业，严于律己，丝毫没有大师的架子。相反，他的修脚技艺却令所在的浴池声名鹊起，甚至许多外地的患者也不远千里慕名而来，就因为他是名冠扬州的“第一刀”，就因为他崇尚“刀到病除”，从未失手。

古城扬州，历来以消费著称，人云：扬州人是“早上皮包水，晚上水泡皮”。说明这里的饮食和沐浴业十分发达，人才济济。可想而知，要在扬州修脚行业当上领军人物谈何容易。朱才林偏不信这个邪，决心要成为扬州修脚行业的龙头老大。朱才林独立修脚后，虽然有了修脚的基本功，但面对顾客时心理压力较大，给客人修脚难免有些紧张，害怕一刀下去出了差错无法向顾客交代。所以，每次有客人来修脚，他总是心存敬畏，全神贯注，不管对方身份如何，总会尽其所能，在最短的时间内“一刀清”。短短几个月后，他就驾轻就熟，初露锋芒，成为所在浴室的“顶梁柱”。他认为：修脚的基本要求是要奔得平、修得圆、铲得光，一刀“下去”要稳、准、巧，要有“四两拨千斤”的功夫才行。他知道由于个人的情况不同，脚上的毛病各异，或鸡眼或脚癣或肉刺或肉瘤或灰甲等，那么修脚人的修脚刀就需一应俱全。于是他买了修脚的全部武器：平刀、金锛刀、嵌趾刀、铲刀和刮刀等，刀口和刀型各不一样，或窄口或炳宽，或刃薄或坚厚，仿佛武林中人的十八般兵器。

20年前，中国香港地区有一财团来扬州洽谈生意，其中一对夫妻患有严重的嵌趾、灰指甲等多种脚病，在香港修治多年不见任何效果。听说扬州是修脚之乡，便想找高人帮助修脚。当时负责接待的同志知道后联系到朱才林。朱才林在查看脚型、脚病后，很快确定了修治方案，在很短的时间内就修治好了这对夫妻的脚病。当时，这对香港夫妻不仅付了较高的酬金，而且很高兴地说：“没想到修脚会这么轻松、惬意，这一趟扬州没有白来。”有位上海女顾客患有严重的甲沟炎，脚部红肿化脓苦不堪言。朱才林针对这一病情对症下药，采用一刀清的技术不费吹灰之力，便将病灶根除。那女顾客称赞不已，后来专程派车请朱才林到上海为那里的脚病患者治脚病。就这样，朱才林实现了走出扬州的第一步。

1986年，朱才林在扬州市商业局牵头举办的江苏省苏北片修脚技术考核评比中，被评定为一级修脚师；1990年，在扬州市第二届五四青年修脚比赛中，他一路过关斩将，发挥出自己“反手刀”和“一刀清”的绝技，在强手如林的赛场上获得第一名；1992年，在由江苏省商贸厅举办的全省首届特级修脚师培训班考核中，他被考核组授予“特一级修脚大师”称号；2005年，他获得国家职业技能鉴定高级考评员资格，不仅多次应邀参加中国修脚协会、沐浴委员会等组织的研讨会议，还先后为健康海杯、聚浪潮杯、江都的金华粘杯等大赛担任评委，从而奠定了他在扬州乃至全国修脚界的地位。

初心不改传绝技

江湖中曾有言曰："教会徒弟，饿死师傅。"修脚界也有一些人对此深信不疑，对自己所独有的修脚技法守口如瓶，唯恐他人学会之后威胁到自己。朱才林不这么认为，他说："修脚术不仅是扬州的非物质文化遗产，也是国家的非物质文化遗产，作为一名职业修脚师，就应竭尽所能，去弘扬这一宝贵财富。"

面对荣誉，他不仅没有停止不前，反而觉得自己肩上担子更沉重了。他相信"一花独放不是春，万花绽放春满园"。在长达50余年的修脚历程中，他时常思忖着如何让扬州修脚技艺得以传承，得以壮大。因为扬州的修脚技艺向来是口耳相传的，并无专业培训学校。1997年，江苏扬州商业学校（原江苏省扬州商业技工学校）率先在全国创办了"修脚班"，特聘朱才林为修脚公益课老师。虽然公益课非但没有任何报酬，还要耽搁很多时间、耗费很多精力，他还是满口答应下来，准时准点去授课，不厌其烦地为学生教授修脚知识。为弥补自己理论上的不足，朱才林先后自学了人体组织解剖学、中医理论、医学知识、卫生消毒知识、教育学、教学心理学、教学方法理论，并结合自己多年的实践经验，制定出《修脚公益课教学计划》，把自己的一身绝技毫无保留地传授给学生们，为普及和推广修脚知识做出了巨大贡献。

如今早已跻身国家特级修脚师的王帮龙，全国人大代表、陆琴修脚有限公司总经理陆琴，都曾受到他的指点。

2014年12月16日，我国首部沐浴行业标准《扬州沐浴服务规范》在扬州出台，该《规范》作为江苏地方标准在全省范围内推广执行。《规范》对整个沐浴行业的场所、服务设施、服务规范、经营管理、员工素质，甚至工具、招待语言方面都作出了明确规定。朱才林作为主要编撰者，全程参与并拟定细则；数年后，他与陆琴、周业红等一批修脚大师撰写出《修脚工艺课教学投课计划》《修脚工艺流程教法》等资料和《修脚保健技巧》《修脚技术》《脚艺真传》等书稿，使扬州修脚师的挖嵌趾、剐鸡眼、取残甲、铲老皮、拔肉刺和治疗脚垫、肢疔、脚瘊、灰指甲、脚气、裂折等脚病的神招妙招在很短时间内就技传天下，誉满四海。

笔者在采访中得知，朱才林培养的学生和学员来自全国各地，共计1500多人。其中一些学生在浴池服务业已颇有名气：如赴澳大利亚创办足部护理中心的张秀琳，在湖北十堰市开设脚医门诊的龚兰，在北京开办脚病培训班的古建辉等，都在传扬着他的修脚技法，推动着这一古老而新兴的产业向前发展。

而采写此文，也让修脚界的从业者和万千读者从一个侧面领略一代修脚大师的风范，弥补媒体对他的些许不公。（作者：吉尚泉）

06 “神奇一刀”名扬“江湖”

——记国家特级修脚师、国家职业技能鉴定考评员王帮龙

凡是到过扬州城的人，都会对扬州留下难以磨灭的印象。南京市旅游局副局长刑定康先生烟花三月下扬州后，在《南京日报》发表了一篇题为《扬州印象——神奇一刀》的署名文章。他对扬州的印象居然不是瘦西湖，更不是富春包，而是那“神奇一刀”。

王帮龙个人照。

原来，刑先生来扬州之时，因脚上患有鸡眼疼痛难忍行走困难，于是慕名来到扬州沐浴界的龙头企业——聚浪潮浴都，找到了号称“王一刀”的修脚师。谈笑间，这位号称“王一刀”的大师就为他剔除了鸡眼，除净了痛之根源，刑定康先生脚部的痛感顿消，健步如飞，真正是一刀定乾坤。扬州修脚刀名不虚传，成了刑先生对扬州的最深印象。而这位“王一刀”，就是国家特级修脚师、国家职业技能鉴定考评员王帮龙。

历经18年潜心习练

“宝剑锋从磨砺出，梅花香自苦寒来。”用这句话概括王帮龙青少年时期勤学苦练修脚技艺的历程，再恰当不过了。他和诸多国内同辈的修脚大师有着极其相似的经历，更有那种为了一项事业不懈追求的毅力和精神。他历经18年的潜心习练，博采众长，终于站在国内一流修脚大师的行列之中。

王帮龙出生于扬州市区一户普通的工人家庭，父母身上那种勤劳质朴的品格熏陶着他幼小的心灵。自读小学时起，他就利用放学和寒暑假时间帮着妈妈推送货车上坡下岭，看到妈妈汗流满面依然坚持的样子，王帮龙就恨自己为什么不快些长大，帮妈妈做更多的工作。而每次收工回到家里，王帮龙目睹母亲忙里忙外操持家务，慢慢感悟到“人生之路不进则退”的道理，也只有一步一步不断向前，才能抵达事业的高峰。

1981年，王帮龙中学毕业不久就投身扬州著名的老字号——“教场浴室”学

徒。万事开头难，他懂得这个浅显的道理，于是就从给浴池烧炉子这样最脏最累的工作干起。经他一锹一锹铲送，教场浴室的地锅被烧得滚烫，客人来了都大呼“过瘾，真的太舒服了！”老板打心眼里高兴，总是对他投以赞许的目光。毫不夸张地说，他铲送的煤可以堆成一座小山。两年以后，老板将他上调到堂口，负责迎宾客、叉衣服、倒茶水、整热巾的工作。他终于熟悉了浴室的每个工作环节和全部流程，这使他有机会目睹修脚的神奇魅力。

“扬州修脚”和“河北路”“山东路”被国内修脚行业誉为三大修脚流派，历史悠久，技艺精湛，人才辈出，为数以万计的脚病患者解除了疼痛。修脚师傅那信手拈来般娴熟的技艺，举重若轻刀走偏锋的功夫，令王帮龙大开眼界，也深深地吸引了刚满20岁的王帮龙。于是，他在本职工作之余，把老师傅修脚的动作、要领、路数偷偷看在眼里，记在心中。回到家后，悄悄取出修脚刀独自在木筷上尝试着练习。冬练三九，夏练三伏，任凭豆粒般大的汗珠从额头上滑落，也不肯歇息，甚至手被划出血泡、磨出老茧也不肯停下。应当说，在此期间，他这“偷学”的过程充满了执着和坚持，也饱含他更多的渴望和憧憬。他学得上心、用心，也更专心，而他一学就是整整7年。

7年时间，2500多个日日夜夜，教场浴室里居然没有人觉察到，更没有人知悉眼前这位做事认真、负责迎宾等杂活的小伙子，已然是一位身藏绝技的修脚大师。他没有正式拜过一位师傅，但全扬州老一辈六大派系修脚师的技艺他都了然于胸，甚至达到融会贯通的地步。从持脚法到持刀法，再到用刀法，甚至一些疑难杂症的修治，也一清二楚。他博采百家之长，融汇各派之精华，终于可以自如用刀。

修脚处处皆学问

1988年，王帮龙初出茅庐便一鸣惊人。那是在教场浴室从事迎宾期间，有一次，浴池来了位老奶奶，声称自己的脚上长了鸡眼，走路困难，迫切需要浴室的师傅帮忙修治。偏巧当日的修脚师有事外出，老奶奶只得坐在浴室里焦急地等待着。老板急得团团转。

“师傅不在，就让我来试试吧。”王帮龙拍拍自己的胸脯，信心十足。

“你？能，能行吗？帮龙……”老板颇感意外，他上上下下打量着眼前这位既熟悉又有几分陌生的年轻人。当他们的目光碰撞在一起，老板终于点点头，“好吧，可一定要修好啊！”

王帮龙坐在老师傅的位置上，依次取出刀囊里的刀具，只见他娴熟地铺好垫布，手持修脚刀，劈、片、挖、分、刮，挥洒自如，短短一袋烟的工夫，老人脚上的鸡眼就被剔除干净。老板长长地舒了一口气，赶忙迎上去，递给他一条毛巾，并亲自给他沏上一杯上好的龙井茶。就这样，修脚工王帮龙的名字不胫而走，他如愿以偿成为一名正式的修脚师。

在扬州修脚业界里，修脚师比比皆是，但是能凭借一把小小的修脚刀独辟蹊径、修出个性并修出名堂来难比登天。这期间，王帮龙曾前往扬州市商业学校修脚技师培训班进修深造，全面提升自己的文化知识水平，掌握了先进的修脚理论。他对鸡眼、嵌指、甲沟眼和猴子的治疗，判断准确、持脚稳当、持刀正确、手腕运力轻重恰到好处；他的刮脚更是堪称一绝，彰显了“下刀精确，角质去除干净，刮刀无跳动”的特点，达到见红不见血的高深境界，他还熟练运用捏、拖、挤、揉、推拿手法，指力腕力不轻不重，恰到好处；尤其是拿鸡眼，条刀下刀深度精确，削得净，修得圆。此后，他先后在梅岭浴室、扬州浴室、世纪星、健康海休闲中心、聚浪潮浴都挂“头牌”坐堂，堪称以上浴池的“顶梁柱”。

王帮龙修脚用两块白布，一块搭在腿上，另一块铺在脚下。他说腿上这块白布既可以保障自己腿上的卫生，也让客人看了舒服，脚下那块白布则是用来“接住”修脚修下来的皮屑，保证环境卫生。他认为修脚处处皆学问。

一刀修出休闲路

有一天，“梅岭浴室”来了一位南方的澡客，洗完出来后眉头老是皱皱的。王帮龙注意到他的一双脚，原来这位客人脚上有深度嵌趾，那坚硬的脚趾甲长到了肉里，令他走起路来像一把小刀在慢慢割肉，痛苦不堪。王帮龙看出名堂后，主动上前与他搭话，询问他要不要把脚修一修。那客人瞄一眼这毛头小伙子，没有搭理。王帮龙知道对方是嫌他年轻，怕修不好带来什么隐患，便悄然坐在客人身边，与他拉起家常。告诉他所患的嵌趾是较常见的一种脚病，处理得好，一年半载也不会再痛，关键是修脚刀的刀头要探到位，修得干净。接着，又问他要不要修一修。顾客抬起头，似信非信。王帮龙不失时机地再劝了一句：“我为你修脚你尽可放心，不会让你疼痛，感到不好可以不付钱!”听他说得这么有信心，客人犹豫了一会儿还是把脚伸了出来。

王帮龙并不急于拿刀就修，而是拿起刮脚刀在对方脚上慢慢刮了起来，轻重适度，刀刀着力，等客人进入全身放松的舒服境界，好像飘飘然时，他才操起嵌趾刀，一层一层地削了起来。大约半小时后，王帮龙拿了一条热毛巾包在客人的脚上，用手来回擦了几下，说：“成了。”几乎快要入睡的客人站了起来，先是小心地在地上踩了几下，接着又快步走了两圈。“嘿，神了，一点也不疼了!”客人激动地抓住他的手说了句：“小师傅，你这一刀真厉害呀!”从此，“王一刀”的名声就传开了。

一年后，王帮龙参加南京现代推拿学校评委工作，顺利通过了国家职业技能鉴定考评员考核，被评为修脚技师。2002年，他一路过关斩将，荣获扬州修脚技艺大赛一等奖，在修脚人才济济的扬州独领风骚，从而奠定了他在扬州乃至全国修脚行业的地位。当时，《扬州日报》还发表了题为《一刀修出休闲路》的文章，介绍王帮龙被高等商业院校聘为客座教授，以及修脚技艺精湛，为脚病患者修脚的故事：一次，著名小品演员李琦慕名请他修脚，结果刀到病除，李琦在领教了扬州"三把刀"之一的修脚刀之神奇后，当场挥毫写下一首藏头诗：全神贯注白刃苗，国粹招绝除疾消。特艺巧技行中首，级至堂项人颂高。修毕瘸翁步逍遥，脚踏青苔印露潮。大路通天任君走，师傅号称王一刀。

临行，李琦还喃喃自语：扬州修脚刀，如肉上雕花，王一刀是其中的一把金刀啊！

"王一刀"走向全国

如今，在王帮龙家中的卧室里，还保留着一张珍贵的照片——他与国家体育总局原局长袁伟民的合影。这位曾经驰骋体坛的传奇人物，一向以严谨、顶真著称。袁伟民这次跟王帮龙合影时却笑了，笑得那么甜，因为王帮龙修好了困扰他多年的脚病。30多年来，他不仅为国家领导人、体育明星修脚，更关注那些家庭贫困人群，特别是敬老院里的老人，每年都定期为孤寡老人和贫困家庭成员修脚，为居民送去扬州修脚"温柔一刀"。

王帮龙成名之后多年没有收徒，并一直感叹，扬州修脚后继乏人。他觉得，修脚刀作为扬州沐浴文化的非物质文化遗产，应该好好发扬光大。于是，招收了10名大学生弟子，传承自己的修脚技法。自2009年以来，他组织自己的弟子在扬州的浴池和主要街道开展"大学生修脚工免费为老人服务月"活动，每年让2000多名老人足下受益。他组织开展的"专门以特色技艺义务为老人服务"活动在全国尚属首例，至今已开展了10年之久。

2009年6月，扬州文化局为他颁发了"市级非物质文化遗产项目扬州修脚技艺代表性传承人"证书；2010年，他被江苏省文化厅命名为"江苏省非物质文化遗产扬州'三把刀'（修脚技艺）代表性传承人"；2013年，他当选为中华修脚协会副会长，被中华修脚协会任命为技术顾问。日前，"王一刀"商标，已通过国家工商管理总局注册。他先后数十次代表扬州，与来自国内各地的修脚大师切磋技艺，分享经验，并通过教徒、授课等方式宣扬自己的修脚技艺，让他赖以成名的"王一刀"走向全国，造福民众。（作者：吉尚泉）

第三章

齐鲁大地的巾帼榜样

齐鲁大地，人杰地灵，这里历史悠久、文化厚重，在足护理行业涌现出了很多榜样人物。三位“女杰”的追梦故事值得细细品读。

01 蕙质兰心，贤德名医

——记全国三八红旗手、山东省劳动模范、特一级修脚师刘惠贤

她有一双会说话的眼睛，干净清澈。齐耳短发，显示她的倔强和泼辣。她 17 岁就打破世俗的偏见，成为青岛市第一代女修脚工。她苦练本领，很快成为修脚行业的佼佼者。30 多年来，她凭着精湛的医术和热情的服务，为 20 万脚病患者解除了痛苦。她创办的“青岛市脚病医疗所”是山东省独一无二的脚病治疗部门，也是中国一流技术的脚病专科门诊。先后被评为全国、省、市“三八红旗手”，省、市劳动模范，荣获“全国五一劳动奖章”，被选为山东省和青岛市人大代表，并担任青岛市人大常委。她就是特一级修脚师——刘惠贤。

一个义无反顾的抉择

1948 年，刘惠贤出生在青岛一个贫困的家庭。1961 到青岛万国洗染店当了一名织补工。1965 年的秋天，领导动员职工报名参加修脚，工人们议论纷纷，你看看我，我看看你，无人吱声。刘惠贤第一个报名，她要当一名为人民服务的修脚工。有人说：“你小姑娘家家的，放着清闲的工作不要，当什么洗脚工？你知道不知道，那活儿有多脏多累！”有人说：“那活儿一般男的都不爱干，你个丫头片子去干啥？”

母亲听说后，更是大吃一惊。“你这个丫头，好大的胆子，谁也不商量，就自作主张。你知不知道，修脚，将来找对象都难！”

逼急了，刘惠贤就自己跑到卧室偷偷地哭。

反复劝说，她就是不听。母亲心疼女儿，无奈只好妥协。

刘惠贤是山东修脚行业的代表人物。

梦想一旦起航，就会乘风破浪扬帆远航。个性坚强的刘惠贤光荣地成为青岛市第一代女修脚工。

无怨无悔的求索

“路漫漫其修远兮，吾将上下而求索。”

1965年年底的一天，刘惠贤来到青岛市建新浴池学修脚。师傅被她的胆识和魄力所折服，从理论到实践，掏心窝子地教她怎样修脚，怎样治疗脚病。

有一天，店里来了几个顾客要修脚。不巧，师傅不在。刘惠贤就想自己动手尝试修脚。她把散落在额前的头发拢拢，搬来一个马扎，腿上搭块白布，让顾客把脚放在上面。

一个挺高挺胖的妇女坐下来。她长了脚垫，有扣子那么大。

刘惠贤毕竟是第一次独立修脚，心扑通扑通直跳，有点紧张。她努力思索着师傅教的修脚要领，一刀一刀小心翼翼地操作起来。突然女顾客“哎哟”一声叫了起来。

仔细一看，天呐，出血了！刘惠贤一下愣在那里。围在一旁的几个顾客见到这个情景，不声不响地走开了。第一次上场就丢了丑，刘惠贤甭提多上火了，晚饭都没吃，一个人躲在墙角偷偷地哭了。

师傅回来后，不但没有埋怨她，还细心地帮助她走出心理阴影。师傅说：“修脚，不是谁想干都能干的。一是环境艰苦；二是没有爱心、细心和耐心，绝对修不好脚；三还要有过硬的修脚技术。稍有一点不注意，戳痛顾客或者导致流血，顾客就会叫唤，轻则一顿臭骂，重则拳打脚踢，甚至被老板开除。既然选择这一行，就要有心理准备。”

刘惠贤非常庆幸摊上一个好师傅。她深深地懂得，想要在这一行立足，光有决心和信心不行，必须要掌握修脚技艺，有过硬的修脚本领。白天，她在师傅手把手地教授下，勤学苦练，晚上下班回到家，她像着了魔一样，嘴里念念有词：“持刀要稳、准、快，进中有退，退中有进，刚柔相济，不能走空，刀刃在手里要翻转自如，灵活上下。”她一边念叨一边比画，每天都练上几百甚至上千遍。有时胳膊练肿了，手指磨破了，意志却稳如泰山，毫不动摇。她经常拿自己的脚做试验，她的脚趾三天两头会出血，经常缠着纱布上班。

1977年4月，刘惠贤到北京出差。第一次到首都，办完公事本应游览一下名胜古迹，但刘惠贤却拜访修脚界名师。在北京停留7天，她先后拜访了刘振英、娄文斌、安琪、杜德顺等十几位颇有名望的修脚师。她还到郑州、洛阳、上海等地拜访修脚名师，到虎坊桥、西四等修脚室学习手术割脚胆、瘊子等。还有一次到济南开会，她在会上听说商场附近有个私人修脚的地方治疗鸡眼很有办法，专程跑去学习，在修脚摊一蹲就是半天。有人说：“你一个省人大代表，还跑去跟修脚摊的人学修脚？”“我只学人家的修脚技术，其他的何必考虑那么多呢！”

钻研脚病治疗技术是一项多专多能的技艺，要求医者具有多方面的科学技术和实践经验。

“书到用时方恨少。”这是刘惠贤在修脚实践过程中感触最深的。自己这点本事远远不能满足广大脚病患者的需要。她克服文化底子薄、基础差的困难，常常利用孩子睡熟后、别人起床以前的点滴时间，认真刻苦地攻读医学和临床应用的《修脚术》《中草药临床应用》《药理学》《中医杂志》《新医药学研究》《皮肤病》等几十种医药书籍，并做了大量学习笔记。就连开会的间隙、下厂服务候车的时间，她都抽空学习。她参加了中医专业学习班和为期四年的中医函授大学学习。那时，只要听说哪里有办医学培训班的，她都积极争取参加。她先后学习了推拿、按摩等业务知识，不断补充营养和能量，提高专业技术水平。

有一次，刘惠贤听说青岛市北区医院有个年近八十的中医外科大夫对治疗脚病很有经验，就登门求教，一次次往医院和老人的家里跑。老人被她的坚持和诚心所感动，陆续把他多年行之有效的膏药、外用药膏、落散和药丸的配制方法传给她。这些药方看起来简单，但配制、提炼方法都比较难。她克服了各种中草药刺鼻难闻的气味，起早贪黑地提炼配方，直到满意为止。

刘惠贤的爱人是个精通业务的中医。在他的帮助下，刘惠贤潜心钻研各种药理知识和脚病治疗配方。临床上，她发现同一种脚病，对药物的反应却不一样。人们常见的手脚干裂，裂口处皮肤粗糙、增厚，严重者出血、刺痒和疼痛，医学上叫“鹅掌风”。按照书上的治疗方法效果不明显，她便想方设法寻找中医药膏，对大多数患者都有效，但对特殊患者的疗效甚微。为什么同一种药对同一种病的疗效差距会如此悬殊呢？她通过学习、追访和临床观察，发现发病原因不同是造成不良效果的根源。于是，她有针对性地配制出成分不同的润裂膏、外洗散药等三种药物，根据患者的不同情况对症下药。

刘惠贤获得山东省劳动模范时的照片。

嵌甲是一种多发的脚病，就是普遍常见的脚指甲长到肉里，造成化脓或者感染等，医学上称为“嵌甲病”。针对这种普遍病症，刘惠贤用 5 年时间写出了《修脚术治疗足部嵌甲 200 例报告》的论文，并在全国首届中青年皮肤科医学学术研讨会上交流经验。她根据临床经验，与爱人一起参与并主编了《足病治疗与保健》《脚病漫谈》《修脚技术》等书籍，在业界引起强烈反响。

把奉献刻进骨髓里

“这是心的呼唤，这是爱的奉献，这是人间的春风，这是生命的源泉。”刘慧贤就是这样无私奉献着人间的大爱。

单位倒闭后，刘惠贤就在爱人的诊所继续给病人修脚，治疗脚病。除了接治上门求医的病人外，她还经常到农村、街道或工厂进行义诊。2007 年，她和爱人到贫困地区义诊，一天就给 260 名老农民、老干部诊治脚病，帮助他们解除疾病痛苦。

一天中午，一位年过古稀的老大娘拿着报道刘惠贤的报纸来找她修脚。那是怎样的一双脚啊! 是从封建社会走来的一双奇形怪状的小脚，脚趾都被裹脚布窝断了，像寒风中瑟瑟发抖的寒号鸟一样紧紧蜷缩在一起，脚指甲都变了颜色，深深地嵌进肉里。刘惠贤没有一点嫌弃，像亲闺女一样为老人洗澡、烫脚，用一个多小时的时间耐心细致地给老人修脚，困扰大娘大半辈子的脚病得到治疗。大娘感激万分，要认刘惠贤为干女儿。

河南路上有个军烈属，半身不遂，常年卧床，有脚病。刘惠贤就和同事定期将老人接到浴池，给老人洗澡、修脚。日复一日，年复一年，坚持了七年，直到老人去世。

1980 年 5 月的一天晚上，刘惠贤紧赶慢赶跑了五六家给人修脚。晚上十点半，在回家途中，天黑路滑，她连人带车一下子摔倒在地，不幸左大足趾粉碎性骨折。医生要求卧床休息，她想：还有多少定期治疗的脚病患者需要换药，还有多少脚病患者在急切等待我去帮助他们解除痛苦，我躺倒了怎么行!

她执意上班。弟弟只好用车子接送她上下班，晚上还要推着她走街串巷地去义务修脚。刘惠贤忍着病痛坚持工作一个月，一天也没休息过。那是怎样的一种精神和毅力啊!

纺织厂工人每天都站着干活，劳动强度大，很多人都患有脚病。刘惠贤主动上门服务。每到一处，修脚的工人都排成长龙似的队，刘惠贤一口水都顾不上喝就干起活来，一口气干四个多小时不动地方。时值盛夏，连闷带热，她额头挂满了汗珠也顾不上擦。人们心疼她，有的递毛巾，有的扇扇子，还有人把打开的汽水递到她嘴边。有时她都来不及喝一口，一心闷头干活，场面极其感人。

寒冷的冬天，窗外大雪纷飞，北风呼号。星期天的早晨，刘惠贤一骨碌爬起来，连一口饭也顾不上吃，顶风冒雪地来到国棉二厂，给刚下夜班的女工修脚。那些期待的目光穿过风雪，凝望远方，仿佛有巨大的引力，在招唤着刘惠贤到来。她怎能辜负？

刘惠贤有一个卷了页、皱了角的陈旧小本，天天带在身上。本上密密麻麻记录的都是脚病患者的姓名和家庭住址。他们大都行走不便，刘惠贤利用业余时间上门义务服务，一个晚上要跑四五家，经常忙到深夜。一年三百六十五天，她起码有三百天都在坚持义诊，即使怀孕八九个月的困难时期，也没放弃义务给人修脚。

刘惠贤一心牵挂的还有敬老院的孤寡老人，青岛港务局的职工等都是她义务服务的对象。

多年来，刘惠贤凭借精湛的技艺和药物配合，将传统的中国修脚术与中医药结合在一起，随时随地为人治疗脚病，效果明显，立竿见影。她义务行医无数次，足迹遍布青岛的大街小巷，为无数脚病患者解除痛苦。收到感谢信 100 多封，锦旗 20 多面。《特区时报》《青岛日报》《大众日报》等媒体对她的事迹纷纷进行报道。1979 年 11 月 14 日，《大众日报》在刘惠贤神采奕奕的彩照下配了一首小诗："职业无贵贱，分工有不同，凡为人民需，乐于听党命。心灵且手巧，著书艺精明，解除众人苦，誉满海滨城。"刘惠贤的技艺已经达到炉火纯青的地步，成为远近闻名的脚病治疗专家，她参加山东省和河南省修脚技术考核并担任主考官。1992 年至 1994 年连续三年，她应邀赴马来西亚进行为期半年的学术交流及健康咨询，受到异国他乡病人的高度评价，并赠予"高尚医德"锦旗及致谢函等。1998 年，她被卫生部中国保健国际交流促进会授予"中国特技名医"。

"莫道桑榆晚，为霞尚满天"。蕙质兰心的刘惠贤一生执着修脚事业，力求为更多的脚病患者解除痛苦。用大爱情怀诠释最美人间真情。如今退休在家，她仍然一颗红心向党，响应习主席号召，弘扬传统文化，经常参加传统文化活动，为国分忧，为民造福。(作者：柴宝侠)

02　谁说足疗登不上大雅之堂

——记山东济南市第一人民医院脚病治疗中心主任吴芸芸

20 世纪 70 年代初期，中国足疗事业发展还很滞后。人们对足疗了解甚少，得了脚病只能到浴池修治。普通百姓治不起，只能长期忍受脚病的痛苦折磨。经初步统计，全国 20 岁至 40 岁的人中，就有 80% 的人患有不同程度的脚病。40 岁以上的人群有将近90%的人得过脚病。难道老百姓得了脚病就没地方看了?

“有!”一个铿锵有力的声音来自一个倔强美丽的女子。

她,就是济南市第一人民医院脚病治疗中心主任,脚病治疗中心创始人,中国中医药学会会员,中华预防医学会足部健康法专业委员会会员,中华修脚协会名誉会长、北京修脚协会专家、脚病、足反射疗法专职讲师——吴芸芸。

吴芸芸经常受邀参加行业会议。

足疗登上医院大雅之堂

从医40余年来,吴芸芸继承祖国医学经络运行全身及足部穴位的理论,融传统修脚技术、足部推拿术与现代医学的足外科治疗术为一体,取得了令人瞩目的成就。临床带教学生百余人,曾在国家、省、市级医学刊物发表论文十余篇,在各级报刊上发表三十多篇医学科普文章,并合作研究、设计、发明国家专利两项,其“紫外线强度监测挂架”(专利号:94241181.1)、“斜颈矫正托”(专利号:97232332.5)广泛应用于临床。她曾多次参加全国医学学术会议,是“全国修脚师技能大赛”评委,论著《让足疗登上医院大雅之堂》被收入《辉煌二十年》大型文集中。2001年入选《中国专家大辞典》卫生技术专业类书籍当中。

故事还得从一个归国华侨说起。

20世纪60年代,因印度尼西亚反华事件引发动乱,华人饶曼妮从印度尼西亚回到祖国,1970年12月被分到济南饮食服务公司“温泉浴池”工作。她发现很多人有脚病,都到浴池里修脚。“人身上的其他病都可以进医院治疗,为什么脚病就不能呢?”针对这样的问题,饶曼妮在全国两会上提交了议案,引起相关部门重视。济南市卫生局决定让市第一人民医院成立脚病专科。

当时医院有500多名职工,院长开会发动大家踊跃报名。3天时间过去,没有人报名。在医学院校上四年学就为了干个修脚,太划不来啦!

院领导经过研究决定,由技术过硬、工作认真负责的吴芸芸带领3名大学生组建医院的脚病治疗中心。这个中心包含了皮肤科、内分泌科、骨科、外科、整形外科等。需要相关科室共同配合,根据不同脚病展开会诊,以求最佳治疗方案。

出身中国海军世家的吴芸芸,有着良好的个人修养。从海军部队转业的父亲母亲经常对她说，在单位一定要听领导的话，工作要尽职尽责。脚病治疗虽然脏、臭，但总得有人干呢！再说了，医院的妇产科、肛肠科、外科、急诊科、皮肤科……哪个科室不脏？有的比臭脚丫子还让人受不了。在父母的鼓励下，吴芸芸鼓足勇气挑战新的行业。

万事开头难。中心成立初期，医院将几间旧门市房做脚病治疗中心。吴芸芸头戴白帽，身穿旧衣服，亲自动手和3个大学生一起打扫房间，墙壁粉刷上大白作为治疗室。她们到山东省图书馆里找原始资料，涉及修脚的书籍很少。他们就分头在图书馆查找皮肤科的索引、中医的索引、外科的索引，内科的索引。大家分工明确，责任到位。摘抄的摘抄，复印的复印（当时没有数码相机，大块文章只能复印）煞费苦心地整理搜集资料，也不过是九牛一毛。于是，他们又骑上自行车把济南市所有大书店跑遍。终于在泉城书店的一个角落找到几本山东科学技术出版社出版的《足病防治与保健》，全部买下来当工具书。他们还去济南市的足浴场所进行考察，现场感受足疗的全部过程和修脚的各个相关环节。借他山之石，为我所用。

那时受医院条件限制，一大间接诊室，两间治疗室，煎药另有煎药房，4张沙发，4个垫脚的凳子，6个洗脚盆，科室内唯一的小伙子去北京购买刀具。此外，中心还配了治疗车、单头无影灯、紫外线消毒车、肾型盘等工具。

吴芸芸在卫校学过综合护理，在山东省中医学院学的是中医专业，就是从来没学过修脚。他们请来饶曼妮的师傅——山东浴池界老前辈丁龙江，手把手教大家学修脚。先练磨刀，然后找竹子、筷子、土豆、萝卜，西瓜皮练刀法。能片的练片，硬竹子练锛。一直练，一直练，直练到手不酸为止。他们还去附近的饭店捡拾一次性筷子，洗一洗，拿回家练。菜场快要收摊的时候，去买便宜的胡萝卜、土豆、地瓜做道具练手。

经过3个多月的紧张筹备，1998年7月30日，山东济南市第一人民医院脚病治疗中心正式成立。年轻的吴芸芸主任挑起了大梁。这是山东省第一个、也是唯一一个医院内脚病治疗中心。他们将现代医学与修治脚病有效地结合起来，开创了医院界没有脚病治疗专科的历史，让足疗像个盛装出场的明星一样，踩着红地毯，走上医院大雅之堂。

老骥伏枥，志在千里

“巧妇难为无米之炊”。开业之初，病源稀缺。吴芸芸就带领了3个大学生在医院内部逐个科室做脚病普查。结果还真有医生患脚病，有灰指甲、足癣、足皲裂、脚垫、鸡眼、疣、嵌、跟骨刺等。有的人不好意思接受治疗，他们就做医护人员的思想工作，“医院给咱提供方便条件，免费泡脚、义务治疗，还送毛巾，来治疗还是对新兴科室的支持，多美的事。”在吴芸芸等人的动员下，医护人员们都能主动来泡脚、治疗了。

此外，他们经常抽时间到周边居民区找老病号，到老年公寓去义务修脚。他们每年坚持为原济南军区第一干休所老红军修脚至今。为了扩大宣传，他们还专门设计、印刷了上万张宣传单，到人流车流集中的商业网点和休闲广场发放，引导病人就诊。

为了更好地服务社会，他们在中药泡脚、治疗脚病、足部矫形、足部的反射区疗法基础上，增加全身推拿等项目，收治的病人也越来越多。

半年后的一天，妇产科有位医生找到吴主任，她说家里孩子小，妇产科经常上夜班，孩子没人照管，想调到脚病治疗中心来，不用上夜班。还没等吴芸芸跟领导汇报，这位医生第二天就含泪找到她，说她爱人一听说她要到脚病中心工作就变了脸，气得拍桌子，说她要是敢去那种三陪之地就离婚！当时，人们的观念还很守旧，一提到修脚、足疗，就往“三陪”上想。吴芸芸心里也翻江倒海般难受。想当初，自己组建脚病治疗中心时，怎么就没问问爱人呢？晚上回家吃过饭，她问爱人：“当时领导让我组建脚病治疗科室，你是怎么想的？”她爱人说：“我还能怎么想，你决定的事情，八匹大马也拉不回来！”

1998年年初，吴芸芸母亲查出癌症晚期，一直是他们兄妹四人轮流照顾。那段日子，白天组建脚病科室，忙得不可开交，她只能晚上去陪体弱多病的老母亲。工作终于有点起色了，她刚腾出手来想多照顾照顾母亲，可恶的病魔却张开血盆大口夺去了母亲的生命。那一刻，她才深深体会到“子欲养而亲不待”那种揪心的痛。

母亲走后，她把全部精力都投入工作。为了普及脚部养护知识，她起早贪黑，不断学习专业知识，并结合中医理论，将足部的养护、保健、治疗等相关知识定期整理出来，在《联合日报》《当代健康报》连载后反响强烈。

根据多年临床经验，她结合专业理论知识和社会实践，有针对性地写出《让足疗登上医院大雅之堂》的论文，在医学界产生很大的影响，人民日报社《时代潮》杂志编的大型文集《辉煌二十年》收录了这篇文章。

济南市残联培训中心常年办班。吴芸芸就利用休息时间每周去讲一天课。她采用多媒体教学方式授课，有讲义、有图片、有临床病例，上午讲理论、下午进行操作，学生们听得聚精会神。十几年来，吴芸芸教的学生数不胜数，引导许多残疾学生走上了自强自立之路。

随着生活水平的提高，百姓的要求越来越高，真正的脚病市场需求非常大。比如‘甲沟炎’在医院里治疗，外科医生行拔甲术得二三十分钟，打麻药、拔指甲，血肉模糊，而且恢复期长。而修脚技师有绝活，一刀下去，一般3分钟就可以解决，换几次药，一周就可恢复。还有灰指甲，医院除了拔甲，就是开药，而吃药副作用大。鸡眼、疣等脚病，医生只能用激光、冷冻或药物治疗方法。修脚师也有不足，只会头痛医头、脚痛医脚，遇到糖尿病患者，把病人治疗成截肢的都有。如果修脚师了解一些医学知识就能避免这些事情发生。

为什么不能让修治脚病与医院真正结合到一起？吴芸芸借鉴医院里的无菌操作，利用修脚师的绝活，把消毒工作做好，尽量不让甲沟炎二次发生，成为干干净净的“一刀”。这样可以减轻病人的痛苦。

修脚师进医院开展治疗是违背医疗法规的，卫生部门绝对不许可，因为医院要对患者负责。现在的问题，不是让修脚师成为医生，而是让修脚师学习，掌握一定的无菌消毒技术及内脏疾病表现于足部的辨别能力；规避风险，杜绝事故！

虽然吴芸芸做了一些努力，把足疗、修脚搬进了医院，实现了这一新的改革和突破，但在山东全省甚至全国、全世界如何普及？这是医学界和社会问题。

“老骥伏枥，志在千里。”如今，吴芸芸仍然在为培养修脚行业人才，让所有脚病患者都能得到医院的规范治疗而努力着，奔波着……（作者：柴宝侠）

03 情满公益的巾帼女杰

——记中商联沐浴委修脚分会副会长、“足益生“足万里”品牌创始人张云美

正所谓干一行爱一行，张云美女士为人踏实肯干，积极进取，痴于钻研足益事业。她用敬业书写责任，用服务书写奉献。她这种服务为本、敬业尽责的精神得到了政府和广大群众的认可。同时，她痴于钻研技术，将修脚手艺发扬光大。2016 年申报山东派修脚区非遗成功，2017 年申报市非遗成功，2018 年申报省级非遗成功。

中商联沐浴委修脚分会副会长张云美。

张云美还有很多头衔，她是中商联沐浴委修脚分会副会长、中国修脚大师、山东派修脚非遗传承人、山东淄博足益生修脚服务公司董事长、2018 年中商职鉴国家优秀讲师。

公益路上，张云美也是一路坚持、一路芬芳。2015 年，她当选“孝行中华 · 全国义剪”最美志愿者；2016 年，她获得“淄博好人”“感动淄川十大人物”和淄川区“最美青年”等荣誉称号；2017 年，她

获得淄川区“和谐使者”“山东好人”和淄川“金牌工匠”等荣誉称号，入选“感动淄博”年度人物，并获得淄川五一劳动奖章。她组建的足益生爱心修脚志愿服务队2015年获得“孝行中华·全国义剪”最佳志愿者团队荣誉称号，2016年荣获淄博市首届青年志愿项目大赛中金奖、山东省铜奖，2017年荣获淄川区公益创投大赛银奖。

创立两大品牌，修心、树人、立业

张云美是一名敬业专注、技艺超群的金牌修脚匠。修脚是中国的一门传统医术，乃中医外治的一个组成部分，与中医的针灸、按摩并称为中国的“三大国术”。她凭一把修脚刀，练就过硬本领，在修脚行业创业成功，十年里创立“足益生”修脚、“足万里”修脚两个修脚品牌，注册成国家注册商标，成为这个行业的著名品牌。

张云美发起成立的足益生爱心修脚志愿服务总队，已经遍布全国10个省市。13支分队活跃在社区和老年公寓，主要以关爱和服务社区老年人和敬老院老人为主，开展健康保健、志愿咨询，为老人免费修脚，修理厚指甲、嵌甲、甲沟炎、鸡眼、脚疔、脚垫等脚部问题，减少老年人疼痛。

张云美是一名懂得专业引擎、薪火相传的创业者。她提出“修心、树人、立业”企业理念，提倡“承载和渡人”。她说如果一个品牌没有承载的力量，没有渡人、成就别人的能量，只能是昙花一现。一个公司好不好是看这个公司造就了多少成功的人，为社会做了多少助力的事，受到社会的尊重度有多高；一个公司的领导人好不好，是看他改变了多少人的心智，改变了多少人的生活，改变了多少个家庭。

中商联沐浴委修脚分会副会长张云美是一位巾帼女杰。

十年来带出500余名学生

随着张云美在行业里名声越来越响，全国慕名而来学修脚的学员越来越多，其中还包括多位刑满释放人员和残疾人前来拜师学艺。她深知这些出门在外渴求学艺学员的不容易，积极主动帮助他们，传承技艺，让他们都能凭技术吃上饭，也为社会增加就业、维护稳定贡献力量。

为此，她推出孵化修脚创业，传帮带了大批修脚手艺人，帮助大批工匠成功创业。十年来，她带领的500余名学生学业有成，回到家乡创业成功。在众多的学员中有一位因股骨头坏死而拄双拐的残疾人，因车祸失去妻子的他无法从事体力劳动，也没有能力抚养两个儿子。张云美热情帮助，授之以艺。如今这位残疾人已开修脚店两年多，年收入十多万元，日子过得还算富足。

2016 年的夏天，一位名叫王光军的男士给张云美打电话，声称自己有过牢狱史，2015 年刑满释放后一直找不到合适的工作，小学文化的他只能打点零工生存，他母亲又经常生病。绝望之际尝试联系张云美，希望能学个手艺，养活自己，养活 70 多岁的老妈妈。张云美当即收留这位学生，并提供免费学习机会和住宿，让他到淄川总部学习修脚技术。现在这位男士已经有了自己的修脚店，也能养活自己和老母亲。他说，如果当时不是张云美收留他、传授他技术，他都想再去偷盗抢劫了，是张云美的爱心帮助让他没再走上犯罪的道路。

情满公益，心系社会

十多年来，张云美一直坚持做公益活动，从一个人背着修脚工具去敬老院义务修脚，到后来通过网络平台，在淄川区以及淄博市乃至山东省发动修脚师同行 300 余人、固定志愿者 36 人，组建了淄川柳泉社区足益生爱心修脚志愿队参与敬老院修脚公益活动，成为山东省唯一一支正式注册的以修脚为主要服务项目的公益团队，也是全国第二家正式注册的修脚公益团队，并从一支志愿队发展到 11 支小分队，遍布甘肃白银市、河南安阳、信阳，淄博临淄、潍坊青州、江苏泰州、盐城、湖南桃江等地。

张云美发起成立的志愿服务队。

最初在2009年时，张云美一个人背着修脚工具去老年公寓给老人修脚，帮助那些常年饱受嵌甲、甲沟炎和鸡眼的老人。老人们排着长队，她一上午四五小时时间水都顾不上喝一口，虽然夏天的时候汗水浸湿了她的头发，虽然老人们的脚异味大，可她从没表现出疲倦与嫌弃，默默地给老人修脚。

后来，张云美组建团队，每次活动固定有4~10名修脚师志愿者参与，深入各社区和敬老院中，利用专业技术解决老年人的脚部健康问题，提高老人生活质量。同时，通过开展爱心志愿活动带动更多志愿者加入，使更多人参与社区的志愿活动，在帮助别人的同时提升自己，使自己的人生观、价值观不断完善，并且通过开展一系列志愿服务老人活动的开展，引起社会各界对老人健康问题的关注，倡导全社会给老年人更大的帮助和关爱。

一次在淄川区麓村敬老院做公益活动时，一位94岁老人的甲癣很严重，病甲糟糠，与甲床分离，压迫甲床疼痛只能穿拖鞋走路。老人问："你们是党派来的吗？是政府让你们来的吧！"她使劲点点头，说："是！"老人竖起大拇指说："共产党好哇！"

还有一次去一个社区进行义务修脚活动，张云美给一位70多岁穿个棉拖鞋的老大爷修脚。检查后，她发现老人有糟糠厚指甲，趾甲失去了张力，导致甲床萎缩，两侧厚指甲像两把小刀一样扎到了两侧甲沟，已经肿胀化脓发炎，走路困难，大冬天连鞋子都穿不上，所以拖拉着棉拖鞋来了。经过她耐心地修剪，老人称不疼了，然后握着她的双手激动得掉下了眼泪。

同时，张云美还定期去服务社区和养老院，为淄川麓村老年公寓几个高龄的老人修脚。例如，81岁的司爷爷、93岁的孙奶奶脚上都有鸡眼，厚指甲甲沟炎，难度大的护工也无能为力，她却能帮他们把脚修好。

这样的故事很多很多。八年里，足益生爱心修脚志愿服务队在淄博市淄川区为9个社区、11所老年公寓和孤寡老人献爱心3000多次，服务老人6500余人次，仅2017年就公益修脚45场，服务老人1000多人，为他们解除了脚上的疾病。山东电视台、《齐鲁晚报》、淄川电视台等新闻媒体多次进行过报道。

张云美勇于担当、敢于创新、善于传承、乐于奉献，她是修脚同行的优秀榜样，她是万千老人眼中的"好闺女"，她是心怀大爱，情满公益的巾帼女杰。（作者：张亚军）

足界追梦
跨越70年的奋斗故事

第四章
闪耀在中西部的修脚明星

在祖国中西部广大地区，修脚人以其勤奋和钻研，开创出一片广阔的天地，修出一片五彩斑斓的天。

01 执着追求技艺，著书立说传承

——记陕西省劳动模范、特级修脚师高西童

有一种信仰叫坚持，有一种坚持叫执着，有一种执着叫付出，有一种付出叫奉献。

陕西西安的特级修脚师高西童就是这样一个倾尽毕生心血，执着于修脚事业的人。他著书立说为后人留下永久的修脚行业文字记载，在中国尚属首例，也必将载入史册。

特级修脚师一生传奇

1943年8月2日出生的高西童，祖籍山西临汾。1958年参加工作，在陕西省西安市的珍珠泉浴池做修脚工。1963年被选为省、市劳动模范。1965年、1966年先后两次赴北京清华池拜安启为师学习。1965年在西安市建起第一家脚病治疗室。1978年当选为西安市人大代表，1982年当选西安市第七届政协委员，1978年被省革委会授予特级修脚师。1987年出版个人专著《脚病治疗术》。1991年，他的事迹被编入《中国科普作家辞典》。

修脚，在我国有着悠久的历史。历史上，由于北京的首都地位，达官贵人云集，满族人穿靴子易得脚病等原因，逐渐形成了修脚师较集中、技术攀比、竞争激烈的局面。1960年，周恩来总理请北京清华池安启师傅为苏联芭蕾舞功勋演员乌兰诺娃修治好脚病，得到苏联政府和有关部门的认可。安启师傅当选为全国劳动模范和第四届、第五届、第六届全国人大代表。由于这一代人的努力，河北派修脚技术高，活做得精细，擅长修治各种脚病，修脚技术处于领先地位。2009年10月，北京市人民政府授予“清华池修脚”为非物质文化遗产。安启、娄文彬、刘振英为第二代传承人，至今已传至第六代。

中等身材、浓眉大眼、笑容可掬的高西童为第三代传承人。他15岁拿起修脚刀，一干就是 50 多年。

当年西安大一点的浴池都设有修脚室，有脚病的浴客都是在洗澡后脚皮泡软后趁势修治脚病，非常方便。若是不洗澡专门来修脚，就得先在一盆温水里把脚泡上十几分钟才能修。修脚是浴池业修治脚病的一门传统技艺，主要修脚垫、老茧、鸡眼、厚甲、灰甲、嵌甲等，也扩展至各种脚病的治疗及捏脚、括脚、搓脚等。修脚技法变化多样，持刀有“三法”：捏刀、逼刀、长刀；持脚有“八法”：支、抠、捏、卡、拢、攥、挣、推；修治有“八法”：抢、断、劈、片、挖、撕、分、刮。运用之妙，存乎一心。修脚水平高下讲究活茬精致美观。

韩晖（左）拜望高西童老师。

高西童在精雕细刻上做文章。经过多年的实践，他创立了“甲沟炎甲板侧切泡包疗法”不损伤甲床，不伤及正甲板，痛苦小，恢复快，是治疗甲沟炎的最好方法。他创立的“泡贴服治瘊法”对于刺瘊、肉瘊、粉瘊、单独性瘊字、大片传染性瘊子均有显著疗效。让古城西安人认识到修脚与健康的重要性。

此外，他长期从事技术传授教育工作，1972 年至 1976 年间，他曾多次主办脚病技术培训班，培养了全国著名的第一代女修脚师于素梅、吕佩娟、卢玲等；又多次和市总工会职介中心及劳模协会学校合作办学，为全国各地输送了 50 多名修脚新生力量。特别近几年，经他培养的学生——全国再就业明星刘尊重、全省再就业明星郑荣婷等都是西安市下岗再就业中的佼佼者。由于这一代年轻弟子的互相传带，西安已形成一支较强大的下岗工人再就业修脚队伍。

身为修脚行业的专家，高西童依然在不断探索修脚行业的奥秘。他刀功深厚，技术精湛，经验丰富，理论高深，以高超的技艺赢得众多脚病患者和社会各界的认可。1987 年，他当之无愧地被戴上陕西省特级修脚技师的桂冠并兼任工会主席。但他并不满足已有的成就，总想通过自身的努力为这个行业和后来者留下点什么。

高西童看到修脚行业的老师傅都是口传身教，一代老师傅隐去了，有些“绝活”也随之失传了，没有任何文字记载。他感到十分惋惜，下决心要通过一己之力，用文字记录下来，让修脚行业技艺有据可查。

一手提刀，一手握笔

只有高小文化程度的高西童，一手提刀，一手握笔，上阵了。

他利用业余时间自学《医学》《病理学》《皮肤病学》《药物药理学概论》《中医方剂学》和《中西医药理知识》等中西医理论书籍。同时勤于在实践中总结经验。但受文化程度所限，再加上实践经验不足，他碰到许多难题，致使写作一度中断。他曾苦恼过，也曾犹豫过，也曾一度想放弃。但他坚定执着的秉性决定了他的未来。就像他最喜欢的座右铭："铁棒磨成针，功到自然成。"

写作过程中，他马不停蹄地走访西安市修脚名师和私人修脚摊，现场学习，深入调研修脚工作存在的问题和解决办法；利用各种机会奔赴北京、天津、济南、开封、昆明等地投师求教。他拜全国著名修脚师安启为师，虚心学习，得到名师指点。他博采众长，吸取中西医在治疗脚病方面的理论，总结多年的修脚经验，成功研制出 16 种治疗各类脚病望、向、触和观色泽、外形及摸、捏、按等独特的治疗方法。

在长期的修脚实践中，高西童积累了丰富的经验。对治疗瘊子类脚病、脚浅趾病尤为拿手。他曾参加过《中国医学大辞典》外伤科脚病辞目的编写工作，这为他后期独立创作打下坚实的基础。

1980 年夏季，一直有著书立说梦想的高西童借助上级公司和商业部基层商业局的力量，点灯熬油，重新提笔著书。

仲夏之夜，天气燥热，被艳阳天亲吻一天的人们都慵懒地进入了梦乡。高西童却头顶一块湿毛巾，坐在堆满各种医学书籍和手稿的书房内，挥汗如雨。可恶的蚊虫，不依不饶地围绕在他的身边，赶也赶不走。全神贯注投入创作的高西童，第二天早起时才发现脸上、身上、胳膊上、大腿上、脖子上多处被叮咬，刺痒难忍。

经过两个多月艰苦卓绝地和文字斗，和蚊虫斗，和智慧斗，高西童成为最后的赢家。他绞尽脑汁完成了近 8 万字的修脚专著《脚病治疗术》，也完成了他在那个阶段的历史使命。

为了出书，他找到多家出版社，由他个人包销 4000 册图书。他向浴池借了 1000 元，加上自己的积蓄共筹措资金 2000 元付给出版社。他说："出这本书是我一生的心愿，就是赔钱我也认了！"可见，当时高西童顶着多么大压力出书。

历经磨难，高西童撰写的修脚专著《脚病修治术》终于在 1987 年 12 月由陕西省科学技术出版发行了。书的内容包括两部分：第一部分为基本知识，第二部分为分类治疗。这本倾尽高西童无数心血和汗水的书籍，具有独到的见解，对治疗脚病起到至关重要的作用。成为新中国成立以来第一本脚病专著。高西童成为全国第一位个人出版专著的修脚工。

书出版后，出版社送来的2000册书堆放在高西童的家中。他向外地浴池业同行发售书函，回音寥寥。他委托一个小书摊代销，三天只卖出一本。如果这批书推销不掉，他就会倒赔2000余元。但他没有放弃。

他每月都会收到一些素不相识的人从千里之外寄来的咨询信函。他深知在脚病治疗方面还有一些尚未攻克的堡垒，他关注着时代对修脚师的呼唤，一步步走向新的领域。

1989年5月，他的事迹被收入《中国职工自学成才者辞典》。《西安晚报》《陕西日报》《劳动周报》《陕西工人报》《中国商业报》《中国劳动报》《工人日报》以及西安人民广播电台、电视台等新闻单位都报道过他的事迹。他曾多次受到上级部门的表扬奖励，并被聘为西安市二商系统高级职称考评会浴池业考评组组长。

已经功成名就的高西童，没有躺在功劳簿上享清福。他最信奉的名言是："先天下之忧而忧，后天下之乐而乐。"每每想到那些脚病患者痛苦的神情，他就会坐立不安。他要尽其所能，让患者远离脚病的困扰，在阳光下行走，过正常人的生活。

1999年，高西童创办了陕西省西安市商业医院脚病专科，这是西安市首家医疗性质的脚病专科。2001年因拆迁，商业医院脚病专科迁至东新街16号，更名为"高西童脚病修治护理部"，共有员工18名，其中高级修脚师5名、中级修脚师1名。当年，该护理部是西北地区技术力量最强的脚病修治所，为成千上万的脚病患者解除痛苦。

医德高尚，足下生辉

在高西童的不懈努力下，荣誉纷至沓来。高西童的脚病治疗专科被命名为"陕西省特色医疗专科"，他也获得了"光彩之星"等荣誉称号。

高西童德艺双馨，桃李满园。正像人们赠送给他的锦旗上面所写的那样："医德高尚，足下生辉。"

高西童的得意门生于素梅继承了他精湛的修脚技艺，并将其发扬光大。高西童回忆说，1972年他在中心浴池负责培训。西安各个浴池的修脚工集中在这里培训，于素梅就是其中之一。当初开班时，他曾说于素梅的手小指头短，不适合做修脚工，可于素梅硬是用细心和认真弥补了先天的不足。修脚不单是技术活，而且也需要消耗很大体力。每天修脚室都排满了顾客，患者坐在椅子或者沙发上，修脚工只能坐着小凳子，时常累得连腰都直不起来。于素梅患有严重的风湿性心脏病，硬是靠着年轻挺了过来。她冲破传统观念禁锢进入修脚业，是西安第一位女修脚工，她苦练技术，提高很快，从1972年起，7年共治愈脚病患者41000多人，登门为2100多人治疗脚病。她同师傅一起，研制成功治疗脚病的一号、二号、三号药膏和医治鸡眼脚垫的药器，并在山西、河南、新疆等地推广应用。于素梅于1979年获“全国劳动模范”称号，1982年成为十二大全国人民代表，1998年不幸因病去世。

多年前采访过高西童的《西安晚报》记者解维汉说：“我曾经患有嵌甲，曾在大浴池和街头小店修治多次，一般修脚师修过后，就是把嵌在肉中的指甲挖出切去，毛齿犹在，创面很不平整。而高西童修过后，创面打磨光滑，甲沟平整，皮质嫩红，简直就是艺术品！这些年从未见过第二个人能达到这个水平。”

从事修脚工作53年，高西童的名字早已成为修脚行业的一个金字招牌，堪称泰斗。如今，虽年近八旬，但他的热情和技艺不减。

更可喜的是，高西童为了传承修脚技艺，精心栽培自己的三个子女从事修脚事业，他们都取得了高级修脚师职称。“青出于蓝而胜于蓝”，修脚业后继有人，修脚技艺代代相传。（作者：柴宝侠）

02 修出一片五彩斑斓的天

——记丽丽脚病修治所创始人崔梦丽

崔梦丽，这个名字不但在西安响亮得很，就是在全国修脚行业也是响亮得很。是她，把修脚行业搞得红红火火。与此同时，获得了市创业明星，荣获“和谐女性”大奖。一下子，成了新闻人物。

崔梦丽是陕西修脚行业的“女中豪杰”。

梦碎一地，重新站起来

1993年，随着西安市碑林区针织厂的解体，崔梦丽成为一名下岗工人。理想的幻灭，使她迷惘、惆怅，她苦苦地思索着，辗转反侧，彻夜难眠。

人生旅途并非平坦。她与同样下岗的丈夫苦思冥想，在困难面前不能低头，只能自谋职业，决定搞个体运输。想法变成了现实后，夫妻二人起早贪黑，把生意做得很红火。然而，一次意外，丈夫在车祸中不幸丧生。事故处理花掉了所有积蓄，还欠下十几万元的外债，崔梦丽的运输生意无法继续了。

突然的变故，让这个原本幸福的家庭塌崩。看着一双未成年的儿女，她只能强打精神硬挺。在家人和亲属的劝说下，她只身来到中国最大的城市——上海散散心。

丈夫去世后，她以惊人的毅力，忍受着亲人间生死离别的巨大精神创痛，在艰难的生活路上行进。

一次偶然的机会，崔梦丽在逛街散心中发现，当地一家修脚店顾客盈门，生意红火。后经打听，才得知店里的修脚女叫李巧云，是全国劳动模范，号称“天下第一刀”。她又观察数日，发现修脚店每日进账不菲，收入可观。

通过详细观察和综合分析，崔梦丽认为这个行业适合自己，投入不多，只要实干，肯定能行。就这样，她拜李巧云为师，认真学习修脚技艺，苦练修脚本领。

回到家乡西安后，为了自谋职业，崔梦丽做出了重要的抉择——就干修脚这一行。她又拜著名脚病修治专家陈磊为师，继续学艺。后来，在区劳动部门的帮助下，她参加了市总工会脚病修治学习班，取得了从业资格证书。

学习修脚的多是二十几岁的年轻人，年过四十的她要付出更多的艰辛。她怀着忐忑的心理，在老板的安排下开始了三天的学习，练功的地方是店里的开水房。那是6月，天气炎热，开水房通风不畅，里边闷热难耐。

她也想打退堂鼓。晚上躺在窄窄的硬板床上，想到儿女的期盼，想到自己的责任，她振作起精神，写下一首打油诗激励自己——“三日学艺小房中，苦练足底按摩功，食指中指红又肿，不出师来难上工”。就这样，崔梦丽咬紧牙关，刻苦钻研，凭借坚韧不拔的毅力学到了属于自己的本领。

关于这段往事，她感触颇深地说：“磨砺是人生的财富。没有磨砺，就没有自己的天地；没有磨砺，就难闯出新的道路；没有磨砺，就没有修脚技能。”

崔梦丽写下一个顺口溜：小刀一把闯天下，解除脚病美人甲，你爽我亦大欢喜，投师学艺辛苦啦。

努力拼搏，终于采撷到果实。崔梦丽用自己名字命名的小店“丽丽脚病修治所”

于2001年9月29日在西安市东郊互助路49号开张营业，崔梦丽正式成为足疗保健及修脚行业的一员。

没有迈不过去的坎

如果把创业比作第一道坎，那么第二道坎就是拓展。有了好项目，资金短缺怎么办？女儿当时正好在大学读书，经过申请，批下来的大学生创业贷款3万元用上了。2003年，崔梦丽和女儿一起开了第二家“丽丽脚病修治所”，地址在建东街103号。在原来单一脚病修治的基础上，增加了足疗（足部反射区疗法）、中医按摩等项目。

为更加全面地了解掌握脚病理论与修治，崔梦丽又开始走上拜师之路，先后拜原兰州军区总医院皮肤科专家康群老先生、陕西省皮肤病性病研究所顾伟成老先生、西安交大附属二院药剂师傅章才老先生、皮肤科专家马振有、西安黄河医院药剂师王伯亚为师，不仅学到了很多专业医疗知识，而且在前辈身上学到了医者大爱品德，树起了自己的前行风向标。

为了更好地服务，在自谋职业道路上走得更远，崔梦丽还参加了国家劳动和社会保障部、中国就业培训技术指导中心举办的SYB认证培训班，取得了从业资格证书；2004年取得了修脚技师资格证书；2005年取得了按摩师资格证书；2006年取得了西安中医院按摩进修合格证书；2007年取得了足反射疗法师资格证书。

这些证书的取得，使她的知识面更宽了，修脚技能更高了，服务领域更大了，实现了她挑战的梦想，实现了她的人生价值。

在解除患者的疾痛中，崔梦丽从不摆“学术权威”的架子。她与患者的心息息相通，一切为患者着想。她带领女儿共同学习理论，不断总结经验，经过多次试验，终于创出了无痛治疗灰指甲的新方法，成功地为众多脚病患者解除了病痛，赢得了人们的称赞。

同时，在顾客脚病预防与保健上，崔梦丽对自己积累的技术从不囤积居奇，总是毫无保留地教给年轻学员。

为了激发学员的求知欲和学习兴趣，崔梦丽在学员中发起了搜集信息活动，让学员把眼光放开，再通过交流、讨论、辩论的方式提高学员们的学习热情，培养他们的自控能力，使他们自觉为职业刻苦学习。

崔梦丽培训的学员中，大多数是年轻人。他们的心是纯洁的，但又是脆弱的，普遍心理特征是抑制力差，摆动性大。作为一个老师，就要善于分析学员的心理特征，想方设法激发学员自我教育的强烈愿望。

崔梦丽经常讲，对犯错误的学员，要给予温暖和鼓励，不要埋怨和讽刺，更不要歧视。要千方百计地拨亮他们心灵上的明灯，使他们不断前进。崔梦丽认为，对于现在的年轻人，做思想工作主要靠疏导，晓之以理，动之以情，导之以行。

新疆一位学员说："在我迷茫之际，是老师一颗火热的心，深深地打动了我。我不再在那渺茫的沙滩上徘徊，不贪恋享受，不一心向往高贵的位置，我要顽强不息地去生活、去学习、去拼搏、去奋斗。"这个学员学成回家后，开了一家修脚店，生意很红火。

崔梦丽对事业呕心沥血，总结整理出新的思路，拓宽了新的领域，店里集修脚、脚病治疗、足反射疗法、刮痧、拔罐、艾灸、中医按摩为一体，取得了良好的社会效益和经济效益。许多治愈的患者，都从感谢角度出发，纷纷给她送来了锦旗。

"用真诚迎接每一位顾客，用责任服务每一位顾客，用技能满足每一位顾客。"这就是她的座右铭，"丽丽脚病修治所"很快赢得了新老顾客的信赖和赞赏。

崔梦丽还经常带领新学员和自己的员工前往西安交通大学、西安外事学院等高等学府，为一些外教老师、留学生服务。这些留学生来自泰国、印度尼西亚、新加坡、马来西亚、巴基斯坦等国家以及中国台湾地区。

为中国修脚行业鞠躬尽瘁

在创业的路上，崔梦丽如同一棵梧桐树，不断引来新凤凰，吸引了一批又一批下岗职工、待业青年、农民工和残疾人，向她认真学习，虚心学艺。

在崔梦丽的细心指导、耐心讲解和精心培训下，前来学习脚病治疗的人均有了进步、提高、收获。有的学员学到一技之长后自谋职业，自己创业。这些年，在她的指导培训下，学员自己开店的有百余人。跟她学习的不但有陕西人，还有来自新疆、四川、辽宁、吉林、黑龙江等省区的人。这些徒弟们经常利用网络与老师请教、咨询、切磋，交流工作中的心得体会。

2004 年，"丽丽脚病修治所"被西安市总工会授予"脚病修治培训基地"。崔梦丽主动承担总工会下达培训下岗工人实习的任务，相继培训了来自全国各地的学员 400 多人。使这些学员学有成就，自谋职业。

"丽丽脚病修治所"每周星期一上午不营业。崔梦丽要用半天时间，和员工学习业务知识，了解行业最新动态，探讨提高修治脚病技能。

在崔梦丽的严格要求和带领下，店内的每名员工都注重学习，注重服务，注重礼仪，前来的顾客络绎不绝，对他们的服务赞不绝口。直到现在，追随她的老顾客很多，上至 94 岁的老人，下至 10 来岁的小学生。无论崔梦丽的店搬到哪，患者就会跟随到哪。

“丽丽脚病修治所”在服务过程中针对特殊人群，推出了新举措。为那些行动不便的老人、残疾人提供免费治疗服务。崔梦丽还把敬老院、部队干休所作为教育基地，对职工进行职业道德教育，思想品德教育。

在做好本职工作的同时，崔梦丽还积极参加社会活动并担任了一些社会职务。2004 年，担任陕西省休闲养生协会专业委员会副主任；2006 年，担任陕西省养生协会常务理事；2007 年，被陕西省总工会聘为脚病修治培训老师；2009 年，被聘为陕西省按摩技能大赛专家评委；2010 年，被聘为陕西省职业技能鉴定中心省级巡考员及考评员。

“丽丽脚病修治所”凭借优质的服务和良好的信誉赢得了媒体的关注。《西安晚报》、西安电视台《天天生活》栏目，都报道了崔梦丽自谋职业的先进事迹。

崔梦丽常说：“社会给了我驰骋的天地，我要用优质的服务来回报社会，让更多的人怀揣技能闯天下，这就是我人生最大的乐趣。”

目前，崔梦丽正在向下一个目标进发，她与合伙人在西安市西南角筹办了一个 2000 平方米的大型温泉综合养生会所。她说：“要在未来的日子里，为更多的大众服务，为更多学员提供自谋职业就业平台，带动更多人过上幸福的生活。”她表示：“荣誉，只能说明过去，而不代表将来。我要继续努力，为中国修脚行业鞠躬尽瘁。”（作者：李兴柏）

03 播种爱心，铸就梦想；奋勇前行，成就大爱

——记山西勇跃健康管理咨询有限公司总经理、山西好人陈勇

虽然是个残疾人，却是修脚师，还是一名爱心志愿者。他 16 年间义务为养老院老人、社区孤寡老人、特困人员免费修脚 4000 余人（次）。2019 年 4 月 16 日，他在“榜样山西——第七届山西道德模范颁奖典礼”大会上，荣获“助人为乐模范”殊荣。4 月 26 日太原市举办的第二届“时代新人，晋阳工匠”命名大会上，他获得“时代新人，晋阳工匠”殊荣。他就是中商联沐浴委员会修脚分会副会长、山西勇跃健康管理咨询有限公司总经理、太原市非物资文化遗产“陈氏传统修脚术”传承人、中国修脚大师陈勇。

山西好人陈勇在活动中致辞。

突降的厄运没有打倒他

陈勇，1972 年出生于山西省太原市小店区北营街办南坪头村，初入社会成为一名司机，过着简单平淡却又安怡祥和的生活。谁知，天有不测风云，一次下班的途中，他不慎从自行车上摔倒，导致 3 节、4 节以下的颈椎全部失去了知觉。突降的厄运让他痛苦不堪，巨额的手术费让他感到绝望，全家人都跟着陷入了困境中。更加令他惊恐的是，医生告诉他手术的成功率是 50%，让他做好心理准备。一个风华正茂的年轻人突然瘫痪在床，大小便失禁，是何等的打击！

“我的月工资只有 500 元，更可怕的是，医生说我可能一辈子都站不起来了。”在这种选择之间，陈勇开始思考人生，他觉得自己会成为家人的累赘，与其给自己和家人都带来痛苦，不如过完 31 岁的生日一死了之算了。他把医院开给自己的安眠药一片一片都藏了起来，以备后用。

生日那天，他强颜欢笑，然而面对儿子稚嫩的声音送上的生日快乐歌时，他顷刻间恨透了自己。他意识到自己的自私会带给家人怎样的心理阴影啊！自己走了不要紧，家里老老小小怎么办呢？一个大男人怎么能就这样的推卸自己的责任呢？一个声音告诫自己，要坚强地活下去，不能倒下。

手术成功了。陈勇在家人和亲朋好友的关心下，努力进行康复训练。一次次跌倒，一次次坚强地爬起来，不到半年，他终于站起来了，但右腿却落下了残疾。虽然走得不太稳，但是每迈出一步，他都信心大增。只要能够前行，一切困难都不是问题。

自强不息创立一番事业

为了谋生，陈勇卖烤红薯，卖方便面，开三轮车拉客，却难以过上好的生活。这时，他想到了在北京的叔叔。陈勇 12 岁起就从叔叔那里接触到了家传修脚术，这次自己的腿脚受伤更是让他清醒地意识到腿脚的重要性。千里之行始于足下，他立志要将陈氏的修脚术继承发扬下去，为千千万万的手足患者解除病痛。

2004年，陈勇在北京找到叔叔后，开始从事修脚工作。他认真向叔叔学习，勤勤恳恳地工作，一干就是4年。他还拜了中国顶尖修脚大师北京清华池元老王建生为师。2008年，他回太原创办了自己的第一家修脚店。当时，资金有限，他租的店面不到13平方米。万事开头难，当时人们对修脚还是茫然无知，甚至有些排斥，店里生意冷清，顾客寥寥无几。最让他痛心的是有些人在背地里对他指指点点，冷嘲热讽，说他没出息，一个大男人给人家摆弄脚丫子。他听后心里很不是滋味。从小就好强的陈勇决定激流勇进，干出个模样来堵住那些说三道四的人的嘴。三百六十行，行行出状元，陈勇告诫自己，要么不做，做就做好。

在接下来的16年间，陈勇通过不断的学习与创新，用自己精湛的手艺和热情的服务赢得了顾客的认可，使陈氏传统修脚术得以传承的同时有了长足的发展和进步。他的修脚店也逐步发展壮大，在全国修脚行业中，“勇跃”开始占领一席之地。慕名前来拜师的人也日渐增多。

2011年开春，一个架着双拐的小姑娘在妈妈的陪同下敲开了勇跃修脚店的门。小姑娘身患重疾，膝盖以下没有了双腿。她眨着真诚的大眼睛说：“我在报纸上看了您的事迹，被您的顽强精神打动。我要拜您为师，向您学习修脚术。我虽然没有了双脚，但是我有双手啊！”

陈勇被小姑娘的坚强打动，又不由得想起了当初的自己，小姑娘的身上仿佛衬托出当年自己的影子。陈勇决定收她为徒。他想让小姑娘和自己一样，用自己的双手为患者服务，为社会尽一些绵薄之力。陈勇耐心地教，小姑娘认真地学，三个月后，她可以独立为患者服务了。当她拿到自己人生中的第一份工资时，满脸的喜悦难以掩盖，不停地向陈勇道谢。陈勇的心里也替她高兴，体会到了“赠人玫瑰，手留余香”的欣喜。

一刀一刀干出来的山西好人

这些年来，陈勇在同行业的知名度不断升高，他的修脚店也从一家增至三家，从最初的自己孤军奋战到如今招收员工20多人。一路走来，他始终用精湛的技艺和感恩的心来回报社会，播种爱心，铸就梦想。

一次，一位大娘拄着拐杖一瘸一拐地走进店来。一打听才知道，大娘的脚疼得不敢走路，行动不便给生活带来了很大的麻烦。陈勇立即为老人打来洗脚水泡脚。经过他的观察诊治，确诊老人家得的是甲沟炎，整个大脚趾头已经肿得发炎化脓了。他耐心地为老人修剪了趾甲，取出嵌在肉里面的甲尖，把其他的趾甲也修理平整，又给老人家修剪掉了脚掌上厚厚的茧子，最后涂上了护脚霜。老人没有了疼痛，能够自如地走路了，反复地念叨真舒服，连连向他道谢。后来，陈勇得知老人是空巢老人，以拾荒维持生计，就决定以后免费给老人修脚。

陈勇接触到的患者多数都是老人，这些老人行动都是缓慢不便，所以他定期上门为他们服务。他经常带领员工们去养老院、社区，为 70 岁以上的老人免费修脚。养老院里有一位患有阿尔茨海默病的老人，情绪不稳，经常喜怒无常，天天不穿鞋。护理人员都拿他没办法。陈勇知道后就主动和老人聊天，哄他泡脚，看过才知原来他的脚趾甲已经长得弯曲成螺旋状。经过他耐心的修理、按摩、呵护，老人开心得不得了，主动要穿鞋子。他对待这些老人就像对待亲人一样耐心、细致、不嫌弃。一天下来，累得腰酸背痛，忙得忘记修了多少双脚。特别是他那条有残疾的腿，每逢阴雨天都隐隐作痛。可当看到修完脚的老人们开心舒服的样子，他就会滋生一股浓浓的喜悦伴随着成就感，就有了坚持下来的动力。陈勇认为，一个人最高级的善良，就是看到别人的苦会生出慈悲之心，进而伸出援助的手。

十多年来，他带领徒弟们先后为 4000 多名老人义务修脚，也因此被评为 2017 年度助人为乐“山西好人”。他还荣获了“中国修脚大师”的称号，并且担任了“全国修脚职业技能大赛”评委。2018 年，陈氏传统修脚术被太原市政府列为“非物资文化遗产”。这些荣誉不仅是对陈勇多年付出心血的见证，也是对他所付出一切的肯定。一把修脚刀，同样可以修出美好的人生之路。

陈勇时常对自己的徒弟说：“在事业上，应该执一业而终一生。我们虽是一名修脚师，但肩负着千百年来人类足部健康的使命，技艺的传承应该做到精益求精，仁者医心。”陈勇还说，人的一生不只是追求物质的享受，要秉承和弘扬助人为乐的中华传统美德，关爱他人。助人为乐奉献的精神是我们不懈的追求！

陈勇虽然平凡，但他身上却闪烁着耀眼的美德，他的模范事迹赢得了全社会的广泛认同和普遍尊崇。这就是陈勇 —— 一个播种爱心，铸就梦想；奋勇前行，成就大爱的身残志坚的时代楷模。（作者：朱影）

陈勇获得山西省道德模范荣誉称号。

第五章

南国有刀痴

——记广州市御乾堂工贸有限公司董事长慕东升

在素以细腻著称的南国广东，慕东升在铸造刀具的行业里如痴如醉，把灵魂融入刀中，甘做为刀具业不断涅的“苦行僧”。

“我对做刀这一行是痴迷的。我是一个血液里浸泡着刀具的大活人，是一个为刀具业不断涅槃的‘苦行僧’，更是为求刀具‘真经’不惜苦苦十年面壁的‘刀痴’。我觉得宇宙万物皆有生命，刀具亦然。面对五花八门的理念，我始终以简单古老的锻造技艺，传统的挥汗如雨，手起锤落间，赋予刀具鲜活的灵性。修脚刀不只是修脚工具，它除了锋利耐用之外，还应该是提升修脚行业专业形象、体现大师尊荣的名片。文以刀传，刀籍文峰，艺术融入产品，产品绽放艺术。让产品呈现无限生命力，超越产品自身的价值。”

慕东升是一个“刀痴”。

这是中国修脚师广州市御乾堂工贸有限公司董事长慕东升的一段肺腑言词。难怪朋友们称他为“刀痴”。

是的，他对刀术痴迷了，他“痴”在专业，“痴”在深悟，“痴”在文化。

匠心铸刀魂

1996 年，慕东升专门回了一趟安徽老家，找到我国军工生产黄山特钢厂，托关系买了半吨钢，做出了第一批修脚刀。其实，卖钢材的随处可见，可他为什么非要到黄山特钢厂？他说，刀是有生命的、有灵魂的，比人还坚强，要做好刀，先须先熟悉各种钢材。什么样的矿石炼成什么样的钢，什么样的钢做出什么样的刀。刀是由钢铁打造而成的，而钢铁是由矿石炼出来的。特钢造好刀，硬度，韧性，耐磨性相对都要好，这样的刀具性能优越，使用寿命长。

为了生产出好刀，慕东升先后到江苏启东、山东临沂、重庆大足、湖北鄂州等地，遍访名师，费尽心思。遇到专家，他就虚心求教，捕捉有价值的信息，他做刀跟做人一样精致。

中国做修脚刀具的有几十家，但真正做出艺术和文化味道的还真是不多见。慕东升说“宝刀见刀气，刀气见志气”，他要做这样的刀具制作人。修脚刀属于高品质人用的刀具，虽然达不到像手术刀那样无毒无菌，但最起码要符合国家行业标准。

在慕东升眼里，真正的专业修脚刀具，仅靠将一块普通工具钢切割打磨、抛光等几道简单工艺是做不好的；只有硬度，而没有韧性，是不够的，要二者协调才是合格刀具。俗话说，“吹毛断发，刚柔相济”，这就是好刀。做一把好刀，要经过铸造、研磨、淬火三大基本工序。正所谓铁久炼成钢，钢久炼柔纯，再炼成青，更炼成宝，精钢刀，削铁如泥，柔钢刀，柔可绕指。刀魂就是钢魂、人魂的交融。一个合格的修脚师应该人刀合一，把灵魂融入刀中。

将文化注入刀中

慕东升对自己做出的每把刀都有感情，虽然他的公司每天生产成千上万把刀，但每把刀都如同他的儿女，无论看到谁乱放、乱扔，他都不喜悦。他说把所从事的职业技巧融入刀的灵魂中，就是用刀的境界。修脚界广传的一句话，“修脚先学会磨刀。”做刀是艺术，磨刀也是艺术。刀的质量要突破 4 个方面：硬度，韧度，锋利度，不易生锈。这是刀文化。

因刀的用途不同，一次性刀片的普及可能使行业更规范，而修脚师的修脚刀更体现出修脚师的精湛技艺和几千年中国修脚文化及修脚的人匠心精神。为修脚刀清毒也是一种文化，正规的三种消毒方式让人更深地看出刀文化。在患者中隐藏着需求，传统的高压消毒、紫外线消毒、臭氧消毒，是必不可少的消毒方式。

慕东升深谙“工欲善其事，必先利其器”之理。每个修脚师在修脚之前，必先拥有适合的修脚工具，刀形手感要舒适、把持自然、锋利持久游刃自如。在包装上要高雅，款式新颖美观，精致大方，才能充分体现出修脚大师的尊荣。正所谓“三寸宝刀书万卷，一柄青锋承千秋”。每一把刀都要有好的包装，设计。俗话说，好马配好鞍，好的包装也会提升修脚师形象，上档次的包装既能给修脚师自信，也能给顾客修脚中的自信。因为每位顾客也是凭感觉看刀的品质，看修脚技术和治疗效果。

刀品相里的大格局

几年前，慕东升就想，很多人在做刀，但做出来的刀都大同小异，他决定做出其他人无法模仿的产品。于是，他设计研制出了“镇店宝刀”，从每一个细节上体现修脚大师的风采。

他耗费了三年心血，设计出四套刀。由于喜欢浮雕，他硬是把木头上的浮雕运用到了刀具上，使刀的品相令人瞠目结舌，拍案叫绝。他陪设计师好吃好喝地坐着，不断鼓励他们在刀上做浮雕。慕东升感慨地说："我不知道试了多少次，光模具就花了60万元。"苍天不负有心人，做浮雕的刀终于研制成功，2015年、2016年、2017年，他的公司连续获奖，并被中国商业联合会沐浴专业委员会评为2016年中国修脚业明星企业。2018年和2019年，他连续获得国家知识产权局发的外观设计专利证书。

他想到做到，说到行到。刀的品相透露着做事的原则和做人的格局。

慕东升的四套镇店宝刀采用古法雕花、双面浮雕，并用真金镀金。同时，在包装上趋向专业化、人性化、艺术化，让传统的"冷冰冰""寒森森"的利器第一次融入了情感和人性。镇店宝刀有一种少有的"亲和力""贵族气"，让人眼前一亮。这四套刀的零售价是1200~1800元/套，他认为这代表着一种身份，就像金筷、金碗、金杯一样。这几套刀都采用特殊金钨钢所制，刀头是纯手工锻打的，刀口精细水磨开刃，锋利无比。刀头刀柄，颜色不同，刀头淬火后，明显呈青色，正合了"炉火纯青"的说法。

他的"妙手针刀"也与众不同。

慕东升把工程学原理、人文关怀、文化内涵、巧妙地融入"妙手针刀"当中。他的老家亳州是神医华佗的故里，他参观时看见一套银针，于是茅塞顿开，根据华佗银针包装的样式，经过一年多的研制，最终生产出一套15件工具的妙手针刀。其中10件工具是双头的，可一刀多用。修脚师用起来得心应手。

慕东升每年都淘汰一批刀具，又创新一批刀具。迄今为止，他先后设计出400多种刀具和包装，而且这些刀具的包装都古香古色，既有精装的真皮、实木装饰，又有简装帆布、铝盒装饰。

一谈起刀具设计与创新，慕东升就心情豁然，眉飞色舞，他的诗这样写道：镇店宝刀千年造，精美绝伦冠古今，寒光利刃冰三尺，足疾脚病一刀光。

刀世界的艺术人生

有华人的地方就有足疗，有足疗的地方就有修脚刀。为了充实装备自己，慕东升经常参加一些医疗器械展会。他也接了不少国外订单，马来西亚、新加坡、迪拜都有人使用他公司的刀具。他还出版了产品画册《刀锋上的艺术》。他说，他不仅仅是在制作一把刀，而是在经营自己的名誉。修脚既被称为"国术"，也堪称"肉上雕花"，那么出品的修脚刀一定要千古传承，既有古法的彰显，又有现代的开拓，正所谓"手上显神功，脚下藏乾坤"，每件刀具既是产品，又是艺术品。

如今，慕东升董事长很少外出参加不必要的活动，他潜心钻研公司的文化和理念，不再追求大而全，而是注重特而精，精而优。从传统手工锻造到一次性刀具，是一个质的飞跃，也是时代和市场的呼唤。修脚刀在加速换代，专业人才的培养、质量上的控制、物流中的配送，一系列的售后服务是他强抓实抓的根本。

目前为止，他的产品获国家专利60项，国家修脚刀制作专利权28项。为修脚注入了新活力，开拓了新征程。“术业专攻，学海无涯”这八个字激励着慕东升董事长求索的脚步。

慕东升热爱研究修脚刀，与“刀”结下了不解之缘。他经常深入修脚师当中去沟通交流。所以他不断推陈出新，有新的刀具研发出来。

2018年，慕东升荣幸地拜在“大国工匠”乔全英老师门下，继续深造，并在大师指导下，将公司的修脚刀具打造得更加精益求精。他有一个美好的愿望，要把他修脚刀打造成为刀中的精品，打造成为刀锋上的国粹，为世界足部健康贡献他的血汗热情，传承发扬国术修脚技艺。

这就是修脚大师——慕东升。他45岁，他每一步都是在刀尖上舞蹈，他舞动着刀魂，刀文化，刀品相，刀艺术；他是“刀痴”，他痴出了“刀法”，也痴出了“刀心”，每把刀具是他和他团队的杰作。

刀锋所向披靡，一路凯歌向前，用他的话说，“制造虽繁，必不敢省人工；材料虽贵，必不敢减物力。”匠心、匠术、匠德是他做刀的秘诀，诚信赢天下、质量定乾坤是他的团队追求。

愿慕东升的刀具生涯笑傲江湖，给更多人的足迹带来平坦舒适，给更多修脚大师带来聪明和智慧，愿你的公司再创辉煌。(作者：陈诗)

第六章
他们从东北沃土走来

在中国的足护理行业，东北是一方沃土，人才辈出，追梦的故事精彩绝伦，带着浓郁的东北风情。

01 两任总理接见过的修脚师

——记锦州金元大牛商贸有限公司董事长牛国祝

他姓牛，属牛，身高背阔强壮如牛，又用“牛”字做了店的招牌，因此人们都称他“大牛”，真名牛国祝反倒渐渐被人遗忘了。

大牛的经历颇具传奇色彩：曾拜邓小平同志的修脚师为师，先后受过温家宝同志、李克强总理的接见，在大学讲台上讲过课，为自己的修脚店注册了“大牛”商标。几年时间，他用牛的执着、牛的倔强、牛的温顺把事业做得“牛气冲天”，被称为“辽西修脚第一人”。

坚韧的牛，永不服输

20 年前，25 岁的大牛从辽宁省锦州市女儿河纺织厂下岗了。为了谋生，他蹬过“神牛”，扛过大包，用汗水换来的微薄收入勉强养家糊口。不久后，孩子出生了。虽然是喜事，但给他的生活带来了忧愁：一贫如洗，家徒四壁，拿什么养这个小家伙呢？孩子饿得哇哇直哭，大牛没钱买奶粉，就往空瓶里灌上凉开水哄 1 周岁的孩子止哭。那时，牛家人的生活真是陷入了“憋死牛”的状态。

牛国祝获得
全国先进个体工商户荣誉。

堂堂七尺大汉不能让妻儿吃饱穿暖，大牛感到耻辱。为了改善生活，他走进浴池当起了搓澡工。

当时锦州地区从事搓澡工作的都是南方人，本地人都嫌这个职业低贱。大牛觉得，凭自己的力气挣钱，不丢人。于是，他走进浴池，跟一个扬州来的小伙子学搓澡手艺。大牛老实勤快，很快就熟练地掌握了搓澡技术，找他搓澡的浴客渐渐多了起来。客人一多，收入自然是水涨船高，生活水平也开始步步高了。不久，手艺精良的大牛被营口市一家大浴池聘去。

数着不菲的票子，大牛更加坚定了搓澡的决心。他见这一行挺挣钱，就把妻子、父母也都拉到了营口浴池，全家人都成了搓澡工，这件事在当地一度被传为再就业佳话。

执着的牛，坚持不懈

在锦州地区，修脚工多是扬州人，扬州人依托各个浴池，靠手艺吃饭，而独立开店者还没有。这个空档就是商机。大牛不满足给人打工，决定要自己干一番事业。2002 年，回到老家锦州的他开了一个仅 50 平方米的小修脚店，服务项目只有修脚和做足疗。

前些年大牛在搓澡时学会了足疗和修脚等技术。他知道，浴池里的修脚工做活时主要在“修”上努力，而人脚上的疾病很多，单纯修脚好比“吃止痛片”“抹万金油”，不能根治脚病。别人没干的，我干。大牛另辟蹊径，他的修脚店以“治”为主，以“修”为辅，兼做足疗和按摩。

万事开头难。大牛修脚店刚开业时，人们不认这一行，客流稀少，再加上有些疑难病让大牛感到棘手，生意因此不大景气。

没有过硬的技术难以立足，大牛开始钻研脚病。他研制了一种药膏，为了试验药效，他大夏天让妻子穿尼龙袜子和胶鞋当试验品，把好端端一双玉足捂出脚气。经过反复试验，大牛终于研制成功了一种疗效可靠的治脚气药。

一个来自铁岭市的小伙子脚心长了一个大瘊子，走起路来痛如刀扎，去了几家医院也没治好。大牛根据他的病症，专门配制了一种药，经过几次治疗就痊愈了。

一传十，十传百，越来越多的人知道了大牛修脚店的服务态度好，手艺精，收费低。渐渐地，“妙手回春”“手到病除”“华佗现世”等溢美之词也接踵而来，大牛修脚店的生意也开始蒸蒸日上了。

随着名气的提升和客流的增多，50 平方米的大牛修脚店已经远远不能满足需要了，他就把修脚店迁到了一个 180 平方米的新址。迁移新址后，大牛萌生了品牌意识，他认为，修脚这行得创品牌，否则再好的服务也不能保住牌子。一天，他从一本杂志上看到了邓小平的专职修脚师乔全英的故事，他被乔全英的技术和人品深深折服，决定拜乔全英为师。大牛来到北京，费尽周折，总算找到了这位赫赫有名的修脚大师。乔全英起初不愿收大牛为徒，但经过几次接触，被他的执着精神打动，破例收他为弟子。

在乔师傅门下，大牛不仅了解了修脚行业的历史，而且得到了乔师傅的真传。从北京回来后，他的修脚技术已达到炉火纯青的程度，视野也更加开阔了。他向国家商标局申请注册了“大牛”商标，又开了第三家分店。

为了扩大影响，大牛还为修脚店制作了一个网站。许多脚病患者通过网络了解到大牛修脚店，专程从大连、沈阳、铁岭等地慕名而来，他们满怀希望而来，又满面笑容而去。

2004 年 5 月，大牛修脚店被锦州市商业局评为“市商业服务品牌”，并授予“脚病克星”牌匾。同年 11 月，大牛受到了时任国务院总理温家宝的接见；2005 年，大牛又先后被北京中医研究院聘为高级研究员、被北京应用技术大学聘为客座教授。2007 年，为了提高修脚技艺，促进行业交流，加强南北派业内合作，他举办了首届中国修脚产业联盟高级论坛，在全国修脚业产生了极大反响。2015 年，大牛率 10 人技师团参加了“世界足道养生大会”。

奉献的牛，持之以恒

大牛修脚店从开业那天起，就无怨无悔地当起了社会弱势群体的“孺子牛”。年过七旬的老人和特困人员只要踏进大牛修脚店，享受的都是质量不打折的免费服务；市敬老院和光荣院也都是大牛修脚店长年义务服务定点单位。每月 18 日，大牛都会带着徒弟，背着药箱到那里去为伤残军人和孤寡老人义务修脚。每到这天，敬老院、光荣院的老人早早就洗净了脚，像除夕父母盼儿女回来吃年夜饭似的盼着大牛。几年来，大牛从没让这些老人失望过。

一次，大牛听说一个偏僻农村的 90 多岁老人瘫痪在床、无人照料时，便背上药箱登门探望。老人由于护理不周，浑身脏得吓人。大牛并不嫌弃，像儿子伺候父母一样为老人擦洗身子、剪指甲、修脚、做按摩，让老人得到了一生中最舒服的一次享受。

下岗再就业问题一直是地方政府头痛的事儿。看到大批下岗人员难以就业，联想到自己的当初，大牛决定尽一份爱心。修脚店开业不久，他就开始带徒弟，培养得差不多了，再为他们推荐工作。后来，大牛觉得这样做“力度”还不够，又成立了大牛职业培训学校，现已培训学员 4000 余人、亲授弟子 125 人，他们在辽宁、吉林、黑龙江、河北等地开起了修脚店。过去，葫芦岛市洗浴行业的搓澡工绝大多数是“杨家将”（扬州人），如今变成了“牛家兵”。

2006 年年底，大牛——牛国祝被辽宁省工商局、辽宁省个私协会授予“光彩之星”荣誉称号。10 年后，他又获得锦州市“五一劳动奖章”，这更加坚定了大牛开拓进取的决心。2018 年 12 月 5 日，牛国祝参加了全国先进个体工商户表彰大会，并被授予全国先进个体工商户荣誉称号，会议期间受到了李克强总理的亲切接见。能受到两任总理接见的个体户在辽宁省绝无仅有。难怪如今在锦州，人们只要一提到牛国祝，无不竖起大拇指：大牛，真牛！（作者：张宜昌）

02 “一夫”为勇，“万足”开道

——记“韦一夫”修脚创始人韦好全

提起“韦一夫”修脚，在呼和浩特那可是响当当的知名品牌。修脚能修出这样的名堂来，还是让我们来看看“韦一夫”修脚的创始人韦好全先生是怎么做到的吧。

踏上修脚职业第一程

韦好全先生，“70 后”，是安徽省阜阳市临泉县生人。弟兄五个，排行老四。由于家境贫穷，他 8 岁的时候就被父母送到一个远方亲戚家抚养。12 岁那年凭借自己的小胆识偷跑回家，小学五年级毕业后，13 岁的韦好全就不再上学了。

因为自幼受到爷爷会修脚的影响，韦好全 10 多岁就能分辨出多种脚部的基本病情。那时候，他跟爷爷在澡堂里洗澡时就已经对修脚术有了一定的认知。13 岁时，爷爷见他天赋难得，便传授了他修脚的全部技艺。爷爷去世后，他无心操持旧家业，就跟随哥哥们外出流浪。他演过杂技、学过针灸、当过兽医、拾过荒、种过菜、养过花、在工地打过工……那段时间，是他一生中最为落魄的时候，也是磨炼他意志、铸就他能承受千辛万苦的奠基时段。

“韦一夫”修脚的创始人韦好全。

俗话说：吃得苦中苦，方为人上人。正因为有了这些经历，生活中的小坎坷对于韦好全简直就像清风细雨一样不值一提。

颠沛流离的日子毕竟不能持久下去。韦好全决定安定下来，做一件长久的能维持生活的事业。

1999 年，是韦好全踏上修脚行业的第一程。那一年，他来到内蒙古呼和浩特（简称呼市）谋寻创业之路。正踌躇不定的时候，碰巧来到一家洗浴中心，看到一个老乡在给客人修脚，这对他立即产生了一个决定性的触动。他想，自己有这个基本功，这个工作又不需要学历，投资小、见效快，而且可以作为一门手艺一直做下去。有了创业的决心，他开始着手准备。先是找到一个铁匠铺，定制修脚工具，因为铁匠根本就没有见过修脚刀是什么样的，韦好全只好用语言来描述它的形状，说只要修脚锋利些，刀型美丑无所谓。就这样，7把形状各异的修脚刀成了韦好全创业的首批工具。后来，他用这7把修脚刀练习了两年多，并且练成了左右手双面用刀的功夫，在各大洗浴中心和修脚店打工赚钱积攒创业资金。

没有功成名就的顺畅，更没有水到渠成的便捷。万事开头难，一切心酸都在创业起始渐渐袭来。2004年，是韦好全一生中痛并快乐的日子，他和爱人回老家领了结婚证，却没有钱筹办婚礼，只好返回呼市继续打工赚钱。2005年5月，他们的宝贝女儿出生了，生产花费的480元他们都难以支付，最后不得已将结婚时给爱人买的项链和戒指卖掉。

每当有人谈起他的修脚事业如何红火辉煌的时候，他都一脸平淡地说："你们只看到了我光鲜靓丽的表面，却不知我当初创业背后的心酸。"他说，那时，他和爱人在呼市租了一间不到10平方米的房子，煮饭都没有电饭锅，现在回想起来，都不知当时是怎么熬过来的。

时间冲刷着一切，努力也在指缝间慢慢地见到成效。

"金无足赤，人无完人"，一个人无论有多大的才能和信心，他的力量也是有限的。一位名人说，以有限的力量去追求无限的成功，怎能取得辉煌呢？所以智者会借助他人的力量来成就自己。韦好全就机敏地利用了这一点。

2007年，他和一个足浴店的老板在地下室合作经营了第一个修脚店。这个店给他带来了第一桶创业资金。

千里之行始于足下

王安石在《游褒禅山记》中写道："有志与力，而又不随以怠，至于幽暗昏惑而无物以相之，亦不能至也。"这明确表达了借助他人的力量并不代表依赖他人。

2009年，韦好全在临街找了一个店面，开始了独立经营。没有客源，没有策划经验，他没有灰心气馁。他说，他此生的信念是：把握每次机会，服务好每位顾客，并且把每次服务都当作自己的一次考试。争取自己最大的努力，留住并治好每一位顾客，成为自己免费宣传的广告。闲暇时，他在电脑旁看中医外科方面的知识，搜索有关修脚的资料视频。他曾远赴扬州、西安、河北等地拜师学艺，并且苦学苦练手足修复技术，获得了“高级手足修复师”的资格。

韦好全说，经营一项事业，不仅是为了赚钱，更是因为喜爱，这样才会把修脚当成一门技艺传承下去。

2015 年，他正式拜清华池的元老——中国修脚顶尖大师王建生为师。王建生秉承传统修脚术之本，技艺精湛，累计解除脚患数万例，是中国商业联合会、中国沐浴专业委员会修脚分会副会长，荣获了人力资源部鉴定的高级修脚师资格。有了这样的顶级大师为师，韦好全的技术如日中天，飞速成长。他结合熟练的左右手刀法，出手轻、搼得平、铲得圆、断得净。因技艺精湛而享有盛誉，并被数十名徒弟追随学习，现已传承至第六代。

千里之行，始于足下。可见足对于每个人来讲，意义有多么重大。用韦好全自己的话来讲，他最初做这行只是为了养家糊口，可是后来在工作过程中，看到自己为那么多脚病患者解除了痛苦、带来了健康。他笃定，自己其实在不知不觉地进行着一项伟大的“创举”。

韦好全立志做名副其实、光明普照的修脚人，把修脚技艺传承下去。他在呼和浩特市成立了自己的公司，命名为“韦一夫修脚”。师承北京清华池首席专家王建生先生，是河北派的第五代传人。创办 20 年来，他在多年积累的经验和潜心钻研中，总结出一套独特的脚病修治方法，并毫不保留地传授给了他的弟子们，让他们和自己一样，尽最大力量解决患者脚疾，赢得了广大患者的高度认可和赞誉。“韦一夫修脚”在不断地进取和提高中，始终追求一种精神高度，凭借激情与技艺弘扬国术文化，秉承博爱之心，提供真诚的服务。他们把医治脚病视为自己的精神寄托，当作一种热爱生活、修身养性的手段。他们严格要求自己的同时，制定了一个具体的目标：努力提高修脚技艺，带出更多德艺双馨的传承人，为社会尽绵薄之力，贡献自己的余生华年。韦好全说：“修脚事业的发展，是伴着改革开放的步伐一路前行的，就现在的趋势来看，从蓬勃兴起到逐渐壮大势在必行。”韦一夫始终坚持把手足疾患修复作为弘扬传统文化的一个重要组成部分，如今已有注册会员千余人，创建了多家连锁店。

韦好全常说：“成功一定有方法，失败一定有原因。技艺不过强，多少人支持你也是枉然。自己不努力，谁也给不了你想要的生活。”

韦好全有一项超长的修脚技能——擅长修复各种病毒疣，也因此在行业中被称为

"猴子大王"。

四川梅山有一名叫张龙的脚病患者，年仅26岁就患上了足部病毒疣感染，三年多，行走困难，多方求医治疗，不但没有任何效果，反而越发严重，最后彻底走不了路了。那时候，韦一夫经常在快手上发一些有关修脚的作品。恰好张龙的一位朋友经常看快手，就把这个信息告诉给了张龙。被病毒疣困扰了太久的张龙已经对自己的病不抱有希望了，就有一搭无一搭地浏览了韦一夫的快手主页，发现有好多病毒疣被治好的病例。已经濒临心死的他再一次抱着试试看的态度联系了韦好全师傅。当韦好全看到张龙发来的脚掌图片时，很是惊讶：满脚都是病患！怎么就能发展到了这种地步呢？由于从没有接触过这样的病例，韦好全让张龙先去医院做一个检查，看看有没有癌变。如果没有，可以试着给他修复一段时间看看。因为韦好全也对张龙的脚患没有十足的把握，所以他告诉张龙："我不敢保证效果，只按成本价收费。在韦好全尽心尽力的治疗下，张龙接受了4个月的全程无痛修复治疗，最后终于彻底被治愈了。"

服务行业鲜有没遇到过纠纷的。而韦好全告诉笔者，也许是他严格要求自己的服务理念，消除了顾客无声的投诉，顾客满意度在95%以上。

事业的成功，离不开企业文化的引导。韦一夫修脚企业文化制定的四个经营和一个发展更加充分体现了公司的明确和立意。

不经风雨长不成大树，不经千锤百炼就不能成钢。在企业文化的引领下，"韦一夫修脚"沿着宽广的大路勇往直前。现在，呼和浩特市已经开办了4家"韦一夫修脚"，全国连锁店已有数十家。韦好全立志带领韦一夫修脚全体家人，在国家发展"大健康"实业、打造"工匠精神"政策的氛围下，将传统修脚技艺回归本位，把这些技艺、技能传承下去，更好地造福百姓，让全世界的人都能体验到中国古老的修脚文化。

闲暇时，韦好全除了继续学习修脚技能，还在修炼着自己的内心世界。以前看书就犯困的他，仅2019年就看了一百多种励志的书籍。我不解他为什么注册为"韦一夫"修脚。他说："一个人自学自悟，一个人严格要求自我，一个人为全家人树标。自己做到了，才具有最无懈可击的说服力，一夫就是一个人。"这些话令人肃然起敬，成功的道路固然艰辛、坎坷，可我们已经看到了韦好全"一夫为勇，万足开道"的辉煌未来……（作者：朱影）

03 秉承家传技艺传福音

——记哈尔滨市"百年闻氏"第三代传人闻平

在黑龙江省哈尔滨市修脚人的行列当中，应该没有人不知道他的大名；在足疾患者当中，他是被传为佳话的"一把刀"。20世纪70年代初，他学生时代的稚气还未脱落，就选定了自己的人生目标。他就是秉承家传技艺，造福足疾患者的闻平。

从祖父闻介臣到父亲闻清泉，再到他，将近100年的历史；还有今天，他的孩子们在足界历史上打造了一个希望的明天。乐于助人，是他的本性；精益求精，是他的品格。

医者仁心，是人生坐标

回忆煤油灯下的历史：那一年春节前的一个傍晚时分，闻平家中来了一位农村患者，他在家人搀扶下来到他父亲的面前。患者撸起棉裤，只见他大脚趾肿胀得很厉害，从趾甲缝中又不断渗出脓血水。闻平的父亲问他为什么这么严重才来治疗，他们说农村的医院看不了，到大医院又没钱。父亲二话没说，操刀放出脓血，割去病变部位的趾甲，敷上了自己配制的中药，并留他们在家中观察。第二天，肿胀消失，患者能抬脚走路了。看到他们生活很困难，父亲不仅没有收他们医疗费，还为他们买了回乡的车票。父亲说："医者仁心，为患者解除病痛是第一位的。"每当看到一些患者蹒跚而来、愁云满面，经过治疗后又快步离去，闻平就下定决心要成为和父亲一样的人。

"百年闻氏"第三代传人闻平。

人小艺精，不负家族盛誉

1972年，闻平16岁，刚刚高中毕业。父亲拿出几块厚重的竹板，让他拿修脚刀去削，父亲说要削得均匀有致，直到削得薄如蝉翼，由块变沫，由沫变片。整天削竹片，闻平的手都累肿了；日复一日地练习，手指磨破了，终于练出来了。父亲后来得了中风，到家里的患者就都由闻平诊治。闻平第一次接待的是一位患了脚骨刺的患者。父亲在一旁指导，闻平为患者操刀手术，并且严格按要求敷上了自制的中药粉。几天后，患者丢掉拐杖来谢他，给了闻平极大的鼓舞。老一辈多年的经验，加上他不断改良的自配外敷中药，使闻平对鸡眼、脚疽、甲沟炎、脚骨刺等常见脚疾治疗时做到了手到病除。很多市内患者登门求医，市外患者也慕名而来。牡丹江市原市委书记、省书法家协会主席沈重亲笔题写了“千里之行，始于足下”以资鼓励，黑龙江省原省长陈雷也勉励他“学无止境”。一时间，《黑龙江保健报》《科技报》《哈尔滨日报》都报道了闻平的修脚医术，当时他还不到30岁。

有了荣誉，而不沾沾自喜；得到别人的认可，而不利欲熏心。虽然知名度提高了，但闻平更加虚怀若谷。闻平觉得普及预防脚部疾患知识是当务之急，他便在报刊上撰写科普文章，强调脚病的预防和治疗。

闻平接触过许多脚病中的疑难杂症患者。一个夏季的中午，省医大二院外科主任给闻平介绍的一位患者双手戴着手套。当他摘下手套后，闻平看到满手背都是瘊子。闻平判定这是多发性病毒性的疣病，立刻拿起手术刀，一个个地做掉，然后上药，五天以后患处痊愈了，而且不留瘢痕、没有疼痛感。

方正市一个年轻小伙儿急着去日本定居，就因手和手臂都有瘊子而无法动身。因为这是个顽疾，所以患者多处寻医问药，花费了高昂的医药费也没治疗好。经过闻平精心的医治，三次切除，分期分批处理，小伙子的患处终于痊愈了。直到今天，小伙子仍然和闻平保持密切的联系。

而立之年，传艺家人

闻平的手艺在经历中成长，他说，修脚行业在老辈儿中有一个说法，就是不养小的，小的经验少，底浅；不养老的，老的老眼昏花，手颤。所以他培养了接班人，两个侄子，一个女儿，女婿都从事这一行业。他送女儿去黑龙江中医药大学深造，让她掌握针灸推拿技术，吸取民间精华。如今，他们将祖业发扬光大，成为中国修脚行业耀眼的家族性事业。

在我国各大派的修脚技术中，闻氏修脚声名远播，闻平的爷爷闻介臣是哈尔滨市修脚业最早的从业者，号称“闻二爷”，也是哈尔滨市修脚的第一人，曾为苏联著名芭蕾舞舞蹈家乌兰诺娃修脚，成为中苏友好的一代佳话。这成为闻平心中一盏明灯。家族的事业，要更有生命力，更应该有自己的事业核心，那就是七分修脚，三分药。

此外，还要秉承四个字：稳、准、轻、快——稳就是干活稳；准就是辨别病名儿准；轻就是手要轻，想患者之痛；快就是活要快。他告诫他的后代传承人：临床经验积累最重要，因人而异，辨证施治，才能取得最佳治疗效果。

传统医（修）脚的技术与现代速成的修脚有着本质区别，对晚辈的支持是扶上马，送一程。

足下乾坤，夕阳无限好

有人劝闻平，60 多岁的人了，应该好好享受生活，不要再工作了。可是，他认为培养下一代是自己肩上的使命。2015 年，闻平赴北京参加清华池修脚研讨会，他推崇年轻人上岗，将黑龙江省修脚协会会长让给年轻人。他说，这个传统行业更需要新生力量。

闻平闲不下来。2017 年，在冬季全国修脚大赛东北赛区，闻平和中国商业联合会沐浴专业委员会修脚分会会长高广东以及中国商业联合会沐浴委副会长韩晖在一起做评委。他也定期给一些老年人免费修脚、剪指甲，并鼓励年轻人多做一些慈善事业。

作为百年历史的闻氏修脚传人，闻平尽心竭力，身体力行。几年前，他的诊所因城市改造而动迁了，为了方便新老患者，他在附近不惜重金租房为患者服务，同时筹措资金预定了 200 平方米的诊所，计划在新诊所落成之际再多培养几个喜欢干这一行的后起之秀。

近年来，修脚业如雨后春笋，但因良莠不齐，闻平还是有一份长者般的担忧。他感谢现在国家政策好，而且修脚人有自己的行业协会，互相还能组织交流，取长补短，使医脚修脚行业愈来愈科学化、现代化。

闻平不在乎各式各样的称谓头衔，他就是实实在在地开好他的闻氏修脚诊所。祝愿他老当益壮，夕阳无限美好！（作者：陈诗）

04 幽幽情丝寄修脚

——记肤健堂生物科技有限公司总经理何丽勇

一个温柔美丽的女人，一颗智慧的心，干了一件自己喜欢的事儿，心中一份担当，一份爱使她开疆破土，插柳成荫，从一个点迈向另一个新起点。执着韧性，无怨无悔，她干得风生水起，捷报连连，她的悲悯之心始终系着百姓。她说，艺不压身，她要做得更大，更强，更好。她就是国家高级修脚师、肤健堂生物科技有限公司总经理何丽勇。

开疆破土，插柳成荫

2004年，年轻的何丽勇坐在公交车上，偶然看到一个广告牌，她便下车前去了解。一下子，一个新的行业吸引了她。2004年3月，放弃了监控工程安逸的工作，放弃了一年百十来万的收入，何丽勇在吉林白城开了一间不到15平方米的诚信灰指甲店。半年后，她通过学习实践，觉得这个行业发展空间很大，又开了5家分店。如此投资过度和转变，她的家人、父母、朋友都不赞成。

肤健堂生物科技有限公司总经理何丽勇。

但是何丽勇打定主意不放手，她知道这个行业背后隐藏着巨大的商机——顾客的需求和反馈让她慧眼看到了受益群体的身影，生活中一部分人因手脚给他们带来的不便和病痛，是促使她要做好这项事业的动力。何丽勇通过培训学习，在经历中亲自为一个年轻女孩的灰指甲做了一个健康的修复，从而减除了这女孩工作的压力和难言之苦。何丽勇看到了这个女孩的微笑。

2005年，何丽勇开了一家非常标准的70平方米的大店。她勤勉好学，到处拜师学艺，认为一个小小的修脚师不单纯是为他人排忧解难，她的工作性质还应上升到服务社会，造福于她身边的人。

在修脚开店铺过程中，何丽勇看到这一行业不单纯是一种技能的体现，更是一种爱心的诠释。她暗下决心，要把好的事业做向全国各地，要把修脚行为发扬光大。她加盟很多商户，让很多人过上了小康生活，还解决了一些人的就业难题。

执着韧性，无怨无悔

2011年4月5日，何丽勇因家庭变故，离开了打拼7年的吉林白城子，回到故土黑龙江哈尔滨市。她的工作从零开始，通过一个月的选址、选店、装修，她给自己的店铺重新定位。既然是全民认可的事业，就要给老百姓一个清晰的看法。她以健康为主题，给自己一个品牌形象定位，注册了哈尔滨市肤健堂生物科技有限公司，店名是“肤健堂修脚”。

何丽勇事业越做越大。通过市场调查，她看到50%～60%的人有脚部疾病。她想，既然市场空间这么大，为什么不让身边更多人走上修脚服务行业呢？为此，她投资引进人才，扩大宣传。顾客的信任和朋友的介绍，让她的公司逐步走上正轨，店面得以迅速扩展，三年间她创立了40多家店铺。

何丽勇的市场空间越来越大，思想格局也越来越大。她加入了中国商业联合会沐浴专业委员会（简称“中商联沐浴委”），结交了全国各地的名师名人，她的修脚事业如虎添翼，飞向了一个新高度。

然而在开店过程中，她经历了诸多的波折。她为这个行业付出了大量的时间，却忽略了家庭，常常为顾客服务到很晚，是因为有的顾客下班晚来她店里，然而她都耐心地等待他们。在给每个顾客修好脚的时候，她觉得自己一切都值了。当顾客送锦旗，又口口相传、带来更多顾客时，她心里别提有多甘甜。

尽管有的顾客修脚时不愿付钱，也有的顾客轻视修脚行业，但何丽勇还是一如既往地爱这个行业。“何丽勇的肤健堂挺好的!”这是更多顾客对她的评价。有顾客看到她年轻漂亮，质疑她为何选这个职业。她只是微微一笑，她一心要把这个修脚行业干得风生水起。因为她早已把修脚业当作生命中的一部分。

面对那些挑事的、瞧不起修脚职业的、不愿给服务费的人，何丽勇说：“我服务的不好，你可以提出来，但你不能轻薄这个行业，污辱我们的人格。我们可以改进服务质量，但请你尊重我们这个行业。”

悲悯情怀，过硬本领

有一段时间，何丽勇发现一个30多岁的女人持续一个月来她店外的花池子边坐着，还向门口不时张望。一个下雨天，何丽勇把这个女人让到店里避雨，并亲切地和她攀谈，发现她有需求。原来女人的新家在农村，离店很远，十个手指甲都得了传染性疾病——黑甲症灰指甲。女人去了好多家店也没修复好，她的孩子也没有幼儿园愿意收，全家焦急万分。何丽勇听后，非常同情这个女人和她的孩子，打算接下这个顾客。虽然很多家店都没能修好这个小孩的手指甲病，但何丽勇有信心治好她的病。

小女孩的手指甲增厚，变成了圆形。何丽勇耐心地为她清理、修剪，给她包裹上药。孩子小，时不时地哭闹，何丽勇像妈妈一样哄她。原来以为七八个月就能修好，但是因为太严重，何丽勇整整为这个孩子修了一年两个月，才把这个孩子手上的顽疾治好，而且为这个孩子省下了不少费用。女孩的母亲流下了感动的热泪，跪在地上感谢。何丽勇扶起她也流下了眼泪。何丽勇靠精湛技术和一份悲悯情怀，不但给她们母女带来肉体上的修复，也带来了心灵的安慰。

何丽勇从没想过这个行业能给这么多人带来喜悦、满足、快乐和幸福，一枚枚小小的修剪器械不单在修复病者的伤体，也是在修复一个人的生活，一个家庭的幸福。

荣誉多多，倾情回馈

何丽勇在哈尔滨市经常抽出时间为社区做公益活动，为清洁工免费修脚，为养老院的老人服务，她长期回报社会，做义工。

她在百忙中组织员工到老年公寓为孤寡老人修手指甲、治脚病，还给他们买水果、糕点慰问。这真是爱心人士送温暖，老年公寓暖融融。他们不嫌脏，不嫌累，拿来药粉，拿来纱布，拿来修剪的小器具，耐心地为那些有脚病的老人修剪包扎。过程中小心翼翼，爱心满满，老人们笑得合不拢嘴。

2015 年，在“孝行中华·全国义剪”公益活动中，她被评为“最美志愿者”。

2016 年 11 月 26 日，哈尔滨市电视台“都市零距离”专题报道了她的爱心事迹。

2017 年，何丽勇在哈尔滨市举行了一场规模较大的全国修脚师职业技能竞赛（东北赛区）。通过比赛，挑选出了更多技术精湛的修脚大师，她看到了修脚行业的广阔前景。每个赛区高精尖的评委老师慧眼识英才，也促动了一些高端人士为这个产业链投资。何丽勇个人也完善了修脚业快速发展的目标。

2017 年 4 月 21 日，何丽勇荣幸地进入中商联沐浴委，任中华修脚协会副会长。她的公司在第一届大健康产业渤海论坛上成为“渤海论坛会员单位”，并在 2017 年度中商联沐浴委修脚分会理事会上荣获“金星奖”。

当初，家人的不理解，朋友的决裂，陌生人的白眼，顾客的冷言嘲讽、打击，非但没有阻拦何丽勇发展她的修脚事业，反而成了她事业发展的润滑剂。

如今十几年过去，天津、上海、四川、广州、黑龙江等好多省市都有她的修脚店铺，全国各地都有了她的“足健”修脚店，来自全国修脚行业的名师都向她伸出了援助之手。她向支持她事业的老师致敬。她还特别感恩她的爱人在公司中的付出和帮助，她所有的成就都有她爱人的一半。

加大自己品牌信任度，何丽勇的公司的口号是“修脚协会、服务社会、修脚协会、奉献社会”。目前，她已有几百家加盟店，将近千人进入她的劳资就业领域。

一个修脚女人的故事，到这里暂时告一段落，还有更多精彩正待发生。我们期待着她无悔的修脚人生更加美好丰富，三四月间暖意融融，五六月间春雨绵绵，七八月间山川河流生机无限，天地间孕育美景佳话，幽幽情丝寄修脚。丽勇，我们祝福你！（作者：陈诗）

何丽勇，一个有故事的修脚人。

05 足界不懈的追梦人

——第八届、第九届全国人大代表、全国五一劳动奖章获得者、朋朋修脚技术总监戚其范

“我很赞成制定足护理标准的举措，这对我们修脚界来说是一件好事，也是一件与时俱进的大事。”2019 年 5 月 10 日，在武汉举行的糖尿病足、足病修复职业专家研讨会上，朋朋修脚技术总监戚其范这样表示。

对于很多老大连人来说，戚其范这个名字并不陌生。他就是那个曾经因为修脚技术高超而一举成为全国五一劳动奖章获得者和全国人大代表的大连骄傲。

自己选择了修脚

1978 年，身有残疾的戚其范被分配到大连市服务公司下属的九三浴池工作，当上了一名国有企业员工。那一年，他才 21 岁。“当时大连市的 33 家浴池都属于服务公司。九三浴池属于比较大的浴池，男女员工有 20 多个。那时浴池中的服务员每天的工作很多，烧锅炉的、卖票的、扫卫生的……冬天，一大早来了先要扒炉灰、生炉子，接着抹床铺、铺浴巾，8 时准时开门迎客。”戚其范介绍说，开始他是做按摩工作的，但别人不干活时他干，别人不愿意干的活他也干。白天正常服务，晚上他把刷痰盂、刷厕所这样的脏活、累活都包了下来。由于工作勤恳，第一年戚其范就获得服务公司的“先进工作者”称号。

不懈的追梦人戚其范老师。

“我本身腿有毛病，加上在浴池经常看到一些人因为脚病而痛苦的样子，就很想为他们解除痛苦。”戚其范说，修脚不是个好差使，当时这是一个下九流的工作，没有人愿意干。于是，他开始自学修脚的功夫。第一次给顾客修脚，把人家的十个脚指甲都弄出了血。“就是不懂技术呀。”回想当年，戚其范笑着说。

听说他要学修脚，亲戚朋友都反对，甚至用讽刺挖苦的言语激他，说他一点出息都没有，一天捧

个臭脚，跟别人吃饭人家都会嫌弃。周围的人都在一个劲地打击他，后来是父亲的一句话让他坚定了继续这份工作的决心。戚其范至今清楚地记得："父亲平时话很少，那天他很郑重地对我说，'工作不分贵贱，总得有人去做，你只需要把自己喜欢做的事做好。'"听了父亲的话，戚其范更加努力、刻苦地钻研修脚技术，在羊角、萝卜上练习下刀。慢慢地，戚其范的修脚技艺日渐提高，在九三浴池里小有名气。

"后来我就想，也不能光修脚，还要学着治脚病。"戚其范说。为了研制治疗各种脚疾的药，他就用中药和西药自己配制药水，在自己的脚上做试验。由于不能很好地掌握药量的大小，有时自己疼得一晚上都得不停地走路。为了学习掌握中医，戚其范还主动向经常来浴池的一位中医大夫请教，使自己配制的药水更合理。

"有一次，浴池来了一个小伙子，我看他的脚有鸡眼，就说你要相信我，我就给你免费治鸡眼。小伙子也挺爽快，我就给小伙处理完再涂上药水。没想到用了两次，小伙子的鸡眼治好了。当时我们俩都特别高兴。小伙子高兴的是，自己能正常走路了；我高兴的是，自己配制的药水成功了。"戚其范神采飞扬地说道。

付出总会有回报

1987年，大连市天津街举办了"全国服务行业争创文明窗口"活动，大连服务公司将旗下的优秀员工全部调到这里的人民浴池工作。此时，已是大连市首届十大杰出青年、大连市特等劳动模范的戚其范也在调动名单之列。在改革开放的第十个年头，戚其范离开了他学成手艺的九三浴池，来到了此后为他扬名立万的人民浴池。

20世纪八九十年代，地处大连市繁华地段的天津街是大连市商业的一个响亮招牌。来大连不去天津街逛逛，就好像来大连没看大海一样。"当时人民浴池的条件比九三浴池要好，我来这里工作，很多顾客都是慕名而来，专门到人民浴池找我修脚。每天从早上8点开始就排队，一直到晚上7点。除了中午吃饭时间，全部都在给顾客修脚。"说起当年的事情，戚其范这样说。

戚其范的名人效应，给单位带来了可观的收入。由于此时单位实行承包制，多劳多得，所以戚其范的个人收入有大幅增长，一年就能有上万元的收入。当时能进入"万元户"的行列，是非常了不起的事情。

面对现实，曾经对戚其范开始从事修脚工作有看法的家人和朋友都开始转变了态度。"1992年5月8日，大连市表彰全国五一劳动奖章获得者时，正逢时任国家主席的杨尚昆来大连。杨主席握着我的手亲切地问我多大了，我回答35岁（我是其中年龄最小的一位）。杨主席听后拍着我的肩膀说：'这么年轻就得奖，了不起啊。'那一刻，我心里比吃了蜜还甜。”说这话时，戚其范自豪地笑了起来。

1993 年，戚其范又光荣地当选为全国人大第八届代表，同全国各行各业的先进人物一起在北京的人民大会堂开会。1995 年，他又成为全国五一劳动奖章获得者。一时间，戚其范的名字在大连市家喻户晓。

对戚其范来说，可谓是前十年在学习、成长，后十年在扬名、收获。

从下岗到重新出山

自 1978 年中国实行改革开放以后，国有企业一直面临改革开放带来的种种冲击。进入 20 世纪 90 年代，大量国有企业效率低下，三角债频发。在此关键时候，国有企业重组也就成为必然，进而引起重组后各企业大量裁员的下岗潮。在这波风起云涌的大潮中，戚其范所在的国有企业也不能独善其身。

1998 年，大连市的天津街进行大规模改造。位于其中的人民浴池不得不被迫拆迁。企业没了，身为两届全国人大代表的戚其范与其他员工一样，被迫买断工龄，走上了下岗再就业之路。

“当时买断工龄给钱不多，只有两三万元。”戚其范说。虽然有企业来找过他请他去工作，但他因为要照顾生活不能自理的老父亲，就一直没有出去工作。“自从母亲过世后，我就一直和父亲生活在一起。父母养咱不容易，咱得孝顺。别人照顾不太方便，我自己护理更方便些。这样偶尔会出去开三轮车接送客人，挣个菜钱。因为父亲年纪大，吃饭得定时定量，早晨安顿好父亲后出去一个多小时接送客人，然后再回家给父亲做饭，下午再出去一个多小时拉客。我和妻子两个人都下岗了，光吃老本也不行。”

就这样，一直到老父亲去世后的 2013 年 9 月 23 日，经过媒体记者的牵线，大连市残疾人就业管理中心成功地为戚其范促成了一桩好“姻缘”——前来招聘残疾人的大连朋朋修脚服务有限公司创始人高广东以保底 10 万年薪的优越待遇，聘请他担任技术总监，请他继续从事修脚行业。

“我从报纸上看过不少朋朋的报道，这个公司经常做社会公益，比如给环卫工人送手套、到社区和养老院义务剪等。我觉得只有对社会有爱心的企业才能长久，才有发展前途。这和我的理念很像，再加上老父亲 2011 年走了，我就决定加入（朋朋修脚），发挥自己的特长，为老百姓做点实事。”戚其范说。

41 年来，戚其范经历过人生的辉煌，也经过下岗再就业的苦涩；他对经济发展有过困惑，也有如今的释然和坚定。可以说，戚其范的身上，浓缩了中国改革开放 41 年的悲与喜。

为了更好地传承

戚其范不仅连续当选第八届、第九届全国人大代表，而且荣获了全国五一劳动奖章，不敢说取得这样的成绩是绝后的，但至少是空前的。对戚其范来说 ，修脚早已融入了他的血液，成为他的生命中的一部分。

正因为如此，重回修脚界的戚其范不但焕发出更高的工作热情，积极为公司新来的学员讲解自己多年积累的手艺，而且陆续在公司内招了 36 个徒弟，手把手地进行传帮带，成为公司的一块金字招牌。

朋朋修脚大连分公司鞍山路店的胡清阳是戚其范的第一个徒弟。作为一名毕业于吉林工商学院的大学生，胡清阳一直想学一门可以养家糊口的本事。在她看来，修脚就是本事，要像戚师傅一样将修脚当一门艺术来完成，跟着戚师傅的脚步走一定不会错。“刚开始的时候确实心理有点障碍，面对顾客的时候还特别紧张，生怕弄伤顾客。戚师傅就教我从修萝卜做起，修萝卜能随心所欲后就练习修羊角，从羊角的软组织部分练习，逐渐向角质层过渡，慢慢找感觉。”在谈到师傅时，胡清阳脸上露出了笑容。“戚师傅对我很好，平时很和蔼。我刚开始的时候很紧张，师傅不但仔细给我讲解练习步骤，甚至让我拿他的脚练刀功。他平时也很有爱心，热心帮助很多老人免费修脚，待人接物一点架子都没有。”

戚其范在说到这位爱徒的时候也满是赞扬：“小胡是个特别好的孩子，心很细，做事很认真，我观察了她一段时间，觉得这个孩子很有前途。我想把我的技艺传给她，毫无保留地传给她。”

“我跟师傅学习，不仅仅学习他的技术，更多的是学习他对修脚行业的热爱和执着，学习他为百姓服务的态度和精神。这也正是我们这一代修脚人所欠缺的。”戚其范的徒弟赵广玉这样表示。

作为中国传统修脚刀法的优秀代表，戚其范取得了修脚同行令人羡慕的成就。但是他并不守旧，尤其是在今天修脚界更多的采用现代刀法时，他却一直赞同从传统的修脚向足护理转变，用他的话说，这是大势所趋，更是与时俱进。

“20 世纪我修脚时，还没有糖尿病足、足护理这样的概念。今天不同了，随着人们对更高生活质量的追求，我们修脚师也必须及时跟上时代发展的步伐，不能还像过去那样修修趾甲、治治鸡眼什么的，必须要加强学习，将修脚全面提升到足护理的高度，满足人们对健康的更高要求。这是一个新话题，也是我们修脚人必须面对、必须做好的新挑战！”戚其范说。

这几年，有多家私营企业以高薪邀请戚其范，但都被他拒绝了。他说在困难时，是朋朋向自己伸出了援手，做人要懂得知遇之恩。用他的话说，“生是朋朋人，死是朋朋鬼。”“我工作了整整 41 年，无论是人生的高峰，还是人生的低谷，我都亲身经历了。这就像中国的改革开放一样，从来都不是一帆风顺的。但总的来说，是会越来越好的！”说这话时，62 岁的戚其范信心十足。（作者：王博）

第七章
新时代的修脚人

以“80 后”为主体的新时代修脚人，自觉扛起了行业振兴与繁荣的大旗，用智慧掀起“青春风暴”，引领行业巨轮驶向无限广阔的蓝海。

01 梦想在足上开花

——记中商联沐浴委修脚分会会长、全国岗位学雷锋标兵高广东

他是一个全身充满传奇的年轻人。

他白手起家，用15年时间，把一个只有几平方米的小店发展成了400多家连锁店，带动了1000多人就业。

他倡导开展的“孝行中华·全国义剪”大型公益活动吸引了4.5万名志愿者，服务十余万人（次），在全社会引起巨大反响。

他颠覆了中国传统修脚行业印象，创建了修脚行业新流派。

他组团赴德国学习、培训、交流，成为中国修脚业组团走出国门第一人。

他入围CCTV温暖中国十大年度人物总决赛。他和妻子走进央视《幸福来敲门》做客。

他组织承办全国修脚行业大赛总决赛。

他组织了“孝行中华·全国义剪”高峰论坛。

他获得了“全国岗位学雷锋标兵”“全国生活服务业年度人物”“创客中国，创客先锋”“辽宁好人”等近百个荣誉称号。

他把爱心活动做成了金光四射的公益品牌，他把“朋朋”打造成响当当的服务行业品牌。可以说，他的每个脚印都是口碑，每个动作都有故事。

创业路上，有苦有累更有甜

35岁的高广东，谈笑间眯眼一笑，神态煞是迷人，给人留下的印象是举止谦恭，彬彬有礼，动作优雅洒脱；他思维敏捷，视野开阔，意识超前，讲起话来条理清晰，生动入耳。

“我出生在凤城青城子镇一个小山沟里，在既无文凭也没有手艺背景下，我父母

用他们那点很可怜的社会关系为我找工作。我当过厨师，下过矿井，进过皮革厂，都没干长。后来我在镇里开小三轮载客，总算可以糊口了。这时父母又开始托媒人为我找媳妇……当时，我真不甘心一辈子过“孩子老婆热炕头”式的生活，我得出去闯一闯……”

2003年，高广东来到大连市寻找出路。初到大连，一通瞎闯，也没找到合适的工作。快过年的时候，感到无颜回乡见父老，就电话告知父母，谎称工作太忙、老板不给假。话刚说完就听见电话那头母亲一声失望的叹息：“饺子都包好了……”高广东鼻子一酸，眼泪出来了。

后来，在一个熟人介绍下，高广东来到一家浴池给人做足疗兼学修脚。他有股子韧劲儿，心里只有一个信念，干啥都要争先得优。

回忆起那段时间，高广东不无诙谐地说：“那时，我把全部精力都用在了学手艺上面，拿同事的脚练刀功，关系好的亲戚朋友都要挨我一刀！”

两年后，高广东的修脚技术冒尖了。艺高志远的他不再甘心为人打工，他要自己创业开店。高广东和妻子把所有的积蓄和从双方父母处借的钱集到一起，又从亲戚朋友处借了一些钱，还差5000元。一分钱难倒英雄汉，何况5000元！关键时刻，是政府的贷款政策为他救了急。

穿着干净的西服上班，是高广东年轻时的梦想。

2004年9月，高广东的第一家属于自己的“朋朋”修脚店在大连西岗区唐山街开业了。

创业艰辛百事难。高广东说：“那年临近春节，店里的师傅都放假回家过年了，为了多挣点钱，我和怀孕八个多月的妻子在店里顶班，一天接待了四十多个顾客。她挺着大肚子打水扫地，弯不下腰，累得满头大汗；我几乎不抬头地一个一个认真为顾客修脚，连中午饭都没顾上吃。就这样，我们很快还清了欠债和贷款，并开了分店。”

2014年，高广东的第一家朋朋修脚店被大连市工商局、大连市文明办评为“十星级文明诚信个体工商户”。如今，朋朋修脚不但在大连地区处处开花，还在全国建立了400多家连锁店。2016年，高广东获“全国生活服务业年度人物”称号，东北三省仅此一人。至此，朋朋成了“天下谁人不识君”的服务品牌。

改革创新，开宗立派

高广东修脚技术过硬，专业知识渊博，是个既有理论又有实践的足艺精英，他对修脚业的历史和现状了如指掌，讲起来如数家珍。

“修脚这行属于沐浴文化范畴。很久之前，修脚与针灸、按摩被称为‘三大国术’。这门技术起源于中国，殷商时代的甲骨文有‘病足’‘疾止’的文字记载，周文王因趾甲病行走困难，一个名叫冶公的人用方扁铲将其治好。《黄帝内经》中精辟论述了脚病治疗与药方。民间还有‘自理发业产生之时，便有了修脚业’之说。到了清朝，达官贵人多穿官靴，易得脚病，修脚业便兴盛起来。在修脚业发展过程中，全国形成了不同流派，各有各的风格和特点，各有各的技法，现在可分归为三大流派。闻名全国的‘扬州三把刀’中，修脚刀便是其中的‘一把刀’。扬州修脚由技而医，世代相传，流传甚广，弟子众多，当今的代表人物是陆琴……”

陆琴是全国人大代表，国家级非物资文化遗产传承人，第一届中华修脚协会会长，也是高广东心中的偶像。高广东修脚最早使用的也是传统手法，走的是“扬州派”路子，他把偶像陆琴当作学习继承和赶超的目标，他心中涌动着一个大胆的梦：博采众长，改革创新，创建新流派。

高广东获得中国修脚大师称号。

高广东首先在刀具上改革：其他流派修脚都是一把刀用到底，而他修脚采用的是一次性刀片，专人专用。“朋朋”修脚使用的这种新式刀具的产生源于高广东在一次修脚实践中。

一天下午，高广东正在为一个顾客修脚，来了一个女客户咨询有关灰指甲的事宜。这位女客户看了一会儿高广东的修脚服务，语重心长地说：“小伙子，你的手艺确实不错，服务态度也好，我很想在你这儿把我的灰指甲治好，可是有点不放心……”

“大姐，哪儿不放心？请指教，我们马上就改。”高广东真诚地说着，面无愠色，并露出迷人的笑。

“你用的这个刀我不放心，现在乙肝和艾滋病多吓人，万一这刀没消毒好，可不是闹着玩的。如果是一次性的或者专人专用的刀，哪怕贵一些，我也愿意……”

面对顾客的新需求，高广东想，这样的顾客一定还有不少，如果因为刀具问题和卫生问题让这类准顾客流失，就是朋朋修脚业一大损失，必须堵住这个漏洞。很快，朋朋修脚采用了手术刀片，一人一片，一客一换。这种新式刀具的改革，消除了一些顾客的顾虑，避免了服务中的交叉感染，开创了新派修脚术，使客流量大增，后被业界资深大师誉为“新派”。

“新派”，首先是“医学派”，一次性手术刀片，对于一次性修脚客人，用完即止，回收处理；对于会员修脚，修脚店为其设置了严格的专属保管，专刀专人。其次，“新派”是“科学派”。手术刀修脚，不是简单地随意使用一次性刀具，而是一种自主研发的整套工具，需要经过专业技术培训才能掌握。目前，也仅有朋朋修脚店拥有这种技术的全部精髓。

手术刀修脚，不仅是“兵器”的变化，而且是一种理念的颠覆，高广东改变了传统修脚业在人们心目中的形象。如今，新派手术刀修脚与传统的以扬州为代表的“南派六把刀”犹如倚天剑与屠龙刀，相互竞争共存。

高广东30多岁就能开宗立派，好生了得！

做公益，孝行义剪遍地开花

《后汉书·宋弘传》有一句名言“君子不忘其本”。意思是，真正的君子虽然发达了，也不会忘记自己是从哪里来，不会忘记贫困时给予自己帮助的人。

高广东家里有一条用了14年的浅粉色浴巾，如今已是光板没毛，却没扔掉，那是他初学修脚时买的第一条浴巾。他说，留着那条浴巾是为了提醒自己，莫忘创业艰难时帮助过、扶持过自己的人。回忆往事，高广东深情而又充满感激地说：“在我吃不上饭、找不着工作的时候，很多人帮助过我，家乡的一个聋哑人给我700元钱支持我开店。我现在的一切都是党的好政策、营商好环境、社会上好心人给予的，所以我做多少回报都不够!”

基于感恩心理，从2005年开始，高广东每周日都穿着白大褂到当地光荣院、敬老院，为老人们义务修脚服务。2009年，高广东带着朋朋团队开展了“月行养老院”义剪活动，每月为养老院的老人进行免费修脚和足部护理，并带去文艺节目让老人开心。2010年，高广东开始呼吁同行业及相关行业同仁加入“义剪”活动中来。2011年，“义剪”的项目由单一的修脚增加至理发、剪指甲、剪胡须，由“朋朋”团队员工到同行业的人员加入，又到几个行业交织在一起，规模越来越大。

2012 年，高广东将“月行敬老院”升级为“孝行大连 · 全城义剪”，把活动范围扩展到全市，增加了关爱空巢老人的“暖巢行动”和“健康社区行 1+3”“关爱到户”等义务服务。2013 年，“孝行大连 · 全城义剪”升级为“孝行中华 · 全国义剪”。这一年，高广东还发起了“请环卫工进屋歇歇脚”公益活动，朋朋修脚的所有连锁店都挂上了“城市美容师歇脚地”的牌子。有效解决了环卫工人饮水、风餐、避雨的困难。高广东还发动大连市的 146 家企业参与这项活动，又为大连市环卫工人征集了 146 个歇息地。

高广东在志愿服务论坛上致辞。

为了把公益活动做大做好，2015 年，朋朋在大连发起“修脚行业高峰论坛”，邀请全国各城市修脚同行参加。论坛上，高广东把朋朋修脚志愿者服务队多年来开展的各项公益活动及产生的社会效果做了介绍，并发出“孝行中华 · 全国义剪”的倡议，得到全国各城市行业精英的积极响应。他们回去后，纷纷组织志愿服务队走进养老院、走进街道、走进社区开展以修脚为主的义务服务，受到社会好评。截至 2019 年 10 月，参与的志愿者达 4.5 万人次。一大批参与活动的志愿者受到国家、省、市有关部门的表彰。全国 106 家媒体做了报道。

与朋朋修脚一同成长的“孝行中华 · 全国义剪”不仅用一把刀修掉了无数人的足下之苦，也修出了人人点赞，处处出彩的爱心品牌。

赴德学艺展技，前无古人后有来者

“下棋找高手，弄斧到班门”。高广东从业以来，就怀揣一个梦想：一定掌握最顶尖的足艺。

足艺的最高峰在德国。高广东感叹道：“世界上没有一个国家能像德国那样，连续经历两次世界大战失败还能迅速重建一个新的强国！德国实力的背后是什么，值得研究和学习。”

2017年6月26日，新任中国修脚行业协会会长的高广东率领15人的修脚技师团队飞往德国。这是中国修脚行业几千年来第一次组团出国学习交流，意义重大。此次赴德学习交流的目的和任务有四个：一是让世界了解中国修脚技艺，增强中国修脚师的文化自信和行业自信；二是学习国际先进的足部护理技术和脚病知识，提高理论和实践技能；三是考察欧洲一流产品生产企业和足部诊疗机构，探讨技术、产品层面的合作；四是在德国鲁尔区埃森市开展“孝行中华·全国义剪”公益活动，为当地老人、残疾人播撒爱的种子。

中国朋朋修脚团学习培训的地方是德国足科权威学校“阿尔夫古特施朵足护学校”。在十多天的学习、培训、交流中，“朋朋”团队表现出的精湛技艺让德国人惊讶不已，连竖拇指。德国人严谨细致、专业化、规范化的技术和器械也让朋朋人大开眼界。

中德双方修脚技能交流是这次学习期间的一个亮点。德方史黛芬老师和中方杨平技师现场对比教学，二人同时修理一个人的双脚，这是史无前例的两国修脚师面对面切磋。史黛芬老师熟练操作十多种繁杂的专业工具，齐甲，打磨，检查甲沟，足底修茧，再次打磨修剪，动作规范严谨，手法安全细致，一丝不苟；杨平技师采用朋朋特有的一次性刀具修脚技术，刀法运用如庖丁解牛一样熟练快速，动作如行云流水，仅凭一把手术刀就完成了德国人用精良的、专业设备所做的工作。

面对传统的中国修脚技术，习惯使用现代器械的德国人连连耸肩表示不可思议，纷纷拍照录像。被中德两国人服务的“脚模特”连连称赞：“中国刀术，真是一绝！”

对比教学也让中国修脚师看到了自己某些方面的不足。6月30日，德国主流媒体《西德日报》刊发了一篇题为《千年技术与现代技术相遇》的报道，用赞赏的词汇将高广东带领的一群修脚师形象推到了国外公众的视野。

培训结束后，中国“朋朋”的13名修脚师全部通过严格考试，获得德国最先进的护理师学校毕业证书和国际ISO 9001体系认证修脚证书。该证书是德国乃至全世界非常权威的从业资格证书，凭此证可在欧洲任何国家合法开修脚店或从事修脚工作。

“太不可思议了，中国人真了不起！”当13名中国修脚师以双优成绩毕业时，德国足护学校校长惊呼。

……

谈及这次德国之行的感受，高广东踌躇满志地说："通过这次学习交流，我们找到了自信，看到了不足。有了自信又看到了不足，将会无比强大起来！一个人如此，一个行业也如此，一个民族和一个国家更是如此……"

他潇洒地一挥手，眼一眯，又是一个迷人的笑……（作者：张宜昌）

02 在脚上书写人生传奇

——记华连生科技集团董事长冯鹤

"梦想不是用来实现的，是用来支撑灵魂的。"这是华连生科技集团董事长冯鹤的座右铭。

作为全国400多家门店的掌门人，作为1000余名朋朋人的大家长，她肩负着巨大的使命、承载着无数人的期望。她深知，唯有不断学习才能汲取更多的营养，进而反哺华连生朋朋修脚的事业，才能成就更多的人。站在15周年的起点上，冯鹤又在孕育新的梦想，引领朋朋人走向更辉煌的明天。

冯鹤生活照。

创业路上多坎坷

创业依然是当下的热词，很多年轻人满怀豪情地挤进创业的大潮中。在冯鹤的记忆中，创业，多少有些无奈，因为作为一个从东北农村走出来的姑娘，她的选择并不多。

2003年，18岁的冯鹤经人介绍从吉林松原老家来到大连一家足浴店打工——为客人做足部按摩（俗称"足疗"）。开始，她并不喜欢这项工作，但为了谋生，只好硬着头皮做下去。

在这里，她结识了来自凤城的小伙子高广东。同样的工作，同样的命运，使两个年轻人从相识、相知到相恋，走到了一起。时间长了，两人觉得长期为别人打工没有前途，不如自主创业。高广东有一手精湛的修脚技术，冯鹤从他那里得到了真传，手艺在身，袖里吞金，二人决定开个修脚店。

开店需要资金，钱从哪里来？一家不够，十家来凑。冯鹤和高广东把所有的积蓄和从双方父母处借来的钱集到一起，又向亲戚朋友借钱，关键时刻是国家的扶持贷款帮他们解决了最后的5000元。

2004年9月19日，他们的第一家修脚店在大连市唐山街上开张了。店很小，屋里很窄，连沙发都是折叠式的。白天折起供顾客坐，晚上放平铺上被褥当床，这样就不用另租房子了——为了省钱。虽然是个弹丸小店，但冯鹤把它收拾得干净整齐，温馨舒适。精湛的修脚技艺，热情的服务态度，再加上刀具一次性，成为小店的服务特色。

创业者的词典里从来没有“容易”二字，起早贪黑、含辛茹苦已成为常态。冯鹤说：“那年临近春节，店里的师傅和学徒都放假回家过年了，我们为了多挣点钱，照样开业。我当时已经怀有9个月身孕，在店里顶班，我爱人低着头一个接一个地修脚，我挺着大肚子打水，扫地弯不下腰，浑身冒汗，差点虚脱。我俩忙得连中午饭都没吃，一天修了40多只脚，浑身累得都快散架了！晚上数钱的时候，浑身的疲惫又都消失了……”就这样，冯鹤很快还清了借款，又开了分店。

从零开始学管理

创业路上，冯鹤和高广东在磕磕碰碰中逐渐找到了各自的角色定位——高广东主要负责外围事务和行业性事务，了解大趋势、把握大方向；心细如发的冯鹤则担负起管理者的角色，从管理10家店开始，一直到现在掌管全国的400多家门店，她早已经褪去了年轻时的青涩，现在已经是游刃有余。

对于冯鹤而言，管理是从零就开始学起的。如今，她已经从一个管理方面的“小白”成长为辽宁优秀民营企业家。2008年，朋朋修脚发展到十余家，但经营状况一般，各种问题不少。为了摆脱困境、让企业快速发展，冯鹤不断外出学习，还参加各种学习班，学管理、学经营。让她至今仍感到自豪的是，在学习方面她从来不吝啬，“最开始是报几百元一堂的课程，后来，几千、几万元的课程都舍得掏钱。我和高广东都是小学文化，为了成长，我们就得把学费补上，这是我们的共识。而且我们俩一致决定，一定要一起学、共同进步。正因为如此，十五年来，我们一直保持着同频共振。”

如今，朋朋修脚发展到400多家连锁店，拥有了1000多名员工，五层独门的近1500平方米的总部办公大楼临海而立，一个占地500平方米的培训基地为朋朋修脚的未来发展提供了人才、技术和管理的保证。这些都是高广东和冯鹤一点点打拼下来的。

2019年，冯鹤异常忙碌，大连是朋朋的大本营，门店总数已经达到了88家，大连市场的重大事项她要把关；放眼全国的十几个分公司的400多家门店，她要去扶持并输入源源不断的能量；总部团队的管理，她要给予方向性的指引；朋朋这个大家需要她，自己的小家也需要她，这一切的一切，冯鹤都在有限的时间里不断完成角色的切换，越来越自信和从容。

学习永远在路上，冯鹤不断提升自己。

为朋朋人铸魂

生活需要一颗感恩的心来创造，一颗感恩的心可以做出无数感恩的事。冯鹤和高广东念念不忘感恩，从创业开始，就一直坚持做公益事业，以此回馈社会各界的帮助。他俩以身作则，给朋朋人树立榜样，也为修脚人树立标杆。

正所谓人在做，天在看。冯鹤的爱心善举，也得到了社会的关注与肯定。因为公益，冯鹤登上了央视的舞台。这事儿还要从 2013 年夏日的一天说起，有位网友在新浪微博上发声："蒙蒙细雨中，正仁街，一名女环卫工坐在马路边，吃着自带的凉饭……"同时配上了女环卫工吃饭的照片。短短一小时，这条微博就被转发近百次，上千人点击。网友们呼吁为艰辛的环卫工人提供歇脚地儿。

冯鹤和公司员工看到这则微博后，立即行动起来，发起了一场"敞开大门，让环卫工人歇歇脚"的公益活动。朋朋修脚店带头将市内十多家连锁店全部向环卫工人打开大门，让环卫工人进来喝水歇脚，并为他们准备了矿泉水和饮料。

在媒体倡导下，朋朋修脚的这项活动收到了意想不到的效果，先后有 140 多家临街店面和企事业单位表示愿意为环卫工人提供休息区域，鞍山、沈阳、北京的修脚同行也纷纷响应。中商联沐浴委修脚分会秘书长韩晖主动联系冯鹤，要在全国倡导响应，并请冯鹤介绍经验，甚至邀请她到各地一起做公益。由冯鹤等人倡导开展的"环卫工歇脚地儿"都已成为品牌化、专业化、常态化、网格化的有影响力的公益项目。

"孝行中华·全国义剪"是高广东和冯鹤最早做的公益项目，在朋朋人和同行们的共同努力下，"孝行中华·全国义剪"成为全国性公益品牌。2018 年 3 月 21 日，由中共中央宣传部、中央文明办等部门联合开展的 2017 年学雷锋志愿服务"四个100"活动名单正式出炉，"孝行中华·全国义剪"公益活动被评为 2017 年度学雷锋志愿服务“四个100”最佳志愿服务项目。2018年11月末，在第四届中国青年志愿服务大赛全国总决赛上获得银奖。

一次次的拼搏与成功，并没有使冯鹤陶醉，也没有使冯鹤满足，她的目标一直在前方，一直在高处。事业上有了跨越式发展，一大批朋朋人在这个平台上得到了锻炼和成长，涌现出了不少百万富翁、千万富翁……这些成绩足以让冯鹤感到欣慰和满足。但是，她还有更大的责任和梦想，“有了钱，过上了小康生活，这还不够。我们要引领修脚人去修心——修炼自己的内心，丰富自己的精神世界。”

就这样，冯鹤通过很多学习渠道，不断修炼自己的内心，丰富自己的心灵，然后带着众人一起修心。她通过自己的心灵成长，引领更多人身心同修，为朋朋人铸魂，她觉得这是更伟大的使命，也是当下急需做的事情。

心有多宽，舞台就有多大；志有多高，空间就有多广。“晴空一鹤排云上，便引诗情到碧霄。”站在新起点，冯鹤已经做好了准备，仰望星空，展翅高翔。（作者：初新 张宜昌）

03 做的是趾甲，修的是人生

——记四川华博联创生物科技有限公司董事长李旮旯

他是“80后”，年纪不大，却“背负”着优秀企业家的“沉重”光环。现在，他拥有30多家直营店面，400多家加盟店。他是四川华博联创生物科技有限公司的董事长。他既是企业的创始人，又是顶尖产品的研发人，名叫李旮旯。

华博联创生物科技有限公司董事长李旮旯。

机遇给有准备的人提供

不是一切的付出，都能配得上生活中所受的苦难。李旮旯出生在云南省曲靖市的一个农民家庭，父母常年靠种地为生，除去日常生活开销，每年年底，都是所剩无几。眼见一成不变的日子慢慢吞噬着父母的光阴。李旮旯心里暗想，一定要想办法改变这种生活，让父母在晚年过上好日子。

李旮旯逃离了农村，来到了城市四处找工作，尝试着攒钱为自己的将来铺垫，向父母报恩。他想通过自己的努力改变命运，可是日子似乎根本就不曾变过。他开始抱怨这个世界不公，从一出生就是不公。他不认可，却又不得不接受。他觉得也许这就是命，顺其自然吧。但是转念一想，打工是改变不了命运的，想要出人头地还得自己创业。对，自己创业！决心一定，他就开始四处打探。做什么好呢？做什么赚钱呢？因为没有资金，他试图寻找本小利快的行业。

一次偶然机会，李旮旯遇见了自己的一个朋友，寒暄过后方知，这位原来和自己一样窘迫的朋友现在过得非常好，也挤进了有钱人的行列。而他的工作就是单纯地给人修脚而已。朋友知道他的处境后，告诉他，只要肯吃苦，修脚是一门赚钱非常快的行业。一句话，惊醒了梦中人。李旮旯想，修脚是一门技艺，前景可观，况且投资小，见效快，而且还能帮助人解决脚部的困扰和痛楚。况且现在手足患者处处可见，比比皆是，自己为什么不把握这个商机呢？他把想法告知了朋友，朋友表示愿意带他入行。

李旮旯开始了学艺，正式进入了修脚的行业。常言道：师傅领进门，修行在个人。自己不专不悟，别人再努力拉你，也终究是“扶不上墙的阿斗”。

要想人前显贵，必定要人后受罪

2006 年，李旮旯来到了昆明。在这个美丽富饶的城市，他闯出了自己的一片天地。

看着自己现在取得的成绩，李旮旯感慨万千。他说：“你行的时候，怎么都行。你不行的时候，什么都不行。所以你一定要行，不行也得行，这就是现实！现实告诉我，如果不争气，那么连你最好的朋友、最亲的人都会瞧不起你。生活告诉我，没什么别没钱。”他的语言很尖刻，却很真实。我理解他的心情，毕竟当初创业的时候，他的经历证实了这些。

起初创业那阵子，资金不足，向带他入行的朋友咨询了启动资金的数额之后，李旮旯开始向身边亲近的朋友借钱。他碰过壁，也挨过白眼儿，但最后还是凑足了资金。当父母和亲属听说他选择修脚时，全部反对。他们认为，一个大小伙子，干什么不好，偏去做修脚工，脑子是不是有问题？因为当时的修脚属于社会中比较低贱的工作，并不是大众眼中那种带着光环的事业。李旮旯顶着家人的反对，愣是坚持了下来。

幸福都是努力奋斗出来的！永远向有结果的人学习，因为结果不会撒谎。

当笔者问李旮旯失败的时候是否想过放弃时，他说：“哎，说来心酸呐！头一年，因为缺少经验，加之技术不过硬，店内持续亏损，自己也不知所措了。”他知道，照此下去，最终面对的必然是失败。夜里，没有了白天的喧嚣，他静下心来冥思苦想，最后总结出了原因。他给那位带他入行的朋友打电话，希望朋友能帮助他指点迷津，走出困境。谁知让他心凉的是，朋友非但拒绝，还劝说他放弃创业，给朋友打工。李旮旯失望之中燃起了“不蒸馒头争口气”的决心。他开始苦练基本功，有病患来医治，他亲自上手，精确自己的刀工。闲时，他去各个地方的名店取经学艺，还通过网络学习修脚技术。他更向成功的人学习，学习他们的经营理念和营销模式，学习他们的工匠精神和博大爱心。

其实自从进入这个行业，李旮旯就一直在不断地提升自我，他四处拜师，八方学艺。功夫不负有心人，他的修脚技艺突飞猛进。在潜心学习中，掌握了很多修脚的高端技艺。因为他待人诚恳、幽默谦卑、聪明睿智、平易近人，所有接触过他的同行师兄弟或者师傅，都愿意向他传授经验和秘籍。他不仅学到了专业技能，同时学到了很多做人的道德。

人如果遵照自己的初心做事，要么成为一个疯子，要么成为一个传奇。

2008年，李旮旯专心研制，苦苦实践，成功地研发出自己的独家产品，命名为“甲博士”“甲功夫”。两个品牌一做就是10余年，招来了众多的顾客和加盟商。他立志，要在有生之年把这份事业深深地守下去，不辜负选择“甲博士”品牌的顾客和加盟伙伴。他坚信自己的人生信条：“唯使命不可挡，唯信任不可负，诚信为本，永远地利他爱人！”这些年，凭借超强的技艺、诚信的售后、良好的口碑，李旮旯为成千上万的病患解除了痛苦，带去了快乐。顾客信任他，他把顾客当家人，凡事都从顾客的利益出发，站在患者的角度去看问题和解决问题。从刚开始大多数顾客都怀着质疑，到现在完全相信他的产品和信服他的专业能力。这期间，李旮旯用的是顶尖的产品、贴心的服务和专业的技术，让顾客真实感受到了手足护理后的转变，赢得了客户的心。他说：“别让懒惰限制了你的想象力，无论你是几岁，也无论你目前所处的境况有多糟，只要你踏踏实实地一步一步往前走，人生随处都有翻盘的可能性。”是的，他做到了。他从失败走到成功，又从成功走向辉煌。人前的显贵，人后的受罪，只有自己心里清楚。他始终不忘初心，感恩父母、感恩社会、感恩帮助过和支持鼓励过他的人，并用自己的实际行动去回报他们。他要让“甲博士”成为一个传奇，一个不朽的传奇。

为人生的轨迹谱写篇章

李旮旯说，开始做这个事业是为了养家糊口。通过自己慢慢地打拼，事业逐渐壮大，现在公司运营得越来越好，对这份事业的坚持已经不是为了生活的维持了。通过接触这个行业才了解到，现在很多人都患有手足病，而大部分人都还没有意识到它的严重性，患病了被忽视，并且一拖再拖，最后严重到去医院治疗，甚至拔甲，留下了一辈子的伤痕。正因如此，李旮旯决定把修脚这个行业做大、做好，做成大家生活中手足护理的第一选择，让广大的人民群众都能拥有健康的手足，生活得更加开心幸福。所以这份事业对于他来说，更是一份梦想，一份回馈社会和人们的责任感。如今，这份事业改变了他的命运，他不仅自己成了家，还买了房，买了车，同时还有了两个可爱的宝宝。他感恩这个行业，想通过“甲博士”这个创业平台，用成功复制成功，帮助更多想改变命运的人。

现在的李旮旯，有30多家直营店面，400多家加盟店。在事业发展的路上，为社会做出了很大的贡献。“甲博士”品牌连锁，不仅服务于社会，还为1000多名下岗人员提供了就业的机会。李旮旯说，他更感谢这些优秀的员工，感恩他们对自己的信任。他经常警戒员工，告诉他们，无论从事什么行业，只要做到两点就够了：一件是专业，另一件是人品。专业决定存在，人品决定人脉。剩下的就是坚持，用善良、专业和真诚赢取更多的信任。不忘初心，方得始终。他作为企业的创始人，始终努力地发展公司，搭建更好的企业发展平台，让员工能在公司里成就自己的事业目标，让合作伙伴能成就自己的事业梦想。完善企业的管理制度和客户服务体系，做客户终身制，一生为客户的健康负责。

把自己立成帆，才能招来风

为了更好地回馈社会，李旮旯的公司针对经济困难的客户、残疾人、老人提供无偿服务，免费医治。希望各个阶层的人都能拥有健康的手足。

闲时，李旮旯坚持学习，坚持操练刀工。他说，他最敬仰的是扬州派的修脚奇人陆琴。陆琴从修脚工到全国人大代表，将修脚刀印上浓浓的扬州印记，屹立于中国优秀传统技艺之林，不断焕发出崭新的生机与活力。他要向陆琴学习，以她为标榜，让修理手足真正成为“肉上雕花”。

当问及刘旮旯未来的志向是什么时，他想都没想，说：“对‘甲博士’的这份事业，这个梦想，我一直深深爱，深深信！我一定将这份事业坚持到底，让‘甲博士’遍布祖国各地，到处开花。我希望这份事业可以带动更多人加入，让他们事业有成，发家致富。更希望手足健康在社会上越来越有感召力和影响力。‘千里之行，始于足下，关爱健康，从关爱手足开始’，以更好的企业发展成果回馈社会和国家，为祖国和社会尽一点绵薄之力。”

回首他的过去，有太多的感动与故事；展望他的未来，我们有更多的期望和寄托。这就是李旮旯，做的是指甲，修的是人生。始终坚持走在行业的前沿，跨越市场的经济浪潮。我们祝福他前景如花，越来越好！（作者：朱影）

04 踏平坎坷成大道

——记中商联沐浴委修脚分会秘书长韩晖

人生的价值何在？人们会说，人生的价值在于贡献，而不是在于索取。然而，人生多歧路，在顺境中对社会做出自己的贡献固然可贵，但在逆境中不放弃自己的执着追求并有所成就，更能显示出人生的光彩。修脚工韩晖的坎坷经历，就说明了这一点。

一路坎坷一路歌

二十多年前，在单亲家庭长大的韩晖还是个毛头小子。他不顾父亲的苦心劝阻，放弃了学业，与几个小伙伴闯入社会。他们乘坐40多小时的绿皮火车，从西北来到东北，在工地打杂。高强度、快节奏的工地生活，让只有十多岁的韩晖尝尽苦头，最后被包工头劝退，回到家乡。

20世纪90年代末，洗浴中心、足疗店、按摩店应运而生。返回故乡的韩晖，不想混日子，在改革的年代，要干点事业。于是，他主动应聘到洗浴中心，当起了服务生，之后又跟人学起了搓背和修脚。

永远在路上：韩晖在西安城墙下的留影。

修脚，乃中医外治的一个组成部分。它是采用中国传统医术和刀法，实行修、削、刴、劈等技巧，修整趾甲，去除脚垫、鸡眼，为患者解除痛苦的一种方法。与中医的针灸、按摩并称中国的“三大国术。”

“学徒的日子，工作时间长，感觉枯燥乏味。但为了掌握一技之长，为了美好的未来，还是挺了过来。”韩晖深有感触地回忆说。

踏实吃苦、勤劳能干、头脑灵活的韩晖慢慢积累经验。不会就问，不懂就学，不明白就打听，成为精通业务的服务通，从一个普通的服务生成长为管理干部，有了稳定的收入。

2005 年，正在寻找事业突破口的韩晖，无意中得知陕西省安康市有个足疗行业协会，有三十来家店面归其统一管理。他第一次听说“协会”这个词，对“协会”的第一印象是可靠、正规，是一个自律组织。

在安康工作期间，韩晖接触了一位 40 多岁的大叔。这位大叔皮肤黝黑，头上夹杂几缕白发，身体不算挺拔，却是治疗足病的技师。正是这位不知姓名的修脚师，使韩晖顿时省悟，他自言自语：“第一次认识到修脚的价值。我也学过修脚，为什么不能将这门手艺发扬光大呢？”几经思索，韩晖决定自己创业，开修脚店。

他租下考察好的店铺，添置了必要的设备（一桌两凳，一套修脚刀），在墙上写下两个黑体大字——修脚。

2006 年 6 月 6 日，当地首家专门修脚的门店开业，第一个月的营业额是 590 元，比预期的 400 元高出一倍多，这让韩晖喜出望外。第二个月的营业额突破千元大关，他有些始料不及。渐渐地，韩晖这个修脚店在当地出了名，如此高的经济利益真令人瞠目。当地都知道菜市场里有个修脚店，不仅能修脚，还能治疗脚病。

随着手艺的娴熟，名声的传播，慕名而来的不但有客户，还有想拜师学艺的人。2008 年初，韩晖正式收了两名学员在店里免费学习。

2008 年 3 月，韩晖的修脚店开设了第一家分店。5 月 1 日，他和学员合作的第二家分店开业。尽管两个店面不太大，但事业的蒸蒸日上、生意的顾客盈门、营业的额度提高，着实让韩晖美了一把。

然而，天有不测风云。2008 年 5 月 12 日，汶川发生了 8.0 级地震。受地震的影响，韩晖的两个分店不得不先后关门，修脚店遭受到重重的一击。

虽然受此打击，但韩晖并不服输，又积极筹集资金，一个 40 多平方米的修脚店在 2009 年 5 月开业了。新的店面整洁亮堂，室内整洁，通风良好，各项功能完善，便民措施增加，如修脚席位增加、设立卫生间、室内每日用紫外线灯消毒、毛巾定期更换、清洗消毒存放、刀具一客一换一消毒、备有急用药等。

与此同时，跟韩晖学习的人员不断增加，学员学成后陆续开新店，韩晖成了当地修脚行业的“老师傅”。

2010年的一天下午，有位大叔光顾修脚店，韩晖亲自为其修脚。闲聊得知，这位大叔曾经担任过民政局局长。他激动地问大叔：“我们修脚的，能不能有个自己的协会？”“当然可以有啦”，大叔回答。韩晖又说：“只是咱们这还没有修脚协会呢？”大叔接着说：“你们可以自己成立啊。”接着，大叔给韩晖进行了较细的讲解，并告诉韩晖办理民间组织登记的流程。

当时的韩晖，年轻气盛，本以为做起来不会太难。哪知运作起来难上加难，不仅没有先例参考，而且程序烦琐，既要有相关章程及规定，还要设置专职人员。

在筹备过程中，善于思考和总结的韩晖有着自己的设想和规划，他先建立网站，再招募会员。韩晖借助网络的优势查找有关修脚协会的信息，结果却令他十分失望：没有搜到相关信息。

虽然失望，但也让他看到希望，触发了韩晖的灵感，何不成立一个全国修脚协会？在之后的日子里，除了打理生意，韩晖的时间都用在全国修脚协会的思考上。几经周折，他与北京的修脚前辈郑全德取得了联系，详细讲述了自己的想法。郑老师对这个年轻修脚师的想法大力支持。

一生追求一生情

2011年11月11日，结束一天工作后，韩晖正在床上翻阅手机，突然跳动的QQ群给他带来灵感——为什么不为大家提供一个交流的平台？

想到就做，韩晖立即申请了一个QQ群，取名为“中国修脚协会筹备群”。没想到，他的做法得到人们的积极响应，不仅有人主动加入，而且邀请带动很多同行加入。仅仅半个月时间，这个群就扩大到160多人。

2011年年末，韩晖和17名热心筹备者相约在山东济南，这是自协会筹备工作开展以来的首次相聚。大家专程拜访了济南市第一医院足病科主任吴老师，探讨了足病修治等问题。吴老师对协会进行了详细的了解，提出了科学的建议。

相聚结束后，韩晖没有返回故乡，而是到北京，太原、郑州、西安、石家庄等地走访行业名师、看望群内同行。韩晖说：“这次活动走出去，说起来容易，但做起来挺难。当时孩子只有两个月大，妻子、店面需要人。我一走出去，就意味着店面、孩子都由妻子独自打理。做决定的那夜，我失眠了。但妻子支持我，毅然担起了家里和店面的担子。”

第一次筹备会议的结束，第一次走出故乡的行业拜访，让韩晖对未来充满信心和力量。接着，他对筹备工作进行了梳理，加强与同行们的联系。大家争抢做协会的筹备工作。

在同行的积极协助下，韩晖在QQ群内向全国修脚同行发出邀请，希望大家参加在北京召开的全国修脚协会第二次筹备会议。他还自掏腰包完成了制作条幅、参会牌，联系会议场所，安排食宿及路线等多项工作。

2012年3月18日，来自全国各地的79名同行聚会北京，就协会成立相关事宜进行探讨，修脚人如此规模的盛会在全国尚属首例。大家通过投票表决，决定成立全国性的修脚协会。

会后的半个月内，原本160人的QQ群火速发展到800多人。

2012年7月28日，在国家民政部、商务部相关领导的见证下，中国修脚行业技术交流暨护品展示大会在北京工会干部学院胜利召开。

2013年3月，中华修脚师联谊会在江苏扬州召开，130多名行业精英齐聚，这也是协会筹备工作首次南下。

在“孝行中华·全国义剪”的活动中，韩晖与志愿者先后深入宝鸡市社会福利院、陈仓区中心敬老院、阳平镇五星小学等地，热情为老人、教师、百姓修脚，义务服务超过400人。

一天，有位热心顾客看到一位环卫工人脚疼，就将其领到修脚店。韩晖接待了他，环卫工人要付钱时被韩晖拒绝了。韩晖说：“环卫工人在室外作业，迎风顶雨，相当辛苦。我们只是做了应该做的，力所能及的事情。”那位环卫工人听后感动得直流泪。

韩晖的经营理念是：从严管店，以优取胜。靠良好的服务、周到的服务，韩晖在客户中的信誉更高了。

多年的实践证明：公益越多，顾客越多。韩晖和他的团队，还积极主动参与公益活动，热情为他人解除脚上的疾苦，使得门店生意兴隆，客户络绎不绝。

如今，中华修脚协会更名为中商联沐浴委修脚协会。尽管名字改变了，但服务宗旨没有变。从2011年到2019年间，修脚协会如同落入泥土的种子生长成挺拔的参天大树。（作者：李兴柏）

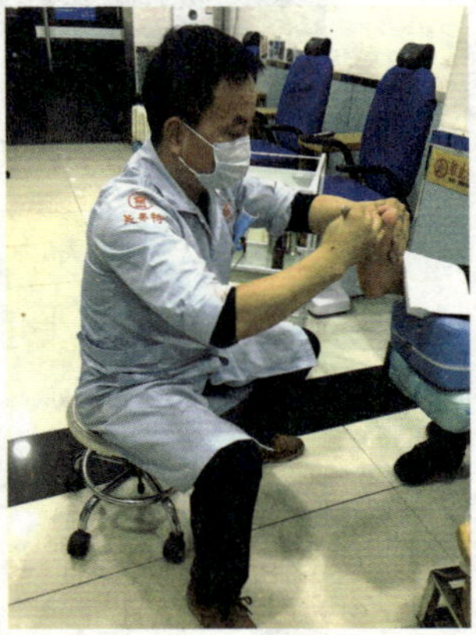

韩晖在工作中。

05 北派的大旗在随风招展

——记北派修脚创始人、北京北派修脚服务有限公司董事长陆小庆

曾经四处漂泊，孤苦伶仃的“弃儿”，居然凭借一把修脚刀和一股不服输的精神，在藏龙卧虎的京城扎下根，成为同行眼中聪明伶俐的“小哥”。仅仅 10 年后，他又在京城擎起北派修脚的大旗，创办一家独具特色的北派修脚服务有限公司，一跃成为修脚行业里响当当的人物。

他就是北派修脚创始人、北京北派修脚服务有限公司董事长陆小庆。他曲折的人生故事，要从他孩提时代开始。

陆小庆在活动中致辞。

命运多舛，笑对生活

阳春三月，莺飞草长，经历过寒冬的人们，渴望温暖的阳光。当 1985 年的春风染绿了北国名城四平的时候，陆小庆呱呱坠地了。这温馨浪漫的春风并没给他带来好运，6 岁的时候，父母因感情不和而离异，取而代之的是一位陌生的继母。仿佛一夜之间，他脸上的笑容消逝得无影无踪，略带羞怯的眼眸充盈着几丝忧郁的目光。

一个夏天的午后，燃烧的太阳炙烤着世间的万物，父亲和继母坐在院子里的椅子上吃着冰棍解渴降温，陆小庆却默立在近旁，偶尔瞥一眼父亲和继母——那时候，对于刚满 7 岁的孩子来说，一根甜丝丝的冰棍的诱惑和期盼是无法抗拒的。父亲盯着他说：“孩子吃好的时候在后头呢。”而后，就和继母在那里继续吃着冰棍。他在一旁看着，不哭，也不闹。因为，没有人能听得见他内心的哭泣。

随着父母的离异，陆小庆父亲的生意也每况愈下，在勉强维持几年后，不得不宣告破产。而他赖以疗伤的母亲为了自己的生计，匆匆赶赴广州闯荡。就这样，时间一长，渐渐地就没人管他了。万般无奈，陆小庆只好以流浪的方式生活：东一家西一家地吃百家饭，饥一顿饱一顿，度日如年。

20 世纪 90 年代，大部分家庭都是勉强温饱。为解决自己饿肚子的难题，幼年的陆小庆开始变得异常“乖巧”，一张甜甜的小嘴总是能取悦邻里，甚至逗得众人开心大笑，人们在暗自叹息这孩子命苦的同时，也愿意给些大饼子或者残羹剩饭让他充饥。他总是一边狼吞虎咽，一边不停地道谢。

“野火烧不尽，春风吹又生。”当新一年的开学季如约而至的时候，陆小庆也在乡邻的资助下背起书包上学了。穷人的孩子早当家，他珍惜这来之不易的上学读书机会，比许多同龄孩子更认真、更刻苦，学习成绩也更优秀。可好景不长，一个甚至连吃饭问题都无法解决的孩子，怎么可能像同龄人那样开开心心地坐在明亮的教室里朗读诗书、吟咏阳光呢？命运等待他的只有辍学这一条路。

当陆小庆一步三回头地沉默着走出校园的时候，年仅 11 岁。

1997 年春，刚满 12 岁的陆小庆，便走进一家砖厂，开始了最苦最累的搬砖工作。他很机灵，平时干活任劳任怨，后来厂长推荐他去某大型洗浴中心当服务生，跑腿、打零，从而开启了一段全新的生活之旅。

初出茅庐，志存高远

有人说：“面对生活，我们别无选择。”这句话，好像是特意说给陆小庆听的。他稚嫩的肩膀便担起岁月的风雨，而他居然凭借自己的聪颖和勤奋以及高远的志向，在看似平凡的谋生之路上，闯出了一片属于自己的蓝天。

刚到洗浴中心的时候，老板见陆小庆长得又瘦又小，就安排他跟师傅学习搓澡。在人生地不熟、举目无亲的四平市，若想安身立命，就要从最底层做起。他抱着这样的想法，每天跟随师傅学习搓澡。后来，他发现修脚师父赚钱多，就悄悄地跟修脚师傅套近乎。要知道，那时候想学门手艺，师傅是不会轻易教你的。但这些对于他来说，从来都不是什么难事：发现修脚师傅口渴了，他一溜烟似的跑到小卖店，买一瓶饮料交到师傅手上；发现修脚师傅的香烟快没了，他就提前备好，放在师傅的跟前。人心都是肉长的，师傅觉得这孩子确实太可怜，就悉心地传授他修脚技法。几个月下来，他居然可以为客人修脚了。那时候，洗浴中心经常派人去外地购买柴油。老板总会让几个比较优秀的领班轮流去，奇怪的是，别人买回的一大罐柴油只能用 20 天，他买回来的则能用 25 天——老板心里清楚，只有他没吃回扣。后来，老板就安排他一个人去买柴油，中心的闲杂事也交由他去办理。18 岁那年，陆小庆成为当地最大的洗浴中心的总经理。

2007 年，陆小庆年满 23 岁，再往人前一站，早已今非昔比，俨然成熟了许多，充满青春气息的脸上，曾经的沧桑早已荡然无存。在洗浴中心工作的那些年，他发现脚上患有疾病的人很多，诸如灰指甲、甲沟炎之类的不计其数。而这些客人根本就不知道去哪里治疗。他觉得这是个巨大的商机，于是毅然辞职，远赴邯郸中医皮肤病医院学习。

一年后，陆小庆怀揣着仅有的 200 元钱，风风火火地来到自幼就向往的北京。几经波折和辗转，最后找到一份满意的工作——德国传统医学足部护理店。这样的一份工作虽然没有高额的薪酬，却在潜移默化中让他领略到来自德国的足部护理理念和独特的脚部护理技法，让他受益匪浅。而那一段时间，他也再次饱尝了打工的甘苦，北漂的艰辛。因为囊中羞涩，他一日三餐都吃最便宜的饭，晚上困意袭来就在天桥底下打个盹。正在他准备施展自己才华的时候，因德国传统医学足部护理店定位超前，未能被消费者所认可，终因入不敷出而倒闭了。

“不在沉默中爆发，就在沉默中死亡。”陆小庆铭记着这句至理名言。2008 年 8 月 8 日，是他和所有修脚人都值得铭记的日子，那一天，饱含着他希望、激情和梦想的“北派修脚”宣告成立。该店位于北京市石景山区杨庄大街，尽管店面不足 30 平方米，但这家小店却可以被载入中国修脚史册。正是这家每月需要交纳 800 元租金的小店，正是这家见证了他立足于京城、开始创业发展的小店，成为他人生中又一次转折。

云游全国，只为拜师学艺

修脚是我国的一门民间传统技术，与针灸、按摩并称为“三大国术”。从技法上讲，变化多样，诸如“持刀三法”“持脚八法”“修治八法”等。从风格上讲，流派纷呈，各具特色。此前，人们根据地域和风格的差异，总结出比较有代表的三个派别：一是以北京为中心，涵盖华北、东北地区的“东北派”；二是以扬州为中心，包括长江下游及广大南方地区的“江苏派”；三是以济南为中心的“山东派”。而陆小庆创办的北派修脚，则是融合了“东北派”和德国足部护理理念的新派系。开业之初，小店只有他和一位在邯郸中医皮肤病医院学习的校友共同经营，随着业务的发展和病人的增多，他觉察到自己在修脚技法上的不足和欠缺。于是，就把小店交给校友，独自一人开始了为期两年的“云游全国，拜师学艺”之旅。

泱泱华夏，地杰人灵。360 行，行行出状元。陆小庆首先拟定了一个拜师学艺的路线图，在抵达一个城市之前，先通过百度查找当地的修脚界名人，然后再近距离接触并虚心请教。他先奔向扬州，决心从这块最具影响力的地方学起。然而，他此次的云游和拜师，却颇费周折，经历了许多常人无法想象的困难。

在扬州期间，他通过多方打听，得知有一位老师傅刀法独特，拥有一套高超的祖传修脚技艺，但这位老人却生性孤僻，常人很难与之接触。打听到老师傅每天都要去一个小镇上修脚，他便早早地赶到那个小镇上，耐心等候。果然，一天上午 9 时许，一位花白胡子的老人慢慢进入了他的视线，只见这位老人从随身携带的背包里取出修脚刀和几瓶药水后便坐在路边守候。不久，就有位男士坐在他的摊前，这时候陆小庆假装咨询，凑了过去，看那老师傅如何修脚。第二天，他又早早赶到小镇，徘徊在那老师傅附近，看他如何用刀、怎样修脚，用心记下他如何持刀、如何持脚，对一些疑难杂症如何修治。

为了尽快学到这位老师傅的修脚技法，每当中午时候，陆小庆总是准时地为老师傅买来午餐，看见老师傅忙碌，偶尔也搭把手。起初，老师傅还对他心存疑虑，几天过后，逐渐对这位留着一撮小胡子的年轻人有了好感。当陆小庆向他讨教一些修脚技法的时候，老师傅也像觅到了知音一样，毫无保留地传授给他。

有一次，陆小庆在成都云游，准备拜访一位在当地很有造诣的修脚大师，因这位大师家住在山里，当时交通不便，他便徒步赶往大师的家中。路上，他正准备经过一片沼泽地时，一条一米多长的大蛇窜了出来，险些被他踩在脚下——突然的意外，吓得他大叫一声，一个纵身跳出一米多远，否则非得被大蛇咬伤不可。当他心有余悸地赶到大师的家中并最后学得一技之长后，才长长地舒一口气，仿佛完成了一次壮举。

两年的“云游+学习”终于画上一个圆满的句号，其中的苦辣酸甜只有陆小庆自己知道。在此期间，他先后与近百位不同风格和流派的修脚师切磋技艺，使他对北派修脚有了全新的认知，并为自己弘扬北派修脚、创办北派修脚服务有限公司奠定了坚实的基础。

创建北派，传承文化遗产

两年的全国云游，十余年的行业闯荡，陆小庆终于意识到，作为“三大国术”之一的修脚术，是亟待继承和弘扬的非物质文化遗产。而如何立足于北京，把北派修脚做大做强，是他毕生要为之奋斗的事业。

回京后的 2010 年，陆小庆便联合两家股东，口头上成立了四个人的公司，达成君子协议：成立网络部，在北京创办北派修脚分店。这也是国内修脚业最早成立股份公司的企业之一。

全新的理念，全新的经营模式，再融汇以他精湛的修脚技法，北派修脚分店如雨后春笋般在京城接二连三地成立起来。陆小庆白天在店里巡视，处理日常事务，定期组织店员学习，忙得不亦乐乎。然而，商海的风云总是变幻莫测，正在他准备大干快上的时候，这两个股东突然宣布撤股，同时，网络部解体。突然的变故，犹如当头一棒，令他猝不及防。

那段时间，陆小庆把自己关在小店里，梳理在经营和管理上的得失，再一次感受到创业的艰难。然而，这些所谓的艰难，对自幼就饱尝人生苦难的他来说又算得了什么呢？2012年4月，他东山再起，毅然组建了全新的公司，北派修脚的大旗再度飘扬在北京的大地上。这次，他吸收了两家对网络和技术都很擅长的股东，开始正规化运作，陆续创办几家分店。当时，互联网悄然兴起，团购模式备受青睐，他敏锐地抓住这一难得的商机，把修脚、销售修脚器材和药物做成团购，使店面客流量一下爆满。北派修脚从此名声大震，市场在一天天变化，全国的分店越来越多，顾客的认知度也水涨船高。

2015年年底，北派修脚从当时的6家店发展到30多家。随后，他果断启动五省计划，先后在沈阳、保定、石家庄、郑州、济南、太原建立分公司，到2016年年底，全国直营店突破100家，加盟店400家；2017年，北派修脚启动高端足部护理店——沃派斯、综合养生店北派健康；2018年启动综合体——北派大澡堂；2019年成立北派商学院、北派狼族、北派之星等。立体全方位的北派修脚，恰似浩荡的春风，荡漾开来。

目前，北派修脚在我国的北京、上海、广州、陕西、沈阳、天津、哈尔滨、吉林、山东、河北、台湾，以及新加坡的新加坡市等多个城市建立了200余家连锁店，终身会员超过100万人。而那个留着一撮小胡子的陆小庆，还将用他的聪明才智和不懈追求，去续写北派修脚新的篇章。（作者：吉尚泉）

06 执着追梦，抒写初心

——记赵师傅修脚足道创始人赵志勇

36岁的赵志勇，已经在修脚界打拼了15个春秋。为了一个初心，为了一个足界之梦，他带领一群人爱上了修脚，带领一群人走上了创造财富之旅，带领一群人过着追求健康充满朝气的生活，还带领一群人乐善好施，真诚而倾情地回报着社会。

初心择业砌基石

赵师傅修脚足道创始人赵志勇。

赵志勇庆幸找到了自己喜欢的事业。15年前，他不甘心在一家洗浴店做服务员。一个偶然机会，他了解到修脚这门儿技术，觉得真是神奇，一把小小的修脚刀在脚患者的脚上修几下，扶着进来的人就能走出去，脚病患者的痛苦被那小刀捅几下就能手到病除，他对修脚技术产生了兴趣。

2003年，他找到了沈阳很有名望的修脚师隋洪三老师，拜他学艺。两年时间里，他白天忙浴池，晚上学修脚；晚上在浴池，白天去学艺。他抓住一切时间，悄悄实现他自己的梦想。他虽是农村的孩子，但他志存高远，他要为家庭创造财富。小小年纪，他不依靠父母，他要实现他人生的创业梦。

20多岁是人生充满幻想的年龄，也是贪玩儿的年龄，可赵志勇很务实，他争分夺秒，刻苦练功。在沈阳碧海云天洗浴中心，在隋老师的精心培育下，赵志勇成为一名专业修脚师。

2004年，赵志勇回到家乡赤峰，在公园、早市、胡同里摆地摊儿为人修脚，渐渐地成了一个人们越来越熟悉的“赵师傅”。虽然每次只有三元、五元的收入，他却很满足。2005年，他开办了第一个实体店。虽然面积只有20平方米，但他认认真真，尽心竭力，对患者热诚相待。面对各种手脚疾病，他的治疗手法不同，比如脚垫要施“片”术或“撕”术，去掉角质和死皮，瘊子要施“挖”术。同样的动作一天要重复千百次，每天十几小时的服务，练就了他十年磨一剑的过硬功夫。

面对治脚气、修脚垫、治灰指甲等常见修脚项目，他应用自如，初有成就，为他后来在2019年荣获“辽宁省修脚协会大工匠”奖牌的获得奠定了基础。

店面升级重管理

脚窝深深，步履坚定。2006年，赵志勇在红山区五道街路南开了第二家店。这个店铺比第一个店大10平方米。2007年在五道街又开了第三家店，比原来的店铺面积扩大了一倍。随着店铺面积的增大，赵志勇的心胸更广、眼界更宽。他深知修脚这个健康产业将给他带来了春天般勃勃生机。

2008年，他的“赵师傅修脚足道”正式成立。团队人数增加，服务项目也日趋完善，品牌得到了提升。面对团队的发展，赵志勇主动去外地参加培训学习，借鉴企业家成功管理模式。他认为这一行修的是脚、医的是人，要尊重患者，不管年纪大小，进店都是客。温情服务是赵志勇对每个患者的承诺。

十年荏苒竖旌旗

2010年至2017年，是赵志勇众多店铺的快速发展期。2014年，赵志勇团队参加了上海举办的“魔鬼特训营”。回来后，用全新的方式管理团队服务生活，改变理念，抓住服务宗旨和核心，接收并盘活了几家濒临破产的店铺。赵志勇号召团队学习行业专门课程，高薪聘请有才之人，并投巨资上名师课堂，实行店员股权福利待遇，激励员工的工作热情，提高高管的管理经营能力。三个直营大店和四个社区大店，管理得有条不紊。

面对坎坷，赵志勇不灰心。记得开军分区大店时正值店铺改革期，赵志勇聘请了10个足疗师，好吃好喝地招待，又给他们丰厚的保底底薪，但是他们目光短浅、利欲熏心，只留下3个人，其余都跳槽了。这样的打击，赵志亮都挺过来了。现如今，他的店铺已有员工150多人，年龄最小的只有20岁，最大的已经50多岁了。赵志勇知道创业之路天空不常蓝，但他更知道：走过去，前面是个天！

传统修脚技术和现代修脚技术碰撞，擦出火花，赵志勇购买了修脚用的新型消毒设备——高温高压灭菌机，他看到传统修脚中的不足和弊端。通过学习了解，使用普通的一次性刀具达不到伤口避免感染的条件，他认为一次性刀具也必须灭菌，也才会为更多修脚师规避风险。因为在客户修脚过程中会出现伤口感染、发炎的现象，所以客户使用的器械必须消毒，才有安全保障。

为此，赵志勇的公司专门设立了器材消毒区，把客户使用过的一次性刀、剪子、镊子等消毒之后再封包，再用高温高压机灭菌。客户们对此连连赞同。客户被修理出来的手指甲、脚指甲的粉尘粉末也给技师带来潜在危害，于是赵志勇从德国购进一台打磨仪，专门用来打磨指甲。原来用刀具修理指甲需要30分钟，现在打磨仪打磨不到10分钟就能解决问题，客户的疼痛感也减轻或者消除了。从一线打拼过来的赵志勇，凡事都为客户、为员工着想。

从传统修脚转化为现代修脚护理的过程很艰难，赵志勇不断思索一系列问题：团队壮大，怎样更好管理；同行竞争，怎样立于不败之地；责任在身，怎样不负员工客户的期待，等等。

引进德国技术后，赵志勇将店面传统流程改为现代化流程。项目差异化后，成本增高，利益也相应增效。半年中，公司的护理流程、项目流程和项目价格体系相继出台，他抓住时机努力参加培训，让客人满意度不断提高。

在足部护理流程方面，赵志勇采取的措施是精而细，细而准，诊脉有方，望、问、切并行，让客户放松调理医治。

百日赤情献公益

每年的5月29日是全国爱脚日。赵志勇所有门店修脚门市价在这一天的服务价格都是9.9元。脚是第二心脏，赵志勇鼓励员工心系客户，领着一群技师参与足部护理，他们的口号是“成功在于努力”！

谁为你提供平台，谁为你创造学习机会？“是赵师傅。”他的员工异口同声道。

谁为你创造了人生价值，过上了好日子，有车有房，娶上了好媳妇？他的徒弟们说：“是赵师傅修脚足道”。

面对德技双馨的赵师傅，员工们无比感恩。一个有向心力，又有凝聚力的团队，像朝阳一样，冉冉升起。

2011年，赵师傅修脚团队以“孝行赤峰·全城义剪”为主题，来到南山敬老院，为这里的老年人提供服务。至今已有20多名专业修脚师先后为一万余人（次）提供义务修脚服务，累计服务时间超过5000小时。他们每月定期为红星社区、向阳社区的孤老病残者修脚服务，还去特殊学校为聋哑孩子服务。

赵志勇年轻有为、思想活跃、目光坚定，他不惜花财力和时间培养店长、高管，培训“三无”年轻人学习修脚按摩技术，培养特殊孩子深造就业。这些贴心服务，让“赵师傅修脚足道”更加光彩照人。赵志勇计划将连锁店扩大到全国加盟店100家，直至上市。

赵志勇说他赶上了好时代，撞上了好机遇。但是我说，机遇都是给那些有准备的人。赵志勇在追逐海浪过后沙滩上的精美，正如他的名字，志向高远，勇往直前，他会有更大的成功！

你的路在脚下，在远方……（作者：陈诗）

07 指尖上的创业梦

——记黑龙江省健足斋企业管理有限公司董事长胡志国

胡志国，典型的“80后”，历经创业15年，他的人生有许多亮丽的华冠：中国修脚大师，中沐委修脚分会副会长，中国民建会员，政协委员，全国十大杰出青年，团中央中国青年创业奖获得者，团中央创业宣讲团创业导师，全国大学生创业标兵，国家冰上运动速滑队特约足健康顾问，中国足球职业联赛特约足健康顾问……

大学生创业有原因

胡志国是全国大学生创业标兵。

2000年，胡志国考入东北农业大学，完成了父母的心愿。2004年，他毕业后做了一段时间销售工作，但他感觉没有什么前途。偶然间，他在电视上看到一个修脚的冷门行业。随后得知，原来这一行业有2000多年历史，缘于西周时期，传承至今，是三大国术之一。看上去不是很多人想干的职业，胡志国却觉得是一座未开采的金山，非常有发展！它并不是人们所认知的修脚，而是中华医学足外科。

他巴不得让贫困的父母过上好日子，所以他心里下定决心：修脚，赚钱，改变家庭状况，实现人生理想！他知道扬州修脚修得好，决心拜著名修脚大师陆琴为师。可是，胡志国的父亲不能接受念大学的儿子去“摆弄脚”这个行业。

一间店铺生了根

胡志国三月里来到扬州。天下大雨，他心里流泪，他不想让父母、同学把他看成一个不上进的人。他也确实不知道这条路是对还是错，但他相信恩师陆琴的一句劝慰，“男孩子学修脚要有一技之长，才有饭吃。”他一咬牙一跺脚，开始学。每天从早上5点就开始苦练基本功，推腕子，推指，推筷子……从早上练到晚上十一二点，手上练出了大血泡，血印子。手上有伤，心里也有硬伤，父亲和他一年没说话，他和同学也一年没联系。他想用成功来证明自己的选择.。

学完技术，已是大雪纷飞的季节，哈尔滨的鹅毛大雪，没有挡住胡志国前面的路，嘎吱嘎吱的踩雪声，燃烧着这个小伙子的创业之心，他要租个门市开一个小店。他在一个美甲店认识了店老板，向老板表达了自己的创业故事与想法。老板说，想用这个店面必须交租金 20000 元，胡志国手里没钱，一瓢冷水浇得他透心凉。

回到家里，胡志国瘫倒在床，浑身无力。创业的艰难像一座大山一样阻碍着他，无力撼动。创业咋这么难呢？光有一身武艺，却没处施展。他吃不下饭，老是昏睡着，打不起精神。突然有一天，他接到一个电话，被他的创业故事感动的那个美甲店老板答应给他使用美甲店的楼上。胡志国听后浑身像打了鸡血！胡志国说，挣了钱，一家一半。用他自己的话说，那时“就像漂泊的蒲公英种子，终于落在了石缝里，也算生了根。”

名声在外收学员

胡志国的小店虽然开了，可是三个月里没有客人。他不甘心，只好写了简历应聘到高档浴场服务有钱顾客，他觉得接触更多有钱顾客才更有希望。

胡志国去了哈尔滨的最大洗浴中心，那有 16 层楼，非常高档。他把自己的简历给经理看，并阐明自己的修脚能力。这个经理好奇地说，这么多年从来没有一个修脚的师傅拿简历过来应聘。然后就对他说：“行，给你 5 分钟，说说。”胡志国介绍了自己的经历后，第二天被安排给洗浴中心老板的弟弟修脚。借着这双难修的脚，他们想考验一下胡志国的手艺到底如何。老天不负有心人，胡志国得到了认可，老板说，今后这家洗浴中心的所有修脚男技师都不用动刀了，只让胡志国一个人为顾客修脚。

胡志国看见了黑暗中的亮光，看到了事业的前景，看到了生活的方向。他不知疲倦地干着，白天不休息，守着自己那个小店，晚上一宿宿地在洗浴中心工作。他乐观向上，待人温和，心灵诚实，手艺精湛，刀法娴熟，迎来一大批客源。收入的增加，让他有了自己开店的信心。他租下了一个年租金 7000 元的 7 平方米小店，并且收了一个大他 20 岁的徒弟。徒弟借给他 5000 元钱，他在营业十天后全部还清。每一个来他小店接受服务的顾客，他都热情款待，顾客的意见他虚心接受，及时做笔记，甚至买拖鞋的样式他也征求顾客的意见……

不久，一个 50 平方米的新店开业了。胡志国雇了员工，一手抓员工管理，一手抓修治技术。他和美容美发的老板结交成友，吸取他们的管理方式。因为当时相关行业的修脚店没有成熟的管理模式。不久，媒体就报道了他感人的创业故事。于是，拜他为师的、前来学艺的人络绎不绝。有男有女，有年轻的也有岁数大一点的。

酒香不怕巷子深，好席不怕没人赴，慕名而来的学员来自全国各地——河南、河北、湖南、湖北、浙江、福建、内蒙古，甚至新疆、西藏的也有不少学员。内蒙古一个修电视机的50多岁的小儿麻痹症患者也来学习修脚的手艺。因为近些年流行液晶彩电，老式电视机再不用修理，好多过去的电视维修技术也被淘汰了，这个人认定胡志国修脚是永不失业的创业好项目。胡志国大发爱心，免费向他传授技术，为他开一切通达道路。后来，他回到家乡，不仅自己做得好，在当地也有了知名度，既圆了自己的梦，也满了胡志国的心愿。

加盟店面如春笋

胡志国有个心里感念：生活中没有贵贱的劳动，只有贵贱的思想；每个人都是互相服务，任何一件小事，做到小而美、小而精，一样成就大梦想！他工作在趾间，路在脚下。他不满足于自己仅有的传统修脚技术，他说："在大家眼中，我们是修脚师，其实是中医足外科医生！"就因为这个，他深入研究技术，还到北京同仁医院、北京望京医院、哈尔滨医科大学进修。他临床操作，进手术室一起和医生做骨科手术。经过不断的钻研，胡志国终于突破了甲沟炎治愈不了的世界医学难题！胡志国的甲沟炎一次根除技术可以说艺惊全国，不仅受到修脚领域的高度评价，而且医学界也羡慕不已！胡志国的绝技是，不论多严重的甲沟炎都是一次根除，不需复诊，终身不犯。为此，他得到了全国中医手足康复委员会的高度认可，获得了"2017年全国手足病技术贡献奖"！

2018年，胡志国修脚品牌新店开业，3个月回收成本，得到了投资创业者的追捧和加盟。这得益于胡志国修脚品牌技术服务的独特性！

2019年4月6日，第一期胡志国修脚品牌加盟培训班在哈尔滨开课。小班型授课，保质保量。胡志国还带领加盟商"0"元加盟创业，进军新兴手足健康产业，进入千亿市场。面对生意的林林总总，未来5年投资赚钱的项目并不好找，十投八赔，一平一赚，但大健康产业、全新的手足健康产业却是风生水起。

圆梦宏图展传承

胡志国头上的光环很多：2006年，被评为"感动中国候选人"；2007年，接受中央电视台专访；2009年，获"中国修脚大师"称号，日本国家电视台NHK到哈尔滨录制《亚洲华人精英一足病大师胡志国》纪录片；2011年，获团中央授予第六届中国青年创业奖（中国青年创业最高奖）；2012年，被哈尔滨人才局聘为大学生创业导师；2016 年，走进高校为全国大学生作创业报告近百场；2017 年，黑龙江省政府为其颁发“全省执法监督员”称号……

胡志国在荣誉面前不张狂、不骄傲，获得了医学界的高度认可和敬佩。他与黑龙江省委机关事务局达成战略合作伙伴，成为全省部级以上领导修脚指定品牌，与美国高端品牌养老院达成战略合作品牌协议。他的修脚技术大有口碑、大有权威，但他非常务实，打开他微信朋友圈看到的都是刀工、刀技、对学员的培养和对顾客的热诚。面对行业的同质化、低质化市场竞争的严酷性，他没有跟从行业内的价格战，价格战只能害人害己影响行业的良性发展，胡志国不断提高自己品牌的技术含金量，做到与众不同，提高对顾客的服务水平、对顾客的亲和力，让顾客来一次就还想来。他不急于搞连锁扩张，而是要建立百年老店，真正把技术传承发展。

祝愿胡志国的事业越走越远，越走越好！用他自己的话是，“自己成功是小成功，带领更多人成功是大成功！”（作者：陈诗）

08 周身而入，荣满全疆

——访新疆足三领足艺服务有限公司董事长周荣

他，生于甘肃省天水市秦安县的一个村子里。大山的闭塞造成了村里吃不饱、穿不暖的贫困状况，让自幼就不甘心与贫穷为伍的他，坚定地滋生了走出大山的梦想。他通过自己勤劳的双手，改变了命运、铸就了辉煌。

他就是天水市首届外出创业十大杰出青年、新疆第六届创业精英奖获得者、新疆足三领足艺服务有限公司董事长周荣。

周荣在祖国西部开辟出了一片新天地。

稚嫩肩膀扛起生活的重担

周荣是“80 后”，身材魁梧，长相憨厚，农村的天然朴实让正直的他更加淳朴善良。由于家境贫苦，周荣初中没毕业就辍学出来打工。16 岁的周荣，没有因为自己的年龄小而获得命运的偏爱，在残酷的现实面前，他和成年人一样，用自己尚未成熟的稚嫩肩膀扛起了生活的重担。那年，他在一家超市做搬运工，干最重的活，却只能顿顿喝汤，吃两个直径不足 5 厘米大小的馒头。除了搬运货物，他还要每天负责搬挪几十斤重的烤肉炉，手指经常被烤炉夹破，至今还可见到清晰的疤痕。

因为没有文凭、没有技能，周荣只能干些苦力活。2006年，他在一家洗浴中心做服务生，每天忙碌得像个陀螺，也只能拿到400元的月薪，而他自己一分不留地将这400元全部寄回家中。一次偶然的机会，他发现足疗区的技师们靠做足疗每月能赚4000多元，那可是自己工资的十倍呀！他像发现了宝藏一样惊喜，按捺不住雀跃的心情，想到这是一个生财之路，他更加坚定了做修脚工作的决心。周荣从小就是个有毅力、敢作敢当的男孩，认准了这条路，便开始付诸了行动。他千方百计地打听渠道，费尽千辛万苦才找到了一位技艺颇深、经验丰富的老师，并拜师学艺。当时，这位师傅在兰州开了一家店，周荣就是在这家店里取到了修脚技艺的第一本真经。

经过两年的刻苦学习和实践，周荣不仅掌握了出色的修脚技能，还学到了经营管理和市场营销的先进理念。2008年，他花了4000元和师兄弟在新疆乌鲁木齐合伙开了第一家店面，并取得了中级修脚师的资格。那个店面只有19平方米，里面所有的物件和设备都是二手的。而恰恰是这个小小的店面，开启了周荣自主创业、正式进入了足部护理行业的新征程。

回忆起当时的情景，周荣不禁黯然感伤，“那个时候，修一只脚只有十几元钱，每天要修50~80个人，经常忙得疲惫不堪，连吃饭都顾不上，就连去厕所也是争分夺秒。”凭吃苦耐劳，凭顽强的意志，周荣用沾满了汗水的双手挖掘出人生的第一桶金。而这些成果的取得，都是在瞒着家人的情况下进行的。修脚不光彩，摆弄别人的脚丫子就是低贱，这些思想已经在现代人的观念里根深蒂固了，家里人反对也是情有可原的。

2009年，周荣的母亲病了，光是住院的押金就已经花光了家里所有的积蓄。这个时候，周荣及时出手，用自己创业赚取的钱支付了住院治疗的所有开销。父母为之感动，对周荣的事业给予了肯定和认可，周荣用修脚事业为父母撑起了一片天。

在偏远处淘得真金

周荣是个有担当的人。当店内生意大有起色、办理会员的顾客逐渐增多的情况下，没想到师兄弟们坑了自己一把，他们把钱搜刮分空、一走了之，消失得无影无踪。他们把欠债余款的乱摊子丢给了周荣。周荣身心俱惫，绝望迷茫。然而想到之前为此付出的心血，他咬紧牙关，坚持了下来。他一个人面对着困难，面对着白白付出的两年时光，终于熬过了困境。马云说，对所有的创业者来说，永远告诉自己一句话：从创业的第一天起，你每天要面对的是困难和失败，而不是成功。困难不是不能躲避，但不能让别人替你去扛，任何困难都需要自己去面对。这点，周荣做到了，他不但替别人扛了，也独自面对了所有的困难。

周荣看着憨实，却有着灵活的头脑。他知道创业固然重要，而创新却是创业生存发展和跃进的根本，只有勇于创新，才会给企业注入生机和活力。就像当初人们选择创业时都争先恐后地往大城市发展，而自己却偏偏选择了拘于边陲的新疆。他知道，越是偏远的地区，越是宝藏埋藏多的地方。他一定要在新疆这个地方让自己大放异彩。

车耀先说过一句话：出身贫苦，不可骄傲；创业艰难，不可奢华；努力不懈，不可安逸。周荣脚踏实地的努力着，从不乱花一分钱，起早贪黑的日子已成为常态。生意越来越好，他开始面对市场扩大规模，实行了股份制，引来众多的投资者，公司规模逐渐壮大；管理模式和服务理念也越来越正规化。敢于创新，敢于尝试是周荣的最大特点。

2014 年，公司推出足三领品牌，从单一的足部护理到成为一家从事专业修脚、足艺按摩、保健养生、专业推拿、康复矫正、修脚培训、职业技能培训、企业咨询管理、脚病修复、脚病药品研发、足部器械销售等专业服务连锁公司。2015 年，周荣进入了微商的行列，他把修脚融入互联网中，取得了意想不到的成效。但是当时公司却没有人支持他，看他微商做得风生水起的时候，反对者又因眼红而以撤资作为砝码，威胁周荣转让公司。公司开始下滑崩盘，周荣再次遭受劫难。

一个人最大的破产是绝望，最大的资产是希望。这一次，周荣没有绝望。他说："我没有什么文化，但我就是有着一股韧劲。坚韧是成功的一大要素，只要在门上敲得够久、够大声，终会把人唤醒的。别人越是想看我笑话，我就越让他们失望。一个人干很多事儿不难，难的是把一件事儿干成事业，并且一直坚持走下去。周荣开始"改头换店"，进行部门"大换血"，改变原有的管理机制，更新部门，更新体制。以原有的营销经验为基础，2016 年，他带领公司实现了质的跃进、新的突破，成为新疆修脚行业中第一个走正规化路线的人。他把牙科的整套设备和器械创新改造后，整合成独具特色的足疗服务设施，让患者享有了更加舒适清洁的服务。他的改造被纳入医疗器械资料收集库，同时开启了足部护理正规化的新纪元。公司多年来在大量临床中对脚部修复进行了重大创新，修脚技术融合了河北北派、扬州南派、山东修脚、现代足病专科各家所长，在继承传统的同时又注重创新改革，以医学理论和丰富的足病医疗经验为基础，在多年的学习研究中形成了一整套与众不同的无痛微痛修复技法，使数以万计的脚病患者得到及时有效的治疗，受到了广大脚病患者的称赞。

只要路是对的，就不怕路远。现在，周荣已经走过了11个年头。在11年中，他一路坎坷，一路披荆斩棘，已经从一个羽翼未丰的青少年成长为修脚行业中叱咤风云的人物。他的公司也从当初一个19平方米的小店发展到现在的全国连锁机构。

苦尽甘来，万树齐开花

周荣的公司如今在新疆有50多家店面、在甘肃有8家店面，加上青海银川的店面，店面总数已超过100家。能取得这么大的成绩，与周荣坚定的信心、勇于创新改进的思路、为顾客着想的服务理念分不开。现在公司规模扩大，管理规范，并增设了人事部、培训部、市场部、店面管理部、后勤部，各个部门人员协调工作、配合默契，让公司的服务体系坚不可摧。目前，公司也日渐时尚化、前卫化，开办了储值卡业务，所有会员储值的钱款统一汇入公司账户，既保障了顾客的权益，也增进了公司的流动资金，确保了公司健康有序地良性发展。

公司的培训部考核的应聘人员分级别上岗，不同级别的人员待遇报酬也不同。周荣说，为了能留住人才、确保人才不流失，公司高薪聘用人才，所有在公司工作的员工工资都高于同行业其他从业者。

周荣有着一颗感恩的心。他把自己取得的成绩大部分归功于政府的扶持政策和社会民众的支持。从2009年开始，他每月都会去养老院和需要帮助的地方做义务修脚服务，用自己的实际行动把“慈善”二字诠释得淋漓尽致。同时，周荣也把公益活动当作自己企业的责任，在足三领有限公司的年度规划中，送健康进养老院、送温暖进环卫队、送爱心给困难户、送孝心进孤寡老人家里，写在了最显眼的位置。他们的公益不单标在榜上、做在行动中，还建立了公益服务机制，利用工作站、志愿者服务队资源扩大整个新疆的服务领域。通过形式多样的公益活动，树立了企业形象、品牌形象、行业形象，让足部护理更加深入民心。

人之所以能，是相信能。周荣经过了风风雨雨，历尽了千辛万苦，最终苦尽甘来，万树齐开花。他说：“我想告诉更多的年轻人，如果现在要出来创业，选择一个行业，就一定要坚持不懈地去做，坚持才是硬道理。不管是哪个行业，没有高低贵贱之分，只要我们把这个行业做好了，只要能够为社会服务和贡献力量，这就足够了。就拿修脚来说，它曾经是被所有人瞧不起的一个行业；但是随着足浴健康产业的发展，现在每个城市都有一个品牌，每个品牌都有它的经营理念、服务宗旨、企业定位。只要不断地创新、不断地改革、不断地尝试新的市场，就一定能在某个领域芝麻开花节节高。”

“如今，我们面对的是一个具有13亿人口的大市场，市场之巨大、客户之众多，只要用心做，就会收获成功的果实。”停了一下，周荣又说：“随着国家‘一带一路’倡议的实施，未来的足疗行业不仅面向国内市场，更能走出中国、走入国际市场，尤其是中亚五国。这个想法不是梦，在不久的将来，这将是事实。”周荣的一番话，不仅体现了他个人的思想信念，也体现了足三领公司未来的前景和征程。

周身而入，荣满全疆。含泪播种的人，就一定会笑着收获。有一句话最适合周荣不过，“如果我能够看到自己的背影，我想它一定很忧伤，因为我把快乐都留在了前面。”

周荣特别爱笑，笑的样子憨憨的。但他的微笑是强者对生活最完美的诠释，也是坚定从容的人生态度。足三领足艺有限公司有这样一位董事长，怎能不令人感慨，令人折服？就是这样一个人，用今日的汗水，成就了足三领明日的辉煌……（作者：朱影）

周荣（右）接受媒体记者采访。

09 不忘初心，奋斗不止

——记中国沐浴修脚商学院院长黄治治

春华秋实，岁月匆匆。在人生的旅途上，他已整整跋涉足界十二载。他以执着的追求、聪明的才智，不断培养造就新人，赢得了人们的尊敬。

他——黄治治，是中国沐浴商学院修脚学院院长、东民修脚服务有限公司董事长，黑龙江省绥化市政协委员。

黄治冶用他的经验帮助同行们快速发展。

有一颗不安分的心

黄治冶毕业于牡丹江医学院临床专业，执业医师资格，从事外科、皮肤科临床工作多年。他有着十分可心的工作，令人羡慕的收入，还有一个和睦温馨的大家庭。然而，这都没能安抚住他那颗“干大事”的雄心壮志。

2006年，黄治冶在北京进修，无意间接触到修脚，让它眼界大开，再也坐不稳当了。他想，如果将医学中外科、皮肤科的知识和医学消毒运用到修脚的领域，必定能成就一番大事。

黄治冶回到家，便把自己要干修脚的想法告诉了家人。他的这一大胆决定，遭到了家里人的一致强烈反对。

他坐在地上，一边不停地打磨考察带回来的修脚刀，一边聆听坐在炕上老父亲的训斥。“男人得养家，要学修脚可以，得把老婆孩子带上。”

亲戚朋友也是没人支持他，同事、邻居知道这件事后，说他“作”，好日子不得好过。还有人断言，干不成啥事！

尽管众人苦口婆心，但他横下一条心，离开了医院，毅然辞去“白衣天使”的神圣工作，果断下海。他要做劈波斩浪的弄潮儿，积极投身修脚领域的研究。

黄治冶在绥化市第一医院附近开了一家修脚店，他要使出浑身“解数”，干出个名堂来，干出轰轰烈烈的气势来。

俗话说：“万事开头难”。黄治冶先从书本上学，接着咨询修脚人。最初的学习要从磨刀开始。因为修脚刀跟我们做饭使用的菜刀一样，也有不同种类和形状，所以磨石很关键。

要能磨出一把好刀，力度大小是关键。若用力过大，很容易使刀具出现破损的情况；若用力过小，就可能起不到任何效果。这就要找好角度，掌握好刀刃、刀尖、刀柄与磨石的接触面，运用好磨刀的速度。

常言道：“慢工出细活”。磨刀也是如此，心情过于急躁、内心过于郁闷可能导致刀具出现豁口，事倍功半。

实践中取得经营管理真经

在修脚店林立、市场竞争激烈的情况下，为了能够修好脚，黄治冶先练内功，从自身练起，把肥皂、筷子拿来当成修理的对象，不断摸索力度。

最初的两年时间里，修脚店经营不太景气，每月的营业额只有几百元，就连给人员开工资、交房屋水电费用等都不够，黄治冶只好拿积蓄来填补。屋漏偏逢连夜雨。跟他一起创业的亲戚见形势不好，改变初心，借故回家处理私事就再也没回店里。

顾客少、收入少、店员少，面对这种经营艰难的事情况，到底何去何从？黄治冶陷入了深深的思索。

想来想去，黄治冶还是看好修脚这一行业，无论是事业上的不顺，还是来自外界的白眼，都没有摧毁他的斗志。他深知，创业不可能一帆风顺，必然会遇到这样那样的困难。在困难面前，是畏缩不前、消沉下去，还是不畏艰险，勇于从困境中崛起。黄治冶选择了后者。

经营中，黄治冶不断提高修脚的技能，更换修脚的工具，改善屋内的环境，增加服务人员。他还从购进商品、刀具消毒等处着手，严格把好道道关口，从抓质量、抓服务、抓信誉入手，使修脚店有了起色。

从严治店，是黄治冶开店的主要经验。他和员工一道研究制定了“店规店法”。黄治冶要求店内任何人都得按章办事。他处处以身作则，给大家做出了样子。

一次，一个店员对修脚工具进行消毒，没注意用的是过期的药水，黄治冶发现后当即停止了消毒，问明情况后，给大家开小会儿。要求大家每次消毒之前要看清商标标明的生产日期，并提出三点要求：第一，从顾客利益出发，不能使用过期产品；第二，为了本店信誉，不能使用过期产品；第三，节省金钱可以，但不能使用过期产品。要让修脚店这扇窗更加敞亮、明净、诱人。

修脚技能的提高、修脚工具的利用、修脚环境的改变，使黄治冶的店里客户盈门，修脚店有了转机。有的是慕名而来，有的是顾客带来的，这个良好局面不仅凝结着员工们的辛勤汗水，更凝结着黄治冶的心血和智慧。

黄治冶看过大海，那瑰丽神奇的大海，永远那么气势雄伟，那么广大深远，那么富有生命力。他懂得，大海所以永不干涸，就在于它接纳了百川，有永不停歇的源泉。他想，修脚店也应当像大海那样，才能生意不断，兴旺发达。

靠什么激发修脚店员工的劳动热情呢？除了奖勤罚懒、奖优罚劣、多劳多得等措施外，黄治冶也注意使员工增强忧患意识，让员工认识到，如果不思进取、没有竞争意识，迟早会被商品经济的海洋所淹没。

黄治冶奔忙了起来，市内市外、南方外地，许多地方留下了他的足迹，决心把修脚的买卖做好做活。事实证明，这位精干的企业家在经营中站稳了脚跟。在服务上，对军烈属、五保户、残疾人、敬老院老年人实行免费服务。

“顾客第一，顾客至上”，是黄治冶的经营原则。有一回，下班的电灯刚被拉灭，就从屋外进来一个人，很不好意思地说：“白天上班，没有时间，只有下班之后才能来。”黄治冶听说后，满脸笑容回答：“没关系，先请坐”，紧接着重新把电灯拉亮，拿出修脚刀具，开始了迟来的服务。

修脚中聊天得知，这位客户的居住地离修脚店很远，为了治脚，特意而来。黄治冶尽管回家晚了、吃饭晚了，但听到顾客连声“谢谢”，还是很高兴的。

客人的增加、营业额的增加，使黄治冶经营修脚店的信心更强了，拓展经营意识更高了。虽然此时修脚店办得红红火火，但他没有因此满足。2009 年他进军省城，在哈尔滨开设了第一家修脚分店。

几年过去后，一个又一个构思在他心中涌动。他不断考察，放眼全国，不断进取，筛选分析。经过不懈的努力，黄治冶在搞好市场调查的基础上果断决策，向外发展，从单店发展成为全国的连锁机构，直营店达数十家，加盟店发展到数百家。

员工们说，黄院长为工作终日操劳，从来不考虑自己的休息。平时起早贪黑，有病甚至需要住院，他依然坚持上班。他正是用这种忘我的劳动热情创造了良好的经济效益和社会效益。

传道授业，乐在其中

功夫不负苦心人，辛勤耕耘结硕果。黄治冶经过多年学习与摸索，从最初的自身钻研到如今的博采众长，完成了创业的蜕变，但他并没有停止脚步。认识黄治冶的人，看到他修脚店经营得春风得意，纷纷竖起了大拇指。他赢得了人们的赞扬。

2013 年，黄治冶在研发新产品和创新标准化领域内进行探索。2014 年，他积极助力行业发展，因材施教，搞智力投资，为行业培养了大量人才。

2016 年，黄治冶先后受邀组织策划、渤海论坛、西部论坛、康悦中华等大型行业活动，受到广泛好评。

为了带出一个技术过硬的修脚工，黄治冶舍得花心血，一种培养人的热情促使他乐于施教。一个修脚工学习理解较慢，黄治冶就利用下班后的宝贵时间单独给他开

“小灶”，针对他的眼力、手力的运用搭配进行示范性地讲解。没有几日，这名修脚工的技术就提高了，一年之后这名修脚工成了优秀修脚工，赢得了同行的夸奖。

成功后的黄治冶，决定帮助那些怀揣创业梦想的年轻人，引领他们一起创业致富。几年下来，经他认真培训后成为修脚技工的已达千人。他对困难家庭的学员进行扶持，给予减免待遇。

黄治冶不断督促年轻人加强学习，希望他们多掌握新知识，更快地超过自己，使服务技能达到更高水平。

“不忘初心，躬耕不止”。黄治冶说，修脚这个行业，还有很大的发展空间，还需要更多的有志者加入，以解决修脚技师不足的矛盾。他也愿意带领更多的人，在修脚这条不同寻常的道路上继续走下去，奔向新目标。（作者：李兴柏）

第八章

陈梦：中德修脚行业的民间大使

如果需要在中国和德国足护理行业架设一座对话与沟通桥梁，陈梦老师就是那个“天降大任者”。她，肩负着爱与责任，义无反顾，乐此不疲。

2018年8月14日，为期两天的中国朋朋赴德第二期培训班正式结束。刚刚讲完课的陈梦又要奔赴河南郑州讲课。此前的6月23日，陈梦就在武汉举行的中国医疗保健国际交流促进会糖尿病足分会足病师专业委员会年会暨第11届全国糖尿病足及慢性创面修复论坛上围绕糖尿病足的预防做了精彩讲课。作为德国的医学足护理师和足部治疗师，陈梦近年来一直致力于中国修脚领域与国际修脚行业的文化交流，成为一个真正的民间大使。

陈梦是中德足护理行业交流的桥梁。

步入修脚行业

优雅、知性、睿智，这是陈梦留给笔者的第一印象。说起与修脚行业结缘，陈梦老师说这完全是一个偶然，也是一个冷静的选择。

2002年1月2日，德国联邦议会在经过了长年的酝酿之后，决定于当日起实施一个新的法律。这项新法律的实行，使德国出现了一个新的职业——Podologie。"Podo是希腊语，意思是脚；Logie是学问、学术的意思；Podologie直译为围绕脚的学问，我把这它译为现代医学足护理。"陈梦说。

在这个新法律颁布之前，德国的修脚业在世界上已经位于前列，它有相应的一套操作规范。新法律颁布后，对于器械的要求不仅更加严格，而且行业还有了一个必要的前提，即只有经过了2000小时的专业理论培训、1000小时的专业实习（必须在自己的工作单位以外），并且通过了国家考试的人，才可以获得国家承认的“现代医学足护理师”的称号。只有获得这个资质的人，才可以护理糖尿病足病人并和医疗保险公司结算费用。

“这个称号还意味着，在整个德国，无论先前各州的法律如何，所有现代医学足护理师都经过了这样水平的培训。而此等级标准的培训就是德国的国家标准，也是目前最高等级的标准。凡是没有经过这种培训的，所从事的只是一般的修脚工作。”陈梦说，当时她刚来德国定居不久，以前在国内看见过别人给父母亲修脚，接触过修脚行业。因此，陈梦在选择自己职业的时候，决定步入这个行业——医学足部护理。而在当年新法律颁布之时，全德国仅有一所远离陈梦住处的足护理师学校，离家近的学校还不能马上开班。于是，为了接近自己的目标，陈梦选择了先学习德国的修脚师作为入门的基础。在她学习修脚师的时候，德国还处于新法实行的过渡阶段，凡是新考下证书的修脚师都要增加修糖尿病足护理的证书，给予这些人护理糖尿病足的权利，以缓解当时之急。这个缓急之计，使陈梦在工作伊始就开始接触糖尿病足。

从那时开始直到今天，陈梦已经在这个领域工作了17个年头。这些工作实践，更坚定了她从业的决心，感到自己的职业选择是正确的。

糖尿病是对人类大有危害的疾病。中国的糖尿病发病率已经超过印度与美国，成为世界糖尿病的头号大国。作为糖尿病所有并发症中危害最严重的糖尿病足，“它既有糖尿病的内科临床症状，还有肢端的溃烂、感染、坏疽的外科临床症状。德国大约15%的糖尿病人患有糖尿病足，每年约有3万人因为糖尿病足而导致截肢，其中2/3的病人做的是踝关节以上的截肢手术，截肢病人的死亡率高达15%～20%。糖尿病足是糖尿病人致残、致死的重要原因之一。出现截肢，患者及其家庭就要承受灾难性的重负。”陈梦说，世界卫生组织提出“糖尿病足重在预防”的口号，提出了多学科联手协作对付糖尿病足的工作原则。德国的数据和德国的经验，在一定程度上会对中国的实践具有参考价值。

通过严格考试

2005年4月，陈梦和来自全德国的21名同学正式走进了Podologin（现代医学足护理师）培训班，开始了为期三年的艰苦学习。这期间，没有寒暑假，他们要完成2000小时的理论课学习和1000小时的专业实习后，才能参加资格考试。

陈梦说，她们班22个同学来自德国的四个州。最远的来自南部的巴伐利亚州，直线距离近500公里，不少同学每个月来上课要在学校附近住宿。权利“我算是很幸运的，只有30公里的路程。对我来说，语言是最大的障碍。”

经过不懈努力，2008年4月5日，陈梦通过了德国的国家考试，成为Podologin。“国家考试是很严肃的事情。考官由本校的老师、其他学校的老师和市卫生局专管考试的官员组成，打分也最严格。考试前，老师们认真检查了我们的器械配备。每一套器械都是按照清单来组合的。每人3个病人，每人准备3套器械。每一套器械都要严格消毒。高压、高温、蒸汽，还要密封好。考试开始，先由我们独自准备操作的考台。什么在抽屉里面，什么在桌面上，口罩和手套如何放置与佩戴……除此之外，如果出现意外的伤口，应急的药物、绷带、止血的措施也在评分之列。参考者准备完毕，离开自己的考台，3位考官打分数。”陈梦说，最终不是所有人都能通过考试，但母语不是德语的陈梦却在通过之列。

刚刚结束了三年的学习，陈梦又马上进入新一轮学习。这回参加的是荷兰在德国开设的班，毕业将授予足部治疗师资格。参加这个学习班的前提是要有Podologie学历，刚刚毕业3天的陈梦又报了名。“其实这个学习班已经开课半年了，我的老师也在学习，她坚持说这个班太适合我了。要我一定来，她还说服了学校给我保留了位置。我相信她的话，这才参加了学习。”陈梦说。

到了学校，陈梦领到了一尺厚的讲义。更要命的是，老师明确告诉她9月考试，没有通过考试的学员就要终止学习。这也意味着她必须用三个多月的时间把这些讲义全部掌握。“虽然我放下书本没有几天，还是被震了一下子。我还没有看书呢！我想说，我晚来了半年。到了嘴边，话说不出口：那是你自己的事情，谁让你自己要来的。”在日记里，陈梦这样记述道。

有多大压力就有多大动力。本着不服输的性格，陈梦再次夜以继日地学习。“考完试时老师拿着卷子进来，我们都特别想知道是否通过测试。我问了老师一句我的成绩如何，他把卷轻轻砸在我的头上：‘你可以继续学习了。’那一刻，我觉得所有的努力都值了。”多年以后，陈梦笑着说。

陈梦再一次顺利通过毕业考试，顺利毕业，成为Dpl. Podotherapeutin，取得了足部治疗师的资质，从而完成了从一个门外汉到足部护理治疗专家的转变。

架起交流桥梁

在德国，足部的疗护存在两个并行的职业。一个是新的职业现代医学足护理专业，另一个是古老的行业修脚专业。在中国，尽管修脚有3000多年的历史，但却缺少现代医学足护理。作为对中国修脚和西方现代医学足护理专业都了解的专家，陈梦更致力于中西方修脚与足护理的交流。

2010年，饶曼妮提交了一个关于在医疗卫生系统成立专门足病科并将其列为常设科室的提案。没想到的是，这个提案竟然引起了远在德国的陈梦的兴趣。她曾用多种方式试图联系饶曼妮，但因种种原因一直没能联系上。2011年，陈梦专门从德国坐飞机来到北京，与饶曼妮共商国民足健康事业。

此后，陈梦经常受邀北京、山东和武汉等地的组织机构，围绕糖尿病足等问题进行讲课，让中国修脚行业对现代医学足护理有了全新的认识。2012年7月28日，中国修脚协会筹备委员会在北京举行了技术交流暨产品展示大会，陈梦认识了中国商业联合会沐浴专业委员会修脚分会会长、大连朋朋修脚服务有限公司创始人高广东。

“2016年的时候，我邀请国内两个企业团队来德国交流学习，但这两个企业没有明确答复。一次闲谈中，我和高总说起这事，他说我去。”陈梦说，高总渴望学习的态度以及卓远见识打动了她。为了促成赴德学习交流活动，高广东于2016年下半年先行赴德，洽谈交流学习事宜，做前期准备工作。与此同时，陈梦一边积极在德国联系自己的母校，一边又专程飞到大连为朋朋首批赴德国学习培训的团队进行培训。

双方原本约定在2017年5月成行，但恰巧高广东要在5月参加一个重要会议，赴德团队只好推迟一个月。“当时德国学校就找到我，说我们为接待中国朋朋团队都做了各种准备，如果中国人不来，他们也没交定金，我们的损失怎么办？听了这话，我当时就拿出一张空白支票，说你们填吧，我做保证，中国人肯定会来的。如果不来我来赔损失。”陈梦说，“德国人说不用，有你做保证我们相信。”

陈梦老师在德国给学员们讲课。

2017年6月24日，高广东带领14名中国传统修脚技师赴德国，这是中国修脚行业几千年来第一次以组团的形式走出国门交流、学习。经过为期一周的艰苦培训，中国朋朋学习团13名修脚师全部顺利毕业，获得德国最先进的护理师学校毕业证书和国际ISO 9001体系认证修脚证书。尤其是中国修脚师仅凭一把手术刀就完成了德国精良的专业设备能做的工作，让德国同行对中华传统技艺大加赞誉，《西德日报》还进行了专访。“中国代表团的勤奋刻苦给德国人留下了深刻印象！”作为一名德籍华人，陈梦为自己能够在两国之间架起沟通交流的桥梁也感慨万千。

“过去，德国和中国的修脚同行交流得很少。随着中国朋朋学习代表团赴德，德国人也认识了中国修脚技艺。如今，中国朋朋第二批赴德学习代表团又将启程，未来东西方同行的交流一定会越来越多！”陈梦笑着说。(作者：王博)

陈梦老师正在授课。

附录 1

《幸福在脚下我在你身边》

<独唱>

步履蹒跚，天边云霞不再灿烂

脚步匆匆，路上的风景无暇流连

朋友停下来，朋友来相伴

我在你身边，健康不遥远

<独唱>

步伐稳健，踏实行走人生旅程

脚下轻盈，潇洒跨越万水千山

回眸手足情，抬头见蓝天

我在你身边，快乐在眼前

<独唱>

（配和声）

大树高耸云端，厚土根深有谁见

江河万古源头起，人要立足天地间

手拉手，肩并肩，爱相随，心相连

青春人生正绚烂，幸福梦想一定实现

<独唱>

（间奏）

步伐稳健，踏实行走人生旅程

脚下轻盈，潇洒跨越万水千山

回眸手足情，抬头见蓝天

我在你身边，快乐在眼前

<合唱>

（独唱者声音突出）

大树高耸云端，厚土根深有谁见

江河万古源头起，人要立足天地间

手拉手，肩并肩，爱相随，心相连

青春人生正绚烂，幸福梦想一定实现

<大合唱>

（最多的人合唱的形式，很团结很温馨的感觉，把歌曲推向高潮）

华夏文明，连绵不断五千年

生生不息，知足常乐家团圆

我们有一颗澎湃中国心

我们用双手修出坚定美丽的明天！

<独唱>

我们是朋朋人，真爱驻人间。

我在你身边，一直到永远。

附录 2

《小小修脚刀，大爱满中华》

——志愿服务歌曲

小小修脚刀　帮你尽孝道
养育儿女多辛劳
脚步轻盈回首望
夕阳无限好

小小修脚刀　为你解烦恼
人生路上多风雨
健步如飞不彷徨
好人有好报

朋友啊朋友　你会记得我
我的双手　温暖你疲惫双脚
那是手足情未了
你我心相连
一路同行　阳光普照
从此沧海一声笑

小小修脚刀　大爱满中华
小小义举暖人心
众人拾柴火焰高
孝心遍中华
人间更美好

附录 3

《我便是这美好的人间》

给我一阵风　把乌云吹散
给我一片雨　把泪水冲干
给我一个晴天　让心灵灿烂
给我一片云彩　让真情缠绵

这世界其实依旧和善
生活本来没那么不堪
我们是快乐的修脚师
看青山连绵多妩媚

走过了春天　看百花争艳
迎来了夏天　望海阔天蓝
收获了秋天　品果实沉甸
飘雪了冬天　回首又一年

这世界其实依旧和善
生活本来没那么不堪
我们是快乐的修脚师
看青山连绵多妩媚

心若简单　爱就简单
爱本简单　情有何难
我们是快乐的修脚师
我们是幸福的朋朋人

后 记

2019年，恰逢新中国成立70周年，中华儿女都沉浸在一片幸福的海洋里，用满满的自信和自豪书写着对伟大祖国的热爱。全国300多万名修脚行业从业者们也和全国人民一道，在这太平盛世里，不忘初心、砥砺前行。对于华连生朋朋修脚的1000多名修脚技师而言，2019年是充满喜悦和收获的一年，这一年华连生朋朋修脚迎来了15周年，朋朋人以昂扬的斗志，奋战在充满希望的阳光大道上。出版《足界追梦》一书，是朋朋修脚创始人高广东和冯鹤的多年夙愿，值此新中国成立70周年之际，在中国经济出版社的帮助下，梦想终于照进了现实。本书上篇，高广东、冯鹤接受本书主创团队的访谈，讲述“夫妻同心，其利断金”的创业故事，几十位优秀的朋朋家人也敞开心扉畅谈他们对修脚行业的热爱和对公司平台的感恩之情。每一段故事，都是朋朋15年稳步发展的缩影，每一张照片，都是朋朋15年高歌猛进的见证。

无论是企业规模、行业影响力，还是社会贡献度，华连生朋朋都堪称修脚行业里的伟大企业。本书主创团队有幸陪伴朋朋走过了10年。2010年至2019年，在这完整的10年里，我们见证了朋朋人的不忘初心、锐意进取，从美丽的滨城大连走向我国的东北地区、华北地区、华东地区和中西部地区，十年如一日的坚持谱写出可歌可泣的创业长歌，十年如一日的专注打造了熠熠生辉的修脚品牌。一同经历过，才能感同身受，在深夜撰稿的时候，笔者多次泪流满面，这眼泪为坚强的奋斗者而流，这眼泪为执着的追梦人而流。在本书中，读者可以品味到作为创业家的艰辛，也能找到企业由小到大、由大到强的秘诀。

在编写本书的过程中，不断有振奋人心的消息传来，就在本书即将付梓印刷前夕，朋朋人又一次轰动了整个修脚行业。2019年11月27日，第二届全国修脚职业技能竞赛总决赛在江苏省扬州市落下帷幕，朋朋修脚选送的修脚技师赵广玉从全国各地层层选拔的200名选手中脱颖而出，荣获大赛一等奖，并按程序申报“全国技术能手”荣誉称号。除了赵广玉，大连另外两名来自朋朋修脚的选手杨平、王春凤进入全国前十名。

时间不会停歇，朋朋人和全天下修脚人的故事还在继续。作为新一代修脚人的代表，除了讲述朋朋人自己的故事，高广东最喜欢听修脚行业前辈们讲述行业发展史。当听师傅王建生讲述新中国成立后，特别是党的十八大以来全国修脚行业天翻地覆变化的不平凡历史后，他深深地感受到祖国强大给行业带来的巨大影响，修脚人的自豪感油然而生。

在翻阅王建生撰写的著作《修脚图谱》时，高广东被师傅那一颗为行业发展呕心沥血、为传承修脚文化无私坦荡的心所深深感染，萌生了出版一本记录新中国成立70年来修脚行业发展的书籍，记录一代代修脚人跨越70年的奋斗故事。

作为本书策划人和出版人，高广东认为，出版这样一本记录和反映70年修脚行业历史的书籍，是一种责任、一种传承，同时也是为新中国成立70周年献礼。特别是当他与八九十岁高龄的修脚大师们交流访谈时，前辈们爱岗敬业的初心、刻苦钻研的匠心、拳拳提携的真心，令1984年出生的高广东受益良多，也倍感时不我待，一定要将前辈们可歌可泣的成长和奋斗故事书写下来。

高广东说：“新中国走过了波澜壮阔的70年，修脚行业经历了技术革新的大发展，无数从业者甘当铺路石子，一代代修脚大师脱颖而出，成为行业的旗帜和榜样，成为非物质遗产传承人，他们的坚持和钻研应该被行业从业者铭记，他们为人民足部健康做出的贡献需要有人记录。”

新中国成立70年来，修脚行业涌现出了众多典型，有全国人大代表、全国劳动模范、全国岗位学雷锋标兵、非物质文化遗产传承人、集群式创业带头人……在编写本书的过程中，编委会成员们多方联系，鉴于出版时间紧张等原因，首批只访谈到了32位行业的优秀代表，作为本书编者，我们深知修脚行业数以千万计的从业者中，大师、精英何止三百、三千，不能遍访所有的优秀的修脚大师、行业榜样实乃一大憾事，在此也向无数默默奉献的修脚前辈们、精英们诚挚道歉，向给予编委会热忱推荐、为访谈提供联络等诸方面工作支持的同仁们表示衷心的感谢。未来，本书编委会成员将继续开展访谈工作，期待在下一本书中能弥补这样的遗憾。

本书下篇所选取的32位采访对象，都是修脚行业在不同时期涌现出的开拓者和奋斗者，我们以每个人物自己的成长、发展为主线，忠实记录他们的奋斗故事，以期通过一个个鲜活的、生动的故事，来展现修脚人与时俱进的精神风貌，展现修脚人自强不息的奋斗激情，展现修脚人矢志不渝的服务宗旨。

从地域角度来说，32 位受访者遍布祖国的东西南北，北京、江苏、新疆、陕西、河南、山东、辽宁、黑龙江等；

从技术流派来说，有传统两派三路的代表，也有新派修脚代表，还有代表世界潮流和趋势的代表；

从人物年龄层次来说，有八十多岁的行业前辈，也有五六十岁仍奋战在一线的行业大师，还有 1980 年以后出生的行业新生代优秀代表，既有历史的厚重感，也体现出行业传承；

从性别角度来说，尽管从业者中男性居多，但新中国成立 70 年来修脚行业涌现出了一大批女中豪杰、巾帼榜样，她们的故事精彩华美，在本书中也给予重点考虑。

32 位代表，是开在祖国版图上的 32 朵艳丽的奋斗之花，是中国足护理行业 32 面鲜艳的旗帜。

在此，谨以本书编委会的名义，向 32 位行业大师和精英表达真诚的谢意和衷心的祝福！

最后，受高广东先生、冯鹤女士重托，向在本书编辑、出版过程中付出无限真情的中国经济出版社姜静老师以及参与出版各流程的老师们道一声感谢。感谢您对中国修脚行业的鼓励，为中国足护理行业留下一本传世之作；感谢您对华连生朋朋修脚的厚爱，与君同行乃朋朋之幸，真情相约，未来可期！

2019 年 12 月 5 日

初新写于北京清华园